Der
Teich

Der Teich

Gerald Thompson
Jennifer Coldrey
George Bernard

Kosmos
Gesellschaft der Naturfreunde
Franckh'sche Verlagshandlung
Stuttgart

Aus dem Englischen übersetzt und bearbeitet von Dr. Bruno P. Kremer
Titel der Originalausgabe „The pond", erschienen bei William Collins Sons & Co. Ltd., London 1984 unter
ISBN 0 00 219287 X
© 1984, William Collins Sons & Co. Ltd., London und Oxford Scientific Films Ltd.

Mit 414 Farbfotos von Jill Bailey, George Bernard, R. P. Coldrey, John Cooke, Katherine Cooke, Stephen Dalton, Harry Engels, M. P. L. Fogden, Sally Foy, M. Gray, Breck P. Kent, G. Kinns, Zig Leszczynski, G. A. Maclean, R. W. Mitchell, John Paling, Peter Parks, Leonard Lee Rue III, David Shale, Philip Sharpe, David Thompson und Gerald Thompson (Fotonachweise Seite 256) und 155 Farb- und Schwarzweißzeichnungen von Irmgard Engelhardt (29 aus „Engelhardt, Was lebt in Tümpel, Bach und Weiher?") Marianne Golte-Bechtle (11), aus dem Archiv 7 und Gerald Thompson (108).

Umschlag von Kaselow Design, München unter Verwendung zweier Farbfotos von George Bernard

CIP-Kurztitelaufnahme der Deutschen Bibliothek

Thompson, Gerald:
Der Teich / Gerald Thompson ; Jennifer Coldrey ; George Bernard. [Aus d. Engl. übers. u. bearb. von Bruno P. Kremer]. – Stuttgart : Franckh, 1986.
  Einheitssacht.: The pond
  ISBN 3-440-05670-8
NE: Coldrey, Jennifer:; Bernard, George:; Kremer, Bruno P. [Bearb.]

Printed in Singapore / Imprimé en Singapour / ISBN 3-440-05670-8
Satz: G. Müller, Heilbronn
Herstellung: Toppan Printing Co. Ltd., Singapur

Der Teich

Vorwort _____ 6

Kurzbestimmungsschlüssel _____ 10

Kleinstlebewesen aus Teich
und Tümpel 10
Wirbellose Teich-
und Tümpelbewohner 11
Insekten und Insektennymphen
in und am Teich 12
Insektenlarven aus Teich
und Tümpel 13

Die Welt des Teiches _____ 14

Die Eigenschaften des Wassers 14
Lebensräume im Teich 16
Sommer im Teich 17
Winter im Teich 18
Der Teichboden 19
Die Wasserfläche 20
Die Sonne, der Quell des Lebens 21
Sukzession 22
Teichökologie 23

Das Pflanzenleben im Teich _____ 25

Lebenstätigkeiten der Pflanzen 26
Auftrieb, Wasserstrom
und Atmung 28
Die Photosynthese
bei Wasserpflanzen 29
Überdauern von Kälte und
Trockenheit 29
Vermehrung 30
Samenverbreitung 31
Bedeutung der Wasserpflanzen 31

**Teichpflanzen und Pflanzen-
gemeinschaften** _____ 33

Röhrichtzone 35
Schwimmblattpflanzenzone 48
Tauchblattzone 54
Schwimmdecken 60
Algen 67
Pilze (Fungi) 76
Bakterien 76

Tierleben im Teich _____ 79

Atmung im Wasser 80
Schwimmen 82
Wechselfälle überstehen 83

Teichtiere _____ 85

Einzeller (Protozoen) 86
Schwämme (Porifera) 94
Hohltiere (Coelenterata) 95
Plattwürmer (Plathelminthes) 96
Fadenwürmer (Nematoda) 99
Saitenwürmer, Schnurwürmer
(Nematomorpha) 100

Rädertiere (Rotatoria) 102
Bauchhärlinge (Gastrotricha) 104
Moostiere (Bryozoa) 104
Weichtiere (Mollusca) 106
Bärtierchen (Tardigrada) 112
Ringel- oder Gliederwürmer
(Annelida) 113
Gliederfüßer (Arthropoda) 120
Wirbeltiere (Vertebrata) 198

**Vom Umgang
mit Teichbewohnern** _____ 236

Erklärung von Fachausdrücken _____ 238

Klassifizierung der abgebildeten
Teichpflanzen 243
Klassifizierung der abgebildeten
Tiere aus Teich und Tümpel 245

Register _____ 251

Vorwort

Süßwasserteiche und -tümpel sind in sich abgeschlossene Lebensräume voller Faszination. Wer sich die Zeit nimmt, einmal unter die schimmernde Wasserfläche zu blicken, wird aus dem Staunen nicht mehr herauskommen.

Viele pflanzliche und tierische Teichbewohner erscheinen vertraut und bekannt, dennoch gibt es auch bei ihnen noch mancherlei interessante Besonderheiten zu entdecken!

Dieses Buch berichtet von den wichtigsten und kennzeichnenden Pflanzen und Tieren, die in kleinen stehenden Binnengewässern vorkommen. Es ist für jeden geschrieben, der sich einen abgerundeten Überblick über die verschiedenen Organismenformen, ihr Aussehen, Verhalten und Miteinander verschaffen möchte – Tiere und Pflanzen, die gewöhnlich in einem Teich beliebiger Größe und Lage vertreten sind und die den „Lebensraum Teich" ausmachen.

Wir verbinden mit diesem Buch die Hoffnung, daß der interessierte Leser uns nicht nur gerne auf unsere Streifzüge in die vielfältigen Lebensgemeinschaften begleitet, sondern auch die Überzeugung gewinnt, daß Teiche, Tümpel und andere Kleingewässer besonders schützenswerte Lebensräume darstellen, die es unbedingt zu erhalten gilt.

Viele teichbewohnende Pflanzen- und Tierarten werden in der Roten Liste gefährdeter Tiere und Pflanzen geführt, weil es in unserer Kulturlandschaft offenbar keinen Platz mehr für Klein- und Kleinstgewässer gibt. Vielleicht weckt dieses Buch den Wunsch, im eigenen Garten oder an geeigneter anderer Stelle selbst einen Teich anzulegen. Richtig geplant und ausgeführt, kann sich auch ein künstlich geschaffenes Kleingewässer zu einem artenreichen Lebensraum entwickeln und damit vielen bedrohten Pflanzen und Tieren ein neues Zuhause bieten.

Zu den Bildern Seite 7–9:

1: Dieser natürlich aussehende Teich wurde von einem Bagger ausgehoben. Mit dem Aushub wurden die Uferbereiche gestaltet. Die Besiedlung des neu geschaffenen Lebensraumes wurde sich selbst überlassen.

2: Ummauerter Gartenteich mit nur kleiner Wasserfläche, aber reichem (eingebrachtem) Pflanzenwuchs. Schon nach wenigen Jahren hat sich im Wasser eine reichhaltige Mikroflora und -fauna eingestellt, die wesentlich zur Stabilisierung der Lebensgemeinschaft beiträgt.

3: Teich in einer Kulturlandschaft – er dient gleichzeitig als Wasserstelle für Weidetiere. Der Einfluß von Tritt und Verbiß auf die Ufervegetation ist klar zu erkennen.

4: Bedauerlicherweise sind Bilder wie dieses keine Seltenheit. Trotz Verunzierung mit allerlei Unrat können sich artenreiche Lebensgemeinschaften entwickeln – solange keine Giftabfälle ins Wasser gelangen.

5: Bei der genaueren Untersuchung dieses Teiches in Georgia/USA stellte sich überraschend heraus, daß er von einem Alligator bewohnt wurde.

6: Dorfteich in Maarssen/Niederlande. Obwohl es in den Niederlanden nur wenige Teiche gibt, bieten die vielen Kanäle und ihre Abzweige der Tier- und Pflanzenwelt des Wassers ein großräumiges Biotopgefüge.

1

2

3

4

5

6

Kleinstlebewesen aus Teich und Tümpel

Vereinfachter Stammbaum der wirbellosen Tiere

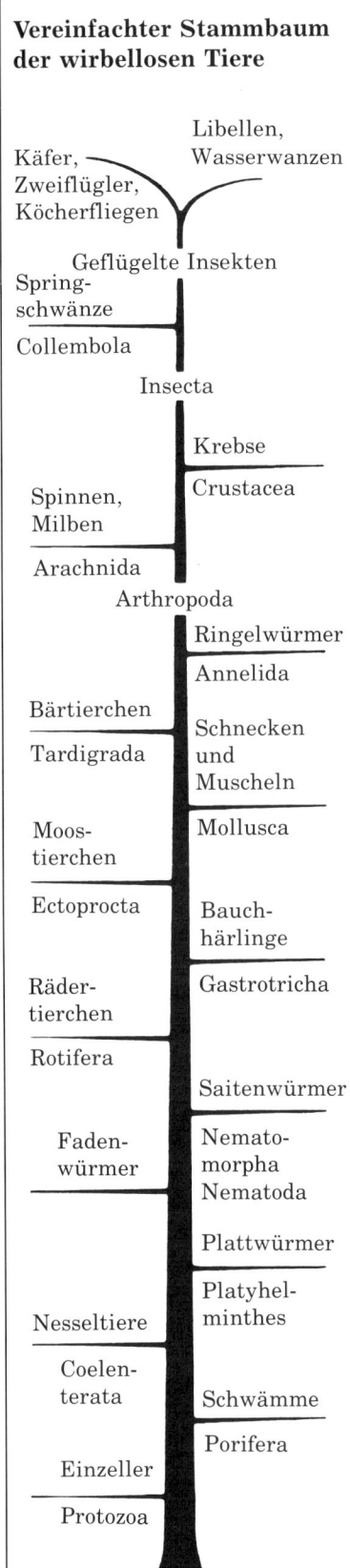

Libellen, Wasserwanzen

Käfer, Zweiflügler, Köcherfliegen

Geflügelte Insekten

Springschwänze

Collembola

Insecta

Krebse

Crustacea

Spinnen, Milben

Arachnida

Arthropoda

Ringelwürmer

Annelida

Bärtierchen

Tardigrada

Schnecken und Muscheln

Mollusca

Moostierchen

Ectoprocta

Bauchhärlinge

Rädertierchen

Gastrotricha

Rotifera

Saitenwürmer

Fadenwürmer

Nematomorpha Nematoda

Plattwürmer

Platyhelminthes

Nesseltiere

Coelenterata

Schwämme

Einzeller

Porifera

Protozoa

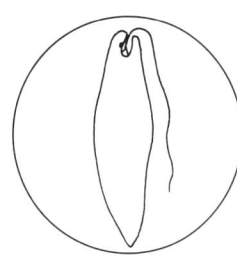

Euglena
Durch Chlorophyll grün gefärbt, an beiden Enden verschmälert, mit langer Zuggeißel und Augenfleck an deren Basis. Bewegt sich auf Spiralbahnen.
Seite 87

Amoeba
Weißliches Fleckchen, mit bloßem Auge gerade noch erkennbar, unregelmäßiger Umriß. Bewegt sich durch Fließbewegungen fort.
Seite 88

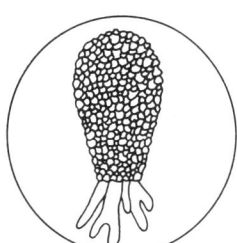

Beschalte Amoebe
Amoebe, die sich ein Gehäuse aus Zellsekret und Sandkörnern baut. Fließbewegungen mit Hilfe von Scheinfüßchen, die unten aus dem Gehäuse gestreckt werden.
Seite 88

Arcella
Beschalte Amoebe mit glatter, wenig strukturierter Schale und flachem Gehäuse. Fließbewegungen mit Hilfe von Scheinfüßchen, die unten aus dem Gehäuse gestreckt werden.
Seite 89

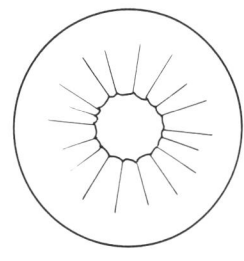

Sonnentierchen
Einzeller von rundlicher bzw. kugeliger Form, von dem allseits schlanke, dünne Pseudopodien abstrahlen, so daß der Eindruck eines Strahlenkranzes entsteht. Seite 89

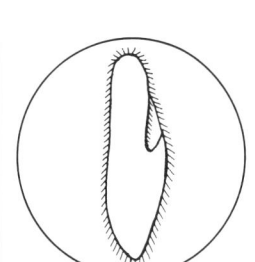

Pantoffeltierchen
Wimpertierchen von länglicher, pantoffelförmiger Gestalt. Mundfeld eingetieft, seitlich. Gesamte Zelloberfläche mit feinen Wimpern in kurvigen Längsreihen besetzt.
Seite 89

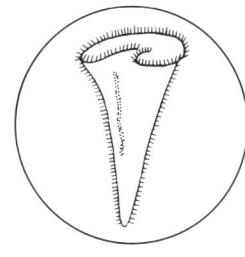

Trompetentierchen
Trichterförmiges Wimpertierchen, sitzt an der schmalen Fußseite meist fest. Trichteröffnung von sehr großen Wimpern bestanden, die Nahrung herbeistrudeln.
Seite 92

Glockentierchen
Gestielte Einzeller von Tassen- oder Glockenform. Am äußeren Rand mit Wimpern besetzt. Stiele lang, dünn, zusammenziehbar. Meist in individuenreichen Kolonien. Seite 93

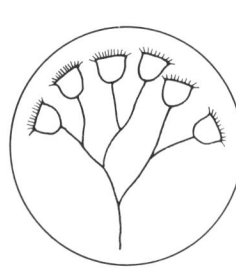

Glockentierchen-Kolonie
Im Gegensatz zur vorigen Form ist nicht jede Glockentierzelle einzeln verankert, sondern sitzt an einem verzweigten, nicht zusammenziehbaren Stiel.
Seite 93

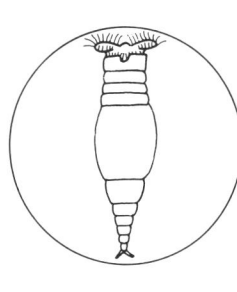

Rädertierchen
Kleinste vielzellige Tiere. Körper meist länglich und am Hinterende verschmälert. Klar in Kopf, Rumpf und Fußregion gegliedert. Wimperkranz am Kopf.
Seite 102

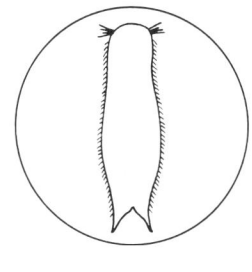

Bauchhärlinge
Länglicher, abgeflachter Körper. Kopf meist deutlich abgesetzt. Rumpf endet in zwei Fußabschnitten. Auf dem Körper Schuppen, Wimpern oder Haare.
Seite 104

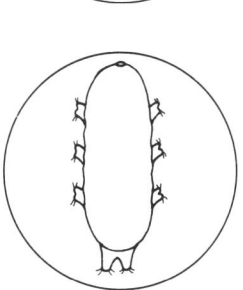

Bärtierchen
Kleine, zylindrische, nur wenig abgeflachte Vielzeller mit 4 Paar Stummelbeinen. Deutliche Augenflecken. Tapsige, unbeholfen erscheinende Fortbewegung.
Seite 112

Wirbellose Teich- und Tümpelbewohner

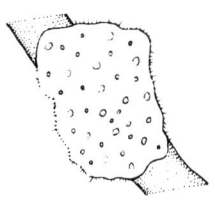

Süßwasserschwamm
Unregelmäßiger Umriß mit meist sichtbaren Stütznadeln. Kleine Einführ-, größere Ausführöffnung. Grün, grau oder gelblich gefärbt. Seite 94

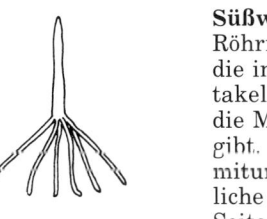

Süßwasserpolyp
Röhrige Körpergestalt, die in einem Tentakelkranz endet, der die Mundöffnung umgibt. Vermehrung mitunter durch seitliche Knospung. Seite 95

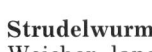

Strudelwurm
Weicher, langgestreckter, stark abgeflachter, sehr beweglicher Körper. Kopf abgesetzt, mitunter mit fühlerartig ausgezogenen Ecken. Seite 96

Fadenwürmer
Lange, sehr dünne, nahezu durchsichtige Tiere mit ungegliedertem Körper, an beiden Enden verschmälert. Bewegen sich in S-förmigen Schlängelbewegungen fort. Seite 99

Saitenwürmer
Sehr lange und extrem dünne Tiere. Gelegentlich in verknäuelten Massen mit zahlreichen Individuen. Seite 100

Moostierchen
Koloniebildende, festsitzende Tiere, die auf Pflanzen feine Überzüge bilden. Einzeltiere sehen mit ausgestreckter Tentakelkrone blumenähnlich aus. Seite 104

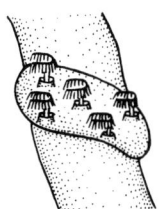

Posthornschnecke
Schale mit mehreren Windungen, die allesamt in einer Ebene liegen. Schnecke selbst mit dünnen Fühlern, Fuß an beiden Enden rundlich. Seite 107

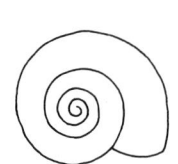

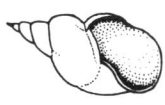

Schlammschnecke
Schale dünn, konisch, lang zugespitzt, meist bräunlich bis fast schwarz. Lungenatmer. Seite 108

Napfschnecke
Schale nicht gewunden, sondern einfach und napfartig. Sehr dünn und zerbrechlich. Seite 108

Süßwassermuschel
Zwei spiegelsymmetrische Schalenhälften, die auf der Rückenseite durch ein elastisches Band miteinander verbunden sind. Kein Kopf, keine Augen, keine Fühler. Seite 109

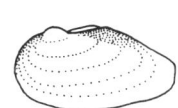

Röhrenwürmer
Dünne, rötliche Würmer, die mit dem Vorderende in feinen Röhren im Teichgrund stecken. Das Hinterteil strudelt sauerstoffreiches Wasser herbei. Seite 114

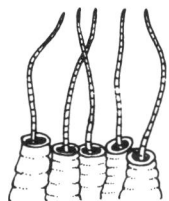

Egel
Längliche, abgeflachte, klar gegliederte Würmer mit einem großen Saugorgan am Kopfende und einem am Hinterende. Körper außerordentlich muskulös und veränderlich. Seite 116

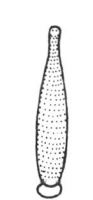

Wasserspinne
Zweigeteilter Körper. Kopfbrustteil und Hinterleib durch einen schmalen Steg miteinander verbunden. 4 Beinpaare, Spinndrüsen am Hinterleib. Legt sich unter Wasser eine Luftblase an. Seite 122

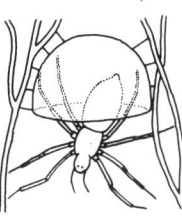

Wassermilbe
Kugeliger, ungegliederter Körper mit 4 Beinpaaren. Mitunter intensiv rötlich gefärbt. Meist am Teichboden. Seite 124

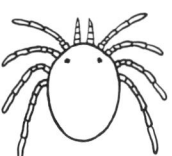

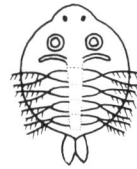

Fischlaus
Körper stark abgeflacht, mit großem Schutzschild. Am Vorderkörper großes, paariges Saugorgan. 4 Paar Schwimmbeine, Stechrüssel. Parasitiert an Fischen. Seite 126

Wasserfloh
Körper am Hinterende mit Schwanzdorn. Kopf kompakt mit großen, verzweigten Ruderantennen. Komplexauge einzeln. Durchsichtig oder leicht rosa. Seite 128

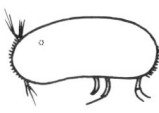

Muschelkrebs
Körper in zweiklappigen Panzer eingeschlossen, an der Rückenseite mit elastischen Bändern. Seite 128

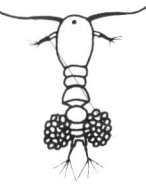

Hüpferling
Körper zylindrisch, zum Hinterleib hin verschmälert und klar gegliedert. Komplexauge einzeln. Antennen sehr groß. Weibchen im Sommer mit 2 seitlichen Eisäckchen. Seite 130

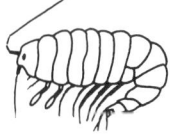

Flohkrebs
Körper seitlich zusammengedrückt und abgeflacht. Schwanzbereich meist eingekrümmt. Antennen ziemlich lang und dünn. Zahlreiche Extremitäten. Seite 132

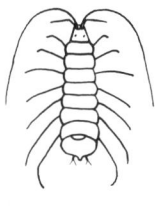

Wasserassel
Abgeflachter Körper mit zahlreichen Laufbeinen von gleichem Aussehen. 2. Antennenpaar sehr lang. 5 Paar Kiemen am Hinterleib. Seite 132

Libelle
Körper wie bei allen Insekten in Kopf, Brust und Hinterleib gegliedert. 3 Paar Beine, 2 Paar Flügel. Augen besonders groß. Seite 136

Insekten und Insektennymphen in und am Teich

Springschwänze
Antennen mäßig lang. Mit Sprungorgan am Hinterleib. Halten sich auf der Wasseroberfläche auf, auf der sie mit Hilfe des Sprungorgans umherhüpfen.
Seite 135

Springschwänze
Klein, schwarz, oft in großer Anzahl auf der Wasseroberfläche. Körper deutlich gegliedert, flügellos. Antennen sehr kurz.
Seite 134

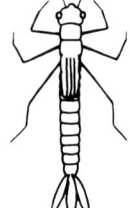

Kleinlibellen-Larve
Körper sehr schlank, endet in 3 blättrigen Kiemenanhängen. Fangmaske unter dem Kopf zusammengefaltet. Beine sehr dünn. Gelblich, grün oder braun.
Seite 138

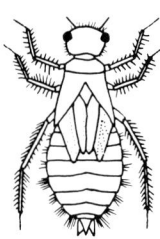

Großlibellen-Nymphe
(Gattung *Libellula*)
Körper stämmig, keine äußeren Kiemenanhänge. 3 lappenartige Anhänge am Hinterleib. Oft behaart. Meist bräunlich. Fangmaske unter dem Kopf zusammengefaltet.
Seite 139

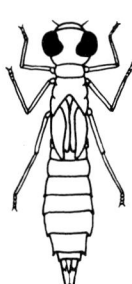

Großlibellen-Nymphe
(Gattung *Aeshna*)
Körper unbehaart, etwas schlanker als bei anderen Gattungen. Meist bräunlich oder grau. Fangmaske unter dem Kopf zusammengefaltet. Meist auf dem Gewässergrund. Seite 142

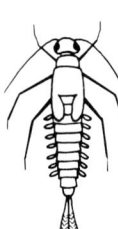

Eintagsfliegenlarve
Körper länglich, schlank. Am Hinterleib 7 Paar einfache, blättrige Kiemenanhänge. Hinterleib endet in 3 ungefähr gleich langen Schwanzfäden.
Seite 148

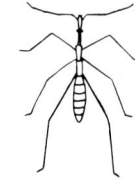

Teichläufer
Sehr schlankes, fast fadendünnes Insekt mit langem Kopf und langen Antennen. Läuft über die Wasseroberfläche.
Seite 150

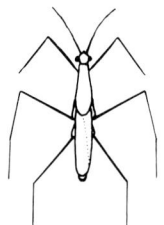

Wasserläufer
Schlanker Körper mit sehr langen, dünnen Beinen und Antennen. Flügel bei Nymphen kurz, bei Adulten körperlang. Saust mit großer Geschwindigkeit über die Wasseroberfläche. Seite 151

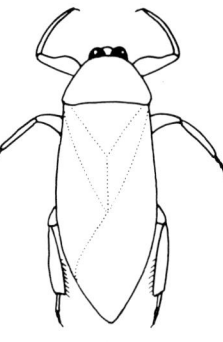

Riesenwasserwanze
Großes bis sehr großes Insekt mit gebogenem Stechrüssel. Hinterbeine verbreitert, mit Haaren besäumt, Vorderbeine als Greiforgane ausgebildet. Antennen verborgen.
Seite 152

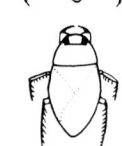

Schwimmwanze
Wasserinsekt mit typischen stechend-saugenden Mundwerkzeugen. Körper oval, leicht abgeflacht. Vorderbeine als Greiforgane umgebildet, Hinterbeine zum Schwimmen. Seite 152

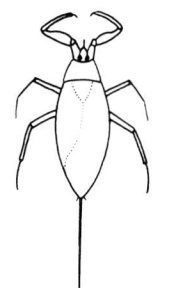

Wasserskorpion
Vorderbeine zu kräftigen Greiforganen umgebildet. Kopf ziemlich schmal. Hinterleib mit langem Atemrohr. Stechend-saugende Mundwerkzeuge. Kann empfindlich stechen!
Seite 154

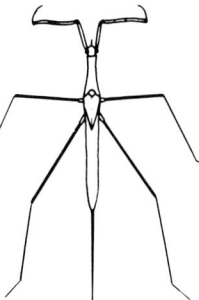

Stabwanze
Wasserskorpion von sehr langer, stabförmiger Gestalt. Mit langem Atemrohr am Hinterleibsende. Vorderbeine zu Greiforganen umgebildet.
Seite 155

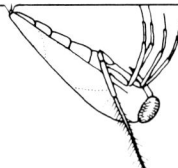

Rückenschwimmer
Körper in idealer Stromlinienform, Rückenseite gekielt (schwimmt daher in Rückenlage). Hinterbeine lang, ruderförmig. Kräftige stechend-saugende Mundwerkzeuge.
Seite 156

Ruderwanze
Körper länglich-oval, leicht zusammengedrückt. Vorderbeine ziemlich kurz, hintere Beinpaare lang und mit Haarsäumen besetzt.
Seite 157

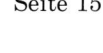

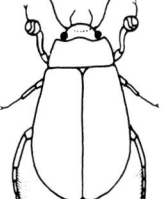

Gelbrandkäfer
Körper stromlinienförmig. Antennen 11gliedrig, fädig. Hintere Beine mit Haarsaum. Männchen oberseits glatt, Weibchen längsstreifig. Gefräßiger Räuber.
Seite 161

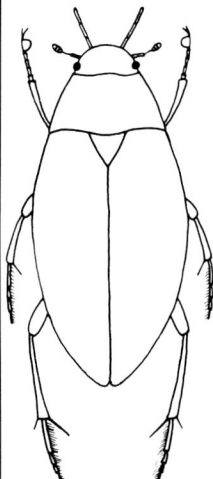

Kolbenwasserkäfer
Körper länglich-oval. Hinterbeine kaum mit Haaren gesäumt. Lange Palpen als Sinnesorgane. Antennen behaart. Vorderbeine des Männchens mit dreieckigen Platten. Geschützt!
Seite 169

Taumelkäfer
Körper oval, schwarzbläulich. Hintere Beinpaare als Ruderorgane ausgebildet. Schwimmt und rudert in Kreis- und Spiralbahnen auf der Wasseroberfläche.
Seite 171

Insektenlarven aus Teich und Tümpel

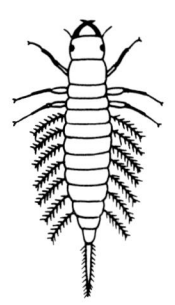

Schlammfliegen-Larve
Großer Kopf, lange Brustbeine. Hinterleib zum Ende verschmälert, mit Schwanzanhang und 7 Paar gegliederten Hinterleibskiemen. Lebt räuberisch am Boden. Seite 158

Schwammfliegen-Larve
Körper borstig behaart, an beiden Enden verschmälert. Mundwerkzeuge sehr lang. 7 Paar Kiemen auf der Unterseite des Hinterleibs. Lebt auf Schwämmchen. Seite 160

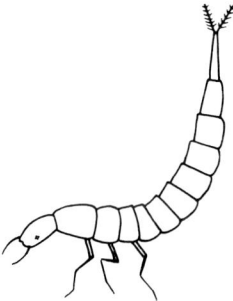

Gelbrandkäfer-Larve
Lang, spindelförmig, mit kräftigen, sichelförmigen Mandibeln. Brust mit 3 Paar Laufbeinen. Hinterleibsende mit 2 behaarten Anhängen. Gefräßiger Räuber. Seite 161

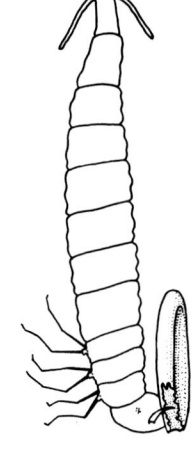

Kolbenwasserkäfer-Larve
Körper zylindrisch. Brust mit 3 Beinpaaren. 2 fleischige Anhänge am Hinterleib, die Atemöffnungen einschließen. Fleischfresser (im Gegensatz zum Käfer). Seite 169

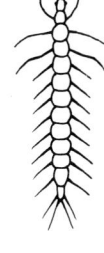

Taumelkäfer-Larve
Länglich, spindelig, deutlich gegliedert, mit zugespitzten Mandibeln und Saugvorrichtung. Hinterleibssegmente mit paarigen Fiederkiemen. Brustbeine lang. Seite 171

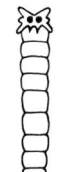

Schilfkäfer-Larve
Weiß, fleischig, leicht gekrümmt. Sticht mit besonderem Hinterleibshaken Stengel und Wurzeln von Wasserpflanzen an, um hieraus Luft zu holen. Brustbeine verkümmert. Seite 172

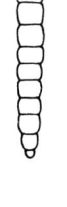

Schnaken-Larve
Länglich, zylindrisch, schmutzig-grau. Kopf klein, teilweise im Brustteil verborgen. Atemöffnungen am Hinterleibsende von fleischigen Lappen umstellt. Seite 174

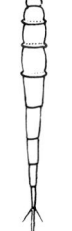

Faltenmücken-Larve
Mit kleinem, klar abgesetztem Kopf. Hinterleib in einen sehr schlanken Schwanz ausgezogen, mit 2 Anhängen. Schwanz teleskopartig ausziehbar. Seite 177

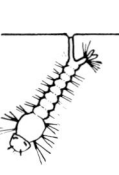

Tastermücken-Larve
Beinlose Larve mit langen Borstenhaaren an Kopf und Hinterleibsende. Körper zylindrisch. In Ruhe und beim Schwimmen U-förmige Haltung. Seite 178

Stechmücken-Larve
(Culex)
Kopf groß, mit Filtriereinrichtung. Brustregion beinlos. Atemröhre wird zur Wasseroberfläche gebracht, Larve hängt daher kopfüber im Wasser. Seite 179

Stechmücken-Larve
(Anopheles)
Ohne Atemrohr. Liegt immer parallel zur Wasseroberfläche. Seite 184

Büschelmücken-Larve
Körper sehr durchsichtig, am Vorder- und Hinterende mit silbrig erscheinendem hydrostatischem Organ. Schwebt horizontal im Wasser. Seite 186

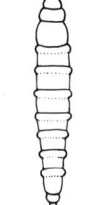

Zuckmücken-Larve
Mit sehr kleinem Kopf und „falschen" Beinen am Brustteil, weitere Greiforgane am letzten Hinterleibssegment. 2 Kiemenpaare am 11. Segment. Seite 188

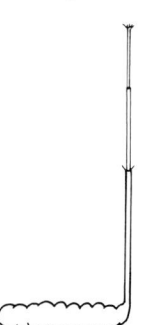

Bremsen-Larve
Körper spindelförmig, deutlich gegliedert. Jedes Segment mit kräftigem Wulst, der als Widerlager bei der kriechenden Fortbewegung dient. Kopf sehr klein, keine echten Beine. Seite 190

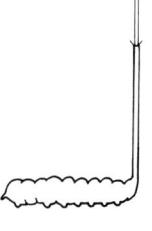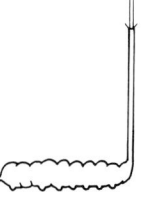

Rattenschwanz-Larve
Beinlose Larve ohne erkennbaren Kopf. Mit langem, teleskopartig ausstreckbarem Atemrohr am Hinterleibsende, das auf ein Mehrfaches der Larvenlänge vergrößert werden kann. Seite 191

Schmetterlings-Raupe
Typische Raupengestalt mit 3 Paar Brustbeinen und 5 Paar Nachschiebern am Hinterleib. Seite 192

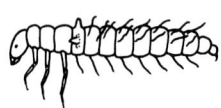

Köcherfliegen-Larve
Meist in einem zusammengesetzten Gehäuse verborgen. Seite 194

Die Welt des Teiches

Eigentlich gibt es, von der Größe vielleicht einmal abgesehen, kein besonders brauchbares Einzelmerkmal, um einen Teich von einem Weiher oder einem See zu unterscheiden. Am besten definiert man einen Teich als einen ziemlich kleinen, flachen Wasserkörper, der (meist) künstlich angelegt wurde und in dem es keine größeren Temperaturunterschiede zwischen der Wasseroberfläche und dem Gewässergrund gibt. So einheitlich kleinere Binnengewässer wie größere Weiher oder Teiche vielleicht aussehen mögen, so unterschiedlich sind sie in ihrem Organismenbesatz. Jeder Teich ist irgendwie verschieden, und gerade diese Tatsache läßt die Teiche zu besonders interessanten und eroberungswürdigen Untersuchungsobjekten werden. Teiche mit nährstoffreichem Wasser (und nur um solche geht es uns in diesem Buch) enthalten so viele verschiedenartige Lebewesen, wie sie in kaum einem anderen wäßrigen Lebensraum des Binnenlandes angetroffen werden. Der einzelne Teich mag von seiner Größenausdehnung her vielleicht klein und unbedeutend erscheinen. In der Summe stellen die Teiche in Deutschland oder in Europa jedoch ein wichtiges und unersetzliches Lebensraumgefüge dar.

Natürliche Teiche entstehen auf verschiedene Weise: Sie bilden sich als Wasseransammlungen in Geländevertiefungen, in Altarmen, die in breiten, ebenen Talgründen vom Hauptstrom abgeschnürt wurden, durch Wasseranstau, etwa in der Folge von Erdrutschen, oder wo Biber ihre charakteristischen Burgen und Dämme bauen.

Vielfach wurden auch vom Menschen Teiche angelegt: Dorfteiche z. B. waren in ländlichen Gegenden früher eine nahezu selbstverständliche Einrichtung. Seitdem sie jedoch weder als Viehtränke noch als Feuerlöschvorräte verwendet werden, sind sie aus dem Bild der Dörfer nahezu verschwunden. Auch in der freien Feldflur gibt es fast keine Bewässerungsteiche mehr. Teiche wur-

den in der Vergangenheit überwiegend aus technischen Gründen angelegt, entweder als Feuerlöschteiche oder als Vorratsteiche für den Mühlenbetrieb. Die zahlreichen Teiche in der Gegend um Clausthal-Zellerfeld im Oberharz dienten dem Antrieb großer Wasserräder in den Erzgruben und sind bis heute ein besonderes Kennzeichen dieser Bergbaulandschaft geblieben. Wo Ton, Lehm oder Kies im Tagebauverfahren gewonnen werden, bleiben häufig ebenfalls Teiche zurück.

Selbst der Braunkohlentagebau hinterläßt wassergefüllte Restlöcher, die sich durchaus zu interessanten, vielgliedrigen Lebensgemeinschaften entwickeln können. Schließlich ist auch noch an die Vielzahl der künstlich angelegten Gartenteiche zu denken, die wohl ursprünglich eher als Ziergewässer geschaffen wurden, aber dennoch einer Vielzahl wasserlebender Pflanzen und Tiere Lebensraum bieten.

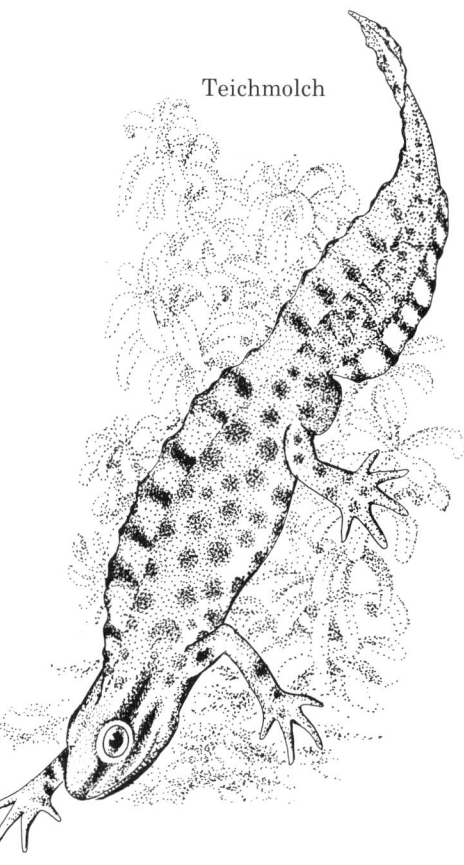

Teichmolch

Die Eigenschaften des Wassers

Man nennt Wasser ein **universales Lösungsmittel,** weil es mehr Substanzen auflösen kann als irgendeine andere Flüssigkeit. Selbst Gase, die wie Kohlendioxid, Sauerstoff und Stickstoff für die Lebewesen wichtig sind, lösen sich in Wasser. Die meisten Pflanzen und Tiere nehmen Sauerstoff auf und oxidieren damit ihre Reservestoffe (Kohlenhydrate, Fette, Proteine) zu Kohlendioxid und Wasser. Diesen mehrschrittigen Vorgang nennt man Atmung. Die Oxidation von Nahrungsbestandteilen dient der Energieumwandlung und -freisetzung. Sie kann jedoch nur so lange ablaufen, wie genügende Mengen an Sauerstoff zur Verfügung stehen. Manchmal, wenn im Teich große Mengen toten organischen Materials von Bakterien und Pilzen zersetzt werden, kann der Sauerstoffgehalt des Wassers so stark abnehmen, daß das tierische Leben in arge Bedrängnis gerät.

Der Sauerstoff, den die Pflanzen und Tiere für ihre Atmung benötigen, stammt im wesentlichen aus zwei verschiedenen Quellen: Zum einen enthält ja unsere Atmosphäre rund 20% Sauerstoff. Davon löst sich immer dort ein bestimmter Teil im Wasser, wo die Atmosphäre unmittelbar mit dem Teich in Kontakt kommt. Im Gegensatz zur Luft enthält Wasser bei durchschnittlicher Umgebungstemperatur nur etwa 0,8 Volumenprozente Sauerstoff. Die zweite wichtige Sauerstoffquelle für die Gewässer ist eine besondere Stoffwechselleistung grüner Pflanzen, die man Photosynthese nennt (vgl. Seite 26). Bei diesem Prozeß wandeln die Pflanzen mit Hilfe ihrer grünen Farbstoffe (Chlorophylle) einfache anorganische Ausgangsmaterialien wie Kohlendioxid und Wasser in energiereichere organische, komplizierter aufgebaute Substanzen wie Kohlenhydrate und andere wichtige Bausteine um. Antriebsmotor dieser wichtigen Leistung ist das Sonnenlicht, das die Energie für die Photosynthese bereitstellt. Während der Umwandlung von Kohlendioxid und Wasser in organisches Baumaterial wird für jedes eingebaute Kohlenstoffatom ein Sauerstoffmolekül freigesetzt. Dieser Sauerstoff spielt für die Gasbilanz des Teiches eine bedeutende Rolle. Photosynthese kann allerdings nur im Licht ablaufen. In einem von vielen Wasserpflanzen bewohnten Teich kann man an sonnigen Tagen überall kleine Bläschen von Sauerstoff aufsteigen sehen – es wird mehr Sauerstoff produziert, als sich im Wasser lösen kann. Während der Dunkelheit setzt die Sauerstoffproduktion aus. Da die Atmung von Pflanzen und Tieren unter diesen Bedingungen allerdings ungehindert abläuft, kann die Sauerstoffspannung am frühen Morgen ziemlich niedrig sein. Dunkelatmung und Photosynthese sind sozusagen gegenläufige Prozesse – jeder Vorgang nutzt die Produkte des anderen. Da jedoch nur die grünen Pflanzen selbständig Sauerstoff produzieren können, hängen letztlich alle Tiere von der Photosynthese der Wasserpflanzen ab.

Stickstoff ist ein wichtiger Bestandteil von Aminosäuren und Proteinen und daher im lebenden Cytoplasma der Zellen unentbehrlich. Wasser löst kleine Mengen an gasförmigem Stickstoff, aber nur wenige Lebewesen können ihn in dieser Form verwenden. Die meisten Pflanzen und Tiere nehmen den Stickstoff als anorganische Verbindung auf, die aus der Zersetzertätigkeit von Bakterien und Pilzen stammt.

Wasser enthält natürlich auch noch eine ganze Reihe verschiedener Mineralstoffe. Manche davon sind sogenannte Spurenelemente und für alle Lebewesen von großer Bedeutung. Besonders wichtig sind beispielsweise die Salze des Calciums und der Kieselsäure. Die vorhandenen Calcium-Mengen entscheiden darüber, ob das Wasser weich oder hart ist. Als weich gilt das Teichwasser, wenn es weniger als 7 Milligramm Calcium im Liter enthält. Mittleres Wasser enthält etwa 7–24 mg/l, hartes dagegen über 24 mg/l. Manche Wasserpflanzen benötigen Calcium, andere wachsen besser ohne Überschuß an diesem Mineralbestand-

teil. Tiere, darunter besonders die Schnecken und Muscheln, aber auch viele Krebse, benötigen Calcium zum Aufbau ihrer Schalen und Panzer. Die mikroskopisch kleinen Kieselalgen, die einen Hauptbestandteil der Nahrung kleiner Wassertiere bilden, benötigen vor allem Kieselsäure, um ihre mit der Feinheit von Filigranarbeit gestalteten Kieselpanzer aufzubauen. Nach dem Sauerstoff ist Silicium, Hauptbestandteil der Kieselsäure, das häufigste Element auf der Erde.

Die einzelnen Wassermoleküle halten untereinander durch elektrische Kräfte fest zusammen. Durch diese Anziehungskräfte zwischen den Wassermolekülen entsteht an der Wasseroberfläche eine eigenartig zähe und elastische Haut, die für das Leben vieler Teichbewohner von großer Bedeutung ist. Die **Oberflächenspannung**, wie man das Kräftespiel der Moleküle an der Wasseroberfläche auch nennt, trägt viele kleine und größere Pflanzen. Die Larven und erwachsenen Stadien vieler Wasserinsekten, die Luft atmen, können dies nur, weil die Oberflächenspannung verhindert, daß Wasser in ihre winzigen Atemöffnungen eindringt.

Wasser erreicht seine größte **Dichte** bei 4°C. Wenn Wasser sich erwärmt, nimmt die Dichte ab. Im Sommer erfahren kleine Wasserbewohner daher weniger Auftrieb als im Winter. Wasserflöhe entwickeln in der wärmeren Jahreszeit besondere Anhänge, vermutlich um solche Unterschiede der Auftriebskräfte wirksam auszugleichen.

Die Dichte des Wassers gleicht der des Cytoplasmas in den Zellen. Daher schweben die kleinsten Wasserbewohner in ihrem Lebensraum ohne größere Anstrengung. Selbst größere Tiere erfahren noch so viel Auftrieb, daß das Wasser den größten Teil ihres Körpergewichtes trägt. Andererseits steht das dichte Medium Wasser der Beweglichkeit als Hindernis im Wege. Aus diesem Grunde sind die meisten schnellbeweglichen Teichbewohner stromlinienförmig gebaut, um dem Wasserkörper bei der Bewegung möglichst wenig Widerstand entgegenzusetzen. Viele kleine Tiere wie die Röhrenwürmer oder der

Süßwasserpolyp können ihren Körper im tragenden Wasser in einer Weise ausdehnen und ausstrecken, wie es in der Luft ohne besonderen Stützapparat nicht möglich wäre. Auch Wasserpflanzen können auf Festigungsgewebe weitgehend verzichten. Zudem wirken sie so der Gefahr entgegen, bei Wasserbewegungen einfach abgebrochen zu werden.

Bei 0°C, am Gefrierpunkt, beträgt die Dichte des Wassers, bezogen auf 4°C, nur noch 0,917. Eis schwimmt daher zur Oberfläche auf. Eis ist ein schlechter Wärmeleiter. Daher wird durch eine Eisdecke kaum noch Wärme aus dem flüssigen Wasser an die Umgebung abgegeben. Nur sehr flache Teiche können daher bis zum Boden durchfrieren. Gewöhnlich überstehen die Pflanzen und Tiere den Winter in einem zugefrorenen Teich recht gut.

Wasser reagiert auf Wärmezufuhr sehr viel träger als Luft, gibt dafür die Wärme aber auch viel langsamer wieder ab. Lebewesen im Teich werden daher sehr viel wirksamer vor größeren **Temperaturunterschieden** bewahrt als Pflanzen und Tiere an der Luft. Keiner der Teichbewohner kann seine Körpertemperatur selbst kontrollieren. Ihre Eigentemperatur entspricht daher immer derjenigen des Wassers.

In klarem Wasser kann das **Licht** bis zum Teichgrund vordringen und selbst in größerer Tiefe noch Photosynthese ermöglichen. In sehr nährstoffreichem Wasser tritt durch die zahlreichen mikroskopisch kleinen Pflanzen und Tiere jedoch eine stärkere Trübung ein, das Licht kann nicht mehr gut genug durchdringen, so daß der Teichboden für pflanzliches Leben mitunter zu dunkel wird. Das Fehlen photosynthetisch aktiver Pflanzen und die daraus folgende Verringerung der Sauerstoffversorgung kann daher am Teichboden akuten Sauerstoffmangel hervorrufen.

Lebensräume im Teich

Jeder Teich kann in mehrere Zonen oder Teillebensräume untergliedert werden, die jeweils besondere Bedingungen und Eigenschaften aufweisen:

Röhrichtzone
Die Röhrichtzone schließt unmittelbar an das Teichufer an und wird im Aussehen bestimmt durch Pflanzen, die ausschließlich in flacherem Wasser wurzeln. Gräser, Seggen und Binsen sind die typischen Bewohner dieses Teilbereichs. Im Gewirr der vielen Stengel finden zahlreiche Tiere, allen voran Amphibien, Vögel und Säugetiere, Nahrung und Schutz.

Schwimmblattgürtel
Zum tieferen Wasser schließt sich die Zone der Schwimmblattpflanzen an. Die Pflanzen wurzeln im weichen Bodenschlamm und besitzen schwimmende, auf der Oberfläche flottierende Blätter. Ein typischer Vertreter dieser Zone ist die Seerose. Auf ihren Blattunterseiten leben zahlreiche kleine Wassertiere, die auch ihren Laich an den Schwimmblättern befestigen. Im Gewirr der langen Blattstiele halten sich gerne Fische oder auch die größeren Larven von Libellen und Köcherfliegen auf. Blätter und Stiele zeigen auch einen artenreichen Aufwuchs kleinster Algen.

Zone der untergetauchten Wasserpflanzen
Am weitesten weg von der Uferlinie kommen Pflanzen mit untergetauchten Blättern vor, die am ehesten als echte Wasserpflanzen anzusprechen sind. Wasserpest, Laichkraut und Tausendblatt sind typisch für diesen Bereich. Hier befinden sich die bevorzugten Weidegründe von Fischen und Enten. Viele Wassertiere vertrauen diesen Pflanzen auch ihren Laich an oder legen sich wie die räuberischen Larven der Libellen im grünen Dickicht der Wasserpflanzen auf die Lauer.

Schwimmpflanzendecken
Von den verschiedenen Pflanzen, die frei auf der Wasseroberfläche umherdriften können und keine Wurzeln in den weichen Teichgrund schicken, sind die Wasserlinsen mit Abstand die bekanntesten und zahlreichsten. Viele terrestrische Insekten und Spinnen laufen über den grünen Wasserlinsenteppich. Die Unterseiten solcher Schwimmpflanzendecken sind wiederum der Lebensraum für eine artenreiche Kleintierwelt, die hier geschützt und beschattet leben kann, aber immer noch genügend Streulicht zur Verfügung hat und überaus gut mit Sauerstoff aus der Photosynthese der Wasserlinsen versorgt wird.

1 Froschlöffel *Alisma plantago-aquatica*
2 Rohrkolben *Typha latifolia*
3 Schilfrohr *Phragmites australis*
4 Wasserskorpion *Nepa cinerea*
5 Weiße Seerose *Nymphaea alba*
6 Libellenlarve *Libellula* sp.
7 Teichhuhn *Gallinula chloropus*

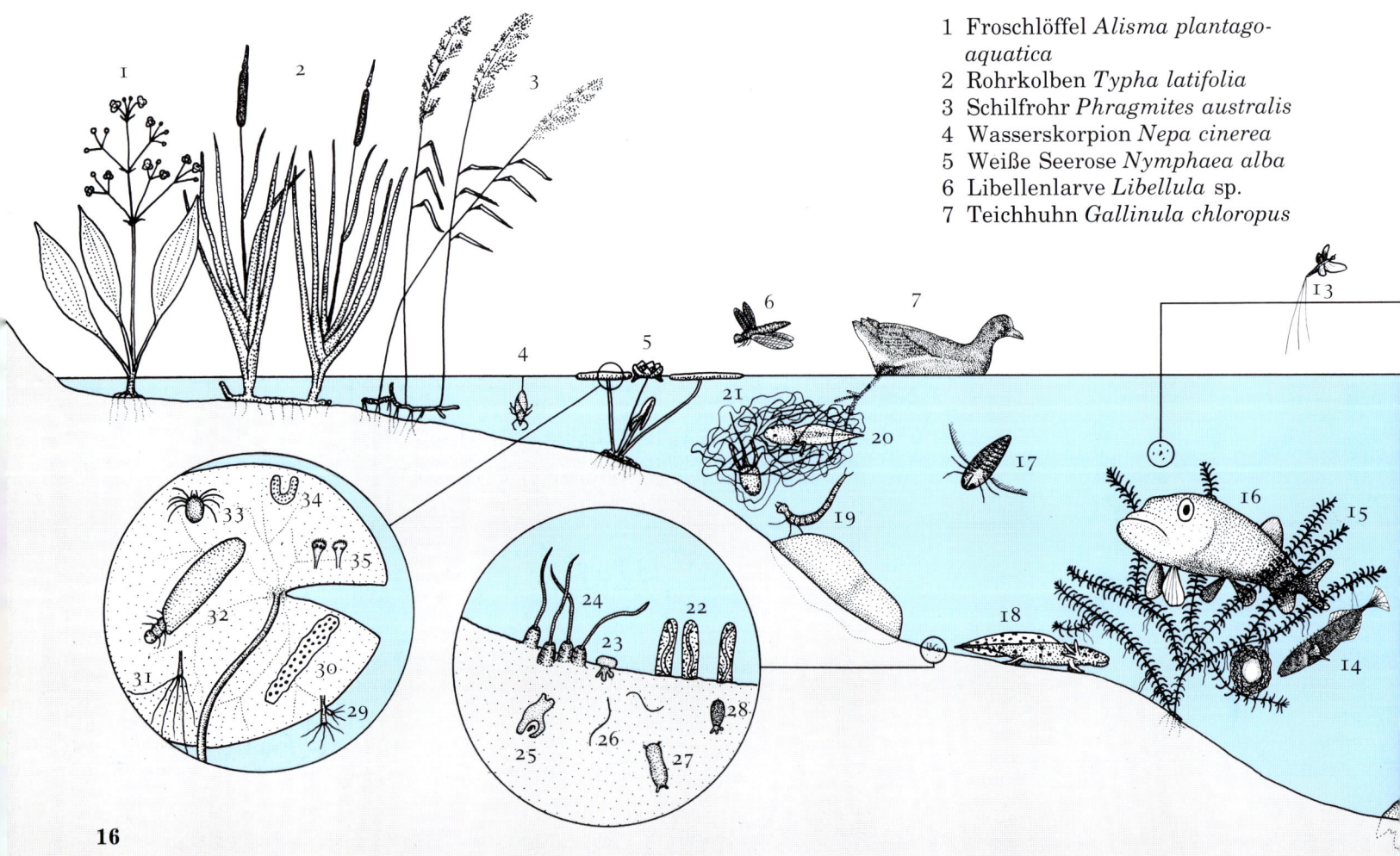

Sommer im Teich

Die Zeichnung zeigt uns einen Teich im Sommer. Typische Pflanzen und Tiere sind an ihren jeweiligen Teillebensräumen dargestellt.

8 Pantoffeltierchen *Paramecium* sp.
9 Hüpferling *Cyclops* sp.
10 Wasserfloh *Daphnia* sp.
11 Augentierchen *Euglena* sp.
12 Muschelkrebs *Cypris* sp.
13 Eintagsfliege *Ephemera* sp.
14 Stichling *Pungitius pungitius*
15 Wasserpest *Elodea canadensis*
16 Hecht *Esox lucius*
17 Rückenschwimmer *Notonecta* sp.
18 Kammolch-Larve *Triturus cristatus*
19 Larve vom Gelbrandkäfer *Dytiscus marginalis*
20 Kaulquappe vom Grasfrosch *Rana temporaria*
21 Schraubenalge *Spirogyra* sp.
22 Zuckmückenlarve *Chironomus* sp.
23 Beschalte Amöbe *Arcella* sp.
24 Röhrenwurm *Tubifex* sp.
25 Amöbe *Amoeba* sp.
26 Rundwurm *Nematoda*
27 Bauchhärling *Gastrotricha*
28 Beschalte Amöbe *Difflugia* sp.
29 Grüner Polyp *Hydra viridis*
30 Spitzschlammschnecke *Lymnaea stagnalis*, Gelege
31 Brauner Polyp *Hydra oligactis*
32 Zünsler-Raupe *Nymphula nymphaeata*
33 Wassermilbe *Hydracarina*
34 Gelege einer Zuckmücke *Chironomus* sp.
35 Trompetentierchen *Stentor* sp.
36 Krebsschere *Stratiotes aloides*
37 Stechmücken-Puppe *Culex* sp.
38 Wasserlinse *Lemna* sp.
39 Glockentierchen *Vorticella* sp.
40 Rädertierchen *Rotaria* sp.

41 Stechmückengelege *Culex* sp.
42 Stechmückenlarve *Culex* sp.
43 Gelbrandkäfer *Dytiscus marginalis*
44 Gelbe Teichrose *Nuphar lutea*
45 Pfeilkraut *Sagittaria sagittifolia*
46 Wasser-Minze *Mentha aquatica*
47 Binse *Juncus* sp.
48 Wasserspitzmaus *Neomys fodiens*
49 Gelbe Schwertlilie *Iris pseudacorus*
50 Schilfkäfer *Donacia vulgaris*
51 Spitzschlammschnecke *Lymnaea stagnalis*
52 Moostierchen *Ectoprocta*
53 Süßwasserschwamm *Ephydatia fluviatilis*
54 Kokon vom Schilfkäfer *Donacia* sp.
55 Bärtierchen *Macrobiotus* sp.
56 Köcherfliegenlarve *Limnephila* sp.
57 Fischegel *Piscicola geometra*
58 Schwimmglocke der Wasserspinne *Argyroneta aquatica*
59 Schlammfliegen-Larve *Sialis* sp.
60 Nymphe einer Libelle *Libellula* sp.
61 Schnaken-Larve *Tipula* sp.
62 Fadenwurm *Nematomorpha*
63 Strudelwurm *Dendrocoelum lacteum*
64 Teichmuschel *Anodonta cygnaea*
65 Pferdeegel *Haemopsis sanguisuga*
66 Büschelmücken-Larve *Chaoborus* sp.
67 Dreistacheliger Stichling *Gasterosteus aculeatus*
68 Barsch *Perca fluviatilis*

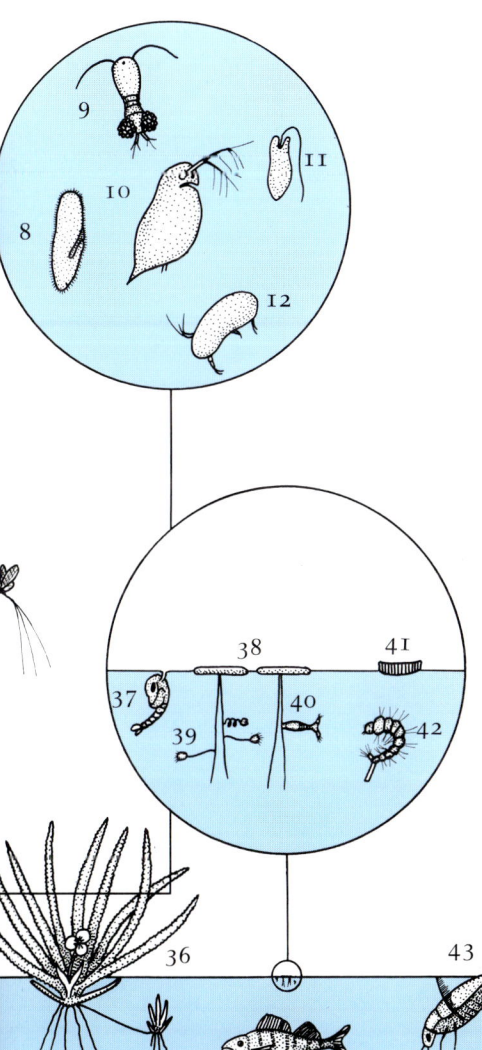

Winter im Teich

Die Zeichnung zeigt einen typischen Teich im Winter und die Einflüsse der ungünstigeren Jahreszeit auf die einzelnen Teichbewohner.

 1 Froschlöffel *Alisma plantago-aquatica*
 2 Rohrkolben *Typha latifolia*
 3 Schilfrohr *Phragmites australis*
 4 Wasserskorpion *Nepa cinerea*
 5 Teichhuhn *Gallinula chloropus*
 6 Pantoffeltierchen *Paramecium* sp.
 7 Hüpferling *Cyclops* sp.
 8 Wasserfloh *Daphnia* sp.
 9 Grünalge *Chlamydomonas* sp.
10 Augentierchen *Euglena* sp.
11 Muschelkrebs *Cypris* sp.
12 Wasserpest *Elodea canadensis*
13 Zehnstacheliger Stichling *Pungitius pungitius*
14 Dreistacheliger Stichling *Gasterosteus aculeatus*
15 Hecht *Esox lucius*
16 Grasfrosch *Rana temporaria*
17 Beschalte Amöbe *Arcella* sp.

18 Röhrenwurm *Tubifex* sp.
19 Kieselalgen *Bacillariophyceae*
20 Amöbe *Amoeba* sp.
21 Rundwürmer *Nematoda*
22 Bauchhärling *Gastrotricha*
23 Beschalte Amöbe *Difflugia* sp.
24 Grüner Polyp *Hydra viridis*
25 Wassermilbe *Hydracarina*
26 Teichnapfschnecke *Acroloxus lacustris*
27 Brauner Polyp *Hydra oligactis*
28 Zünsler-Raupe *Nymphula nymphaeata*
29 Rädertierchen *Rotifer* sp.
30 Trompetentierchen *Stentor* sp.
31 Glockentierchen *Vorticella* sp.
32 Schraubenalge *Spirogyra* sp.
33 Weiße Seerose *Nymphaea alba*
34 Wintereier eines Rädertierchens
35 Wasserlinse *Lemna* sp.

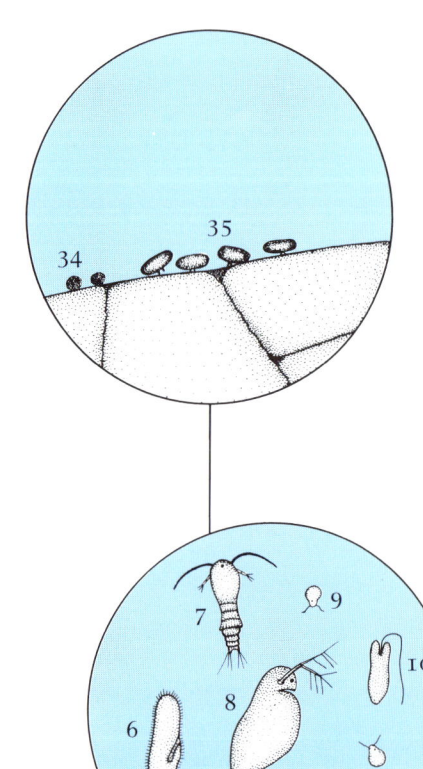

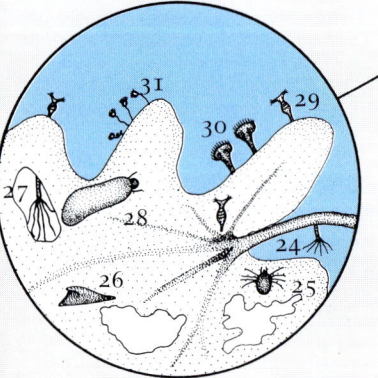

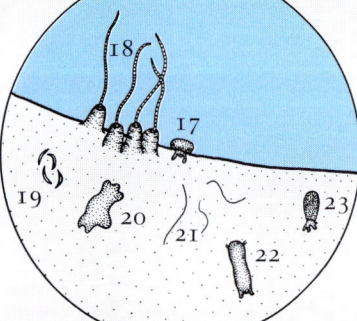

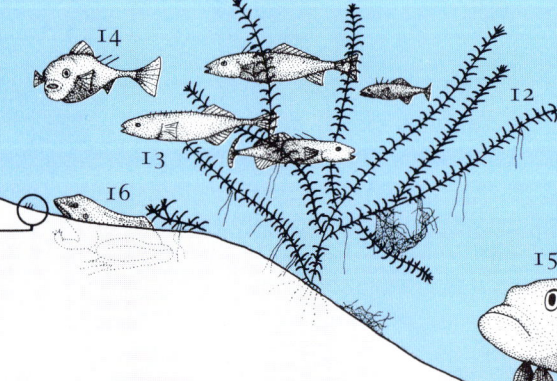

Der Teichboden

In stehenden Teichen, die keinen Wasserzu- oder -ablauf besitzen, ist der Boden meist mit Schlamm oder anderem Material mit einem hohen Gehalt an organischen Stoffen bedeckt. Rundwürmer, Ringelwürmer, Muscheln, Schnecken und verschiedene Insektenlarven halten sich gerne im Bodenschlamm auf. Plattwürmer, die Larven von Eintagsfliegen, Köcherfliegen oder Libellen kriechen und krabbeln dagegen eher über die Bodenoberfläche. Viele Tiere, die sich durch den Bodenschlamm wühlen und dort die organischen Stoffe verwerten, dienen ihrerseits als Nahrung für verschiedene räuberisch lebende Arten. Verschiedene Fische sind z. B. mit empfindlichen Barteln ausgestattet, die bei der Suche nach Nahrung auf dem Teichgrund eingesetzt werden.

Das meiste Leben auf oder im Bodenschlamm vollzieht sich außerhalb unserer Blicke. Unentwegt sind auch die unsichtbaren Bakterien und Pilze bei der Arbeit und setzen die anfallende tote organische Substanz um. Sie wandeln diese Materie wieder in einfache mineralische Bestandteile um, die damit wieder den Primärproduzenten zur Verfügung stehen. Viele Algen leben ebenfalls auf Steinen oder auf dem Teichgrund.

36 Krebsschere *Stratiotes aloides*
37 Pfeilkraut *Sagittaria sagittifolia*
38 Wasser-Minze *Mentha aquatica*
39 Binse *Juncus* sp.
40 Gelbe Schwertlilie *Iris pseudacorus*
41 Wasserspitzmaus *Neomys fodiens*
42 Statoblasten eines Moostierchens *Ectoprocta*
43 Leerer Kokon eines Schilfkäfers *Donacia* sp.
44 Zerfallender Süßwasserschwamm *Ephydatia fluviatilis*
45 Bärtierchen *Tardigrada*
46 Köcherfliegen-Larve *Limnephilus* sp.
47 Fischegel *Piscicola geometra*
48 Spitzschlammschnecke *Lymnaea stagnalis*
49 Wasserspinne in Luftblase *Argyroneta aquatica*

50 Gemmulae des Süßwasserschwammes *Ephydatia fluviatilis*
51 Besetzter Kokon des Schilfkäfers *Donacia* sp.
52 Gelbrandkäfer *Dytiscus marginalis*
53 Schlammfliegen-Larve *Sialis* sp.
54 Nymphe einer Libelle *Libellula* sp.
55 Strudelwurm *Dendrocoelium lacteum*
56 Fadenwurm *Nematomorpha*
57 Schnaken-Larve *Tipula* sp.
58 Gelbe Teichrose *Nuphar lutea*
59 Teichmuschel *Anodonta cygnaea*
60 Rückenschwimmer *Notonecta* sp.
61 Büschelmücken-Larven *Chaoborus* sp.
62 Barsch *Perca fluviatilis*
63 Pferdeegel *Haemopsis sanguisuga*

Die Wasserfläche

Obwohl die Wasseroberfläche eines Teiches natürlich als Flüssigkeit erscheint, ist sie wegen der Oberflächenspannung elastisch genug, um kleinere Lebewesen zu tragen. Daher wird auf oder unmittelbar unter der Oberfläche eines Teiches ein reges Leben anzutreffen sein. Teichläufer spazieren gemächlich über das Wasser. Ihre Füße tragen Büschel aus dünnen, feinen, dichten Haaren und sind daher nicht benetzbar. Wasserläufer flitzen schon wesentlich schneller über den Oberflächenfilm. Ihre Füße tragen Paddel aus feinen Borsten, die das Tier vor dem Einsinken

Die Kräfte, die die Wassermoleküle im Kontaktbereich zur Luft zusammenhalten, grenzen den wäßrigen Lebensraum wie mit einer zähen, elastischen Haut ab.

in das Wasser bewahren. Zusätzlich ist die Greifklaue, die sich gewöhnlich am Ende eines Insektenbeines befindet, noch ein wenig höher angebracht worden, damit der Oberflächenfilm nicht unnötig gestört wird. *Dolomedes*, eine Spinne, kann über das Wasser rennen und zappelnde Fluginsekten einfangen, die von der Oberflächenspannung des Wassers gefangen wurden. Große Kolonien des Wasserspringers (*Podura aquatica*), eines Vertreters der Springschwänze, verbringen praktisch ihren gesamten Lebenszyklus auf dem Wasserfilm. Der Taumelkäfer taucht dagegen leicht in das Wasser ein, wenn er seine Kreise zieht. Die Rückenseite des Käfers ist wasserabweisend, seine Bauchseite dagegen nicht. Daher kann er etwa bis zur Hälfte der Körperseite eintauchen. Sogar seine Augen sind auf diese Lebensweise besonders eingerichtet und zweigeteilt. Ein Teil des Facettenauges schaut in die Luft, während der untere Teil die Vorgänge unterhalb der Wasserlinie in den Blick nimmt. Verschiedene Gelege, vor allem diejenigen der Stechmücken, treiben wie Flöße auf der Wasseroberfläche.

Manche Tiere können sich tatsächlich auch von unten an der Wasseroberfläche entlanghangeln oder sich von Oberflächenströmungen verdriften lassen. Der Süßwasserpolyp *Hydra* kann sich sozusagen an der Teichdecke auf-

hängen. Plattwürmer und Schnecken gleiten am Oberflächenfilm entlang.

Obwohl der Oberflächenbereich des Teiches der Lebensraum für viele Arten ist, bringt er manchen auch den raschen Tod. Kleine Wasserbewohner können sich nach heftigen Turbulenzen (zum Beispiel beim Hineinwerfen eines Steines oder beim Eintauchmanöver eines Frosches) auf der falschen Seite des Wasserfilmes wiederfinden und die Oberflächenhaut nicht wieder durchbrechen, um ihr eigentliches Medium zu erreichen. Sie zappeln meist nur eine kurze Weile herum, weil sie eine besonders leichte Beute von Wasserläufer oder Rückenschwimmer werden.

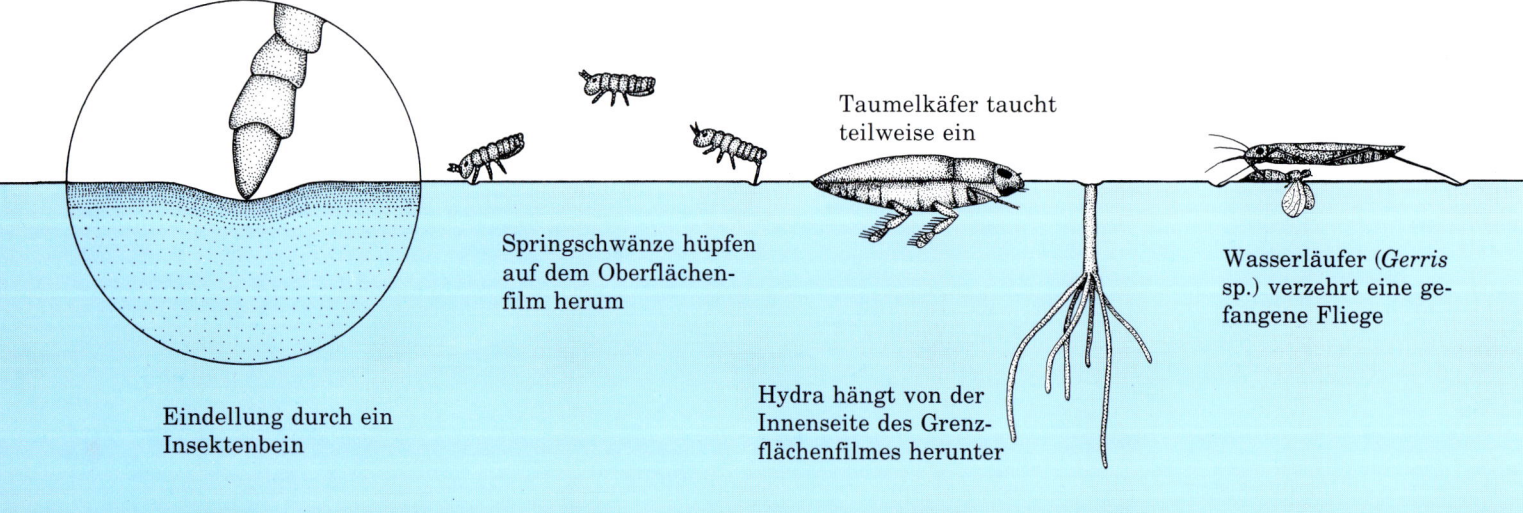

Eindellung durch ein Insektenbein

Springschwänze hüpfen auf dem Oberflächenfilm herum

Taumelkäfer taucht teilweise ein

Hydra hängt von der Innenseite des Grenzflächenfilmes herunter

Wasserläufer (*Gerris* sp.) verzehrt eine gefangene Fliege

Die Sonne, der Quell des Lebens

Alles Leben auf unserem Planeten Erde hängt letztlich von der Sonnenenergie ab. Sobald die Sonne grüne Pflanzen auf dem Land oder im Wasser bescheint, läuft ein komplexer Vorgang, Photosynthese genannt, in den grünen Pflanzenorganen ab. Ein Teil der Sonnenenergie (Strahlungsenergie) bleibt in energiereichen organischen Substanzen (chemische Energie) erhalten. Sie werden von den Pflanzen aus Kohlendioxid und Wasser aufgebaut, Ausgangsstoffe, die gerade den Wasserpflanzen fast unbeschränkt zur Verfügung stehen. Eines der ersten Produkte der Photosynthese sind Zucker, die ihrerseits in verschiedene weitere Stoffe für den Betrieb und den Aufbau des Organismus umgewandelt werden. Als Nebenprodukt der Photosynthese entsteht Sauerstoff. Über seine Bedeutung für das gesamte Leben im Teich haben wir schon gesprochen.

Abgesehen von den Energieflüssen von der Sonne enthält oder produziert ein Teich sonst fast alles, was für das Leben und Überleben seiner pflanzlichen und tierischen Bewohner nötig ist. Teiche sind verhältnismäßig überschaubare Lebensräume. Daher kann man gerade an einem Teich die Zu-sammenhänge und Beziehungen der Pflanzen und Tiere untereinander und zu ihrer Umwelt besonders gut untersuchen.

Pflanzen nennt man Primärproduzenten, weil sie allein organische Substanz aus anorganischen Ausgangsstoffen (Kohlendioxid und Wasser) aufbauen können. Alle Tiere hängen mittelbar oder unmittelbar von dieser bemerkenswerten Fähigkeit der Pflanzen ab. Manche Tiere ernähren sich nämlich ausschließlich von Pflanzen. Man nennt sie Pflanzenfresser (Herbivore) oder Konsumenten erster Ordnung. Zu dieser Gruppe gehören beispielsweise die winzigen Protozoen, die sich Kieselalgen einverleiben, die Wasserflöhe, die Algen aus dem Wasser filtern, oder der langhalsige Schwan, der die Wasserpflanzenbestände auf dem Teichgrund abweidet. Konsumenten zweiter Ordnung fressen die Konsumenten erster Ordnung: Wasserflöhe dienen beispielsweise den Stichlingen als Nahrung, die ihrerseits vom Barsch (Konsument dritter Ordnung) verfolgt werden. Ein Graureiher, der sich einen Barsch aus dem Teich fängt, wäre in diesem Beispiel ein Konsument vierter Ordnung. Extrem wichtig sind die Zer-setzer (Destruenten), Bakterien und Pilze allen voran, die den Bestandsabfall in Form toter Pflanzen und Tiere abbauen und in mineralische Ausgangsstoffe zurückverwandeln. Wenn es keine Destruenten gäbe, würden alle Nährstoffe aus dem Wasser ziemlich bald in den toten Teilen von Pflanzen und Tieren festgelegt sein, und kein neues Leben könnte unter diesen Bedingungen beginnen.

Die Weitergabe der Nahrungsenergie von den Pflanzen über verschiedene Konsumentenstufen wird als Nahrungskette bezeichnet. Die meisten Tiere leben jedoch nicht nur von einer einzigen Nahrungsart und dienen umgekehrt auch ihrerseits nicht nur einer

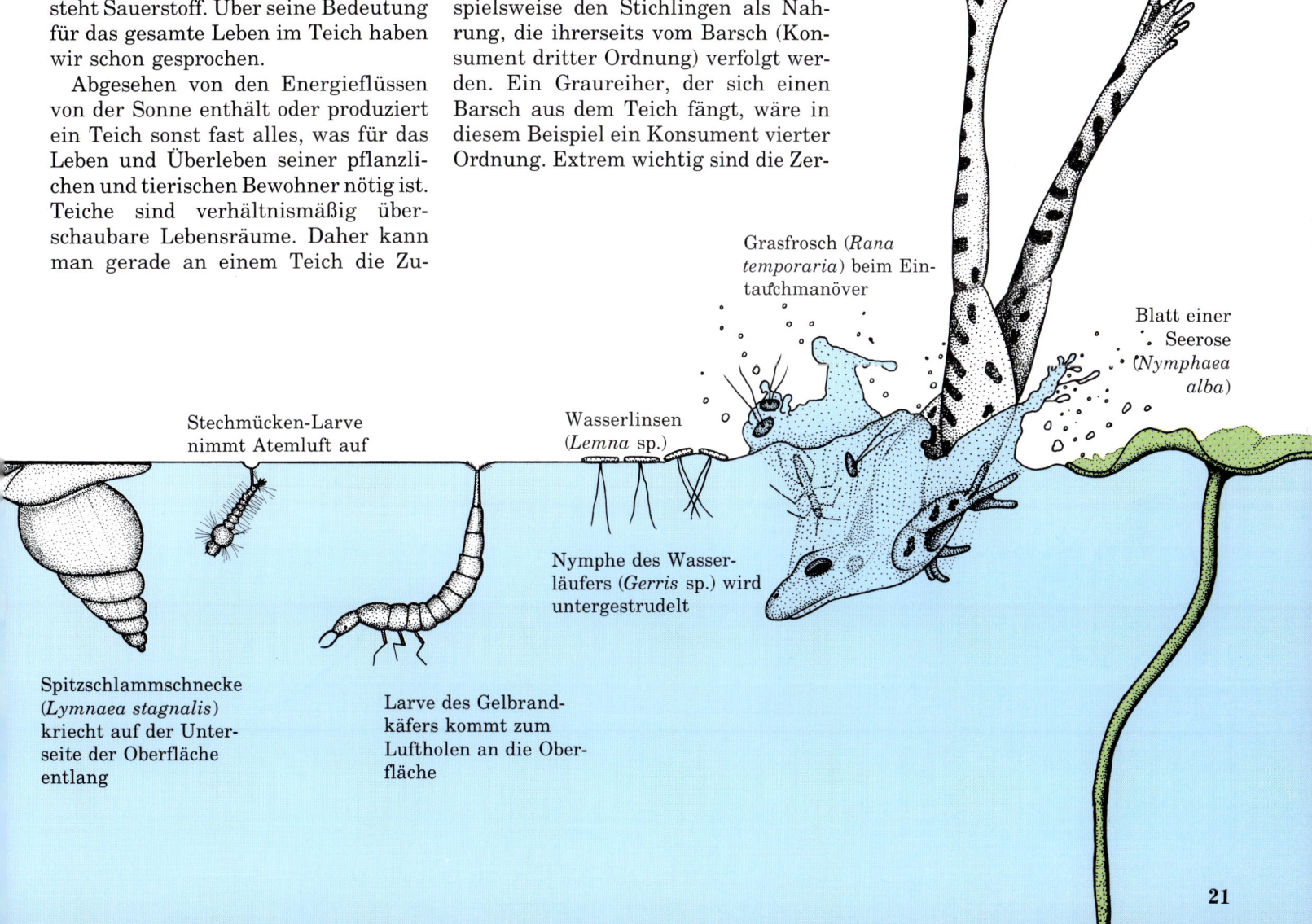

Grasfrosch (*Rana temporaria*) beim Eintauchmanöver

Blatt einer Seerose (*Nymphaea alba*)

Stechmücken-Larve nimmt Atemluft auf

Wasserlinsen (*Lemna* sp.)

Nymphe des Wasserläufers (*Gerris* sp.) wird untergestrudelt

Spitzschlammschnecke (*Lymnaea stagnalis*) kriecht auf der Unterseite der Oberfläche entlang

Larve des Gelbrandkäfers kommt zum Luftholen an die Oberfläche anderen Tierart als Beute. Die zunächst so einfach erscheinenden Nahrungsketten werden daher in Wirklichkeit zu unübersichtlichen Nahrungsnetzen verknüpft. Nur wenige Glieder bilden eine lineare Nahrungskette, gewöhnlich nicht mehr als drei bis fünf. Aus energetischen Gründen können es auch gar nicht mehr Glieder sein. Nur eine endliche Menge an Energie ist im Universum vorhanden, die zwar nicht erzeugt oder zerstört, wohl aber in verschiedene Formen umgewandelt werden kann. Die Energiebeträge, die die Erde durch die Sonnenstrahlung empfängt, halten sich etwa die Waage mit den Mengen, die als unsichtbare Wärmestrahlung verlorengehen. Während der Umformung und Weitergabe von Energie wird immer ein beachtlicher Anteil in nicht nutzbare Wärme umgewandelt.

Im Durchschnitt werden etwa 90 Prozent der Energie in einer Nahrungsquelle nach dem Verzehr in Wärme umgewandelt. Nehmen wir einmal an, eine Nahrungskette beginnt bei den Algen und umfaßt Wasserflöhe, Stichlinge, Barsche und einen Graureiher, das letzte Konsumentenglied an einem mitteleuropäischen Teich, das (außer dem Menschen) keine natürlichen Feinde mehr hat. Wenn wir die Nahrungskette nun mit 10 000 kg Algen starten lassen, so werden auf der ersten Konsumentenstufe daraus 1000 kg Wasserflöhe, die ihrerseits in 100 kg Stichlinge umgewandelt und für die Produktion von nur 10 kg Barsch veranschlagt werden können. Diese Gewichtsmenge Barsch ergibt schließlich nur 1 kg Zuwachs bei einem jungen Graureiher. Diese gewaltigen Verluste von Energie in Form von Wärme über die verschiedenen Konsumentenebenen hinweg erklärt, warum ein Teich unzählige Mengen Wasserflöhe ernähren kann, aber nur einen Graureiher. Gleichzeitig wird auch klar, warum die Zahl der Glieder in einer Nahrungskette nicht beliebig anwachsen kann.

Sukzession

Die Natur ist nicht statisch. Alles um uns herum unterliegt langsamen, aber stetigen Veränderungen, und auch ein Teich ist da keine Ausnahme. Geburt, Entwicklung und Ende eines Teiches können sich durchaus innerhalb der normalen Lebensspanne eines Menschen vollziehen. Je nach Größe und Rahmenbedingungen kann der gesamte Ablauf aber auch einige hundert Jahre in Anspruch nehmen. Die Entwicklung eines Teiches nennt man Sukzession. Sukzession ist die Abfolge verschiedener Pflanzengemeinschaften, die sich zeitlich und räumlich nacheinander ersetzen, wenn ein Teich sich normal entwickelt und schließlich verschwindet. Am Anfang wird ein neuer Teich vielleicht nur von ein paar Pionierpflanzen besiedelt, die mit wenigen Nährstoffen auskommen und auch noch keinen schlammigen Teichboden als Wurzelgrund benötigen. Wenn diese Pioniere absterben, werden sie zersetzt und hinterlassen Nährstoffe, die eventuell anspruchsvolleren Neusiedlern zugute kommen. Am Boden sammeln sich Reste und Sedimente, so daß immer mehr Pflanzenarten mit immer neuen Standortansprüchen sich ansiedeln können. Wenn man einen Teich seiner ungestörten Entwicklung überläßt, wird er also irgendwann einmal verlanden und über Sumpf- oder Moorstadien schließlich zu trockenem, festem Land werden. Die Pflanzengesellschaften rücken dabei von der ursprünglichen Uferlinie immer weiter zur Teichmitte vor, bis auch den letzten echten Wasserpflanzen der Lebensraum genommen wurde. Die verschiedenen Stadien dieses natürlich ablaufenden Verlandungsprozesses sind bereits mit der Abfolge der verschiedenen Pflanzengemeinschaften im Wasser vorgezeichnet. Je flacher und seichter ein Teich ist, um so rascher wird die Verlandung voranschreiten.

So wie sich die Pflanzengemeinschaften zeitlich und räumlich wandeln, verändern sich natürlich auch die tierischen Besiedler, die von den Pflanzenbeständen direkt oder indirekt abhängen. Ein Teich erweist sich bei dieser Sichtweise als eine besonders dynamische Einheit. Überraschende Veränderungen können von Jahr zu Jahr eintreten und sich in Größe und Zusammensetzung der tierischen Populationen zeigen. Immer gibt es etwas zu sehen, zu beobachten, zu erklären. Jeder kann das Wissen um die Teiche und ihre Lebensbedingungen erweitern, indem er Beobachtungen und Befunde sorgfältig festhält.

Weiße Teichrose

Teichökologie

Das Pflanzenwachstum in einem bestimmten Teich spiegelt unmittelbar die Eigenheiten des geologischen Untergrundes und die Bodenqualität wider. Die Reichhaltigkeit der Pflanzen im und am Teich hängen in erster Linie vom Nährstoffreichtum des Wassers ab. Natürlich spielen auch andere Umweltfaktoren eine Rolle, etwa das Klima der Region, in der der Teich liegt. Im allgemeinen fällt der pflanzliche Artenreichtum um so höher aus, je mehr sich der pH-Wert des Teichwassers im neutralen bis leicht alkalischen Bereich bewegt. Verschiedene Mikronährstoffe, vor allem Calcium- und Magnesiumbicarbonat, fördern das Pflanzenwachstum sehr. Daher wird Teichwasser, das über Kalkgestein zufließt, viele Nährstoffe enthalten und gerade solchen Pflanzen günstige Bedingungen bieten, die neutrales oder leicht alkalisches Wasser bevorzugen. Wenn der Teich flach ist, kann das Sonnenlicht überallhin vordringen und ein üppiges Pflanzenwachstum mit einer ebenso reichen Begleitfauna in Gang bringen.

Andererseits wird ein Moorteich in einem sauren Torfmoor nur wenigen spezialisierten Pflanzen geeignete Lebensbedingungen bieten. Moortümpel

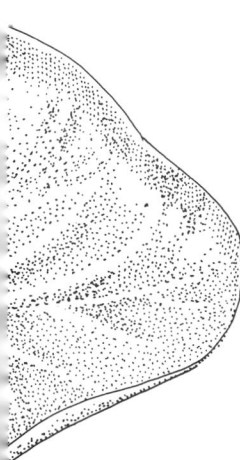

und -teiche sind gewöhnlich auffallend nährstoffarm, obwohl genügend organische Stoffe (Huminsäuren) im Wasser gelöst sind. Die Flora gestaltet sich entsprechend bescheiden. Nur Torfmoose (*Sphagnum* spp.) und verschiedene Seggen-Arten (*Carex* spp.) sind zu erwarten.

Im nördlichen Bergland gibt es Kleingewässer, die weder Mineralstoffe noch Huminsäuren enthalten, weil ihr Zulaufwasser über harten, widerstandsfähigen Fels herbeigeführt wird. Oft sind sie auch noch mit steilen Ufern ausgestaltet oder weisen einen sandigen oder kiesigen Untergrund auf. Obwohl die Flora gerade solcher Teiche ausgesprochen ärmlich ist, enthält sie verschiedene kennzeichnende und interessante Arten, etwa das Brachsenkraut (*Isoetes lacustris*), die Wasser-Lobelie (*Lobelia dortmanna*) oder den Pillenfarn (*Pilularia globulifera*), die allesamt niedrige pH-Werte im sauren Bereich ertragen können. Ansonsten sind Teiche mit saurem, nährstoffarmem Wasser weder für den Pflanzenwuchs noch für eine reich differenzierte Wasserfauna förderlich. Selbst Bakterien und Pilze meiden solche extremen Gewässer. Mit dem reichen Leben in einem bestens mit Nährstoffen versorgten Teich können solche Kleingewässer überhaupt nicht verglichen werden.

Besonders seichte Teiche mit flach einfallenden Uferpartien geben einer gut ausgebildeten Pflanzendecke Raum. In Teichen mit steilen Ufern fällt die Flora wiederum etwas ärmer aus und bleibt fast ausschließlich auf die Randbereiche beschränkt. Im tieferen Wasser wird das Licht zum begrenzenden Faktor für die Pflanzenproduktion. Daher kann auch die Verlandung oder die Bildung von Bodenschlamm bei weitem nicht so rasch fortschreiten wie im flachen Teich. Teiche in Waldgebieten werden durch die ständige Beschattung ebenfalls in ihrer Produktionskraft behindert. Ein paar wenige Bäume in der Umrandung eines Tei-

ches können dagegen auch von Vorteil sein. Bäume und auch Sträucher geben wirksamen Windschutz. In windoffenen Teichen bleibt die Schwimmblattpflanzen-Vegetation fast ausschließlich auf geschütztere Buchten in Leelagen beschränkt.

Zum Gehölzbewuchs von Teichen gehören Erlen und Weiden. Wenn ihre Blätter den Teich im Frühjahr und Sommer beschatten, bremsen sie das Wachstum von Algen und Wasserlinsen, die jeweils sonnige, warme, offene Wasserflächen bevorzugen. Stämme und Gezweig der Gehölze bieten den Imagines und aufsteigenden Nymphen verschiedener Wasserinsekten Sitz- und Ruheplätze. Außerdem trägt das Wurzelwerk der Bäume und Sträucher wesentlich zur räumlichen Durchgliederung der Uferpartien bei, so daß sich um so mehr Kleintiere einfinden können.

In Aussehen und Artenzusammensetzung gleicht der Gehölzsaum an Teichen und Weihern der Strauch- und Baumbestockung in Bachauen und an ungestörten Flußufern. Weil sich mit verschiedenen Weiden-Arten, beispielsweise mit der Bruch-Weide (*Salix fragilis*) oder der Silber-Weide (*Salix alba*) überwiegend Gehölze mit recht weichem Holz einfinden, darf man auch hier von einer besonderen Form der Weichholzaue sprechen.

Verschiedene Pflanzenarten haben sich darauf spezialisiert, verschiedene Regionen des Teiches zu besiedeln. Im tieferen Wasser finden sich nur solche Arten, die ständig untergetaucht leben müssen. Andere Pflanzen driften auf der Wasseroberfläche umher und lassen ihre Wurzelorgane frei im Wasser hängen. Die hohen Pflanzen des Uferröhrichts sind keine echten Wasserpflanzen mehr, aber darauf spezialisiert, auf wasserdurchtränktem Boden zu stocken.

Aspekt und Aussehen eines Teiches werden vor allem durch seinen Pflanzenbewuchs bestimmt. Besonders üppig erscheinende Teiche weisen sowohl im Wasser als auch an den Uferpartien arten- und individuenreiche Pflanzenbestände auf. Am und im Teich findet sich ein erstaunlicher Artenreichtum zusammen. Den auffallenden Blütenpflanzen stehen noch mehr Arten unscheinbarer Pflanzen wie Farne, Moose und Algen gegenüber. Artenreichtum und üppiges Wachstum sind ein sicheres Anzeichen dafür, daß der Teich und seine Umgebung den Pflanzen günstige Entwicklungsbedingungen bieten. Da Wasser reichlich vorhanden ist, laufen die Pflanzen am und im Teich kaum Gefahr, zu verwelken oder zu vertrocknen. Meist liegen auch genügende Mengen an gelösten Nährstoffen vor. Pflanzen, die ganz und gar untergetaucht leben, erfahren nicht solche extremen Temperaturunterschiede, wie sie viele Landpflanzen über sich ergehen lassen müssen. Es gibt andererseits aber auch ein paar einschränkende Nachteile: Mitunter herrscht im Wasser Sauerstoffarmut. Darunter leiden besonders die untergetauchten Wasserpflanzen, die keinen Zugang zur freien Atmosphäre haben. Im tieferen oder trüben Wasser wird das Licht zum wachstumsbegrenzenden Faktor. Wachstum, Blühen oder Samenreife können besonders bei schwankenden Wasserständen oder der Gefahr des völligen Trockenfallens extrem schwierig werden.

Lebenstätigkeiten der Pflanzen

Transpiration

Alle Lebewesen benötigen größere Mengen Wasser. Bei Pflanzen kann der Wassergehalt ihrer Gewebe und Organe bis zu 90% betragen. Im Wasser sind die wichtigen anorganischen Nährstoffe gelöst. Wasser wird von den Wurzeln auf osmotischem Wege aufgenommen. Die Zellen in den Wurzeln enthalten höhere Konzentrationen an Mineralstoffen oder auch Zuckern als die Bodenlösung oder auch das Teichwasser außerhalb der Zellmembranen. Daher dringt Wasser von außen in die Zellen ein. Es fließt vom Ort niedriger zu den Stellen höherer Stoffkonzentration, weil bei Konzentrationsunterschieden immer ein Ausgleich und Gleichgewichtszustand angestrebt wird. Wasser, das auf diese Weise über die Wurzelzellen aufgenommen wird, wird auf dem gleichen Wege von Zelle zu Zelle weitergegeben, bis es in der Wurzel schließlich zu Leitbahnen gelangt, durch die es zu den Sprossen und Blättern aufsteigen kann. Aus den Blättern verdunstet das Wasser durch kleine Spaltöffnungen, die sich gewöhnlich auf den Blattunterseiten befinden und nur bei den Schwimmblattpflanzen oberseits angebracht sind. Die Wasserabgabe durch die Blätter, Transpiration genannt, sorgt für die nötige Saugkraft, die das Wasser aus den Wurzeln schließlich bis zu den obersten Blattorganen aufsteigen läßt. Eine Pflanze nimmt durch Osmose so lange Wasser auf, bis die Zellen und Gewebe wassergesättigt und straff gespannt sind. Solange die Wasserversorgung sichergestellt ist, behalten die Pflanzenorgane ihre Gewebespannung (Turgor). Wenn der Wassernachschub unterbrochen wird, läßt die Gewebespannung nach – die betreffende Pflanze welkt.

Photosynthese

Wie die Tiere benötigen auch die Pflanzen Baumaterial zur Entwicklung neuer Gewebe und Organe.

Außerdem kostet die komplizierte Chemie der verschiedenen Lebensprozesse ständig Energie. Proteine, Kohlenhydrate, Fette liefern auch bei Pflanzen die Basis für Aufbau und Entfaltung. Wo aber die Tiere ihren Stoffbedarf durch pflanzliche Nahrung decken oder auch durch Tiere, die ihrerseits pflanzliche Nahrung aufgenommen haben, besitzen grüne Pflanzen die einzigartige Fähigkeit, ihre lebensnotwendigen Stoffe aus leblosem Material selbst herzustellen. Sie benötigen dazu lediglich Wasser, Kohlendioxid und ein paar Mineralsalze aus ihrer Umgebung. Nur grüne Pflanzen sind dazu in der Lage, und daher hängt letztlich alles Leben dieser Erde von den grünen Pflanzen ab.

Photosynthese nennt man die wichtige Stoffwechselleistung, bei der die grünen Pflanzen die Energie des Sonnenlichtes letztlich in die chemische Energie von Zucker und anderen organischen Stoffen umwandeln. Zur Photosynthese benötigen die Pflanzen grüne Farbstoffe (Chlorophylle), die sich hauptsächlich in den Zellen ihrer Blätter finden. Chlorophyll kann Sonnenlicht absorbieren und stellt die Energie bereit, damit Kohlendioxid sich mit Wasser zu Kohlenhydraten und anderen wertvollen Stoffen verbinden kann. Bei diesem Vorgang, der nur im Licht ablaufen kann, wird gleichzeitig Sauerstoff abgegeben.

Atmung

Pflanzen atmen wie andere Lebewesen auch Tag und Nacht. Die Atmung ist in ihrem Ablauf der Photosynthese entgegengerichtet, denn dabei wird das photosynthetisch aufgebaute Kohlenhydrat mit Sauerstoff verbunden und wieder in Kohlendioxid und Wasser unter Energiegewinn abgebaut. Die dabei anfallende Energie wird vielfach genutzt. Unter anderem dient sie dazu, Kohlenhydrate in andere organische Verbindungen umzuwandeln und mit diesen Stoffen neue Syntheseketten zu speisen. Auf diese Weise hängen auch die Bildung und Speicherung von Fetten oder Proteinen mittelbar mit der Photosynthese zusammen.

Kurz: Zu jedem Zeitpunkt nehmen die Pflanzen durch die Wurzeln Wasser auf und entlassen durch die Blätter Wasserdampf in die Atmosphäre. Gleichzeitig veratmen sie Reservestoffe, indem sie Sauerstoff aufnehmen und Kohlendioxid entlassen. Nur im Licht wird das aus der eigenen Atmung anfallende Kohlendioxid neben CO_2 aus der Atmosphäre photosynthetisch in Zucker umgewandelt. Tagsüber wird dabei weitaus mehr Sauerstoff freigesetzt, als gleichzeitig durch Atmung verbraucht wird. Nachts werden die Sauerstoffvorräte in der Umgebung nach und nach aufgebraucht, so daß die Sauerstoffspannung gegen Morgen ziemlich niedrig sein kann. Landpflanzen führen ihren Gaswechsel mit der Atmosphäre aus, Wasserpflanzen mit dem sie umgebenden Medium Wasser.

1 Über die Wurzeln nimmt die Pflanze Wasser auf, das durch die Leitbahnen von Wurzel und Sproß bis zu den Blättern gelangt.
2 Als Wasserdampf entweicht das Wasser durch Transpiration in die Atmosphäre.
3 Durch die Spaltöffnungen (Stomata) an den Blättern vollzieht sich der Gaswechsel. Bei der Atmung geht Kohlendioxid hinaus, während Sauerstoff aufgenommen wird.
4 Durch Ausnutzung der Sonnenlichtenergie können die Pflanzen in der Photosynthese aus Wasser und Kohlendioxid Zucker und andere organische Substanz herstellen. Dabei wird Sauerstoff freigesetzt.

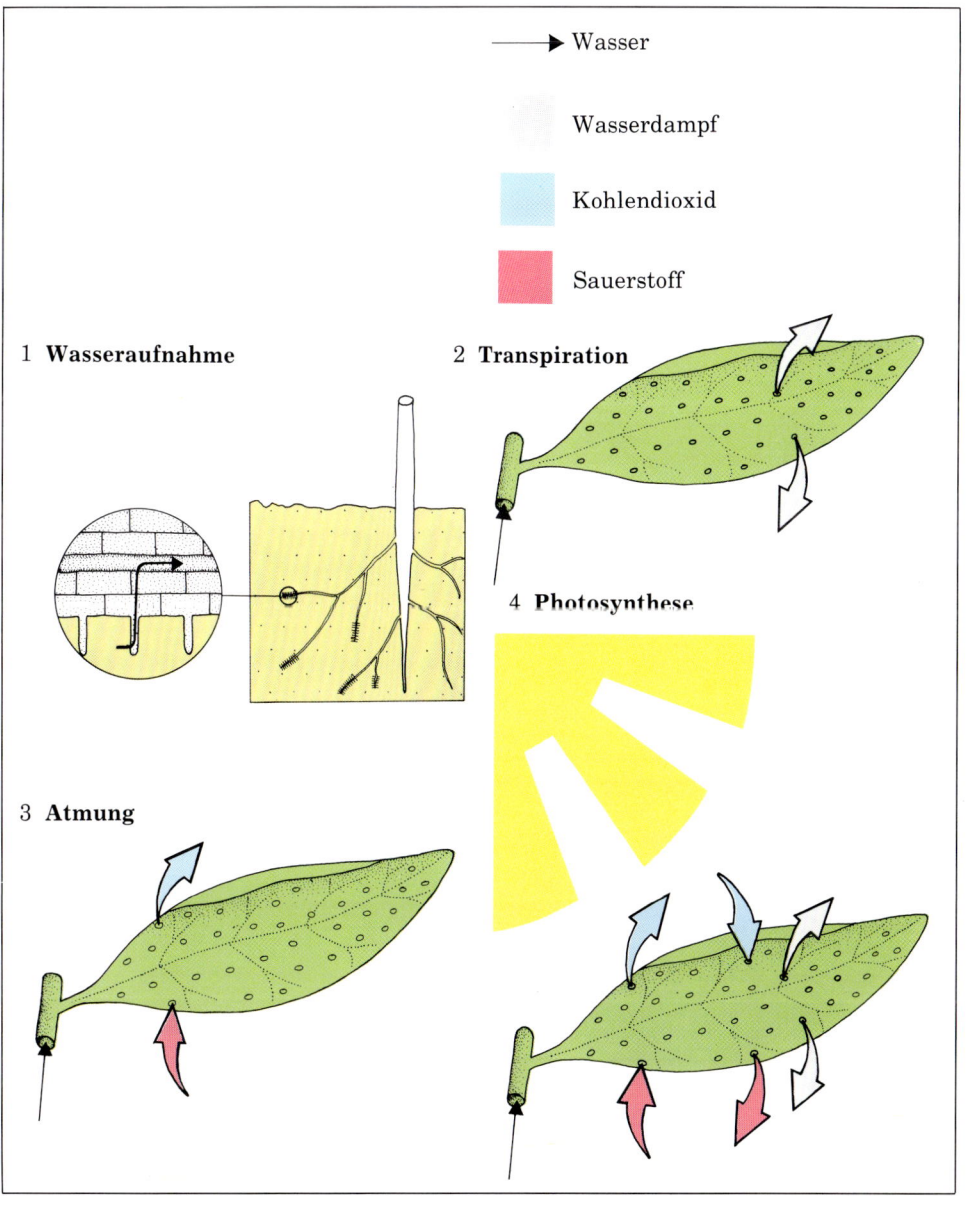

Wasser

Wasserdampf

Kohlendioxid

Sauerstoff

1 Wasseraufnahme

2 Transpiration

3 Atmung

4 Photosynthese

Auftrieb, Wasserstrom und Atmung

Wasserpflanzen unterscheiden sich von Landpflanzen in einer ganzen Reihe von Merkmalen, die es ihnen ermöglichen, in ihrem wäßrigen Lebensraum überleben zu können:

Die Pflanzen mit den meisten Anpassungen leben sämtlich im Bereich des tieferen Wassers. Dazu gehören die Schwimmblatt- und Schwimmpflanzen oder auch solche Arten, die ständig untergetauchte Blätter entwickeln. Außerhalb des Wassers sind diese Pflanzen nicht lebensfähig. Man nennt sie daher echte Wasserpflanzen oder Hydrophyten. Das Wasser gibt diesen Pflanzen rundum so viel Unterstützung und Auftrieb, daß sie auf die Ausbildung von starrem Festigungsgewebe fast völlig verzichten können. Daher besitzen sie oft nur dünne, biegsame Stengel und Verzweigungen und dazu auch weiche Blätter, die im bewegten Wasser nicht gleich brechen.

Die nötige Auftriebskraft, die die aquatischen Pflanzen im Wasser aufrecht oder in der Schwebe hält, wird meist durch große luftgefüllte Kammern im Pflanzengewebe erreicht, die man Aerenchym nennt. Solche Luftkammern zwischen Zellen oder Zellverbänden gibt es in Stengeln, Blättern und selbst in den Wurzeln.

Bei Landpflanzen und semiaquatischen Pflanzen, die ihre Stengel und Blätter im wesentlichen oberhalb der Wasserlinie entwickeln, erfolgt die Transpiration durch winzige Spaltöffnungen (Stomata) an der Blattunterseite. Je nach Außenbedingungen können sich die Stomata öffnen oder schließen und dadurch die Wasserabgabe in weiteren Grenzen regulieren. Gleichzeitig dienen die Spaltöffnungen auch dem Gasaustausch mit der Atmosphäre, an die die gasförmigen Produkte von Photosynthese (Sauerstoff) und Atmung (Kohlendioxid) abgegeben werden. Landpflanzen zeichnen sich gewöhnlich durch eine dicke, wasserdichte Schutzschicht auf dem äußeren Gewebe aus, die man Cuticula nennt.

Untergetaucht lebende Pflanzen besitzen keine Cuticula, sondern nur eine äußere Lage dünnwandiger Epidermiszellen, die das Wasser hindurchläßt, den gesamten Gasaustausch ermöglicht und auch die Nährstoffe aus dem Wasser einschleust. Diese Stoffaustauschvorgänge vollziehen sich über die gesamte Oberfläche einer Wasserpflanze. Auf Spaltöffnungen können die Hydrophyten daher ebenfalls verzichten. Man findet sie nur an solchen Teilen, die direkt mit der Atmosphäre in Kontakt stehen, etwa auf der Oberseite der Blätter von See- und Teichrosen. Diese flachen, schwimmenden Blätter besitzen eine auffällig wachsige, wasserabstoßende Oberfläche. Daher wird auf der einen Seite der Gasaustausch mit der Atmosphäre sichergestellt, andererseits aber auch verhindert, daß die Blätter untergetaucht werden. Andere semiaquatische Pflanzen und Landpflanzen an zeitweise überfluteten Standorten statten ihre Blätter mit einem dichten Haarbesatz aus, so daß sie ebenfalls nicht einfach im Wasser ertränkt werden.

Das Wurzelsystem ist bei den meisten Wasserpflanzen gewöhnlich nur schwach entwickelt und kann mitunter sogar völlig fehlen. Da das Wasser und die darin gelösten Nährstoffe praktisch über die gesamte Oberfläche der Pflanze aufgenommen werden, besteht keine Notwendigkeit, ein aufwendiges Wurzelsystem für die Nährstoffaufnahme oder den Wassertransport auszubilden, wie es bei den Landpflanzen entwickelt ist. Aus Experimenten weiß man allerdings, daß auch die Wurzeln der Wasserpflanzen, so dünn sie auch ausfallen mögen, an der Nährstoffaufnahme beteiligt sind und daß ferner durch die Pflanzen auch stetige Wasserströme aufsteigen. Die Hauptaufgabe der Wurzeln von Wasserpflanzen besteht aber sicherlich in der Verankerung am Boden.

Querschnitt durch den Stengel einer Landpflanze

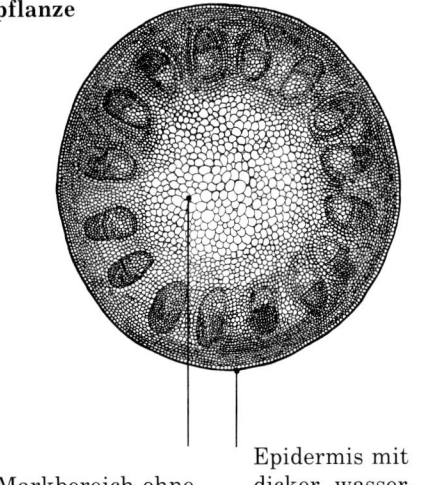

Markbereich ohne Luftkammern

Epidermis mit dicker, wasserdichter Cuticula

Querschnitt durch den Stengel einer Wasserpflanze

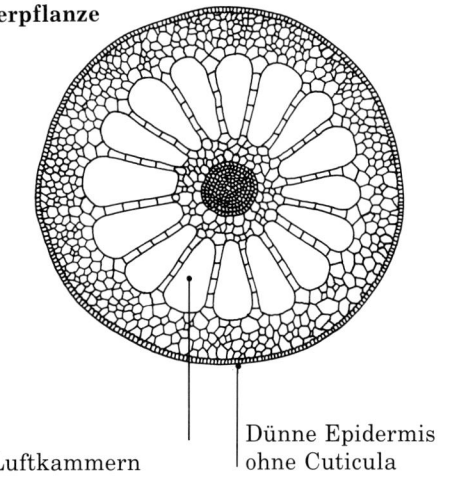

Luftkammern

Dünne Epidermis ohne Cuticula

Die Photosynthese bei Wasserpflanzen

Bei Landpflanzen findet die Photosynthese überwiegend in den Blättern statt, die zudem auch noch flach gestaltet sind, um den Sonnenstrahlen eine möglichst große Auftrefffläche zu bieten. Das Chlorophyll ist in den Blattzellen in besonderen Körperchen, Chloroplasten genannt, untergebracht. Chloroplasten gibt es bei Landpflanzen nur in den mittleren Blattgeweben, während die Epidermis chloroplastenfrei bleibt. Bei den Wasserpflanzen liegen die Dinge wiederum anders. Hier finden sich auch in den äußeren Zellschichten der Blätter und auch in den Stengeln Chloroplasten in Menge. Der Lichteinfall unter Wasser kann sehr dürftig sein, so daß das verfügbare Licht mit allen Mitteln optimal ausgenutzt werden muß. Daher finden sich bei Wasserpflanzen in fast allen Geweben Chloroplasten.

In untergetaucht lebenden Wasserpflanzen wird der in der Photosynthese als Nebenprodukt anfallende Sauerstoff nicht unbedingt gleich an die Umgebung abgegeben, sondern kann entweder sofort der Atmung zugeführt oder in den großen Luftkammern gespeichert werden.

Wasserpflanzen nehmen das für die Photosynthese nötige Kohlendioxid in gelöster Form aus dem Wasser auf, während Landpflanzen zunächst einmal gasförmiges CO_2 durch die Blätter aufnehmen. Eine weitere Kohlenstoffquelle für einige Wasserpflanzen ist Calciumbicarbonat, das besonders in hartem (alkalischem) Wasser in Lösung vorliegt. Wenn die Pflanzen Kohlendioxid aus dem Lösungsgleichgewicht entfernt haben, bleibt auf den Stengeln oder den Blättern meist eine weißliche, kalkige Kruste aus Calciumcarbonat zurück. Solche Kalkniederschläge kann man besonders deutlich auf Armleuchteralgen oder auf der Krebsschere (*Stratiotes aloides*) sehen.

Überdauern von Kälte und Trockenheit

Viele Wasserpflanzen sind mehrjährig, überdauern aber vorwiegend mit bestimmten vegetativen Organen und verlassen sich nicht ausschließlich auf Samenproduktion. Um den Winter gut zu überstehen, haben sie verschiedene Wege und Mittel gefunden. Arten wie Seerosen und Laichkräuter besitzen verhältnismäßig kräftige Wurzelstöcke im Teichboden, die man Rhizome nennt. In diesen verdickten, robusten Organen wurden während der warmen Jahreszeit Reservestoffe, vor allem pflanzliche Stärke, eingelagert. Diese Nahrungsreserven werden im Frühjahr wieder mobilisiert, wenn die neuen Sprosse mit dem Wachstum beginnen. Die Rhizome sind also die eigentlichen Überdauerungsorgane dieser Pflanzen. Viele Arten aus dem Röhricht verfahren ebenso. Sie ziehen sich auf lebende Reserveorgane in der Erde zurück, während die oberirdischen Teile aufgegeben werden und absterben. Untergetaucht lebende Wasserpflanzen bleiben im Gegensatz zu den echten Landpflanzen ohnehin von größerer Kältewirkung verschont, da der Teich bei langen Frostperioden einfach zufriert. Manche Arten, darunter etwa der Wasserstern (*Callitriche stagnalis*) oder die Krebsschere, verändern sich nur wenig, sinken aber bis zum Frühjahr in die relativ wärmeren Wasserbereiche auf dem Gewässergrund ab. Auch die Arten der Schwimmpflanzendecken, die verschiedenen Wasserlinsen-Arten, sinken in tiefere Wasserregionen ab, wo der Frost ihnen nichts mehr anhaben kann. Pflanzen wie der Froschbiß (*Hydrocharis morsus-ranae*) oder das Tausendblatt (*Myriophyllum* spp.) bringen besondere Winterknospen hervor, die mit Reservestoffen vollgepackt werden. Im Herbst lösen sie sich von den Elternpflanzen ab, sinken zu Boden und entwickeln sich im nachfolgenden Frühjahr zu selbständigen Pflanzen. Wenn

Röhrichtpflanze (semiaquatisch)

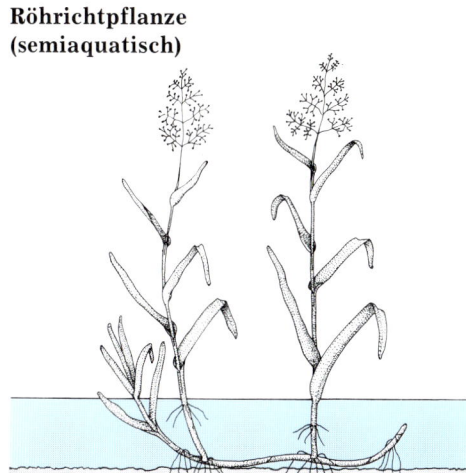

Der Wasserschwaden (Glyceria maxima), ein hochwüchsiges Gras, besitzt einen kräftigen, aufrechten Stengel mit breiten Blättern und ein horizontal wachsendes Rhizom, das sich mehrfach einwurzelt und die vegetative Vermehrung bewerkstelligt.

Schwimmpflanze (aquatisch)

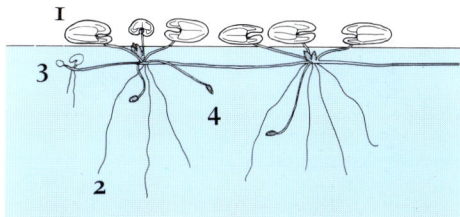

Beim Froschbiß (Hydrocharis morsus-ranae) treffen wir flache, runde Blätter an (1), die auf der Wasseroberfläche schwimmen. In den Wasserraum hängen einfache, unverzweigte Wurzeln (2). Die Pflanze vermehrt sich durch Unterwasserausläufer (3) oder durch besondere Winterknospen (4).

Untergetauchte   Wasserpflanze (aquatisch)

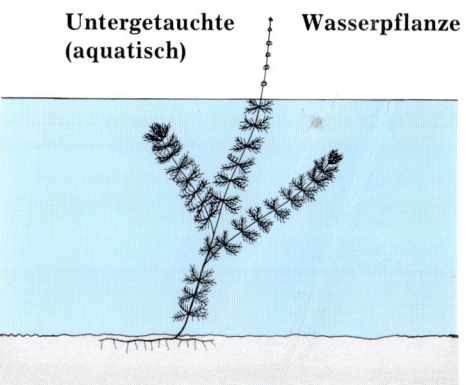

Beim Tausendblatt (Myriophyllum verticillatum) finden sich dünne, schwache Stengel, die nur vom Wasser getragen werden und zusätzlich viele Luftkammern (Aerenchym) enthalten, die den Auftrieb vergrößern. Die Blätter sind fein geteilt und fiederig gespalten, damit in bewegtem Wasser kein Bruch entsteht.

die junge Pflanze die Stärkevorräte aufgezehrt hat, wird sie spezifisch leichter und steigt dann wieder in höhere Wasserbereiche auf.

Einige dieser bemerkenswerten Überlebenstechniken können auch dann eingesetzt werden, wenn außer der winterlichen Kälte auch noch andere Schwierigkeiten, zum Beispiel Austrocknung oder Wassermangel, drohen. Teiche können in der Tat unter bestimmten Bedingungen trockenfallen. Obwohl dann viele Pflanzen eingehen, können andere aufgrund ihrer besonderen Anpassungsmechanismen überleben. Stärkereiche Rhizome, Reserveknospen oder auch Samen und Früchte sorgen dafür, daß neue Pflanzen sprießen, wenn sich wieder bessere Lebensbedingungen eingestellt haben. Der semiaquatische Wasser-Knöterich (*Polygonum amphibium*) hat unter Trockenfallen nur wenig zu leiden, denn er ist im Wasser ebenso zu Hause wie auf dem trockenen Land.

Vermehrung

Erstaunlicherweise entwickeln viele Wasserpflanzen ihre Blüten oberhalb der Wasseroberfläche, selbst wenn sie sonst mit allen Teilen untergetaucht leben. Blüten dienen der Samenproduktion, und damit ein Samenansatz erfolgt, müssen zuvor die Pollen von den männlichen Staubgefäßen auf die Narben des weiblichen Fruchtknotens übertragen werden. Mitunter finden sich Staubgefäße und Fruchtknoten in getrennten Blüten auf verschiedenen Pflanzen. Nicht selten sind sie aber auch in derselben Blüte vereint. Um eine Selbstbestäubung zu vermeiden und eine Fremdbestäubung zu fördern, stehen wiederum verschiedene Wege offen.

Viele Wasserpflanzen werden ganz einfach durch den Wind bestäubt, während andere zu diesem Zweck Insekten einsetzen. In nur wenigen Fällen wird sogar das bewegte Wasser als Pollenüberträger verwendet, etwa bei der Kanadischen Wasserpest (*Elodea canadensis*). Besondere Anpassungen an die Bestäubung unter Wasser zeigt auch das Hornkraut (*Ceratophyllum demersum*). In einigen Fällen können die Blüten sowohl über wie auch unter der Wasseroberfläche entwickelt werden.

Manche Wasserpflanzen verwenden sowohl den Wind wie auch das Wasser zur Pollenübertragung. Beide Verbreitungsmedien sind verhältnismäßig unzuverlässig. Außerdem besteht natürlich immer die Gefahr, daß ungünstige Bedingungen wie längere Trockenperioden eine Blütenbildung mit nachfolgendem Samenansatz unmöglich machen. Dann ist es außerordentlich wichtig, daß die betreffenden Pflanzen auch noch über andere Vermehrungsmöglichkeiten verfügen. Vegetative Vermehrung wäre hier das rechte Mittel. Viele Pflanzen pflanzen sich durch Wurzeln, Ausläufer, Rhizome oder Brutknöllchen fort. Manchmal genügt auch ein einfaches Auseinanderbrechen der Elternpflanze oder ihrer Teile.

Einige Arten wie die Wasserpest oder die Wasserlinsen entwickeln besondere Knospen, die sich ablösen und als selbständige Pflanzen weiterleben. Dadurch ist es es vielen Wasserpflanzen möglich, sich auch dann rasch zu vermehren und auszubreiten, wenn die Samenproduktion einmal völlig ausfallen sollte. Im Unterschied zu den Landpflanzen müssen die Vermehrungseinheiten der Wasserpflanzen nicht erst mühsam eingewurzelt werden. Sie sind unmittelbar und selbständig lebensfähig, sobald sie sich von ihren Elternpflanzen abgelöst haben.

Bestäubung und Fruchtentwicklung beim Hornkraut (Ceratophyllum demersum):

Die Staubblätter der männlichen Blüten lösen sich ab und treiben zur Oberfläche auf. Dort öffnen sich die Pollensäcke und lassen die Pollen herabrieseln. Weibliche Blüten, die auf diese Weise im Wasser bestäubt werden, bilden Früchte mit entwicklungsfähigen Samen. Siehe auch S. 62.

1 Narbe
2 Griffel
3 Samenanlage

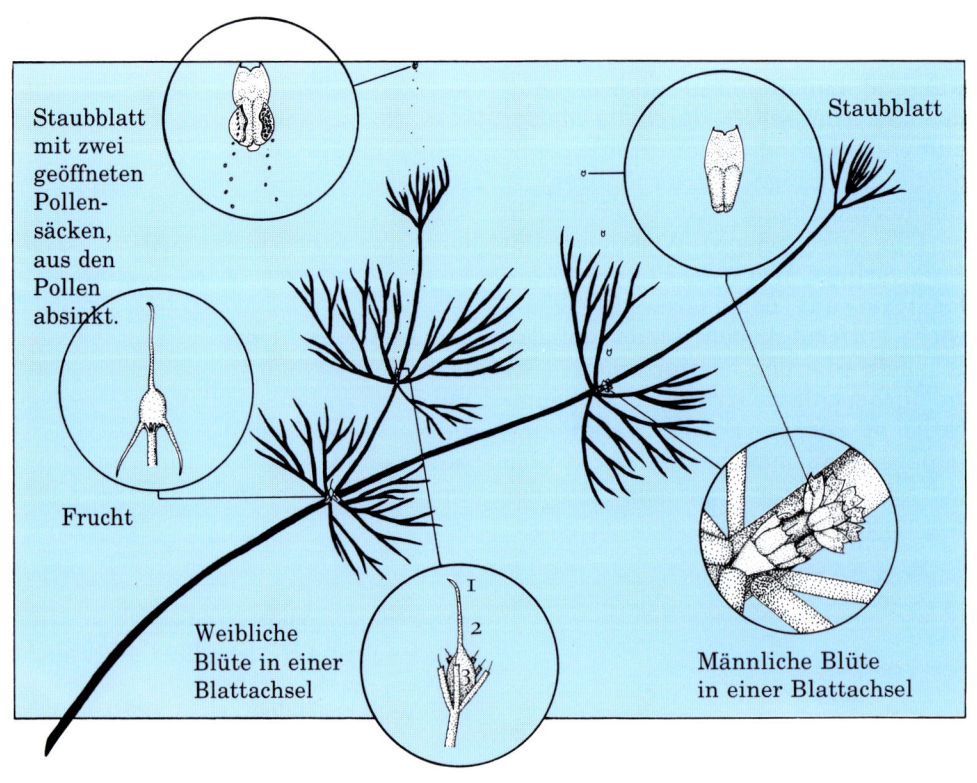

Staubblatt mit zwei geöffneten Pollensäcken, aus den Pollen absinkt.

Staubblatt

Frucht

Weibliche Blüte in einer Blattachsel

Männliche Blüte in einer Blattachsel

Samenverbreitung

Bedeutung der Wasserpflanzen

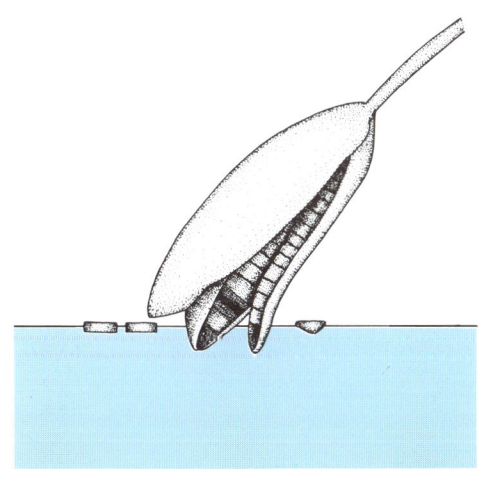

Samenverbreitung bei einem typischen Röhrichtbewohner, der Gelben Schwertlilie (Iris pseudacorus):

Die große Balgfrucht springt auf und streut luftgefüllte und folglich schwimmfähige Samen aus. Diese schwimmen auf dem Wasser davon und sorgen auf diesem Wege für die Ausbreitung der Art. Wenn sie irgendwo an geeigneter Stelle zu Boden sinken, ist dieser Zweck voll erfüllt.

Zur Vermehrung und Ausbreitung einer Pflanze gehört es, Samen über einen möglichst großen Raum zu verteilen. Um eine optimale Verbreitung ihrer Samen zu erreichen, verwenden viele Pflanzen erstaunlich sinnvolle Mittel. In dieser Hinsicht bilden auch die Wasserpflanzen keine Ausnahme, zumal sie in einem besonders günstigen Medium leben, das sich für den Transport von Früchten und Samen hervorragend eignet.

Früchte und Samen vieler Wasserpflanzen sind zunächst einmal schwimmfähig. Sie sind leicht, sind blasig aufgetrieben, besitzen lange Schwebefortsätze oder schleimige Überzüge. Klebrige oder rauhe Samen und Früchte wie die vom Igelkolben (*Sparganium* spp.) sind besonders anhänglich. Sie heften sich im Gefieder oder Fell größerer Wassertiere fest und lassen sich auf diese Weise verschleppen. Andere Früchte sind auf Darmpassage eingerichtet: Sie werden von Tieren gefressen, zunächst eine Weile herumtransportiert und im Verdauungstrakt aufbewahrt. Irgendwo werden die Samen dann an einem möglicherweise geeigneten neuen Lebensraum abgesetzt. Amphibien, wasserlebende Säugetiere und selbst Insekten wandern zwischen verschiedenen Teichen umher und sorgen so für die notwendige Verbreitung.

Aber nicht nur Früchte und Samen, sondern auch die charakteristischen Winterknospen mancher Arten können der Fernverbreitung dienen, einmal durch Verdriftung mit geringen Wasserströmungen oder durch Schlammreste, die immer an den Füßen von Wasservögeln haftenbleiben. Es fällt auf, daß die meisten Wasserpflanzen geographisch unglaublich weit verbreitet sind, z.B. Hornkraut (*Ceratophyllum demersum*), verschiedene Wasserlinsen-Arten, das Schilfrohr (*Phragmites australis*), Rohrkolben (*Typha latifolia*) und verschiedene Laichkraut-Arten. Daraus kann man sicherlich unmittelbar schließen, wie wirksam ihre Verbreitungsmethoden und -strategien sind.

Die Pflanzen im Wasser sind für das gesamte Leben in diesem Biotop ebenso bedeutend, wie die Landpflanzen es in ihrem Lebensraum sind, denn die Pflanzen bauen aus anorganischen Stoffen wertvolle Substanzen auf, die mittelbar oder unmittelbar in die verschiedenen Nahrungsketten gelangen und damit alles tierische Leben erhalten helfen.

Absterbendes Pflanzenmaterial ist ebenfalls eine wichtige Nahrungsquelle für viele Kleinlebewesen.

Der von den Pflanzen in der Photosynthese abgegebene Sauerstoff frischt die oft durch Zehrung nahezu erschöpften Sauerstoffvorräte im Wasser wieder auf. Pflanzen und Tiere benötigen Sauerstoff für ihre Atmung. Tagsüber stellen sich meist keine Probleme in der Sauerstoffversorgung ein, aber nachts kann der Sauerstoff-Gehalt im Wasser in kritische Bereiche absinken, besonders wenn das Teichwasser von vielen Organismen besetzt ist und ein lebhafter Stoffumsatz stattfindet.

Stengel und Blätter dienen wasserlebenden Kleintieren als Aufenthaltsraum und schützen sie dort gleichzeitig vor den gierigen Nachstellungen räuberischer Arten. Außerdem bleiben sie dort beschattet, wenn die Sonne einmal zu kräftig in den Teich scheinen sollte. Wasserpflanzen sind auch ein gerne angenommener Laichplatz. Manchmal durchlaufen die Tiere sogar große Teile ihres Entwicklungszyklus innerhalb der Pflanzen. Die Rohreule (*Nonagria typhae*) und ihre Verwandten sind dafür ein überzeugendes Beispiel.

Die komplizierten Beziehungen zwischen Pflanzen und Tieren im Teich werden von verschiedenen Faktoren wie Klima, Temperatur, Lichtklima, pH-Wert des Wassers, Nährstoffversorgung, Wassertiefe, Gestaltung des Teichbodens und vielen anderen mitbestimmt. Einzelne oder mehrere dieser Faktoren können sich laufend verändern. Dadurch entstehen immer wieder neue Lebensbedingungen, indem das angestrebte Gleichgewicht stetig gestört wird.

Dieser Teich zeigt eine klare Gliederung in verschiedene Zonen, die von unterschiedlichen Pflanzengemeinschaften besiedelt werden. Im Bereich des Teichufers siedelt ein hochwüchsiger Röhricht, hier beherrscht vom Wasserschwaden (Glyceria maxima). Im tieferen Wasser findet man die Gelbe Teichrose (Nuphar lutea), deren große Schwimmblätter einen Teil der Wasserfläche bedecken. Der Röhricht geht über eine kurze Sumpfzone unmittelbar über in einen Gehölzbestand, in dem Erlen und Weiden die Szene beherrschen.

Teichpflanzen und Pflanzengemeinschaften

In einem Teich, der seiner natürlichen Entwicklung überlassen war, fällt sofort auf, daß die Pflanzen im und am Wasser deutliche Gürtel bilden. Die einzelnen Zonen oder Gürtel hängen im wesentlichen von der Wassertiefe ab. Gewöhnlich ist jeder dieser Gürtel durch charakteristische Pflanzenarten gekennzeichnet, obwohl die eine oder andere Art mitunter auch noch in die Nachbarbereiche hinüberreicht.

Wenn man sich einem Teich von der Landseite nähert, trifft man zunächst auf eine Sumpfzone, in der verschiedene Seggen und Binsen das Bild beherrschen. Die hier wachsenden Pflanzen stocken bereits auf wasserdurchtränktem Boden, werden aber selbst kaum noch überschwemmt. Zur Wasserfläche hin folgt das Uferröhricht, eine Pflanzengemeinschaft aus besonders hochwüchsigen, meist kräftigen Arten, wie Schilf (*Phragmites australis*) oder Rohrkolben (*Typha latifolia*). Beide Arten stocken bereits im überfluteten Bereich. Auf das Röhricht folgt die Zone mit Wasserpflanzen, die zwar noch im weichen Teichgrund wurzeln, ihre Blätter aber auf der Wasseroberfläche flottieren lassen. Bei wenigen Arten dieser Zone werden die Blätter auch aus dem Wasser herausgestreckt. Noch weiter draußen zur Teichmitte folgen wurzelnde, aber gänzlich untergetaucht lebende Pflanzen. Schließlich findet sich noch die Gesellschaft der frei umherschwimmenden Arten, die sich in der Nähe der Wasseroberfläche aufhalten, aber nicht mehr mit Wurzeln im Grund verankert sind.

In umgekehrter Reihenfolge entsprechen diese verschiedenen Pflanzengesellschaften der natürlichen Sukzession, durch die ein Teich nach einiger Zeit verlandet. Die angegebene Zonierung ist ausgesprochen typisch für Teiche und Seen im Tiefland. Sie stellt sich fast zwangsläufig in allen Gewässern ein, die aufgrund ihres Nährstoffangebotes biologisch produktiv und artenreich bestückt sind. Aber nicht immer muß die gesamte Abfolge vorhanden sein. Höhenlage, Beckenform des Teiches, Wasserchemismus und andere Faktoren können das Bild stärker verändern. Mal ist nur ein schmaler Ufersaum von Pflanzen bestanden, während in anderen Fällen vor lauter Pflanzenwuchs keine freie Wasserfläche mehr zu sehen ist.

In den nachfolgenden Teilkapiteln werden einzelne Teichpflanzen näher beschrieben. Dabei werden wir besonders auf spezielle Anpassungsmerkmale achten, die die betreffenden Pflanzen für das Leben im Teich entwickelt haben.

Manche Pflanzen haben offenbar Schwierigkeiten, sich für eine der verschiedenen Pflanzengemeinschaften zu entscheiden. Die Wasser-Minze (*Mentha aquatica*) oder die Sumpfdotterblume (*Caltha palustris*) können sich an verschiedene Bedingungen anpassen und gedeihen deshalb in durchaus verschiedenen Zonen. Überhaupt sind die genauen Grenzlinien zwischen den einzelnen Pflanzengesellschaften bzw. Pflanzengürteln im Teich mitunter nur schwer zu ziehen und festzulegen, besonders wenn der Wasserspiegel gewissen Schwankungen unterliegt und sich die verschiedenen Zonen stärker ineinander verzahnen. Im nachfolgenden Text wurde versucht, jede Pflanze dort einzuordnen, wo sie am häufigsten und sichersten angetroffen wird. Außerdem wird jeweils vermerkt, wenn sie häufiger auch in anderen Gemeinschaften vorkommen sollte.

Pflanzen aus Sumpfwiesen im Kontakt zu Teichen sind keine echten Wasserpflanzen, obwohl sie in einem Biotop vorkommen, der nahezu immer feucht ist und außerdem eine gute bis sehr gute Nährstoffversorgung aufweist. Die Vegetation solcher Sumpf und Feuchtwiesen ist meist ausgesprochen artenreich und üppig. Die Pflanzen dieser Standorte brauchen mit dem Wasser nicht besonders sparsam umzugehen. Der wasserdurchtränkte Boden, zwischen dessen einzelnen Bodenpartikeln sich kaum noch Luft aufhält, leidet wie der Teichgrund unter chronischer Sauerstoffarmut. Daher haben auch viele Sumpfpflanzen Stengel mit ausgeprägtem Aerenchym und sogar Blätter mit wirksamem Durchlüftungsgewebe.

Strenggenommen gehören diese Sumpfpflanzen und ihr Lebensraum nicht mehr in den Rahmen dieses Buches. Daher werden sie hier auch nicht als eigene Vegetationseinheit näher berücksichtigt. Manche Pflanzen aus der Sumpfzone oder anmoorigen Stellen in der weiteren Teichumrandung drängen jedoch bis in das Röhricht vor, so daß tatsächlich eine gegenseitige Durchdringung der verschiedenen Pflanzengesellschaften stattfindet. Insofern werden einige besonders typische und auffällige Arten wie Blut-Weiderich (*Lythrum salicaria*) oder Gelbe Schwertlilie (*Iris pseudacorus*) auf den folgenden Seiten dennoch erwähnt und beschrieben.

Sumpfdotterblume

Röhrichtzone

Von einer Sumpf- oder Moorwiese unterscheidet sich die Röhrichtzone unter anderem dadurch, daß der Boden ständig mit Wasser bedeckt ist und nur bei extremer Trockenheit freigelegt wird. Die Pflanzen dieser Zone sind schlanke, aufrechte Gestalten wie das Schilfrohr oder der Rohrkolben. Sie sind meist unverzweigt und tragen lange, ungeteilte Blätter. Dem Hochwasser setzen diese Pflanzen nur wenig Widerstand entgegen. Gegen stärker strömendes Wasser wären sie aber empfindlich, weshalb sie an Bach- oder Flußufern praktisch nie

Schilf

Drachenwurz

auftreten. Die gesamte Blattmasse befindet sich jeweils deutlich oberhalb der Wasserlinie. Photosynthese und Blütenentwicklung sind völlig unabhängig von normalem oder erhöhtem Wasserstand.

Lange, kriechende Rhizome wachsen durch den wasserdurchtränkten Boden, halten die Pflanzen in aufrechter Stellung und sorgen in allen Richtungen für ausreichende vegetative Vermehrung. Schilf, Rohrkolben oder Teichbinse entwickeln an den Rhizomen nämlich zahlreiche neue Knospen, aus denen jeweils wieder ein eigenes Rohr aufsprießen kann. In kurzer Zeit kann eine einzelne Art die Szene beherrschen und nahezu alle anderen Konkurrenten verdrängen. Diese dichten Bestände wachsen natürlich auch in Richtung des freien Wassers vor und bilden auf diese Weise je nach Neigung und Gefälle ausgedehnte Röhrichtgürtel. Bei flachen Seen können die Uferröhrichte mitunter kilometerbreite Gürtel bilden.

Die grundnahen Teile dieser Pflanzen bremsen die Wasserbewegung und fördern den Absatz kleinster Schlamm- und Abfallteilchen. Wenn sie im Herbst abgestorben sind, zersetzen sich die fa-

serigen Blätter und Stengel nur sehr zögernd. Sie tragen daher nur langsam, aber stetig zur Erhöhung des Untergrundes bei. Wenn der Boden der ufernahen Teichregionen langsam erhöht wird, kann sich der Röhrichtgürtel immer weiter zur Teichmitte vorschieben. Andere Pflanzen, die im Röhricht siedeln, sind etwa der Igelkolben, der Teich-Ampfer, der Kalmus oder die besonders hübsch anzusehende Schwanenblume. Im Übergang vom Randsumpf zum Röhricht ist mitunter der Fieberklee, ein Verwandter der Enziane, anzutreffen. Er teilt diesen Bereich des Teichufers mit dem Froschlöffel oder mit dem Pfeilkraut.

Folgende Arten werden ausführlich beschrieben:

Sumpf-Schachtelhalm
Equisetum palustre ——————— 36
Sumpfdotterblume
Caltha palustris ——————— 37
Gift-Hahnenfuß
Ranunculus sceleratus ——————— 37
Sumpf-Johanniskraut
Hypericum elodes ——————— 38
Blut-Weiderich *Lythrum salicaria* — 38
Zottiges Weidenröschen
Epilobium hirsutum ——————— 39
Floh-Knöterich
Polygonum persicaria ——————— 39
Teich-Ampfer
Rumex hydrolapathum ——————— 40
Fieberklee *Menyanthes trifoliata* — 40
Bachbunge *Veronica beccabunga* — 40
Wasser-Minze *Mentha aquatica* —— 41

Schwanenblume
Butomus umbellatus ——————— 41
Blaugrüne Binse *Juncus inflexus* — 42
Knäuel-Binse
Juncus conglomeratus ——————— 42
Gelbe Schwertlilie
Iris pseudacorus ——————— 43
Schlangenwurz, Drachenwurz
Calla palustris ——————— 43
Aufrechter Igelkolben
Sparganium erectum ——————— 44
Breitblättriger Rohrkolben
Typha latifolia ——————— 44
Teichbinse *Schoenoplectus lacustris* 45
Ufer-Segge *Carex riparia* ——————— 46
Schilf, Schilfrohr
Phragmites australis ——————— 46
Wasserschwaden *Glyceria maxima* — 47

Schachtelhalme
(Equisetaceae)

Sumpf-Schachtelhalm
Equisetum palustre

Alle Schachtelhalme haben mehrjährige, kriechende Rhizome, von denen hohle, aufrechte, meist grüne und auffällig gegliederte Sprosse aufwachsen. An den Knoten sitzen Quirle abstehender oder aufgerichteter Seitenzweige. Außerdem findet sich in den Knotenbereichen ein Ring schmaler, spitzzähniger Blätter, die sich zu einer stengelumfassenden Hülle zusammenschließen.

Die Schachtelhalme durchlaufen einen charakteristischen Generationswechsel, bei dem sich jeweils eine sich geschlechtlich und eine sich ungeschlechtlich fortpflanzende Generation ablösen: Die grüne oder bräunliche Schachtelhalmpflanze stellt die ungeschlechtliche Sporophytengeneration dar. Aus ihren Sporen entwickelt sich der kleine, unscheinbare Gametophyt, ein winziges Pflänzchen, das besondere Organe entwickelt, in denen die weiblichen und männlichen Gameten (Geschlechtszellen) angelegt werden. Nach der Befruchtung differenziert sich wieder der Sporophyt aus, und der Entwicklungskreislauf hat sich geschlossen.

Bei den Schachtelhalmen besteht der Sporophyt aus zweierlei Sprossen, solchen, die rein vegetativ bleiben und nur die Ernährung der Pflanze sicherstellen, und anderen, die an ihrem Ende einen zapfenähnlichen Sporangienstand tragen. Nur bei wenigen Arten entwickelt sich die Sporangienähre am Ende der vegetativen Sprosse. Der Sporangienstand umfaßt mehrere pilzförmige Sporangienträger mit jeweils einem runden Dutzend einzelner, sackförmiger Sporangien. Zehntausende Sporen werden daraus entlassen und mit dem Wind verbreitet.

Schachtelhalme enthalten in ihren Zellwänden Silikate. Dadurch werden die Sprosse ziemlich spröde und hart. Früher wurden daher aus Schachtelhalmen Putz- und Poliermittel hergestellt.

Der Sumpfschachtelhalm wird bis etwa 60 cm hoch. Sprosse grün und sehr rauh, mit 4–8 ziemlich tiefen Längsfurchen. Blättchen an den Knoten grün, nicht besonders eng anliegend, mit jeweils 4–8 sehr spitzen Zähnen, am Rande mit breitem, weißlichem Hutsaum. Kurze, unverzweigte, aufgerichtete oder aufsteigende Seitenäste entspringen von allen Stengelknoten. Die fertilen Sprosse ähneln den vegetativen stark. Sie unterscheiden sich lediglich durch die zapfenartigen Sporangienähren am oberen Ende, die etwa 1–3 cm lang sein können. Sporangienähren werden im Frühsommer angelegt.

Sumpfdotterblume
Caltha palustris

Gift-Hahnenfuß
Ranunculus sceleratus

Sumpfdotterblumen (Familie Hahnenfußgewächse *Ranunculaceae*) findet man recht häufig auf gründlich durchrieselten, sumpfigen, dauerfeuchten Böden an Teichufern oder an Bachrändern. Im Frühjahr bilden die großen, leuchtend orangegelben Blüten einen besonders hübschen, farbenfrohen Aspekt. Ihre dunkelgrünen, meist etwas fettglänzenden Blätter sind herzförmig. Die Pflanzen überdauern mit einem sehr kräftigen Rhizom. Daraus entwickeln sich in jedem Frühjahr neue, aufrechte, hohle Sprosse. Die unteren Teile der Pflanze befinden sich oft noch im Wasser, doch werden die großen, langgestielten Blätter immer außerhalb der Wasseroberfläche entfaltet. Die oberen Blätter sind weniger langgestielt und oft sogar sitzend, gleichen in der Form und im Umriß jedoch den Grundblättern. Die Blüten bestehen aus 5 goldgelben Kelchblättern, die kronblattartig entwickelt sind. Auf der Unterseite erscheinen sie eher etwas grünlich. Die Blütenblätter schließen eine große Zahl von Staubblättern und etwa 5–15 freie Fruchtknoten in der Blütenmitte ein. Die Blüten öffnen sich zwischen März und Mai.

Die Pflanze ist insgesamt ziemlich variabel, je nach Wuchsgebiet und Umweltbedingungen. Daher werden mehrere Unterarten unterschieden, die sich in Größe, Blattform und Einzelheiten der Blütenhülle voneinander unterscheiden lassen.

Man findet die Pflanze von der Ebene bis in mittlere Gebirgslagen, vorzugsweise sogar in den kalt-temperierten Regionen Europas und Nordamerikas.

Der Gift-Hahnenfuß kommt meist in der Nähe von Teichen auf sumpfigem, wasserdurchtränktem Boden vor. Die Pflanze ist einjährig oder einjährig-überwinternd. Sie besitzt ein weitverzweigtes, etwas faseriges Wurzelsystem und entwickelt Sprosse von 20–60 cm Höhe. Die Blätter sind tief geteilt und am Rande leicht gewellt. Die unteren Blätter sind langgestielt, etwas glänzend und insgesamt breiter als die oberen Stengelblätter, die nur sehr kurz gestielt sind oder direkt am Stengel sitzen. Die Stengel sind kräftig und reich verzweigt. An den Verzweigungsenden entwickeln sich kleine, nur etwa 5–10 mm breite gelbe Blüten. Sie tragen 5 blaßgelbe, kronblattartige Honigblätter, unter denen 5 grünliche, zurückgebogene Kelchblätter angebracht sind. Die Fruchtknoten drängen sich in der Blütenmitte zu einem aufgewölbten, walzenförmigen Gebilde. Zur Fruchtreife entwickelt sich daraus ein zapfenähnlicher Fruchtstand, in dem 70–100 kleine Einzelfrüchte zusammenstehen.

Die Pflanze ist in Europa weit verbreitet.

Sumpf-Johanniskraut
Hypericum elodes

Blut-Weiderich
Lythrum salicaria

Das Sumpf-Johanniskraut ist eine typische Pflanze an offenen, anmoorigen Teichrändern oder auf nassen, relativ nährstoff- und basenarmen Torfböden.

Die weichen, biegsamen Stengel sind niederliegend oder leicht aufsteigend. Blätter und Stengel sind weich behaart.

Die gegenständig angeordneten Blätter sind rundlich-herzförmig.

An den Sproßenden werden nur wenige, leicht duftende Blüten angelegt. Jede Blüte mißt geöffnet etwa 1–1,5 cm Breite und besteht aus 5 hellgelben Kronblättern und 5 elliptischen Kelchblättern, die am Rande rötliche oder purpurne Drüsenzähne tragen. Die Blütenstiele sind ebenfalls leicht rötlich überflogen. In jeder Blüte finden sich zahlreiche Staubblätter und ein einzelner Fruchtknoten mit drei Narben. Aus der Kapselfrucht werden zahlreiche Samen entlassen.

Das Sumpf-Johanniskraut ist eine typische atlantisch verbreitete Pflanze, die in Deutschland die Ostgrenze ihrer natürlichen Verbreitung erreicht.

Während des Hochsommers bilden die Bestände des Blut-Weiderichs entlang von Bächen, Flüssen oder auch an Tümpel- und Teichrändern einen außerordentlich farbenfrohen Bewuchs. Auch diese Art siedelt gern auf staunassem, nährstoffreichem Boden in Gewässernähe. Blut-Weiderich ist mehrjährig. Die Pflanze wird bis 1 m hoch. Die Stengel sind deutlich vierkantig, oft rötlich überlaufen und einfach verzweigt. Außerdem sind alle Achsen leicht samtig bis flaumig behaart. Die sitzenden Blätter sind lanzettlich und werden etwa 4–7 cm lang. Am Grunde sind sie deutlich herzförmig eingeschnitten. Entweder sind sie gegenständig angeordnet oder leicht wechselständig. Manchmal findet man aber auch Wirtel zu je 3 Blättern.

Die Blüten entwickeln sich in einem ansehnlichen Blütenstand. Dutzende rötlich-violetter Blüten bilden einen 30–50 cm langen ährigen Blütenstand. Die Einzelblüten sitzen in der Achsel kleiner Tragblätter und bestehen aus 5–6 elliptischen, stumpf gerundeten, nach vorne verschmälerten Kronblättern. Die Kelchblätter sind zu einer Kelchröhre verwachsen, die deutliche Längsstreifen und 6 spitze Kelchzähne aufweist. Zwölf Staubblätter werden von einem 2fächerigen Fruchtknoten begleitet. Jede Blüte mißt etwa 10–15 mm Breite.

Blut-Weiderich ist in Europa weit verbreitet und ziemlich häufig.

Zottiges Weidenröschen
Epilobium hirsutum

Floh-Knöterich
Polygonum persicaria

In Sumpfwiesen in der unmittelbaren Nachbarschaft zu natürlichen Gewässern ist das Zottige Weidenröschen mit seinen großen, rosa-roten Blüten nicht allzu selten.

Das Zottige Weidenröschen wird etwa 80–150 cm hoch. Die Pflanze ist mehrjährig. Während der warmen Jahreszeit entwickelt sie zahlreiche unterirdische Ausläufer und vermehrt sich auf diese Weise auch vegetativ. Die Stengel und die Blätter sind allseitig mit langen, weichen, abstehenden Flaumhaaren besetzt, die besonders auf den größeren Blattnerven stark in Erscheinung treten. Die Blätter sind länglich-lanzettlich, sitzend, meist gegenständig angeordnet oder leicht wechselständig. Die oberen Stengelblätter sind kleiner und halb stengelumfassend. Die Blattränder sind leicht gezähnt.

Die bemerkenswert hübschen dunkelrosa bis rötlichen Blüten stehen zu mehreren am Ende der Stengel und werden bis etwa 25 mm groß. Die einzelnen Kronblätter sind breit-oval und vorne etwas ausgerandet. 8 Staubblätter (4 äußere lange und 4 innere) flankieren den Fruchtknoten mit seinem langen Griffel und einer 4teiligen Narbe. Aus der befruchteten Blüte entwikkelt sich eine lange, dünne, 4seitige Kapsel (5–8 cm lang). Entlang der Verwachsungsnähte platzt diese Kapsel auf und setzt zahlreiche bräunlichrote Samen frei, die mit langen, seidigen Haaren besetzt sind und vom Wind verbreitet werden.

Die Pflanze ist überall in Europa in artenreichen Feuchtbiotopen ziemlich weit verbreitet und zeitweise sogar aspektbildend vertreten. Von den weißen Siedlern wurde sie auch nach Nordamerika eingeschleppt und hat sich dort unterdessen ausgebreitet.

Auf schweren, feuchten Lehm- und Tonböden ist der Floh-Knöterich häufig anzutreffen. An Teichufern oder in der Nachbarschaft anderer Feuchtbiotope tritt er zusammen mit weiteren, zum Teil recht ähnlich aussehenden Knöterich-Arten auf.

Der Stengel wächst aufrecht oder aufsteigend und ist oberhalb der Knoten deutlich verdickt. Die schmal-lanzettlichen, etwas zugespitzten Blätter tragen am Grunde eine tütenförmige, stengelumfassende Blattscheide. Sie werden etwa 5–10 cm lang, sind leicht behaart und tragen in der Blattmitte einen kräftigen purpurroten Blattfleck. Die rosa-weißlichen Blüten sind sehr klein und stehen in dichten walzlichen Blütenständen. Im Herbst entwickeln sich stumpf dreikantige schwach glänzende Früchte.

Teich-Ampfer
Rumex hydrolapathum

Fieberklee
Menyanthes trifoliata

Bachbunge
Veronica beccabunga

Der Teich-Ampfer fällt schon allein wegen seiner Größe und seiner großflächigen Blätter unter den anderen pflanzlichen Bewohnern des Teichrandes auf.

Die kräftige, mehrjährige Pflanze wird bis etwa 2 m hoch und hat große, breit-lanzettliche Blätter von 40–100 cm Länge mit leicht gewelltem, leicht gebuchtetem Blattrand.

Die Blüten sind eher klein und unscheinbar. Sie stehen in vielblütigen, rispigen Blütenständen. Zur Fruchtreife vergrößern sich die inneren drei Blütenhüllblätter und bilden eine dreikantige Hülle. Die kleinen Früchte, nur etwa 3–4 mm lang, sind ziemlich leicht.

In den Stengeln ist ein ausgeprägtes Aerenchym entwickelt, in dem wichtige Stoffwechselgase wie Sauerstoff gespeichert werden können. Für Pflanzen an wasserdurchtränkten Standorten ist diese Einrichtung zur Sauerstoffversorgung besonders wichtig. Den Teich-Ampfer findet man vorzugsweise in den gemäßigten Klimagebieten der nördlichen Hemisphäre.

Fieber- oder Bitterklee findet man gewöhnlich ganz in Ufernähe oder in stark vernäßten Sumpfwiesen. Die mehrjährige Pflanze besitzt ein langes, kriechendes Rhizom im Bodenschlamm, von dem sich in jedem Jahr neue Sprosse erheben. Die wechselständigen, langgestielten Blätter werden erst oberhalb der Wasserfläche entfaltet. Die Blätter sind 3zählig, alle 3 Fiederblättchen sind gleich gestaltet und gleich groß.

Ab Mai–Juni erscheinen die hübschen weißen bis hellrosa gefärbten Blüten in lockeren Rispen von 25–40 cm Höhe oberhalb der Wasseroberfläche. Jede Blüte ist etwa 25 mm breit und besitzt 5 weiße, deutlich ausgefranste Kronblätter. Im August beginnt die Reife der grünen Kapselfrüchte.

Der Fieberklee ist eine geschützte Art und in Europa bis in Höhen um 900 m verbreitet. (Früher wurde der Fieberklee gelegentlich als Heilmittel gegen Fieber verwendet.)

Die hübsche blaublütige Bachbunge ist sehr typisch in kalkreichen Gewässern, besonders in Gräben und langsamfließenden Bächen.

Die Pflanze ist mehrjährig und überdauert mit einem kriechenden Rhizom im Bodenschlamm. Meist wächst sie halb untergetaucht. Der Stengel ist kräftig, aufsteigend und hohl. Die gegenständigen Blätter sind elliptisch, vorne stumpf gerundet, ziemlich dicklich, etwas fleischig und nur sehr kurz gestielt. Die Blüten erscheinen in gegenständigen Trauben, die in der Achsel normal gestalteter Stengelblätter entwickelt werden. Die Einzelblüten sind etwa 7–8 mm breit und besitzen je 4 azurblaue Kronblätter, 2 weit vorragende Staubblätter und einen langen Griffel auf einem 2fächerigen Fruchtknoten. Die reife Kapselfrucht ist herzförmig.

Der Bachbunge ähnlich sieht der Wasser-Ehrenpreis (*Veronica anagallis-aquatica*). Bei dieser Art haben die Blätter jedoch einen deutlich gesägten Rand und sitzen den Stengeln ungestielt mit stengelumfassendem Blattgrund an.

Wasser-Minze
Mentha aquatica

Schwanenblume
Butomus umbellatus

Wasser-Minze ist in allen möglichen Feuchtbiotopen und Rieselfluren weit verbreitet und ziemlich häufig. Zu den typischen Standorten gehören auch Gräben und Teichränder. Oft entwickelt die Art ausgedehnte, große Bestände.

Alle Minzen-Arten sind mehrjährig. Sie überdauern mit kräftigen, kriechenden Wurzelstöcken, die zudem noch zahlreiche Ausläufer entwickeln. Die Stengel sind vierkantig mit gegenständig angeordneten Blättern. Die kleinen Lippenblüten sitzen in dichten, kugeligen Blütenständen am Ende der Stengel. Die Blätter sind breit-oval, stark behaart, oft leicht rötlich oder purpurn überlaufen, am Rande gezähnt und behaart.

Die kleinen, hellrötlich gefärbten Lippenblüten stehen zum größten Teil in einem kopfig gedrängten, endständigen Blütenstand. Nur sehr wenige Blüten finden sich in weiteren Scheinquirlen in der Achsel der oberen Stengelblätter. Die Blüten entwickeln sich im Spätsommer und duften angenehm süßlich. Im Herbst entwickeln sich Nüßchenfrüchte.

Von der Wasser-Minze gibt es auch nichtblühende Formen, die in tieferem Wasser bis 2 m Wassertiefe wachsen. Wasser-Minze ist überall in Europa, darüber hinaus auch in Afrika und auf Madeira verbreitet.

Die Schwanenblume ist ein typischer Vertreter der Pflanzengesellschaft der Röhrichte. Mit ihrem kräftigen Rhizom kann sie sich im weichen Bodenschlamm sehr gut verankern.

Ihre langen, im Querschnitt dreikantigen und kurz zugespitzten Blätter sind rosettig angeordnet. Sie sind nur etwa 1 cm breit, aber bis zu 1 m lang.

Ebenso lang oder sogar noch höher sind die glatten, rundlichen Blütenschäfte. Der Blütenstand ist doldenförmig ausgebreitet. Die hübschen, hellrosa gefärbten Einzelblüten werden bis 3 cm breit. Jede Blüte besitzt 6 Blütenhüllblätter (eine Trennung in Kelch und Krone ist nicht erkennbar), 9 Staubblätter und einen aus 6 Fruchtblättern verwachsenen Fruchtknoten.

Die Schwanenblume wird aufgrund einiger Besonderheiten in eine eigene, sehr kleine Familie (Schwanenblumengewächse *Butomaceae*) gestellt, zu der nur wenige Gattungen und insgesamt nicht einmal ein Dutzend Arten gehören. Die Schwanenblume kommt überall in Europa vor und gehört zu den schützenswerten Pflanzen.

Binsengewächse (*Juncaceae*)

Neben den Seggen (*Cyperaceae*) bilden die Binsen den Grundstock der Pflanzenbestände in Feuchtbiotopen. Fast alle Arten sind mehrjährig und besitzen einen kräftigen, oft holzigen Wurzelstock im durchnäßten Boden. Viele Binsen-Arten wachsen rasig in dichten Beständen, andere können auch geschlossene, vereinzelte Horste bilden.

Die wichtigste Gattung der Familie ist *Juncus*.

Die Blätter der Binsen sind ebenso wie die Stengel einfach, glatt, im Querschnitt rund und unbehaart. Am Grunde tragen die Blätter oft kleine, schuppenförmige Gebilde. Am oberen Ende laufen sie in eine kurze, scharfe Spitze aus.

Der Blütenstand wird am Ende eines besonderen Schaftes entwickelt. Da er jedoch von seinem Tragblatt überragt wird, erscheint er seitenständig. Seine einzelnen Achsen sind entweder sehr locker verzweigt (Flatter-Binse) oder dicht kopfig zusammengezogen (Knäuel-Binse). Die Blüte ist zwittrig. Im Zentrum befindet sich ein aus drei Fruchtblättern verwachsener Fruchtknoten mit längeren, fiederigen Narben. Um ihn sind 3 oder 6 Staubblätter gruppiert. Die Blütenhülle besteht aus zwei getrennten Kreisen zu je drei bräunlich-grünlichen Hüllblättern. Aus dem Fruchtknoten entwickelt sich eine kantige Kapsel, die in Größe und Aussehen von Art zu Art etwas unterschiedlich ausfällt. Jede Kapsel enthält viele Samen.

Binsen sind weltweit verbreitet.

1, 2 Blaugrüne Binse
Juncus inflexus

Vom unterirdischen Rhizom wachsen viele Sprosse auf und bilden gewöhnlich ansehnliche, mächtige Einzelhorste. An den schlanken, aufrechten, scharfkantigen und kräftig graugrünen Stengeln ist die Pflanze gut zu erkennen.

Der Blütenstand der Blaugrünen Binse ist ziemlich locker verzweigt. Auf Bild 2 ist die Pflanze im fruchtenden Zustand abgebildet.

3, 4 Knäuel-Binse
Juncus conglomeratus

Besonders weit verbreitete und häufige Binse in Verlandungsgesellschaften an Tümpel- und Teichrändern und in anderen Feuchtbiotopen. Auch die Knäuel-Binse bildet Einzelhorste, die jedoch kleiner bleiben als bei der vorigen Art.

Auffälliges Kennzeichen ist der ziemlich kompakte, vielblütige Blütenstand (**4**), der scheinbar seitenständig angebracht ist, tatsächlich jedoch lediglich von seinem Tragblatt überragt wird.

Gelbe Schwertlilie, Sumpf-Schwertlilie
Iris pseudacorus

Schlangenwurz, Drachenwurz
Calla palustris

Zu den auffälligsten Blütenpflanzen der Röhrichte und ihrer Nachbargesellschaften gehört die Gelbe Schwertlilie. Sumpf-Schwertlilien sind mehrjährig. Sie entwickeln im weichen Untergrund sehr kräftige, kriechende Rhizome, von deren einzelnen Verzweigungen jeweils die zweizeilig gestellten, schwertartigen Blätter aufwachsen. Die Pflanze wird etwa 50–120 cm hoch.

Die großen gelben Blüten erscheinen im Frühsommer. Die drei größten, breit-ovalen Hüllblätter sind nach außen gebogen und tragen auf ihrer Außenseite ein bräunliches Farbmal. Der Fruchtknoten in der Schwertlilienblüte ist unterständig. Man kann ihn als knotige Verdickung unterhalb des Ansatzes der Blütenhülle sehen und fühlen. Die sehr breiten, zurückgebogenen äußeren Hüllblätter bilden überaus geeignete Landeplätze für alle möglichen Blütenbesucher. Insekten, die in der Irisblüte an die Nektarvorräte heran wollen, müssen jedoch besonders lange Rüssel besitzen, denn die Nektardrüsen sind tief am Grunde der Blüte verborgen.

Nach der Befruchtung entwickelt sich aus dem unterständigen Fruchtknoten eine große, grünliche Kapsel mit drei getrennten Samenfächern. Nach Abschluß der Reife springt sie an den Verwachsungsnähten auf und entläßt die hellbraunen, linsenförmigen Samen. Oft neigt sich der Fruchtstand zu diesem Zeitpunkt nach unten. Die Samen gelangen somit unmittelbar auf die Wasserfläche, treiben davon und sorgen auf diese Weise für die Ausbreitung der Art.

Die Gelbe Schwertlilie oder Sumpf-Schwertlilie ist in Europa weit verbreitet. In Deutschland gehört sie zu den geschützten Arten. Weltweit gibt es nur etwa ein Dutzend Arten, die in aquatischen Lebensräumen vorkommen. Die meisten anderen Arten der formen- und artenreichen Gattung *Iris* bevorzugen trockene Standorte.

Die Drachen- oder Schlangenwurz gehört zu den selteneren Blütenpflanzen, die in Großseggenbeständen oder Röhrichten am Rande von Tümpeln und Teichen vorkommen. Die giftige Pflanze besitzt ein kriechendes Rhizom, mit dem sie sich im weichen Uferschlamm verankert. Aus dem Rhizom wachsen in jedem Frühjahr langgestielte, etwas lederige Blätter von rundlich-herzförmigem Umriß. Der Blütenstand besteht aus einem Kolben, der von einem innen weißen, außen grünlichen Hochblatt (Spatha) umgeben wird. Die einzelnen Blüten sind unscheinbar. Sie entwickeln sich im Spätsommer zu scharlachroten, giftigen Beeren.

Die Schlangenwurz gehört in Deutschland zu den besonders geschützten Arten.

Ästiger Igelkolben, Aufrechter Igelkolben
Sparganium erectum

Breitblättriger Rohrkolben
Typha latifolia

Zum typischen Bild der Uferröhrichte gehören auch die Bestände des Igelkolbens, besonders dort, wo der Boden sehr schlammig und weich ist.

Die Pflanze besteht aus einem großen, kräftigen, im weichen Untergrund steckenden Rhizom und zahlreichen aufrechten, linealischen Blättern, von denen jedes um 12 mm breit und bis zu 60 cm lang ist. Am Grunde stecken die Blätter in einer tütigen Blattscheide.

Der Blütenstand erreicht gewöhnlich nicht die Höhe der aufrechten Blätter. Er ist verzweigt, wobei jeder Seitenzweig über einem lanzettlich-linealischen Tragblatt entspringt. Jeder Seitenzweig trägt nahe dem Grund 2–4 weibliche Blütenköpfe und weiter oben 10–20 männliche Blütenstände. Die

männlichen Blüten sind mit drei sehr schmalen Hüllblättern ausgestattet und besitzen je drei Staubblätter. Die weiblichen Blüten besitzen ebenfalls drei keilförmige Hüllblätter und einen Fruchtknoten mit Griffel und Narbe. Zur Reifezeit nimmt der weibliche Teilblütenstand die Form eines stacheligen Balls an und erinnert dann an einen zusammengerollten Igel.

Der Ästige Igelkolben wird in eine Reihe verschiedener Unterarten gegliedert, die sich unter anderem von der Fruchtform stärker voneinander unterscheiden.

Zu den bekanntesten Erscheinungen der Röhrichte gehören die verschiedenen Rohrkolben-Arten, von denen der Breitblättrige Rohrkolben der am weitesten verbreitete und häufigste ist.

Die dicken, weichen Rhizome sind sehr stärkereich und können sogar gegessen werden. Die Blätter sind 1 cm breit, werden jedoch bis etwa 2 m lang. Sie sind am Stengel in zwei Zeilen angeordnet und stecken am Grunde in einer faserigen Scheide. Die einzelnen Blattscheiden geben einen zähen Schleim ab, der den Stengel vor Wasser schützt und damit mögliche Fäulniserreger fernhält.

Die Blüten stehen in dichten, charakteristisch kolbenförmigen Blütenständen. Der obere Teil des Blütenstandes ist immer etwas blasser und besteht nur aus männlichen Blüten, während der untere, dunkler braune Kolbenteil nur weibliche Blüten enthält. Nach der Befruchtung entwickeln die weiblichen Kolbenteile Tausende von Samen, die

Teichbinse
Schoenoplectus lacustris

jeweils mit einem Flugorgan aus Haaren ausgestattet sind und vom Wind über große Entfernungen verfrachtet werden können. Daneben vermehren sich die Rohrkolben aber auch noch vegetativ über ihre Rhizome.

Der Schmalblättrige Rohrkolben (*Typha angustifolia*) wächst gewöhnlich an tieferen Stellen als sein größerer Verwandter. Seine Blätter sind deutlich schmaler als die seines häufigeren Verwandten.

Überall in der Welt gibt es an vergleichbaren Standorten Rohrkolben-Arten. *Typha latifolia* ist dabei auf die gemäßigt-temperierten Gebiete der Nordhemisphäre beschränkt.

Die Teichbinse ist ein Mitglied der Sauergräser (*Cyperaceae*). Meist bildet die Teichbinse die inneren Bestände des Röhrichts zur Wasserseite des Teiches. Sie verträgt daher höhere Wasserstände als Schilfrohr oder Rohrkolben. Die kräftigen, kriechenden Rhizome verankern die Pflanzen im weichen Boden, fördern aber gleichzeitig auch die Sedimentation von Bodenteilchen. Die schlanken, oft bis 4 m hohen, glatten, dunkelgrünen Stengel sind unbeblättert, von ein paar Blattscheiden tief am Grunde einmal abgesehen. Sie sind von einem sehr lockeren, luftigen Markgewebe angefüllt, das einerseits festigt, andererseits aber auch nicht zu sehr auf das Eigengewicht schlägt.

Die Blütenstände entwickeln sich (scheinbar) seitenständig unterhalb der Spitze. Sie umfassen mehrere Ährchen auf ungleich langen Stielen, die sich nach allen Richtungen wenden. Jede der unscheinbaren kleinen Blüten besteht aus borstigen Blütenhüllblättern, 3 Staubblättern und einem Fruchtknoten mit langem Griffel und fädiger Narbe. Nach der Blütezeit im Sommer reifen im Herbst die Fruchtstände heran.

Die Bestände der Teichbinse sind meist lückig und nicht so dicht geschlossen wie bei anderen Bewohnern der Uferröhrichte.

Sauergräser *(Cyperaceae)*

Die *Cyperaceae* sind eine überaus artenreiche Pflanzenfamilie, von denen die meisten zu den Seggen (Gattung *Carex*) gestellt werden. Seggen sind meist mehrjährige Pflanzen, die oft sehr ausgedehnte, dichte Bestände bilden. Viele Arten wachsen rasig, andere bilden auch sehr auffällige Einzelhorste. Zusammen mit den Binsen könnte man die Seggen fast als Charakterpflanzen von Naß- und Sumpfwiesen bezeichnen. Viele Arten greifen jedoch auch auf die Röhrichte an den Teich-, See- und Tümpelufern über.

Die Blätter der Seggen sind lang und schmal, die Blattränder sehr dünn und scharf. Unterseits fällt eine kräftige, vortretende Mittelrippe auf. Die Stengel sind immer mehr oder weniger deutlich dreikantig und nicht drehrund wie bei anderen Familien mit grasartigen Vertretern. Die Blattknoten treten nur undeutlich hervor. Hohle Halme kommen nicht vor.

Die unscheinbaren Einzelblüten werden zu getrennten männlichen und weiblichen Ähren oder zu gemischten Blütenständen zusammengefaßt. Die männlichen Blüten bestehen nur aus drei Staubblättern, die in der Achsel eines schuppenartigen Tragblattes (Spelze) entspringen. Die weiblichen Blüten sind ebenfalls recht einfach aufgebaut. Der Fruchtknoten wird von einem schlauch- bzw. flaschenförmigen Gebilde umgeben, aus dessen Spitzenöffnung die dreilappige Narbe hervorschaut. Diese Hülle bleibt bis zur Fruchtreife und ist in ihren Einzelmerkmalen für die Bestimmung der zahlreichen Arten von Bedeutung.

Ufer-Segge
Carex riparia

Die Ufer-Segge gehört zu den häufigeren und kennzeichnenden Seggen von Teich- und Tümpelrändern.

Ihre kräftigen, rauhen, scharf dreikantigen Stengel können bis etwa 1,5 m hoch werden. Die Blätter sind 6–15 mm breit, unterseits scharf gekielt und etwas bläulich grün. Dieses Merkmal unterscheidet die Ufer-Segge u. a. von der

Ufer-Segge
Carex riparia

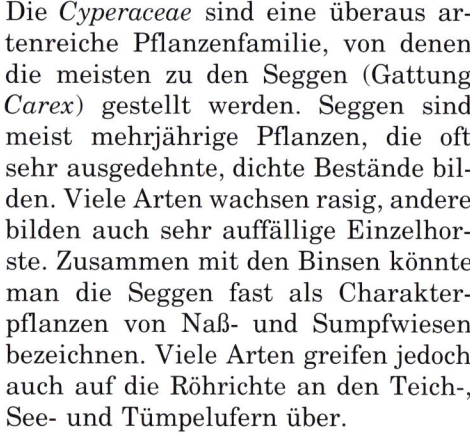

Sumpf-Segge (*Carex acutiformis*). Die männlichen Ähren nehmen die Spitze des Blütenstandes ein. Die 1–5 weiblichen Ähren sind meist weit voneinander getrennt, wobei die oberen fast aufrecht stehen und kaum gestielt sind, während die unteren längere Stiele besitzen und bogig aus dem Gesamtblütenstand heraushängen.

Gemeines Schilf, Schilfrohr
(Bild rechts)
Phragmites australis

Schilf ist das größte einheimische Gras. Seine schlanken, aufrechten Halme erreichen Wuchshöhen über 4 m. Bis 1,5 m Wassertiefe können die Halme ertragen und bilden infolgedessen von der Uferlinie bis weit in den Wasserraum hinein ausgedehnte Röhrichtgürtel. Schilf ist ein echtes Süßgras. Die Pflanze ist mehrjährig und vermehrt sich durch stark verzweigte, unterirdisch kriechende Rhizome. Die kräftigen, faserigen, ziemlich steifen Schilfrohre können besonders im geschlossenen Verband auch kräftigen Wind ertragen. Allerdings sind sie gegen fließendes Wasser recht empfindlich und kommen daher so gut wie nie in den flußbegleitenden Röhrichten vor. Die schmal-lanzettlichen, lang zugespitzten Blätter sind an den Halmen zweizeilig angeordnet, erscheinen mitunter (vor allem bei Windbelastung, vgl. Abbildung Seite 47) aber einseitswendig. Gegen Überstauung sind sie sehr empfindlich und werden daher nur außerhalb des Wassers entwickelt. Die unterste Linie der Blattansätze zeigt somit sehr zuverlässig den höchsten Wasserstand an. Zwischen den Blattscheiden und dem Stengel verhindert eine feine Behaarung das Eindringen von Wasser.

Der Blütenstand ist rispig organisiert und sehr groß. Meist ist er deutlich einseitswendig aufgebaut, was als Anpassung an ständige Windbelastung gedeutet werden kann. Die zahlreichen kleinen Ährchen sind dunkelpurpurn und an den Ährchenachsen silbrig behaart, wodurch der gesamte Blütenstand je nach Beleuchtung leicht glitzert. Trotz reichen Blütenansatzes sind reife Früchte selten. Die Pflanze vermehrt sich im wesentlichen vegetativ.

Schilfrohrbestände bieten einer Vielzahl von Tierarten Schutz und Deckung.

Gleichzeitig sind sie ein wichtiger Brut- und Laichplatz.

Wasserschwaden
Glyceria maxima

Größere Bestände dieses hübschen und elegant wirkenden Grases finden sich sowohl an Süßwasserteichen wie auch an Brackwassertümpeln oder im Saum gezeitenbeeinflußter Ästuare.

Die schlanken, aufrechten Halme des Wasserschwadens erreichen Wuchshöhen bis etwa 2 m. Sie sind hell- bis gelblichgrün und im Grund mit einem kräftigen, kriechenden, sehr weit reichenden Rhizom verankert. Über das Rhizom vollzieht sich auch die vegetative Vermehrung der Pflanze, die sich an geeignetem Standort rasch ausbreiten und bald dichte Bestände aufbauen kann. Die langen, schlaff überhängenden Blätter sind um 15 mm breit, unterseits deutlich gekielt, am Rand sehr scharf und am Grunde bräunlich. Die rispigen Blütenstände messen etwa 20–40 cm. Die Einzelblüten sind recht klein und bleichgrün, später mitunter auch bräunlich oder purpurn. Der Pollen wird wie bei allen Gräsern vom Wind übertragen.

Obwohl der Wasserschwaden dichte Bestände aufbauen kann, die die benachbarten Wasserflächen wirksam und nachhaltig beschatten und somit auch andere Konkurrenten unterdrükken, ist die Pflanze doch nicht so invasionsfreudig wie Schilf oder Rohrkolben.

Schwimmblatt-
pflanzenzone

Die meisten Pflanzen, die diesen und die nachfolgenden Gürtel des Teiches bewohnen, sind echte Wasserpflanzen. Nur im Wasser können sie sich entwickeln und gedeihen. Entsprechend zeigen sie alle die verschiedenen speziellen Anpassungseinrichtungen, über die wir schon zuvor gesprochen haben.

Im Übergang von der Schwimmblattzone zu den Röhrichten am Uferrand der Tümpel und Teiche siedeln noch einige Pflanzen, die zwar noch im weichen Untergrund wurzeln und die meisten Blätter noch in die Luft strecken, aber doch bereits höhere Wasserstände ertragen können als die Röhrichtpflanzen. Sie leiten über zu den eigentlichen Schwimmblattpflanzen, deren Blattwerk entweder ausschließlich auf der Wasseroberfläche entfaltet wird oder auch untergetaucht bleibt. Die

Blüten werden in aller Regel noch außerhalb des Wassers zur Entfaltung gebracht. Mitunter vollzieht sich die Samenreife aber schon unter Wasser. Beispiele dafür sind die Seerose und der Wasser-Hahnenfuß. Gerade die Seerosen gehören zu den auffälligsten und schönsten Blütenpflanzen dieser Zone. Ihre großen Schwimmblätter können so dicht stehen, daß sie größere Teile des Teiches nahezu vollständig bedecken.

Zu den Besonderheiten vieler Pflanzen der Schwimmblattzone gehört es, zwei oder sogar drei verschiedene Blattformen zu entwickeln. Die verschiedenen Arten des Wasser-Hahnenfußes oder auch das Pfeilkraut besitzen unterschiedlich gestaltete Schwimmblätter und untergetauchte Blätter. Die untergetauchten Blätter sind gewöhnlich sehr fein aufgeteilt, um eine möglichst große Oberfläche zur Aufnahme von Gasen und Nährsalzen zur Verfügung zu haben. Im fließenden Wasser bietet diese Blattgestalt zusätzliche Vorteile, da Wasserbewegungen nur wenig Widerstand entgegengesetzt wird. Im bewegten Wasser passen sich die biegsamen Unterwasserblätter den Eigenheiten des Mediums wesentlich besser an

als die breiten und immer etwas starren Blätter von der Grenzfläche zur Luft. Neuere Untersuchungen scheinen zu bestätigen, daß nicht nur der Entwicklungsort (Wasser oder Grenzfläche) über die Blattform entscheiden, sondern auch andere Faktoren, etwa die Nährstoff- und Energieversorgung, regulativ an der Ausgestaltung beteiligt sind. Bei vielen Arten werden im Frühjahr zunächst die stärker geschlitzten Tauchblätter und erst wesentlich später die ungeteilten Schwimmblätter angelegt.

In diesem Teil des Teiches treten bereits verschiedene Laichkraut-Arten auf, soweit sie mit Schwimmblättern ausgestattet sind. Andere Laichkräuter werden später erwähnt, da sie überwiegend Tauchblätter aufweisen. Einige andere Pflanzenarten, so etwa der Wasser-Knöterich, sind sowohl in der Schwimmblattzone wie auch in der äußeren Teichumrandung oder sogar in Feuchtwiesen zu Hause.

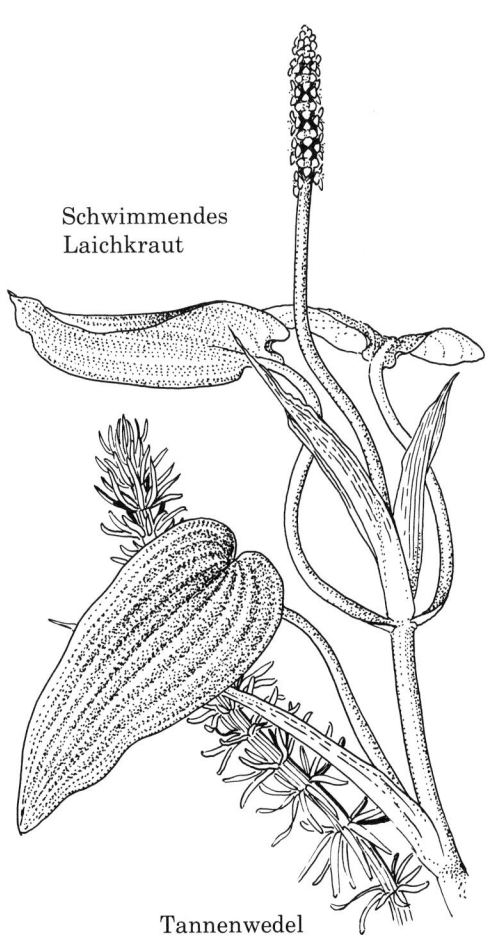

Schwimmendes
Laichkraut

Tannenwedel

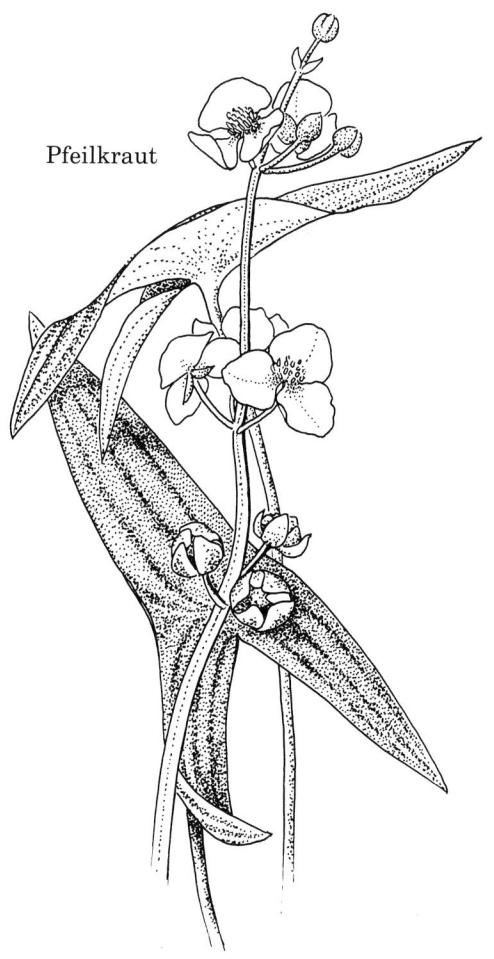

Pfeilkraut

Im einzelnen werden auf den nächsten Seiten die folgenden Pflanzenarten vorgestellt:

Teich-Schachtelhalm
Equisetum fluviatile _____ 49
Schild-Wasserhahnenfuß
Ranunculus peltatus _____ 49
Weiße Seerose
Nymphaea alba _____ 50
Gelbe Teichrose
Nuphar lutea _____ 50
Tannenwedel *Hippuris vulgaris* ___ 51
Wasser-Knöterich
Polygonum amphibium _____ 51
Seekanne *Nymphoides peltata* _____ 52
Froschlöffel *Alisma
plantago-aquatica* _____ 52
Pfeilkraut *Sagittaria
sagittifolia* _____ 53
Schwimmendes Laichkraut
Potamogeton natans _____ 53

Teich-Schachtelhalm
Equisetum fluviatile

Schild-Wasserhahnenfuß
Ranunculus peltatus

Alle wasserbewohnenden Hahnenfuß-Arten stellen interessante Beispiele für Wasserpflanzen mit unterschiedlich gestalteten Schwimm- und Tauchblättern dar. Die Tauchblätter sind mehrfach in feine, fast fadenförmige, linealische Zipfel zerteilt, während die Schwimmblätter flach, gelappt und von rundlichem Umriß sind.

Der Schild-Wasserhahnenfuß kommt verstreut in flachen, gelegentlich auch austrocknenden Teichen vor. Mitunter ist er sogar Pionierpflanze in neuangelegten Fischteichen.

Die hübschen, auffallenden weißen Blüten entwickeln sich auf langen Stielen außerhalb der Wasseroberfläche. Blütezeit ist das späte Frühjahr und der Frühsommer.

Die einzelne Blüte ist 2–3 cm breit und besitzt 5 weiße Honigblätter mit gelblichen Honigdrüsen am Grunde. Wie bei allen Hahnenfuß-Arten sind zahlreiche Staubblätter und viele Fruchtknoten vorhanden. Nach der Befruchtung entwickeln sich die Fruchtknoten zu zahlreichen behaarten Nüßchen.

Die Wasserhahnenfuß-Arten überwintern am Teichboden mit Teilen ihrer im Bodenschlamm steckenden Stengel. Die Wasserhahnenfuß-Arten kommen überwiegend in kühl gemäßigten Gebieten vor.

Der Teich-Schachtelhalm kommt fast nur im stehenden Wasser vor. Die schlanken, glatten, grünen, größtenteils unverzweigten Sprosse werden 50–150 cm hoch. Die Stengelzwischenglieder zeigen eine feine, kaum hervortretende Längsstreifung mit 10–30 Linien, unter denen Leitbündel liegen.

Fertile und sterile Sprosse unterscheiden sich gestaltlich kaum. Auf den fertilen Sprossen erscheinen im Sommer die 1–2 cm langen Sporangienähren. Im Hochsommer sind die Sporen reif und werden ausgestreut.

Weiße Seerose
Nymphaea alba

Gelbe Teichrose
Nuphar lutea

Die Seerose ist eine charakteristische Schwimmblattpflanze der bereits tieferen Wasserbereiche. Im weichen Gewässergrund verankern sie sich mit einem ausdauernden Rhizom, aus dem in jedem Frühjahr die großen, rundlich-herzförmigen Schwimmblätter auf langen, flexiblen Blattstielen aufwachsen.

In mehrfacher Hinsicht sind die großen Schwimmblätter für die kleinen Wasserbewohner nützlich: An heißen, sonnigen Tagen bieten sie den nötigen Schatten. Außerdem können sich hier zahlreiche kleinere Tiere vor ihren Verfolgern in Sicherheit bringen. Während die Blattunterseiten und -stiele von vielen Aufwuchsformen besiedelt werden, werden die Blattoberflächen gerne von Insekten als Lande- und Ruheplätze angenommen.

Die Blattstiele der Seerosen sind im Querschnitt rund und lassen viele Luftkammern erkennen. Die einzelnen Räume dieses Aerenchyms stehen untereinander allesamt in Verbindung und schaffen somit ein ausgedehntes, vielfach verzweigtes und unterteiltes Durchlüftungssystem.

Die Blüten messen etwa 10–20 cm im Durchmesser. Sie werden zunächst von vier Kelchblättern eingeschlossen. Die eigentlichen Kronblätter sind spiralig angeordnet und zeigen fließende Übergänge zu den zahlreichen gelben Staubblättern im Blüteninneren, die den zentralen Fruchtknoten mit seiner strahlig aufgebauten Narbenscheibe umstehen. Die Blüten schließen sich bei Dunkelheit und öffnen sich nur an hellen, warmen Tagen.

Die Seerosenfrüchte entwickeln sich eigenartigerweise unter Wasser. Die Frucht ist eine grünliche, schwammige Beere, die sich unter Wasser öffnet und etwa 2000 Samen entläßt. Diese schwimmen zur Oberfläche auf und werden hier verdriftet.

Im Herbst sterben die grünen Teile der Pflanze ab. Schon im Sommer wurden Nahrungsreserven in das kräftige Rhizom eingespeichert, aus dem neue Sprosse im nachfolgenden Frühjahr zu erwarten sind.

Die Teichrose besiedelt etwas tieferes Wasser als die Seerose.

Das Rhizom der Teichrose kann 3 m Länge erreichen. Es trägt oberseits schuppenförmige Gebilde und unterseits zahlreiche lange Wurzeln. Zuerst werden im Frühjahr gefaltete, durchsichtige, kurzgestielte Tauchblätter angelegt, denen die langstieligen, leicht ovalen Schwimmblätter folgen. Die Blattstiele gehen vom Rhizom gewöhnlich in stumpfen Winkeln ab, so daß die Blätter auch bei schwankendem Wasserstand immer an der Oberfläche flottieren können. Die Stengel sind im Querschnitt dreikantig und enthalten ein ausgeprägtes Aerenchym.

Die goldgelben Blüten messen geöffnet etwa 4–6 cm und sind etwas kugelig geformt. Sie sitzen auf langen, kräftigen Stengeln außerhalb des Wassers (im Gegensatz zu den Schwimmblüten der Seerosen). Die Frucht ist grün und flaschenförmig. Zur Reifezeit bricht sie ab und treibt auf der Teichoberfläche

Tannenwedel
Hippuris vulgaris

Wasser-Knöterich
Polygonum amphibium

umher, bis sie in verschiedene schwammig-weißliche Segmente zerfällt, die die Samen enthalten. Die Samen sinken zu Boden und beginnen dort unmittelbar mit der Keimung.

Unter ungünstigen Bedingungen werden nur die salatähnlichen, schlaff gefalteten Tauchblätter entwickelt. Im Gegensatz zu den Schwimmblättern, die eine nahezu geschlossene Deckschicht bilden und dann den Stoffaustausch mit der Atmosphäre behindern können, sind die Tauchblätter von großer Bedeutung für den Gashaushalt des Wassers.

Die Teichrose und ihre Verwandten gehören sämtlich zu den geschützten Arten.

Diese eigenartig aussehende Pflanze bevorzugt klares, kalk- und nährstoffreiches, kühles Wasser. Obwohl der Tannenwedel wie ein Schachtelhalm aussieht, gehört er zu den Blütenpflanzen und ist mit den Schachtelhalmgewächsen nicht näher verwandt. Von einem langen, kriechenden Rhizom entwickeln sich aufrechte, unverzweigte, hohle Sprosse, an denen jeweils 6–12 Wirtel dünner, dunkelgrüner, glatter Blätter ansitzen. Im flachen Wasser der ufernahen Bereiche schauen die Sprosse aus dem Wasser heraus. Die Blätter stehen dann nahezu waagrecht ab.

Die Blüten sind winzig klein, grünlich und stehen einzeln in den Blattachseln von Luftsprossen.

Eine Blütenhülle fehlt. Jede Blüte besteht nur aus einem Staubblatt mit rötlicher Anthere und einem Fruchtknoten. Untergetauchte Pflanzen entwickeln keinerlei Blüten. Die Frucht ist klein, glatt und nußartig.

Der Tannenwedel ist in Europa weit verbreitet, kommt aber nur verstreut in unbelasteten Feuchtbiotopen vor.

Der Wasser-Knöterich ist eine echte amphibische Pflanze, die in einer Wasser- und einer Landform vorkommt. Daher ist er besonders gut an die Bedingungen solcher Teiche angepaßt, die möglicherweise im Spätherbst abgelassen und erst wieder im Frühjahr gefüllt werden. Die Pflanze überdauert mit einem kräftigen, kriechenden Rhizom.

Bei der Wasserform, die auch in der Abbildung oben wiedergegeben ist, lebt ein Teil untergetaucht, wobei der Stengel flutet und ein Teil der Blätter auf der Wasseroberfläche schwimmt. Die Blätter sind langgestielt, dunkelgrün, etwa 5–15 cm lang, vorne zugespitzt und am Grunde verschmälert. Die rosaroten Blüten sind in einem gedrungenen, walzlichen Blütenstand zusammengefaßt. Dieser ist 2–4 cm lang und wird über die Wasseroberfläche gestreckt. Nach der Befruchtung entwickelt sich eine kugelige, braune Frucht.

Die Landform dieser Knöterich-Art wächst mit einem aufrechten, leicht behaarten Stengel und bleibt gewöhnlich viel kleiner. Die Blätter sind schmaler und sitzen auf sehr kurzen, behaarten Blattstielen.

Die zahlreichen Arten der Gattung *Polygonum* sind weltweit, jedoch mit gewissem Schwerpunkt auf der Nordhalbkugel beheimatet. Viele davon bevorzugen Feuchtbiotope oder ertragen zumindest zeitweise Überflutung. Der Wasser-Knöterich ist in Europa weit verbreitet und kommt von der Ebene bis in die höheren Mittelgebirgslagen vor.

Seekanne
Nymphoides peltata

Die ausgesprochen attraktive und hübsch anzusehende Seekanne gehört zur kleinen Familie der Fieberkleegewächse (*Menyanthaceae*). Aus dem kriechenden Rhizom im Gewässergrund entwickeln sich Sprosse mit rundlich-herzförmigen Schwimmblättern auf sehr langen, biegsamen Blattstielen. Sie messen 3–10 cm Länge, sind unterseits purpurn und auf der Oberseite frisch- bis dunkelgrün und mitunter purpurn gefleckt. Die Blüten stehen einzeln auf langen, kräftigen Blütenstielen und werden etwa 10 cm weit aus dem Wasser herausgehoben. Jede Blüte ist im geöffneten Zustand etwa 3 cm breit und besteht aus 5 hell- oder goldgelben Kronblättern mit charakteristisch ausgefransten Rändern sowie 5 gelben Kelchblättern, die an der Basis röhrig verwachsen sind. Nach der Befruchtung entwickelt sich der Fruchtknoten zu einer flaschenförmigen Kapsel, die unter Wasser heranreift, da die Blütenstiele sich nach dem Abblühen in das Wasser zurückbiegen.

Die Seekanne kommt selten, aber gesellig in den Schwimmblattgesellschaften sommerwarmer stehender Gewässer vor allem des Tieflandes vor.

Gewöhnlicher Froschlöffel
Alisma plantago-aquatica
Der Froschlöffel gehört zu den auffallenden Pflanzen eines Teiches im Übergang zwischen der offenen Wasserfläche und den Uferröhrichten. Mit einem dicken, etwas knolligen Rhizom ist er im weichen, schlammigen Teichboden verankert. Wie das Pfeilkraut entwickelt die Pflanze im Wasser zunächst bandartig schmale Tauchblätter, bevor die Rosette der großen, langgestielten Luftblätter angelegt wird. Diese Blätter ragen 20–30 cm aus dem Wasser heraus und sind eiförmig mit abgerundetem, herzförmigem Grund.

Der Blütenstand besteht aus einer großen, sehr locker verzweigten Rispe von 20–100 cm Höhe. Die Blüten sitzen einzeln oder in kleinen Gruppen am Ende dreikantiger Stengelabschnitte. Sie sind blaßlila, um 1 cm breit und öffnen sich gewöhnlich erst gegen Nachmittag. Die Samen sind schwimmfähig und treiben eine Weile auf der Wasserfläche umher, ehe sie zum Boden absinken. Früchte und Blätter des Froschlöffels dienen einer ganzen Reihe von Wasservögeln als Nahrung.

Der Gewöhnliche Froschlöffel bildet oft mit einer weiteren Art, dem Lanzett-Froschlöffel (*Alisma lanceolatum*), Bastarde. Diese Pflanze ist wesentlich seltener und zeichnet sich durch schmale, lanzettliche Blätter aus. Sie kommt häufiger in Südosteuropa vor.

Pfeilkraut (Bild rechts oben)
Sagittaria sagittifolia

Zu den Froschlöffelgewächsen (*Alismataceae*) gehört auch das Pfeilkraut, eine Pflanze, die ihren Namen von den eigenartigen pfeilförmigen Luftblättern erhielt. Diese langgestielten, meist aufrechten Blätter sind am Grunde tief pfeilförmig gespalten. Unter Wasser werden durchscheinende, bandförmige Tauchblätter entwickelt, denen langgestielte ovale oder nur wenig pfeilförmig geschlitzte Schwimmblätter folgen.

Der dreikantige Blütenschaft wird etwa 30–90 cm hoch und trägt am Ende Dreierwirtel eingeschlechtiger Blüten. Die unterste Etage wird von weiblichen Blüten eingenommen, weiter oben folgen 2–3 Wirtel männlicher Blüten. Beide Blütenformen besitzen eine Hülle aus kräftig rötlichen Kelch- und hellrosa bis weißlichen Kronblättern. Die männlichen Blüten enthalten eine große Anzahl purpurner Staubblätter, während in den weiblichen Blüten zahlreiche Fruchtknoten kopfig gedrängt sitzen. Daraus entwickeln sich zur Reifezeit geflügelte und geschnäbelte Nüßchen, die sowohl vom Wind als auch vom Wasser verbreitet werden.

Als besonderes Überwinterungsorgan legen die Pfeilkräuter am Ende langer Ausläufer etwa walnußgroße, sehr stärkereiche Knollen an, die sich im Herbst von ihrer Mutterpflanze ablösen und im Frühjahr selbständige Pflanzen entwickeln.

Schwimmendes Laichkraut
Potamogeton natans
Die Laichkräuter bilden eine sehr artenreiche Pflanzenfamilie (Laichkrautgewächse *Potamogetonaceae*) wasserlebender Arten, die weltweit verbreitet sind. Viele Laichkräuter leben völlig untergetaucht, das Schwimmende Laichkraut besitzt jedoch Schwimm- und Tauchblätter. Die langen, verzweigten Rhizome verankern die Pflanze im weichen Teichboden. Im Frühjahr brechen zahlreiche Sprosse hervor, von denen manche horizontal wachsen, andere jedoch auch zur Wasseroberfläche gerichtet werden. Nur an diesen Sprossen entwickeln sich die flachen, etwas lederigen, länglich-ovalen Blätter (6–16 cm Länge), die auf der Wasserfläche treiben. Sie sitzen auf langen Blattstielen, die ihrerseits am Grunde eine schuppenförmige Hülle tragen. Die Tauchblätter sind dagegen sehr bleich, ziemlich dünn und zart. Meist sterben sie schon geraume Zeit vor Blühbeginn ab.

Die bleichgrünen, sehr kleinen Blüten sitzen zahlreich in einer kurzen, aber sehr dichten, walzlichen Ähre von 3–8 cm Länge. Diese ragt über die Wasseroberfläche auf. Die unscheinbaren, farblosen Blüten werden vom Wind bestäubt. Jede Blüte enthält 4 Staubblätter und 4 Fruchtknoten, die sich zu gestielten, olivgrünen Früchten entwickeln.

Tauchblattzone

Die Pflanzen der Tauchblattzone besiedeln vorzugsweise die tieferen Wasserregionen eines Teiches. Sie entwickeln ihre Blätter nur noch unterhalb der Wasserlinie. Schwimmblätter kommen nicht mehr vor. Dennoch bleiben sie mit Wurzeln oder anderen Hilfsmitteln im weichen Teichboden verankert. Gerade bei dieser Pflanzengruppe können verschiedene sehr weitreichende Anpassungen an das Leben im Wasser beobachtet werden.

Der gesamte Gas- und Stoffaustausch vollzieht sich im Wasser und mit dem Wasser. Die Blätter der Pflanzen sind nicht mehr flächig wie bei den Schwimmblattpflanzen, sondern fein zerteilt und besonders zahlreich. Das Tausendblatt oder die Wasserpest sind bekannte Beispiele für diese von den Pflanzen der ufernahen Bereiche völlig abweichende Blattausgestaltung. Obwohl die Blätter nur noch sehr klein sind, bieten sie dennoch eine stark vergrößerte Oberfläche, über die Sauerstoff und Nährsalze aufgenommen werden können. Spaltöffnungen sind nicht vorhanden. Die gesamte Pflanze vollzieht den Stoffaustausch.

Die Stengel und Sproßachsen der Tauchblattpflanzen benötigen keine besonderen Festigungselemente und können daher weich, dünn und biegsam sein. An Land könnten sie mit ihren schlaffen Achsen keine aufrechten Vegetationskörper entwickeln, doch im Wasser können sie sich voll entfalten. Die Biegsamkeit ermöglicht ihnen auch, Wasserbewegungen oder auch Wasserstandsschwankungen jeweils mitzuvollziehen.

Manche Arten aus dieser Pflanzengruppe schicken ihre Blüten oder Blütenstände immer noch über die Wasserlinie. Andere haben sich jedoch auf Blüten unter Wasser spezialisiert. Auch die Früchte werden unter Wasser zur Reife gebracht.

Die meisten Arten gehören zu den Blütenpflanzen. Zusätzlich treten nun aber auch Vertreter der blütenlosen Pflanzen, etwa der Moose, in Erscheinung. Besonders bemerkenswert ist eine Gruppe grüner Algen, die Armleuchtergewächse, die in Bau und Lebensweise größere Unterschiede zu den übrigen Algen aufweist.

Im einzelnen werden die folgenden Arten auf den nachfolgenden Seiten besprochen:

Zerbrechliche Armleuchteralge
Chara fragilis ————————— 55
Gemeines Brunnenmoos
Fontinalis antipyretica ————— 56
Ähriges Tausendblatt
Myriophyllum spicatum ———— 57
Teich-Wasserstern
Callitriche stagnalis ————— 58
Wasserfeder *Hottonia palustris* —— 58
Kanadische Wasserpest
Elodea canadensis ————— 59

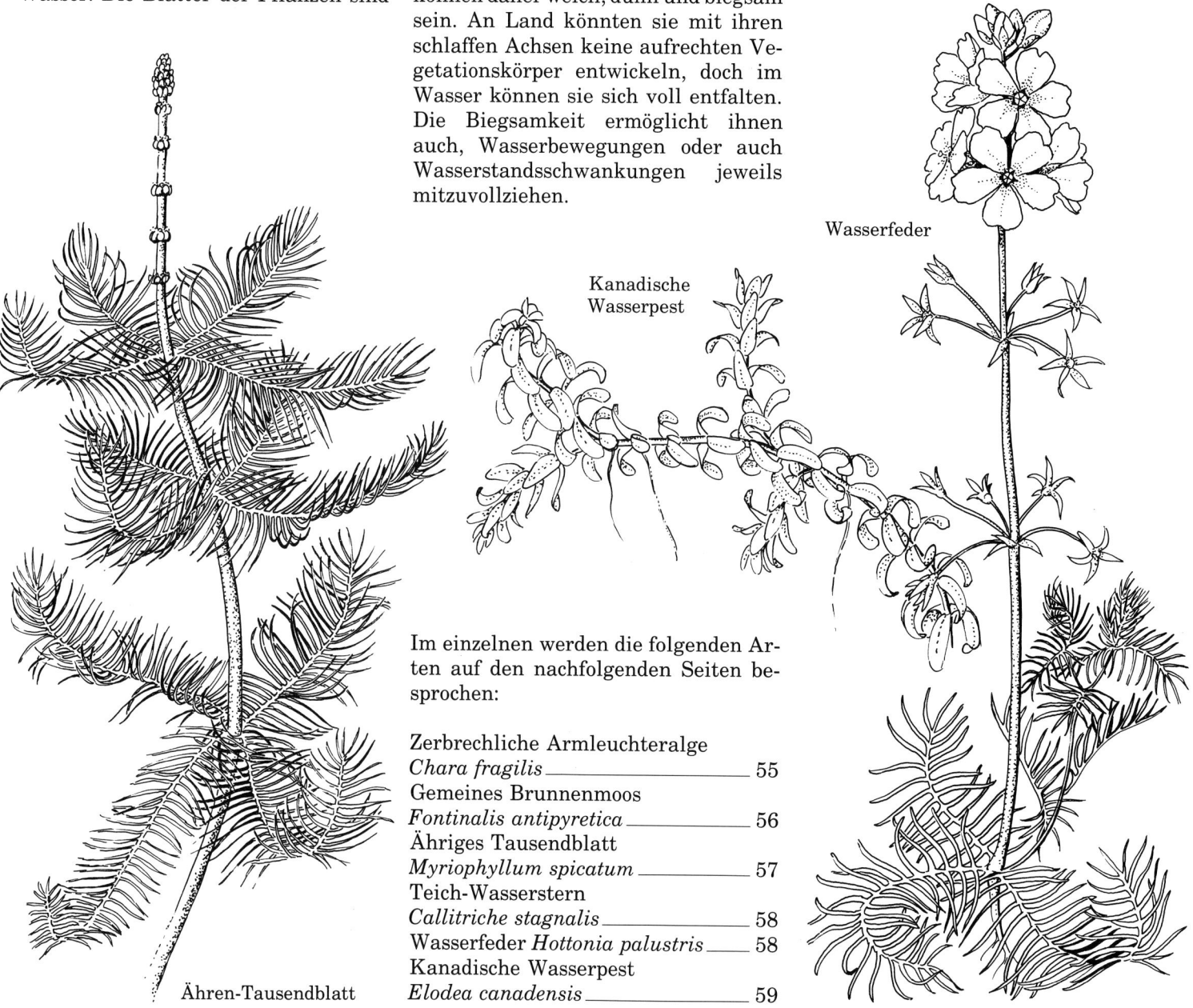

Wasserfeder

Kanadische Wasserpest

Ähren-Tausendblatt

Armleuchteralgen
(Charophyta)

1, 2, 3 Zerbrechliche Armleuchteralge
Chara fragilis

Armleuchteralgen sind untergetaucht lebende, mitunter in dichten Rasen wachsende Algen, die entweder im reinen Süßwasser oder in leicht verbracktem Wasser leben. In Tümpeln und Teichen wachsen sie manchmal noch in Wassertiefen, die von den höheren Pflanzen bereits gemieden werden.

Wenn die Armleuchteralgen kräftig Photosynthese betreiben, entziehen sie dem Wasser anorganische Kohlenstoffverbindungen. Dadurch greifen sie in ein kompliziertes Lösungsgleichgewicht ein, so daß Calciumcarbonat ausgefällt wird, sie nehmen also sehr wirksam an der biogenen Entkalkung der Gewässer teil.

Die gesamte Klasse kann unter anderem in die beiden wichtigen Gattungen *Nitella* (mit verzweigten Seitenachsen) und *Chara* (mit einfachen Seitenzweigen) gegliedert werden:

1, 2, 3 Zerbrechliche Armleuchteralge
Chara fragilis

Die Zerbrechliche Armleuchteralge besteht aus langen, dünnen Achsenteilen mit Wirteln kleinerer Seitenäste, die in regelmäßigen Abständen von Knotenbereichen abstrahlen (**1**). (Bild **2** zeigt die Verzweigungsverhältnisse in einer Makroaufnahme.) Die Zentralachse besteht nur aus einer Zellreihe, der gesamte Bereich zwischen zwei Knoten entspricht nur einer einzigen, langgestreckten Zelle. Im Gewässergrund verankert sich die Pflanze mit Hilfe von Rhizoiden, die in Aussehen und Funktion den Wurzeln der höheren Pflanzen entsprechen. Die Pflanze kann etwa 30 cm Länge erreichen.

Während des Sommers entwickeln sich auf den Seitenzweigen meist dicht beieinander die weiblichen und männlichen Vermehrungsorgane (**3**).

Nach der Befruchtung entwickelt sich die Eizelle zu einer derben, dickwandigen Spore, die mit der Wasserströmung verbreitet wird und zu neuen Armleuchteralgen auskeimt.

Neben der sexuellen Fortpflanzung kommt auch vegetative Vermehrung durch weißliche, stärkehaltige Brutknöllchen vor, die sich an den Hauptachsen entwickeln und irgendwann einmal abbrechen.

Laubmoose *(Musci)*

1, 2, 3, 4 Gemeines Brunnenmoos
Fontinalis antipyretica

I▲   2▼

Innerhalb der Abteilung Moose (*Bryophyta*) werden zwei große Gruppen unterschieden, die Lebermoose (*Hepaticae*) und die Laubmoose (*Musci*). Beide vermehren sich in einer von den Blütenpflanzen etwas abweichenden Art und Weise. Wie bei den Farnpflanzen gibt es einen Generationswechsel zwischen geschlechtlicher und ungeschlechtlicher Generation. Gametophyt ist die grüne, beblätterte Moospflanze, auf der sich die weiblichen und männlichen Organe (Archegonien und Antheridien) entwickeln. Nach der Befruchtung entwickelt sich aus der Eizelle der ungeschlechtliche Sporophyt in Gestalt der hübsch geformten Sporenkapseln. Aus den daraus ausgestreuten Sporen keimen dann wieder Moospflanzen aus.

Im Wasser sind die Moose nicht allzu arten- und formenreich vertreten.

3▼   4▼

1, 2, 3, 4 Gemeines Brunnenmoos
Fontinalis antipyretica

Das Gemeine Brunnenmoos kommt in stehenden wie auch in rascher fließenden Gewässern vor. Pflanzen aus tieferem Wasser erreichen bis etwa 1m Länge. Die Stengel sind verzweigt, von etwas fiederigem Aussehen, flutend oder völlig untergetaucht und am Grunde an Steinen oder anderen Hartmaterialien befestigt. Die Moosblättchen sind lanzettlich, um 1cm lang, an beiden Enden verschmälert, scharf gekielt und in drei Zeilen angeordnet.

Wenn der Wasserspiegel so weit absinkt, daß größere Teile der Pflanze trockenfallen, erscheinen bald auch die kurzgestielten, flaschenförmigen Sporenkapseln auf kurzen Seitenzweigen (**2**). An der Spitze der Kapsel sitzt ein Ring scharlachroter, haarähnlicher Zähne, die bei Feuchtigkeit geschlossen werden (**3**), sich bei Trockenheit jedoch öffnen (**4**). Nur dann können die reifen Sporen ausgestreut werden.

1, 2 Ähriges Tausendblatt
Myriophyllum spicatum

Das sicherlich auffälligste Kennzeichen der Tausendblatt-Arten sind die Wirtel aus kammähnlichen, gefiederten Blättern mit jeweils etwa 13–35 gegenständigen, borstlich dünnen Fiedern. Die Pflanze kommt gewöhnlich nur im tieferen Wasser vor und lebt, abgesehen von der steifen Blütenstandsachse, ständig flutend und untergetaucht. Im weichen Bodenschlamm ist die Pflanze mit einem kriechenden Rhizom verankert. Auf den Sproßachsen sitzen die gefiederten Blätter meist in Wirteln zu je 4.

Die winzigen, oft leicht rötlichen Blüten sitzen in der Achsel kurzer Tragblätter in einem ährigen Blütenstand (2), der seinerseits etwa 4–6 Wirtel umfaßt.

Im oberen Bereich der Ähre finden sich männliche Blüten, die weiblichen nehmen die unteren Wirtel ein. Blütenhüllorgane sind stark zurückgebil-det oder fehlen völlig. In den männlichen Blüten finden sich 2, 4 oder 8 Staubblätter, während die weibliche Blüte einen 2- oder 4fächerigen Fruchtknoten mit 4 breit-rundlichen, etwas fiederigen Narben besitzt.

Die Tausendblatt-Arten vermehren sich aber auch vegetativ durch Winterknospen. Sie entstehen als dunkelgrüne, keulenförmige Gebilde in den Blattachseln oder an den Sproßenden, besonders im Herbst. Diese Knospen stellen stark gestauchte junge Pflänzchen mit 2–15 mm langer Sproßachse und zahlreichen dicht gepackten Blattanlagen dar. Nachdem sie sich von der Mutterpflanze abgelöst haben, sinken sie zu Boden und wachsen im Frühjahr zu einer neuen Pflanze aus.

Als Unterlage und Deckungsraum sind die Tausendblatt-Arten für eine Vielzahl kleiner Wasserorganismen sehr wichtig. In stehenden oder sehr langsam fließenden Gewässern kommen diese Pflanzen weltweit vor. Die meisten Arten bevorzugen nährstoffreiches Wasser.

Teich-Wasserstern
Callitriche stagnalis

Wasserfeder
Hottonia palustris

Die Wasserstern-Arten sind echte Wasserpflanzen. Der größte Teil der Pflanze befindet sich unter Wasser und besteht aus fadendünnen Achsen mit schmalen, gegenständigen Blättern.

Kleine Wurzeln verankern den Teichwasserstern am Teichgrund. Sie bilden keine große, auffällige Wurzelmasse, sondern bestehen lediglich aus feinen, seitlich aus den Achsen entwikkelten Fäden. Mitunter kann man die Wassersterne jedoch auch wurzellos frei umhertreibend finden.

Der Teich-Wasserstern ist eine recht häufige Pflanze, die mitunter auch den trockenfallenden Uferschlamm besiedelt. Die Wasserform bildet Stengel zwischen 20 und 100 cm Länge aus, an denen zahlreiche, jeweils um 4 mm lange, löffelförmige Blätter ansitzen. Die obersten Blattpaare schließen sich zu einer flutenden Rosette zusammen. Die eingeschlechtigen Blüten werden in den Blattachseln entwickelt. Die männlichen Blüten finden sich vorwiegend in den oberen Stengelabschnitten, die

weiblichen weiter unten. Die eiförmigen Früchte sind deutlich geflügelt. Die Befruchtung erfolgt meist durch den Wind. Wegen ihrer zahlreichen Blätter spielen die Wassersterne für den Sauerstoffgehalt des bewohnten Gewässers eine bedeutende Rolle. Zwischen den kleinen Blättern leben zahlreiche Wassertiere, unter anderem die Flohkrebse und verschiedene Wasserfloh-Arten. Während des Winters sinken die Pflanzen oder Teile von ihnen in die etwas wärmeren Wasserschichten am Teichgrund ab. Außer dem Teichwasserstern, der unter Umständen auch unter leichten Brackwasserbedingungen leben kann, gibt es noch viele weitere Arten, die zum Teil nur schwer unterscheidbar sind.

Diese Wasserfeder, eine hübsche Pflanze aus der Familie der Primelgewächse (*Primulaceae*) ist nicht besonders häufig, tritt aber gewöhnlich truppweise in flachen, mäßig nährstoffreichen, leicht sauren Gewässern auf. Die untergetauchten, flutenden Stengel wurzeln im weichen Teichgrund und tragen zahlreiche fiederig geteilte Blätter, die in Gestalt und Aussehen denen der Tausendblatt-Arten sehr ähneln. Diese Blätter stehen am Stengel wechselständig oder spiralig. Nur am Grunde sind sie in einem vielgliedrigen Wirtel vereinigt, der den langen Blütenstand tragen hilft.

Die Blüten sind die einzigen Teile der Pflanze, die die Wasseroberfläche überragen. Sie sitzen in einer Traube am Ende eines 25–40 cm hohen Schaftes und bilden dort Gruppen von 3–8. Jede Blüte besteht aus 5 blaßrosa bis blaßlila gefärbten Kronblättern, die am Grunde ein kräftig orangegelbes Farbmal tra-

Kanadische Wasserpest
Elodea canadensis

gen. Außer 5 Staubblättern findet sich in der Blüte noch ein Fruchtknoten mit fadendünnem Griffel und knopfig verdickter Narbe. Nach der Befruchtung krümmen sich die Blütenschäfte ins Wasser, so daß die Frucht- und Samenreife unterhalb der Wasserlinie abläuft.

Winterknospen, die aus Wirteln dichtgefalteter Blätter um eine Wachstumsspitze bestehen, entwickeln sich am Ende besonderer Ausläufer.

In Mitteleuropa gehört die hübsche Wasserfeder zu den besonders schützenswerten Arten.

Die Kanadische Wasserpest besiedelt Tümpel und Teiche ebenso wie langsam fließende Gräben und Altarme von Flüssen und ist häufig und in großen Mengen anzutreffen. Die Pflanze vermehrt sich in Europa ausschließlich durch Abbrechen und Weiterwachsen von Teilen ihrer schlanken, brüchigen Stengel. Jedes abgetrennte Fragment ist sofort unabhängig und selbständig. Schon nach kurzer Zeit hat sich aus einem kleinen Stengelstück wieder eine komplette Pflanze gebildet. Außerdem vermehrt sich die Wasserpest auch noch mit besonderen Winterknospen, die jeweils aus einem Paket dichtgepackter Blätter und Blattanlagen bestehen. Sie werden im Herbst angelegt und wachsen im nachfolgenden Frühjahr zu neuen Pflanzen aus.

Die Wasserpest ist eine untergetaucht lebende, etwas durchscheinende Pflanze, die sich mit einem feinen Wurzelwerk am Gewässerboden verankert und zudem auch noch Wurzeln an den Blattknoten entwickelt. Die Stengel sind rundlich, sehr schlank, brüchig und unregelmäßig verzweigt. Die bleichgrünen Blätter sind länglich-linealisch, vorne etwas abgerundet oder mit kurzer Spitze ausgestattet und sitzend. Gewöhnlich werden sie in charakteristischer Weise zurückgeschlagen (vgl. Bild). Die Blattränder sind sehr fein gezähnt.

Von der Wasserpest gibt es rein männliche und rein weibliche Pflanzen. In Europa sind jedoch nur weibliche Pflanzen bekannt, Blüten werden aber nur selten entwickelt. Sie sitzen auf langen, fädigen Stengeln in den Achseln der oberen Stengelblätter.

Jede Blüte mißt nur etwa 5 mm und ist grünlich-purpurn.

Für die Sauerstoffversorgung des Gewässers ist die hochproduktive Wasserpest außerordentlich wichtig. An warmen, sonnigen Tagen kann man beobachten, wie von den zahlreichen kleinen Blättern sogar Sauerstoffbläschen aufsteigen.

Ursprünglich war die Pflanze nur in Nordamerika beheimatet. Um die Mitte des vorigen Jahrhunderts wurde sie zuerst nach Großbritannien und wenig später auch in das kontinentale Europa eingeschleppt. Dort vermehrte sie sich so gewaltig, daß sie zeitweise den Schleusenbetrieb, die Schiffahrt oder die Fischerei behinderte. Nach nur wenigen Jahrzehnten üppigen Wachstums gingen die Bestände wieder merklich zurück. Heute stellt die Wasserpest in den heimischen Gewässern kein Problem mehr dar.

Schwimmdecken

Im Unterschied zu den Pflanzen mit Schwimmblättern gibt es auch eine Reihe von Arten, die nicht im Teichboden wurzeln und daher frei auf der Wasseroberfläche umhertreiben können. Mitunter halten sie sich auch knapp unterhalb der Wasserlinie oder sogar in tieferen Wasserschichten auf, doch bleibt es ein besonderes Merkmal dieser Pflanzengemeinschaft, unter günstigen Bedingungen geschlossene, schwimmende Decken zu bilden.

Obwohl sie nicht mehr im Boden wurzeln, besitzen einige Arten noch Wurzelorgane, die jedoch frei im Wasser hängen und an den Stoffaustauschvorgängen mit der Umgebung teilnehmen. Außerdem wirken sie als Balanceorgane, die die übrigen Teile der Pflanze im Wasser in die richtige Position setzen.

Abgesehen von den sehr kleinen, meist in unglaublichen Massen auftretenden Wasserlinsen finden sich in den Schwimmdecken noch eine Reihe anderer interessanter Arten ein, angefangen von flutenden Lebermoosen über verschiedene Schwimmfarne bis hin zu großen, kräftigen und durchaus ansehnlichen Pflanzen wie Froschbiß oder Krebsschere. Unter diesen Pflanzen, zu denen auch die Hornkräuter gehören, sind bemerkenswerte Spezialisten mit sehr weitgehenden Sonderanpassungen an den aquatischen Lebensraum zu finden.

Zu dem hier vorgestellten Lebensraumausschnitt innerhalb eines Teiches oder Tümpels gehören letztlich auch die Artengemeinschaften aus mikroskopisch kleinen Formen, die in ihrer Gesamtheit das Plankton bilden. Sie werden in einem gesonderten Kapitel etwas näher betrachtet. Zunächst beschäftigen wir uns mit den Spezialisten unter den Wasserpflanzen, die frei auf oder unter der Wasseroberfläche herumtreiben können und das eigenartige Artengefüge der Schwimmdecken zusammensetzen.

Kleine Wasserlinse

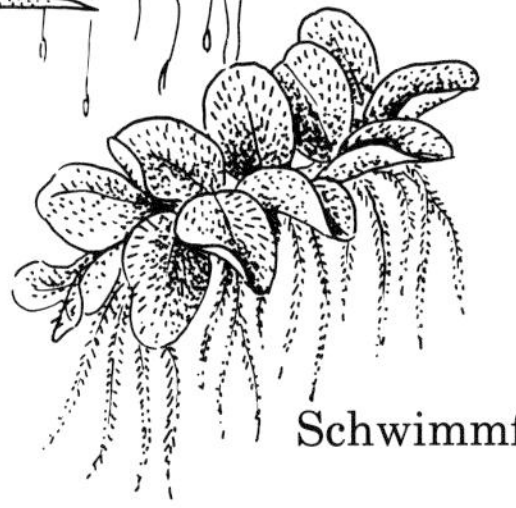

Schwimmendes Sternlebermoos

Schwimmfarn

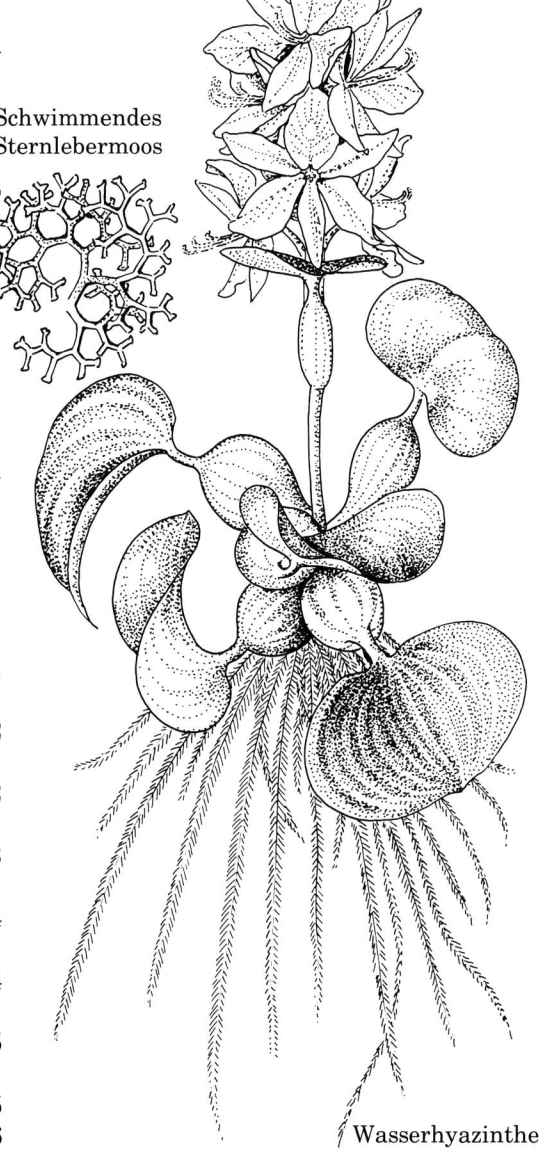

Krebsschere

Wasserhyazinthe

Im einzelnen stellen wir vor:

Schwimmendes Sternlebermoos
Riccia fluitans —————— 61
Großer Algenfarn
Azolla filiculoides —————— 61
Schwimmfarn
Salvinia natans —————— 62
Rauhes Hornkraut
Ceratophyllum demersum —————— 62
Echter Wasserschlauch
Utricularia vulgaris —————— 63
Froschbiß
Hydrocharis morsus-ranae —————— 64
Krebsschere
Stratiotes aloides —————— 64
Wasserhyazinthe
Eichhornia crassipes —————— 65
Wassersalat
Pistia stratiotes —————— 65
Wasserlinsen *Lemnaceae* —————— 66

Lebermoose *(Hepaticae)*

Schwimmendes Sternlebermoos
(Bild unten)
Riccia fluitans

Großer Algenfarn (Bild ganz unten)
Azolla filiculoides

Lebermoose sind viel einfacher aufgebaut als ihre nächsten Verwandten, die Laubmoose, mit denen zusammen sie die Abteilung *Bryophyta* (Moose) bilden.

Schwimmendes Sternlebermoos
Riccia fluitans

Das Schwimmende Sternlebermoos ist eine echte Wasserpflanze, die man gelegentlich in Tümpeln und Teichen unmittelbar unterhalb des Wasserspiegels fluten sieht. Bevorzugt werden nährstoffreiche, saubere Gewässer.

Die Wasserform besteht aus bandartigen, flachen Gebilden, die sich regelmäßig gabelig verzweigen. Innerhalb der Thallusgewebe sind mehrere große Luftkammern eingeschlossen, die der Pflanze im Wasser Auftrieb verleihen und sie in der Schwebe halten.

Die Landform dieses Lebermooses besteht aus bandförmigen Thalli, die sich zu hübschen sternförmigen Gebilden entwickeln und meist rötlich-violett überlaufen sind. Die Rosetten verankern sich auf ihrer Unterlage mit sehr wenigen, fadendünnen Rhizoiden. Die Vermehrung erfolgt meist vegetativ durch Zerteilung der Pflanze.

Abgetrennte Teile können sich wieder zu kompletten Pflanzen entwickeln. Geschlechtliche Vermehrung ist ebenfalls möglich, doch selten und nur auf Landformen beschränkt. Das Schwimmende Sternlebermoos ist weltweit verbreitet.

Großer Algenfarn
Azolla filiculoides

Der Algenfarn wird etwa 1–5 cm lang. Die kleine Pflanze liegt waagrecht auf dem Wasser, verzweigt sich unregelmäßig und trägt wechselständig angeordnete, sich dachziegelartig überdeckende kleine Blätter. Von der Unterseite hängen fadendünne Wurzeln in das freie Wasser. Die einzelnen Blätter sind jeweils in zwei ungleiche Lappen geteilt. Der obere, dicke, grüne Lappen ragt immer aus dem Wasser heraus, während der untere, kleinere nahezu

farblos bleibt und in das Wasser eintaucht. In einer Höhlung des oberen Lappens lebt regelmäßig die Fadenblaualge *Anabaena azollae*. Diese Alge kann atmosphärischen Stickstoff binden und dem Farn zur Verfügung stellen. Umgekehrt bietet ihr der Farn Wohnraum.

Fertile Algenfarne sieht man verhältnismäßig selten, sie vermehren sich meist vegetativ durch Abtrennung kleinerer Verzweigungen.

Ursprünglich stammt der Große Algenfarn aus den warmen, subtropischen Gebieten Nordamerikas, wurde jedoch um die Mitte des vorigen Jahrhunderts nach Europa und in andere Gebiete verschleppt. Meist wird man die Pflanze nur in größeren Wasserbekken von Gewächshäusern sehen können, doch gibt es auch freilebende Bestände im Oberrheingebiet.

Schwimmfarn
Salvinia natans

Rauhes Hornkraut
Ceratophyllum demersum

Der Schwimmfarn wird etwa 5–10 cm lang (selten länger) und verzweigt sich unregelmäßig. Die Blätter stehen zu je 3 in aufeinanderfolgenden Wirteln. Je zwei dieser Blätter sind grün, rundlich-oval, flach ausgebreitet und schwimmen auf dem Wasser. Das dritte Blatt ist farblos, fein geteilt, untergetaucht und wurzelartig. Es übernimmt die Funktion der fehlenden Wurzel. Die Schwimmblätter, die jeweils um 1 cm lang sind, breiten sich anfangs flach auf dem Wasser aus. Später gibt es gegenseitiges Gedränge, so daß die Blätter leicht aufgefaltet werden (vgl. Abbildung). Durch große Luftkammern im Blattgewebe erhält der Schwimmfarn den nötigen Auftrieb und wird gleichsam unsinkbar. Am Grunde der Blätter werden behaarte, ziemlich auffällige Sporangien gebildet. In den entlassenen, frei umherschwimmenden Sporen ensteht dann die Gametophytengeneration.

Der Schwimmfarn erreicht in Mitteleuropa die West- und Nordgrenze seiner natürlichen Verbreitung. Er ist eher eine typische Pflanze sommerwarmer Steppenseen, eignet sich jedoch hervorragend für den eigenen Gartenteich.

Die Hornkräuter gehören zu den am weitesten an das Leben im Teich angepaßten Pflanzen. Hornkraut lebt völlig untergetaucht und erträgt im Gegensatz zu manchen anderen Arten kein Trockenfallen. Echte Wurzeln fehlen. Dennoch verfügt die Pflanze über besondere Sprosse, die sie zumindest vorübergehend am Boden des Teiches verankern können. Gewöhnlich treibt sie jedoch frei umher, im Frühjahr und Sommer nahe der Wasseroberfläche, im Herbst und Winter eher in den bodennahen Wasserschichten.

Die biegsamen, verzweigten Stengel werden bis etwa 100 cm lang, bleiben jedoch meist etwas kürzer. Die dunkelgrünen, dünnen, fingerförmig geteilten Blätter sitzen in Wirteln. Sie sind ziemlich steif, oft ein wenig brüchig und fühlen sich rauh an, da sie am Rande zwei Reihen kleiner, stachelspitziger Zähne tragen.

Blüten entwickeln sich nur äußerst selten in warmen, sonnenreichen Sommern. Sie sind sehr klein und unscheinbar. Männliche und weibliche Blüten entwickeln sich getrennt auf der gleichen Pflanze in den Achseln einzelner Blätter.

Die Bestäubung vollzieht sich unter Wasser: Zu gegebener Zeit lösen sich die Staubblätter aus den männlichen Blüten und steigen zur Wasseroberfläche auf, die Pollensäcke öffnen sich und setzen die Pollen frei. Diese sinken anschließend im Wasser nach unten und erreichen bestenfalls die Narben der weiblichen Blüten. Nach der Befruchtung entwickelt sich eine einsamige Schließfrucht von etwa 4–5 mm Länge, an der drei lange Dornfortsätze auffallen, von denen einer der bleibende Griffel ist.

Die Vermehrung erfolgt oft auch auf vegetativem Wege, durch Zerteilung der Pflanzen in kleinere Portionen oder durch Entwicklung knospenähnlicher Gebilde im Herbst, die sich von der Mutterpflanze ablösen, am Teichboden überwintern und im nachfolgenden Frühjahr zu vollständigen neuen Pflanzen auswachsen.

1, 2, 3 Echter Wasserschlauch
Utricularia vulgaris

Der Wasserschlauch und seine näheren Verwandten gehören zu den einzigen tierfangenden, wasserlebenden Blütenpflanzen in unseren Breiten. Bevorzugter Lebensraum sind mäßig nährstoffreiche, vor allem blasenarme Gewässer.

Die Pflanzen treiben wurzellos unterhalb der Wasseroberfläche im freien Wasser umher. Stengel und Blätter sind vielfach in schmale, linealische Zipfel geteilt und ersetzen somit die Funktionen einer Wurzel. An den 2–8 cm langen, mehrfach in feine Haarzipfel geteilten Blättern sitzen 1–4 mm große Blasen oder Schläuche zum Einfangen von Planktontieren.

Mitunter entwickelt der Wasserschlauch einen langen Blütenschaft, an dem außerhalb des Wassers 3–15 goldgelbe Blüten (2) in Trauben sitzen. Die Fangblasen bzw. -schläuche (3) an den Blättern sind ausgeklügelte Einrichtungen zum Fang kleiner Planktonorganismen.

Jede Fangblase besitzt einen endständigen Deckel und mehrere steife, trichterförmig vorspringende Borstenhaare. Der Deckel öffnet sich nach innen. Wenn kleine Wassertiere die reizbaren Borstenhaare berühren, öffnet sich der Deckel nach dem Falltürprinzip, saugt einen Wasserstrom in die Blase und reißt z.B. den überraschten Wasserfloh mit. Die Tür verschließt sich von innen, und die Verdauung kann beginnen. Die Innenwände der Fangblase sind mit Drüsenhaaren ausgestattet, die aggressive Verdauungsenzyme abgeben und das verdaute Material auch wieder aufnehmen können.

Die Wasserschlauch-Arten entwickeln zur vegetativen Vermehrung Winterknospen. Sie bilden sich im Herbst und gelangen auf den Teichboden, wenn die Elternpflanze in der ungünstigen Jahreszeit zu Boden sinkt und teilweise abstirbt. Im Frühjahr lösen sie sich ab, strecken ihre noch unentwickelten Blattorgane, steigen in die oberflächennahen Wasserschichten auf und entwickeln sich dort zu neuen Pflanzen.

Weltweit gibt es etwa 200 verschiedene Wasserschlauch-Arten, von denen die meisten allerdings warme, tropische Regionen bewohnen.

Froschbiß
Hydrocharis morsus-ranae

Die Krebsschere ist sicherlich eine ungewöhnliche Erscheinung unter den Pflanzen der Schwimmdecken.

Man findet sie nur stellenweise und meist in kalkreicheren Gewässern.

Gewöhnlich hält sich die Pflanze gerade unterhalb der Wasseroberfläche, aber mit allen Teilen untergetaucht, auf. In dieser Zone bildet sie meist dichte, individuenreiche, geradezu rasige Bestände. Von der Stengelbasis hängen mehrere lange, unverzweigte Wurzeln in das freie Wasser herunter, die für die Balance der Pflanze von großer Bedeutung sind. Wenn diese Wurzeln den Teichboden erreichen, können sie die Pflanze dort wirksam verankern. Die meisten Krebsscheren treiben jedoch ohne Wurzelverankerung frei umher oder setzen sich höchstens zeitweise einmal fest. In den Blattachseln entwickeln sich lange Ausläufer, an deren Enden sich neue Pflänzchen differenzieren. Auf diese Weise wird eine rasche vegetative Vermehrung der Pflanze sichergestellt. Winterknospen als Überdauerungseinrichtungen entstehen ebenfalls in den Blattachseln.

Im Frühjahr steigen die Pflanzen zur Oberfläche, so daß die Blattspitzen teilweise aus dem Wasser herausragen. Die weißen Blüten, jeweils etwa 3−4 cm im Durchmesser, erscheinen im Sommer. Weibliche und männliche Blüten entwickeln sich auf getrennten Pflanzen. Wo männliche und weibliche Pflanzen gemeinsam vorkommen und nach Insektenbestäubung die Befruchtung erfolgt, entwickelt sich eine eiförmige Frucht unter Wasser.

Nach der Blütezeit taucht die Pflanze wieder tiefer in das Wasser ein. Gegen Herbst sinkt sie bis zum Teich- oder Seeboden ab und verbleibt dort bis zum nachfolgenden Frühjahr.

Die verschiedenen Abtauch- und Aufstiegsmanöver, die die Krebsschere vorführt, sollen angeblich von der Menge der Kalkniederschläge auf den Blättern mitbestimmt werden. Die Kalküberkrustungen sind eine unmittelbare Folge der Photosynthese, da der Verbrauch von Kohlendioxid in ein

Froschbiß gehört zu den besonders kennzeichnenden Arten, die verstreut, aber immer gesellig in den Schwimmdecken von Tümpeln, Teichen, Kanälen oder Gräben vorkommen.

Die unverzweigten Wurzeln hängen frei in das Wasser und durchflechten sich gegenseitig, wenn die Bestandsdichte zunimmt. Jede Einzelpflanze bringt eine Rosette langstieliger Blätter hervor, die etwa 4−5 cm Durchmesser erreichen und in der Form wie zu klein geratene Seerosenblätter aussehen. Die weißen Blüten erscheinen einzeln auf langen Stielen und sind geöffnet etwa 3−5 cm breit. Männliche und weibliche Blüten werden auf der gleichen Pflanze getrennt angelegt. Die weiblichen Blüten sind gewöhnlich etwas länger gestielt. Wenn eine Befruchtung zustande gekommen ist, reift die Frucht unter Wasser. Sie ist etwa 4−8 mm dick, beerenähnlich, rundlich-elliptisch, längsstreifig. Sie springt an

der Spitze unregelmäßig auf und setzt die zahlreichen, sehr kleinen Samen frei.

Fast wichtiger als die geschlechtliche Vermehrung ist die ungeschlechtliche Fortpflanzung durch Ausläufer, die an ihren Enden junge Pflänzchen entwickeln. und Winterknospen im Herbst. Erst im Frühjahr keimen daraus junge Pflanzen aus. Der Froschbiß ist in Europa weit verbreitet und in vielen Teichen, Tümpeln und Seen anzutreffen.

Wasserhyazinthe (Bild rechts oben)
Eichhornia crassipes

Die Wasserhyazinthe ist eine im tropischen und subtropischen Amerika beheimatete, mehrjährige, frei umherschwimmende oder seltener auch im Schlamm wurzelnde Pflanze. Sie vermehrt sich sehr rasch durch blattachselbürtige Ausläufer, an deren Enden sich neue Pflanzen entwickeln. Die einzelne Pflanze mißt etwa 30–40 cm und besteht aus einer Blattrosette sowie einem dichten Büschel fiederig geteilter Wurzeln, die von der Unterseite in das Wasser ragen und bis 1 m lang werden können.

Die Blätter sind herzförmig-oval und oft etwas schüsselförmig eingedellt. Die Blattstiele (bis 35 cm lang) sind gewöhnlich stark verdickt. Die hellblauvioletten Blüten stehen zu 5–20 in einer 10–35 cm hohen Ähre über dem Wasser und erinnern im Aussehen an den Blütenstand einer Hyazinthe. Alle Blüten eines Blütenstandes öffnen sich gleichzeitig und blühen nur etwa einen Tag lang.

Die fleischige, aber trockene Kapselfrucht entwickelt sich unter Wasser, nachdem der Blütenschaft sich seitwärts in das Wasser gekrümmt hat. Die kleinen, gerippten Samen keimen auf dem Gewässergrund, reißen sich jedoch später von ihrer Wurzel los und schwimmen zur Oberfläche auf. Die Samen bleiben für mindestens ein Jahrzehnt keimfähig.

Wassersalat (Bild rechts unten)
Pistia stratiotes

Auch der Wassersalat ist ursprünglich in Europa nicht beheimatet. Die Pflanze ist in den Tropen zu Hause und dort weit verbreitet und häufig.

Die oval-keilförmigen, bläulich-grünen Blätter sind 10–15 cm lang, dicht behaart und von kräftigen Blattnerven längs durchzogen. Die Blätter sitzen an der kurzen, schwimmenden Sproßachse rosettenförmig an, treiben meist auf der Wasseroberfläche oder werden leicht aufgerichtet. Unterseits hängen von der Pflanze lange Wurzeln in das freie Wasser. Aus den Blattachseln entwik-

keln sich längere Ausläufer, die an ihren Enden neue Pflänzchen ausbilden und somit die vegetative Vermehrung sicherstellen. Auf diese Weise können ausgedehnte, zusammenhängende Decken entstehen.

Die Blüten sind sehr unscheinbar und selten zu sehen, da sie am Grunde der Blätter versteckt bleiben. Der Blütenstand umfaßt jeweils eine weibliche und mehrere männliche Blüten, die von einem weißlichen Hochblatt umschlossen werden. An diesem Blütenstandsaufbau zeigt sich die Verwandtschaft des Wassersalats mit dem einheimischen Aronstab. Der gesamte Blütenstand ist jedoch nur etwa 2 cm hoch. Nach der Befruchtung entwickelt sich eine 6–10 mm dicke, beerenartige Frucht, die mehrere Samen enthält.

Nach Europa wurde der Wassersalat als Aquarien- und Zierteichpflanze eingeführt. Nur selten finden sich aus der Kultur verwilderte, meist unbeständige Vorkommen (Niederlande).

komplexes Lösungsgleichgewicht eingreift und zur Ausfällung von Kalk führt. Die Vertikalbewegungen werden zusätzlich jedoch noch über den Stärkegehalt der Pflanzen gesteuert.

Wasserlinsen (Lemnaceae)

1 Kleine Wasserlinse
Lemna minor
2, 3 Teichlinse
Spirodela polyrhiza

4 Dreifurchige Wasserlinse
Lemna trisulca
5 Zwerglinse
Wolffia arrhiza

Die verschiedenen Arten der Wasserlinsen gehören zu den häufigsten und verbreitetsten Schwimmpflanzen auf Tümpeln und Teichen. Nicht selten sind sie so zahlreich, daß sie die gesamte Wasseroberfläche wie mit einem grünen Teppich abdecken.

Jede Wasserlinse ist nur wenige Millimeter lang und besteht aus einem flachen, linsenförmigen oder stärker bauchig gewölbten Gebilde, das wie ein winziges Blatt aussieht, tatsächlich aber ein weitgehend vereinfachter und umgebildeter Sproß ist. Mitunter sind feine, ungeteilte, nur wenige Zentimeter lange Wurzeln vorhanden, die jedoch nicht den Gewässerboden erreichen. Sie dienen der Nährstoffaufnahme und der Balance der Pflanze. Nur äußerst selten werden einfache Blüten ohne Blütenhülle in sehr warmen, gut belichteten Gewässern gebildet. Überwiegend vermehren sich die Pflanzen vegetativ. Dazu werden besondere Seitensprosse angelegt, aus denen neue Glieder hervorgehen. Sie lösen sich bald ab, schwimmen davon oder werden von Wasservögeln verbreitet.

Im Spätherbst werden durch Sprossung sehr einfache Wasserlinsen ohne Wurzelanhänge angelegt, die Stärke einspeichern, dadurch spezifisch schwerer werden und zu Boden sinken. Dort bleiben sie über den ganzen Winter. Wenn die Stärke im Frühjahr durch stärkere Atmung allmählich aufgebraucht wurde, steigen die nunmehr leichteren Pflanzen wieder zur Wasserfläche auf.

In Europa kommen vor:

1 Die **Kleine Wasserlinse** (*Lemna minor*), die häufigste Art, mit rundlichen, eiförmigen, leicht angeschwollenen Gliedern von etwa 2–3 mm Größe.

2, 3 Die **Teichlinse** (*Spirodela polyrhiza*) ist eher rundlich und mit 5–8 mm Durchmesser auch deutlich größer, oberseits meist grün, unterseits häufig rötlich.

1

2

3

4

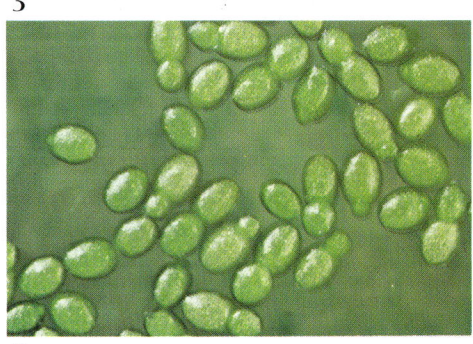

5

4 Die **Dreifurchige Wasserlinse** (*Lemna trisulca*) verbringt die meiste Zeit völlig untergetaucht in den oberen Wasserschichten. Nur zur Blütezeit kommt sie zur Oberfläche. Der Sproß ist deutlich zugespitzt, trägt nur eine Wurzel und zeigt meist zwei Tochtersprosse an jeder Seite. Dreifurchige Wasserlinsen schließen sich häufig zu Gruppen zusammen.

5 Die **Zwerglinse** (*Wolffia arrhiza*) besitzt keine Wurzeln, wird nur 0,5–1 mm lang und gilt als die kleinste Blütenpflanze der Welt, obwohl sie tatsächlich nur selten zur Blüte kommt.

Die Zwerglinse bevorzugt im Gegensatz zu den vorgenannten Arten stärker erwärmte Teiche und kommt in Mitteleuropa daher nur unbeständig vor.

Algen

Die Algen gehören zu den einfachsten Formen pflanzlichen Lebens und sind auf der Erde weit verbreitet. Gewöhnlich besiedeln sie aquatische Lebensräume und treten dort nicht selten in riesigen Mengen auf. Große, mehrzellige Formen leben vor allem im Meer. Die derberen von ihnen bezeichnet man auch als Tange. Einige Tangarten werden besonders groß. Im Pazifik gibt es Brauntange, die etwa 50 m lang werden können. Die meisten Süßwasseralgen sind wesentlich kleiner. Sie gehören sogar überwiegend zu den Einzellern. Tatsächlich sind viele der teichbewohnenden Algen nicht größer als ein Stecknadelkopf, und in vielen Fällen muß man sogar ein Mikroskop verwenden, um die Algen einzeln oder genauer betrachten zu können. Außer einzelligen Formen gibt es auch vielzellige Arten. Sie bestehen entweder aus Zellmassen, die mehr oder weniger fest an-

einanderhängen, oder auch aus Fäden, in denen die einzelnen Zellen in einer Reihe hintereinanderstehen. Die am höchsten entwickelten Formen sind die Armleuchteralgen, die in Gestalt und Aufbau schon mancherlei Anklänge an höhere Pflanzen zeigen. Weil sie sich mit wurzelartigen Organen im Teichgrund verankern, wurden sie bereits zusammen mit den untergetaucht lebenden Wasserpflanzen besprochen.

Bei den meisten Algen kann man nicht wie bei den höheren Pflanzen Blätter, Stengel und Wurzeln unterscheiden. Ihr Vegetationskörper ist wesentlich einfacher aufgebaut. Alle Algen führen den wichtigen Farbstoff Chlorophyll. In manchen Verwandtschaftskreisen wird das grüne Chlorophyll von zusätzlichen Farbstoffen überlagert, so daß die betreffenden Algen blaugrün, gelbbraun, braun oder rot erscheinen. Ebenso wie die höheren Pflanzen sind sie durch die Photosynthese in der Lage, mit Hilfe des Sonnenlichtes aus einfachen, energiearmen Ausgangsstoffen wie Wasser und Kohlendioxid wertvolle, energiereiche organische Substanz aufzubauen. Wenn

sich einzellige Algen unter bestimmten Voraussetzungen in einem Gewässer massenhaft vermehren, erscheint das Wasser mitunter blaugrün, braun oder rot. Algen dienen vielen kleinen Wassertieren als Nahrung und stehen damit ganz am Anfang der Nahrungskette im Wasser. Die unübersichtliche Vielzahl verschiedener Algenformen und -typen wird eingeteilt nach Merkmalen der Farbstoffausstattung, der Struktur und der Entwicklungsgänge. Die Zahl der Algenarten fällt je nach den Bedingungen von Teich zu Teich verschieden aus.

Kein einziges Kleingewässer gleicht einem zweiten hinsichtlich seines Artenbestandes. Außerdem gibt es deutliche jahreszeitliche Unterschiede. Im Sommer beherrschen die blaugrünen und grünen Algen die Szene, im Herbst und Winter eher die bräunlich pigmentierten Zellen.

Blaugrüne Algen
(Cyanophyta)

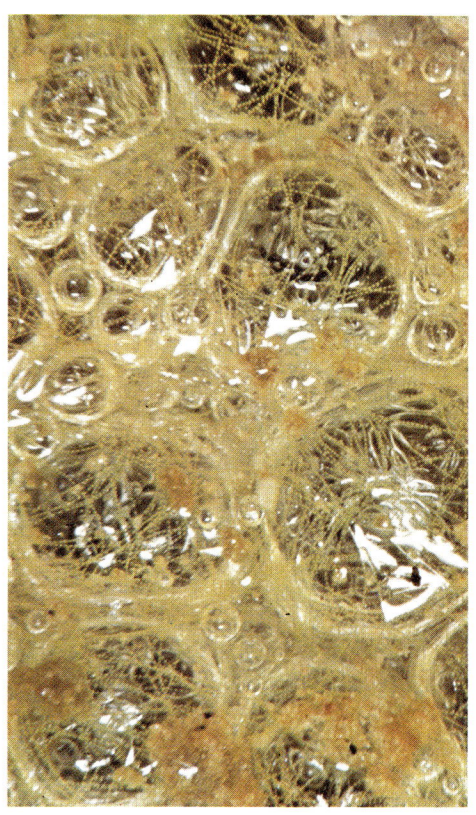

I

Die Blaugrünen Algen sind sehr einfach organisierte Lebewesen. Da sie keinen Zellkern besitzen und somit in der Zellorganisation den Bakterien sehr viel näherstehen, werden sie neuerdings als Blaubakterien (Cyanobakterien) zusammengefaßt und als Gruppe betrachtet, die sozusagen eine Vorstufe zu den eigentlichen Algen bilden. Ihre charakteristische Färbung kommt durch bläuliche oder rötliche Pigmente zustande, die man Phycobiline nennt. Zusammen mit dem Chlorophyll und einigen weiteren Farbstoffen ergibt sich somit eine umfangreiche Palette grünlich, bläulich, schmutziggelb oder violettblau gefärbter Formen. Im Gegensatz zu den eigentlichen Algen und allen anderen pflanzlichen Organismen besitzen die Cyanobakterien keine farbstofftragenden Chloroplasten. Die Photosynthesepigmente sind vielmehr auf frei in der Zelle liegenden Membranen untergebracht. Außerdem gibt es bei den Cyanobakterien keine geschlechtliche Fortpflanzung. Sie vermehren sich durch Zweiteilung.

Im Sommer können sich in nährstoffreichen Gewässern bei warmem Wetter explosionsartige Massenvermehrungen ereignen: Auf der Teichoberfläche flottieren unglaubliche Algenmassen umher. Man spricht von Wasser- oder Algen-,,Blüte'', wenn die winzigen Organismen in derartigen Mengen in Erscheinung treten. Für die übrigen Teichbewohner sind damit verschiedene Gefahren verbunden. Blaualgen, die zur Bildung von Wasserblüten neigen, sind nicht selten recht giftig. Außerdem beschatten sie die tieferen Wasserschichten und führen zur Sauerstoffauszehrung. Daher kann im Zusammenhang mit einer Algen- und Wasserblüte das gesamte übrige Leben im Teich zusammenbrechen.

Blaualgen bzw. Cyanobakterien zeigen ein großes Formenspektrum. Einige Arten sind einfach einzellig, andere bilden Zellfäden und sind in eine schleimige Hülle eingepackt. Innerhalb der Zellfäden fallen Form- und Größenunterschiede einzelner Zellen auf. Einige Arten sind zu Schrauben- oder Gleitbewegungen fähig. Cyanobakterien findet man sowohl im Plankton des freien Wassers als auch als schleimigen Aufwuchs von Steinen, Zweigen oder anderen Substraten. Sie sind praktisch überall in der Welt zu Hause und treten sogar als Besiedlungspioniere in sehr extremen Biotopen auf, beispielsweise in heißen vulkanischen Quellen. Die besondere Bedeutung vieler Cyanobakterien liegt auch darin, daß sie atmosphärischen Stickstoff binden und anderen Organismen verfügbar machen können.

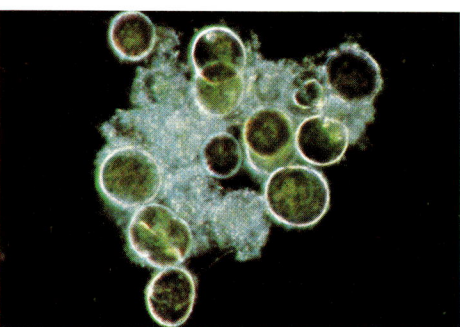

2

1: ,,Algenblüte''

2: Die Zellen der Gattung Chroococcus leben einzeln oder in Gruppen von 2, 4, 6 oder mehr – je nachdem, wie oft sich eine Zelle bereits geteilt hat. Die einzelnen Zellen sind von einer derben, festen Wand umgeben. Chroococcus-Arten findet man besonders häufig in Moortümpeln (Vergrößerung ca. 200:1).

3: Anabaena oscillarioides ist eine fädige Form, die an eine Perlenkette erinnert. Diese und ähnlich aussehende Verwandte findet man vor allem im Plankton. Jede einzelne Zelle ist nur etwa 10 μm groß.

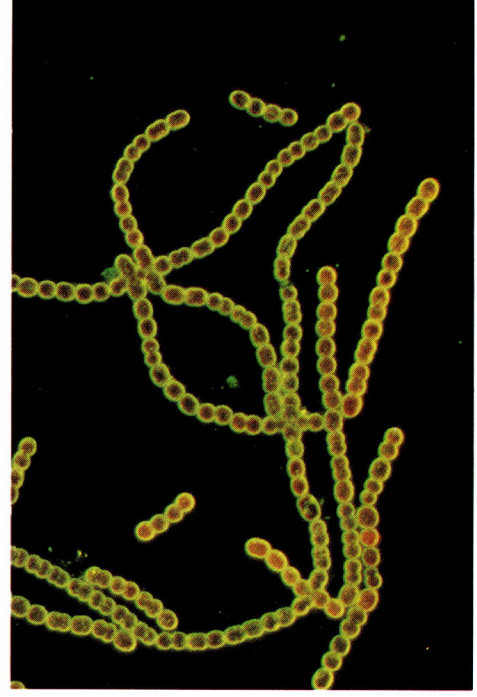

3

Gelbgrüne Algen
(Chrysophyta)

Die Algen dieses Verwandtschaftskreises besitzen Zellen mit echtem Zellkern und mit Chloroplasten. Ihre charakteristische Färbung wird einerseits durch Chlorophyll a, andererseits durch einen hohen Gehalt an β-Carotin hervorgerufen.

Stärke, typisches Reservematerial vieler Pflanzen, wird durch Öltröpfchen oder ein besonderes, als Chrysolaminaran bezeichnetes, Kohlenhydrat ersetzt.

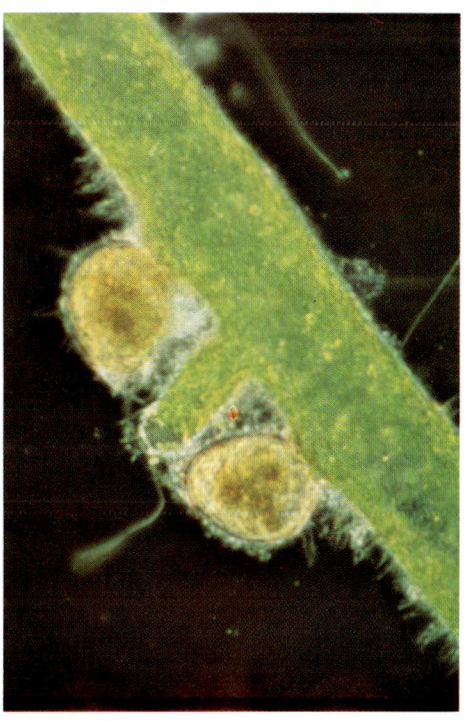

1

1, 2 Schlauchalge
Vaucheria

Die Schlauchalge *Vaucheria* fällt durch mehrere besondere Kennzeichen auf: Im Gegensatz zu vielen anderen Vertretern ihrer Klasse ist sie leuchtend hellgrün. Sie bewohnt stehende oder langsam fließende Gewässer und bevorzugt gemäßigte Klimate. Die Pflanze besteht aus langen, ungleich dicken, unregelmäßig verzweigten Schläuchen, die keinerlei Querwände aufweisen und folglich nicht in einzelnen Zellen untergliedert sind. Jeder Schlauch enthält daher die Chloroplasten vieler Einzelzellen und zahlreiche freie Zellkerne.

Vaucheria besiedelt im typischen Fall feuchten Schlamm im oder am Teich. Die fädigen Schläuche erheben sich von einem farblosen Fußstück, das die Pflanze verankert. *Vaucheria*-Bestände fühlen sich rauh an und bilden dichte mittel- bis grün erscheinende Matten.

Die Vermehrung erfolgt meist durch einfaches Auseinanderbrechen der Fadenschläuche.

Wenn sich die Lebensbedingungen verschlechtern, ist auch eine sexuelle Vermehrung möglich. Männliche und weibliche Gametangien entwickeln sich nahe beieinander auf der gleichen Pflanze (2). Die gelblichen, runden Strukturen sind die weiblichen Gametangien (Oogonien), die die Eizelle enthalten. Dazwischen befindet sich ein männliches Gametangium (Antheridium), aus dem zahlreiche Spermatozoiden (Androgameten) entlassen werden. Die bei der Befruchtung entstehende Zygote wandelt sich in eine Dauerspore um, die ungünstige Umweltbedingungen ertragen kann und unter günstigeren Voraussetzungen wieder auskeimt.

2

Kieselalgen, Diatomeen
Bacillariophyceae

Kieselalgen sind einzellige, mikroskopisch kleine Algen, in denen das grüne Chlorophyll vor allem von dem braunen Fucoxanthin überlagert wird, so daß die Zellen eine hübsche goldbraune Färbung zeigen. Jede Zelle enthält einen großen oder zahlreiche kleine Chloroplasten, die sich in der Form erheblich unterscheiden.

In Tümpeln und Teichen sind Kieselalgen fast immer in Mengen vertreten. Sie treiben entweder frei im Plankton umher oder bilden einen arten- und individuenreichen Aufwuchs auf anderen Pflanzen und sogar Tieren. Auf feuchten, freifallenden Schlammflächen oder auf dem Teichboden bilden sie einen goldbraunen Überzug.

Viele Kieselalgen sind einzellig, andere verbinden sich zu längeren Zellketten, manchmal findet man sie auch in einem gemeinsamen, gelatinösen Schlauch.

Ihre volle Schönheit zeigen die Kieselalgen allerdings erst bei Betrachtung im Mikroskop: Ihre Zellwände bestehen aus Kieselsäure, die praktisch unvergänglich ist und die Zellform über den Tod der Zelle hinaus noch für lange Zeit bewahrt. Die Schalen der Kieselalgen sehen aus wie gläserne Skelette. Sie sind durch zahlreiche feine Linien, Vertiefungen, Vorsprünge, Lochreihen, Durchbrechungen und andere Gestaltungsmöglichkeiten artspezifisch gemustert und zeigen die feinsten Filigranarbeiten, die Pflanzenzellen überhaupt hervorbringen.

Jede Kieselalge besteht aus zwei Halbschalen, die wie Deckel und Boden einer Pillendose ineinandergreifen.

Die Vermehrung der Kieselalgen erfolgt durch Zellteilung. Die beiden Schalenhälften weichen dabei zunächst etwas auseinander, der lebende Zellinhalt teilt sich, und anschließend wird jeweils eine Schalenhälfte neu gebildet. Eigenartigerweise regeneriert jede der beiden Tochterzellen jeweils einen neuen Boden. Wenn der Boden der Mutterzelle nach einer Zellteilung jeweils zum Deckel wird und einen neuen Boden bildet, werden die Zellen bei aufeinanderfolgenden Teilungen immer kleiner. Irgendwann wird diese Abfolge jedoch durch eine sexuelle Vermehrung abgefangen, so daß wieder normal große Ausgangsindividuen zur Verfügung stehen.

Zur Erleichterung ihrer Schwebefähigkeit lagern die Kieselalgen kleine Öltröpfchen ein, die ihnen im Wasser einerseits Auftrieb verleihen, andererseits besonders energiereiche Reserveprodukte darstellen.

Man teilt die Kieselalgen in 2 große Gruppen ein, die sich anhand der Zellform leicht unterscheiden lassen:

Die Centrales, überwiegend kreisrunde Kieselalgen und die Pennales, längliche, häufig an Boote oder Geigenkästen erinnernde Kieselalgen.

In den Abbildungen auf der gegenüberliegenden Seite wurden die Zellen vor dem Fotografieren besonders behandelt, um ihre feinen Ornamente und Skulpturen wenigstens teilweise sichtbar zu machen. Lebende Kieselalgen sehen etwas anders aus, da der lebende Zellinhalt die hübschen Muster der Kieselpanzer ebenso verdeckt wie der feine Schleimüberzug, der die Zellen häufig außen umgibt.

1, 2 Centrales

Bei den Vertretern dieser Kieselalgengruppe trägt der Kieselpanzer zahlreiche Reihen feiner und feinster Löcher, zusätzlich ragen vom Rand kleine, dornartige Fortsätze auf. Im lebenden Zustand enthält die Zelle zahlreiche linsenförmige Chloroplasten, die sich im Zellinneren je nach den Belichtungsverhältnissen in der Mitte oder an der Wand aufhalten.

Im Süßwasser gibt es nur wenige Vertreter dieser Gruppe. Eine der häufigsten Gattungen ist *Melosira* (**2**), Kieselalgen, bei denen sich die mit feinen Dornen und Stiften besetzten Kieselpanzer zu längeren Ketten zusammenschließen. In dieser Aufnahme sehen wir die zahlreichen, wandständigen, goldbraunen Chloroplasten.

Pennales

Bei den Vertretern dieser Kieselalgengruppe fehlen die auffälligen Dornfortsätze oder andere Schalenvorsprünge, dafür besitzen viele Arten z.B. einen auffälligen Längsschlitz (Raphe). Diese Einrichtung scheint mit der Gleitbewegung der Zellen in Verbindung zu stehen.

Wie sich die Mechanik der eigentümlichen Kriech- und Gleitbewegung unter Einsatz dieses Schlitzes allerdings vollzieht, ist immer noch unklar. Möglicherweise wird nach Art der Kettenfahrzeuge ein dünner Cytoplasmafilm aus dem Schlitz ausgeschieden, der für den Bewegungsvorschub verwendet wird. Die Chloroplasten sind gewöhnlich plattenförmig und halten sich beidseits des Schlitzes auf.

Einige charakteristische Formen sind:

3 *Navicula*
Bootförmige Kieselalge mit deutlichen Rändern im Heck- und Bugbereich. Sehr artenreiche Gattung. Arten zwischen 2–200 µm lang. Viele kriechen im Bodenschlamm umher und halten sich auf anderen Unterlagen auf.

4 *Pinnularia*
Größer als *Navicula*, bis 400 µm. Mit stumpfen Enden und deutlichen Linienmustern.

5 *Diploneis*
ähnelt in der Form *Navicula*, ist jedoch in der Zellmitte deutlich eingeschnürt.

6 *Pleurosigma*
Ziemlich schlanke, bootsförmige Kieselalgen mit feinem Schalenmuster.

7 *Fragilaria*
Koloniebildende Form mit nahezu rechteckigen Einzelzellen, die sich zu langen Ketten zusammenfinden.

Grünalgen (Chlorophyta)

Die umfangreiche und insgesamt sehr uneinheitliche Abteilung der Grünalgen ist im Lebensraum Teich mit sehr unterschiedlichen Typen vertreten. Die einfachsten Formen bestehen nur aus einzelnen Zellen, andere bilden kugelige Kolonien oder plattig-flache Zellverbände, wieder andere sind fädig.

1, 2 Chlamydomonas

Chlamydomonas ist eine der einfachsten einzelligen Grünalgen und in allen möglichen Süßgewässern vertreten. Bei starker Vergrößerung (2) kann man am Vorderende der Zellen zwei gleich große, peitschenartige Geißeln erkennen. Diese schlagen heftig und ziehen die Zelle – vergleichbar etwa einem Propeller – durchs Wasser. Nahe der

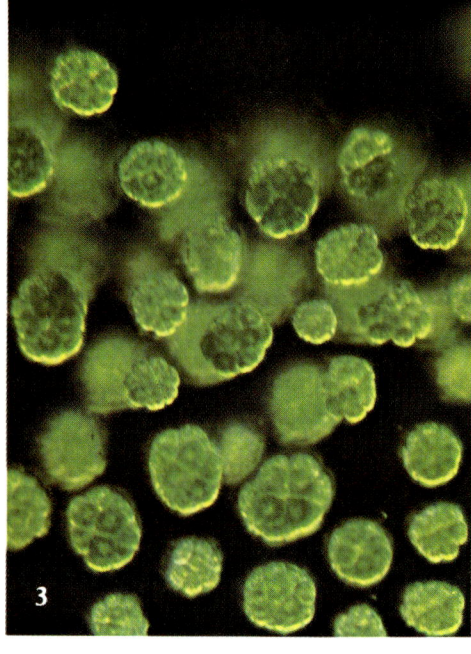

Geißelbasis liegt ein orangegelber Augenfleck, der große dunkle Körper ist Stärke, die sich in einer besonderen Struktur der Chloroplasten, dem sogen. Pyrenoid, ansammelt und als Reserve dient.

Die Zellwand ist glatt und ziemlich dünn.

Chlamydomonas-Zellen teilen sich in rascher Folge und können daher das Teichwasser grünlich verfärben, wenn sie in Mengen auftreten. Daneben kommt aber auch sexuelle Vermehrung vor, d. h. der Zellinhalt teilt sich in viele kleine Schwärmerzellen auf, die nach dem Ausschwärmen von der Elternzelle paarweise miteinander verschmelzen. Die entstehende Zygote ergibt wiederum eine komplette *Chlamydomonas*-Zelle. Sie kann sich auch zu einer Dauerspore entwickeln, die ungünstige Bedingungen überdauert und erst anschließend durch erneute Vielfachteilung neue Zellen freisetzt.

3 Pandorina

Diese Grünalge ist recht häufig in Tümpeln, Teichen und Kleingewässern. Sie bildet brombeerartige Kolonien aus 4–32 (meist jedoch 16) Zellen im Durchmesser von ca. 50 µm. Die Zellen sind dicht gepackt, erscheinen leicht abgeflacht und stehen über feine Protoplasmabrücken untereinander in Verbindung.

Die Zellen sind mit zwei gleich langen Geißeln ausgerüstet.

Die Vermehrung erfolgt ungeschlechtlich. Dazu sinkt die Kolonie zu Boden, jede Zelle teilt sich nun mehrfach und bildet Tochterkolonien. Anschließend zerfällt die ursprüngliche Kolonie und setzt neue Zellgenerationen frei.

1   2

1, 2, 3 Kugelalge

Volvox

Diese Alge mißt im Durchmesser etwa 0,5 mm. Die Kolonie besteht aus einer Vielzahl kleiner Zellen, die eine Hohlkugel bilden. Untereinander stehen die Zellen über Plasmabrücken in Kontakt und halten durch eine gelatinöse Grundmasse zusammen. Jede Zelle besitzt zwei gleich lange Geißeln, die koordiniert schlagen.

Die Vermehrung vollzieht sich auf den ersten Blick etwas umwegig: Einzelne Zellen aus der Kolonie vergrößern sich, legen ihre Geißeln ab und beginnen sich zu teilen. Sie entwickeln dabei eine kleine, hohle Kugel mit einer seitlichen Porenöffnung. Wenn genügend Zellen angeliefert sind, wendet diese Tochterkugel ihr Inneres nach außen.

Daraufhin entwickeln die neuen Zellen Geißeln und liegen nun als fertige Tochterkolonien innerhalb der Elternkugel. Bei passender Gelegenheit bricht die Elternkugel auf und entläßt die Tochterkolonien (2).

Mitunter bilden sich innerhalb der Kugel auch männliche und weibliche Reproduktionsorgane.

3

Bild **3** zeigt *Volvox*-Kolonien zwischen einer fädigen Grünalge, einem Sternlebermoos und einem Brunnenmoos.

Zieralgen (Desmidiales)

Die Zieralgen umfassen eine spezialisierte Gruppe einzelliger Grünalgen, die in Formenreichtum und Ästhetik den Kieselalgen sehr nahestehen.

Ihre Zellen scheinen jeweils aus zwei Einheiten zusammengesetzt zu sein. Tatsächlich ist jede Einzelzelle jedoch in der Zellmitte mehr oder weniger eingeschnürt. Oft trägt die Zellwand dornartige Vorsprünge. (Manche Biologen deuten diese Zusatzeinrichtungen als Fraßabwehr, die Borsten und Dornfortsätze sollen möglichen Fraßfeinden den Appetit verderben.) Wie bei anderen Grünalgen besteht die Pigmentierung der Zieralgen zur Hauptsache aus den beiden grünen Farbstoffen Chlorophyll a und b. Als Reservestoff ist Stärke eingelagert.

Viele Vertreter der Zieralgen leben planktisch, andere setzen sich auch mit Hilfe schleimiger Überzüge fest.

Man findet Zieralgen sowohl im freien Wasser wie auch auf den Blatt-

1 Closterium

Closterium-Arten sind sichelförmig gebogene Grünalgen, die in vielen verschiedenen Kleingewässern anzutreffen sind. Ihre Zellwand besitzt zahlreiche Löcher und Perforationen, die in Reihen angeordnet sind. Durch die besonders großen Löcher nahe den Zellenden werden Schleimsubstanzen abgegeben. Die hell aufleuchtenden Punkte an den Zellenden sind besondere Vakuolen, die Gipskristalle (Calciumsulfat) enthalten, die sich auch noch bewegen. Bei manchen Arten fand man auch Barytkristalle (Bariumsulfat). Die Bedeutung dieser Einlagerungen ist allerdings noch unbekannt. Möglicherweise kommt ihnen eine besondere Funktion bei der Wahrnehmung von Schwerefeldern zu.

Der größte Teil der Zellen wird vom Chloroplasten eingenommen. Seine Pyrenoide zeigen sich als dunklere Flekken, die in Längsrichtung wie Perlen auf einer Schnur aufgereiht sind.

3 Euastrum

Euastrum besiedelt ebenfalls ziemlich saure Tümpel in Mooren und lebt häufig zwischen Torfmoosen. Die Zellen sind leicht abgeflacht und fallen durch ihre kantigen Ecken auf. Oft sind die Zellenden auch tief ausgerandet. Die Längen bewegen sich zwischen 10–200 µm.

1

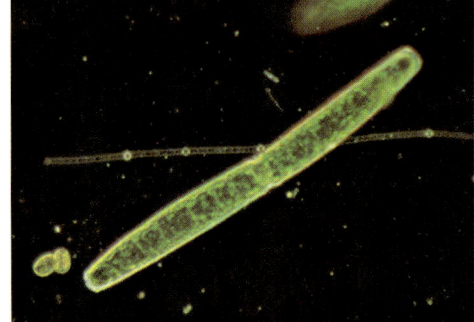

2

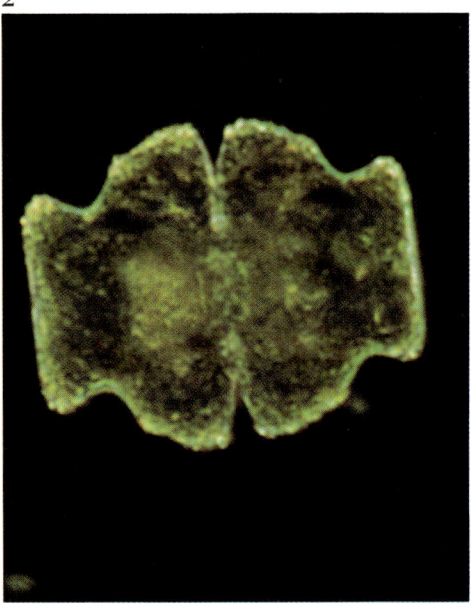

3

unterseiten der Wasserpflanzen oder im Bodenschlamm, allerdings nur in Süßgewässern. Bevorzugt werden leicht saure Gewässer, daher kann man besonders in Moortümpeln mit diesen hübschen Algen rechnen.

Weltweit gibt es ca. 3000 Arten in rund 30 Gattungen.

Die Zieralgen vermehren sich durch einfache Querteilung im Bereich der Zelleinschnürung, es kommt aber auch sexuelle Vermehrung vor. Dazu legen sich zwei Individuen aneinander und verschmelzen ihren Zellinhalt. Die entstehende Zygospore ist eine typische Dauerspore zum Überstehen ungünstiger Umweltbedingungen.

Einige *Closterium*-Arten besitzen sehr große Sichelzellen (bis ca. 1 mm Länge). Viele Arten bleiben jedoch erheblich kleiner, vor allem diejenigen, die überwiegend oder dauernd im Plankton leben.

2 Pleurotaenium

Diese Grünalge besitzt langgestreckte, ziemlich gerade Zellen, die etwa 1 mm Länge erreichen können. Die Einschnürung in der Zellmitte ist nur wenig ausgeprägt, dafür sind die Zellwände in dieser Region eigenartig gewellt.

Man findet die Vertreter dieser Gattung hauptsächlich in Moortümpeln.

Fädige Jochalgen (Zygnematales)

Diese Algen-Gruppe umfaßt ausschließlich fädige Formen, die mit den Zieralgen zu einer eigenen Klasse, den Conjugatophyceae, zusammengeschlossen werden.

1, 2, 3 Schraubenalge
Spirogyra

Die Schraubenalge ist ein besonders bekannter Vertreter der fädigen Jochalgen. Sie besteht aus langen, unverzweigten Zellfäden, die in verschiedenen Gewässern umhertreibende, etwas schleimige Watten bilden. Bei stärkerer Vergrößerung erkennt man, daß der Chloroplast in eigenartiger Weise schraubig aufgewunden ist. Mitunter bilden auch mehrere Chloroplasten je ein Schraubenband. Deutlich treten daran die Pyrenoide und ggf. auch Stärkekörnchen hervor.

Jeder der Fadenzellen ist teilungsfähig und verlängert dadurch den gesamten Zellfaden. Die Zellfäden können auch auseinanderbrechen und anschließend erneut zu langen Fadenstücken heranwachsen.

Im Frühjahr und Sommer tritt eine geschlechtliche Vermehrung ein, ein Prozeß, der als Konjugation bezeichnet wird und der der gesamten Algenklasse letztlich den Namen eingebracht hat: Zwei Zellfäden legen sich parallel aneinander und bilden charakteristische jochartige Verbindungen (2), über die die Zellinhalte miteinander ver-

1

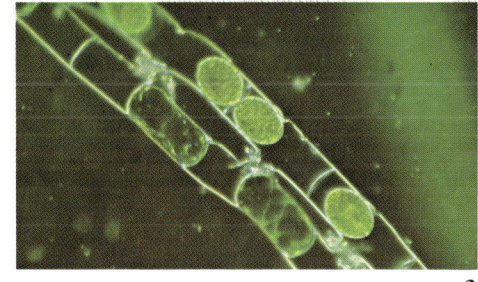

2

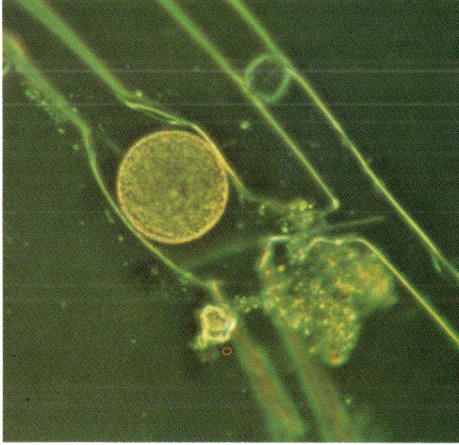

3

schmelzen. Aus dem Verschmelzungsprodukt, der Zygote, entsteht eine Zygospore (3), die freigesetzt wird. Unter günstigen Bedingungen entwickelt sich unmittelbar ein neuer *Spirogyra*-Faden, bei schlechten Bedingungen eine Dauerspore, die erst im nachfolgenden Frühjahr auskeimt.

Rotalgen (*Rhodophyta*)

Die meisten Rotalgen kommen nicht im Süßwasser, sondern im Meer vor. Die wenigen Rotalgen, die im Süßwasser vorkommen, zeigen kaum die kräftige Karmin- oder Purpurrotfärbung der marinen Arten, sondern sind eher braungrün oder oliv gefärbt. In den Chloroplasten wird der grüne Farbstoff Chlorophyll von einer roten Farbstoffgruppe, den Phycobilinen, überlagert.

Süßwasser-Rotalgen schwimmen selten frei, sondern sind meist Aufwuchsformen.

Froschlaichalge
Batrachospermum moniliforme

Eine der bekanntesten und (noch) häufigsten Rotalgen ist die Froschlaichalge (siehe Bild rechts), eine olivbraune Pflanze von etwa 5–15 cm Länge mit langen, verzweigten und ungewöhnlich schleimigen Achsen. Bei stärkerer Vergrößerung erkennt man, daß die einheitlich erscheinenden Achsen aus Wirteln fein verzweigter Zellfäden bestehen, die einheitlich in eine durchsichtige, gelatinöse Grundmasse eingebettet sind. Manche Verzweigungen tragen auffallend dichte, rundliche Gebilde. Sie sind durch geschlechtliche Vermehrung zustande gekommen und geben Sporen ab, aus denen neue Froschlaichalgen aufwachsen.

Pilze (Fungi)

Die Pilze gehören weder zu den Pflanzen, noch zu den Tieren, sondern bilden ein Organismenreich für sich. Zu den Pilzen stellt man eine große Anzahl von Arten, die sich in Aussehen, Verbreitung und Lebensweise, aber auch in der Struktur und in besonderen Anpassungen erheblich voneinander unterscheiden. Die große Palette reicht von den einfachen, meist sogar einzelligen Hefen zu allen möglichen Fadenpilzen, Ständerpilzen und Schlauchpilzen.

Die im Wasser lebenden Arten umfassen fast ausnahmslos relativ primitive Formen, die entweder parasitisch auf oder in Pflanzen oder Tieren leben oder tote organische Substanzen abbauen.

Pilze besitzen weder einen grünen Farbstoff noch Plastiden. Sie sind daher auf die Verwertung organischer Substanzen angewiesen.

Die Pilzarten, die ausschließlich totes Material besiedeln, faßt man unter dem Begriff Saprobionten zusammen.

Die Aufnahme der verwertbaren Nahrung erfolgt bei den Parasiten und den Saprobionten durch feine Zellfäden, die die Nahrungsquelle durchwuchern und mitunter ein dichtes, feines Fadengeflecht (Myzel) bilden. Die einzelnen Fäden dieser Geflechte nennt man Hyphen. Die Hyphen geben besondere Stoffe, sogen. Enzyme ab, mit deren Hilfe die Nahrung sozusagen vorverdaut und anschließend aufgenommen werden kann. Auf diese Weise können auch unlösliche Substanzen wie Holz oder Zellulose verwertet werden.

Bei manchen Pilzen schwellen die Hyphenenden zu bestimmten Zeiten an und bilden Sporenbehälter (Sporangien) aus. Aus diesen Behältern werden Unmengen feiner Pilzsporen entlassen und überall verteilt.

Sobald die Sporen auf ein geeignetes Substrat treffen, keimen sie sofort aus und bilden ein neues Myzel. Durch sexuelle Vermehrung entstehen dickwandige, widerstandsfähige Dauersporen, mit denen auch ungünstige Perioden, wie Kälte oder Trockenheit, überstanden werden können.

Die große Zahl der jeweils ausgestreuten Verbreitungseinheiten erklärt die Allgegenwart der Pilze auch in wäßrigen Lebensräumen.

Wenn es um den Abbau von Bestandsabfall geht, sind sie sofort zur Stelle. Insofern sind die saprobiontischen Pilze außerordentlich nützlich. Sie setzen die anfallende, tote pflanzliche und tierische Biomasse um, remineralisieren deren Bestandteile und führen die Überbleibsel wieder dem großen Stoffkreislauf im Ökosystem Teich zu.

Parasitische Pilze rufen an Pflanzen und Tieren Krankheiten hervor und führen sogar zum Tod des befallenen Organismus. Manche Pilze befallen z. B. Fische, breiten sich in deren Haut oder Flossen aus und bilden einen außerordentlichen „Nährboden" für die verschiedensten anderen Krankheitserreger.

Bakterien

In älteren Biologiebüchern sind die Bakterien noch bei den Pflanzen eingeordnet. Nach neuerem Verständnis bilden sie jedoch wie die Pilze ein eigenes Organismenreich. Bakterien stellen die kleinsten bekannten Lebewesen. Die meisten sind nur $0{,}5-5\,\mu m$ lang.

Sie besiedeln nahezu alle Biotope, sind in zahllosen Millionen in jedem Eimer Gartenerde enthalten, bevölkern den Bodenschlamm in Teichen ebenso wie das freie Wasser und siedeln sogar als Aufwuchs auf verschiedenen lebenden oder toten Unterlagen. Zusammen mit den Pilzen bilden sie die wichtige Gruppe der Zersetzer, die die Bestandsabfälle, aber auch tote pflanzliche oder tierische Substanzen umsetzen und remineralisieren. Normalerweise sammeln sich daher in einem gut funktionierenden Teich oder Tümpel keine allzu großen Vorräte an organischem Material an, da die Zersetzer unentwegt bei der Arbeit sind und alle angelieferten Stoffe möglichst rasch umsetzen. Nur wenn diese Endglieder in der Kette der Produktionsverwerter in genügender Menge beteiligt sind, gibt es einwandfrei ablaufende Materialflüsse und damit letztlich immer wieder neues Wachstum im Lebensraum.

Die Aufnahme zeigt die radial nach allen Seiten wachsenden Pilzhyphen eines saprobiontischen Pilzes, der sich auf der leeren Puppenhülle eines Wasserinsektes angesiedelt hat und nunmehr dessen Remineralisierung betreibt.

Bakterien sind Einzeller mit einer sehr einfachen Zellstruktur. Sie bestehen lediglich aus etwas Cytoplasma, das von einer Membran und meist auch von einer besonderen Zellwand umgeben ist. Bakterien besitzen keinen Zellkern und auch keine anderen Zellorganellen.

Viele von ihnen sind stäbchenförmig (Bazillen), andere kugelig (Kokken), wieder andere spiralig (Spirillen) aufgebaut.

Die Kokken können sich zu kleineren Kolonien oder Ketten zusammenfinden.

Die meisten Bakterien sind bewegungsunfähig und lassen sich mit kleinen Turbulenzen und Strömungen im Wasser verdriften. Einige Arten besitzen jedoch ausgeprägte Fortbewegungseinrichtungen in Form feinster Geißeln.

Bakterien vermehren sich sehr rasch durch einfache Zweiteilung. Eine geschlechtliche Vermehrung ist nicht bekannt. Manchmal werden besondere Sporen entwickelt, die gegen Hitze oder Kälte erstaunlich widerstandsfähig sind. In diesen Dauerformen können die Bakterien nahezu beliebig lange Zeiträume überstehen.

Bei manchen Bakterien kommen Pigmente vor, die zum Chlorophyll der höheren Pflanzen große strukturelle und funktionelle Ähnlichkeiten haben. Bakterien mit dieser Pigmentausstattung sind tatsächlich auch zur Photosynthese (allerdings ohne Sauerstoffentwicklung) befähigt und werden als Photobakterien bezeichnet. Sie zeigen einen besonderen, in vielen Zügen sehr interessanten Stoffwechsel, aus dem ein geradezu unglaublicher Erfindungsreichtum der Natur spricht.

Parasitische Bakterien sind auch als Krankheitserreger bei Pflanzen, Tieren und Menschen bekannt und oft auch gefürchtet, die saprobiontischen Formen dagegen sind äußerst wichtige Zersetzer.

Für ihre Zersetzertätigkeit benötigen sie natürlich Sauerstoff, der ihnen durch die Photosynthese der Algen und höheren Pflanzen in einem Teich zur Verfügung gestellt werden muß. Wenn größere Mengen organischer Substanz zur Remineralisierung anfallen, kann die Sauerstoffzehrung am Gewässer-

grund enorm sein. Mitunter bricht die Sauerstoffversorgung am Teichboden infolge Überproduktion sogar völlig zusammen. Dann sammeln sich übelriechende, zum Teil sogar giftige Substanzen an – aber selbst jetzt geben die Bakterien noch nicht auf, denn es gibt zahlreiche Formen, die auch ohne Sauerstoff ihre zersetzende und abbauende Tätigkeit – allerdings bedeutend langsamer – fortsetzen können.

Man bezeichnet die Bakterien, die auf die Zufuhr von Sauerstoff angewiesen sind als Aerobier, diejenigen Arten, die keinen Sauerstoff benötigen, als Anaerobier.

Die Aerobier bauen organische Verbindungen bis zum Wasser (H_2O), Kohlendioxid (CO_2), Nitrat (NO_3^{2-}), Sulfat (SO_4^{2-}) oder Phosphat (PO_4^{3-}) ab. Anaerobier bauen organische Stoffe in einfachere, aber energiereiche Verbindungen ab und produzieren z. B. Methan (CH_4), Ammoniak (NH_3) oder Schwefelwasserstoff (H_2S). Schwefelwasserstoff z. B. ist für den etwas fauligen Geruch übermäßig belasteter Gewässer verantwortlich.

Bei lebhafter Stoffzersetzung am Gewässergrund sieht man nicht selten Gasbläschen zur Wasseroberfläche aufsteigen (Sumpfgas = Methan).

Unter den verschiedenen Bakterien eines Tümpels oder Teiches finden sich die unterschiedlichsten Stoffwechseltypen. Mitunter leben im Teich größere Mengen an Schwefelbakterien, die Schwefelwasserstoff zu elementarem Schwefel umsetzen können. Andere Bakterien oxidieren Sulfide zu Sulfaten und Schwefliger Säure.

In einem Teich leben auch verschiedene Formen von Eisenbakterien, die ihre Energie aus der Oxidation verschiedener Eisenverbindungen im Wasser beziehen. Dabei bilden sich rostartige Niederschläge durch Ausfällung von Eisenhydroxid, das sich um die Bakterienrasen ansammelt. Solche Rostüberzüge sieht man häufig im Frühjahr auf Steinen, Pflanzenteilen oder am Gewässerboden. Bestimmte Typen von Eisenbakterien erzeugen die etwas ölig aussehenden Niederschläge von Eisenverbindungen, die sich mit irisierenden Farben auf der Oberfläche kleinerer Tümpel oder Pfützen einfinden können.

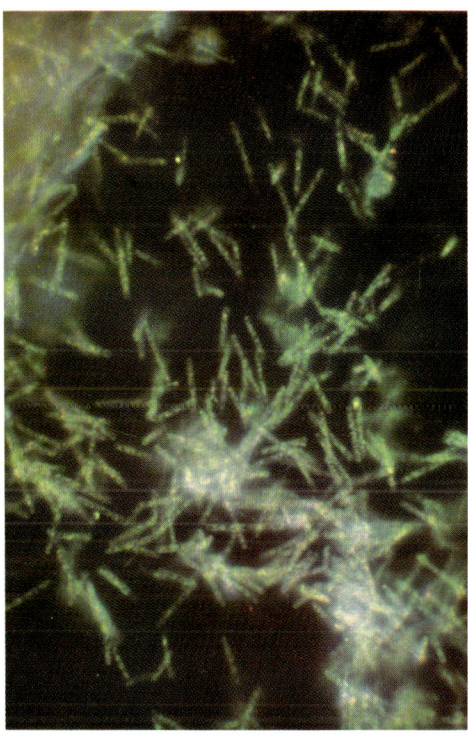

Diese Aufnahme zeigt bei starker Vergrößerung (etwa 800fach) eine Ansammlung stäbchenförmiger Bakterien, die sich über zerfallendes, organisches Material hermachen.

Diese Libelle hat sich eine besonders günstige Start- und Landeplattform ausgesucht.
Große Augen, kräftige Greifbeine und die großen Flügel kennzeichnen den Räuber! Die Larven der Libellen leben unter Wasser, aber auch als geschickte und gefräßige Räuber. Sie tarnen sich im grünen Gewirr der Wasserpflanzen und lauern dort auf ihre Beute: Wasserinsekten, Kaulquappen, ja selbst kleine Fische.

In einem Teich kommen die verschiedensten Tiere vor. Tiere, die ihr ganzes Leben im Wasser verbringen, aber auch Tiere, die sowohl im Wasser als auch an Land leben.

Um in diesem feuchten Lebensraum leben und überleben zu können, haben die verschiedenen Arten ganz bestimmte Merkmale entwickelt und ausgebildet, die ihnen helfen bei der Atmung, der Fortbewegung und beim Überstehen widriger Bedingungen, wie Kälte oder Trockenheit.

Atmung im Wasser

Alle wasserlebenden Tiere benötigen zum Leben ebenso Sauerstoff wie die Landtiere. Im Unterschied zu den grünen Pflanzen können sie sich ihren Sauerstoff nicht selbst herstellen oder in besonderen Luftkammern speichern, sondern müssen sich den erforderlichen Sauerstoff zum Leben aus der Luft oder aus dem Wasser holen.

Fische besitzen ein besonders ausgeklügeltes System zur Sauerstoffaufnahme: Sie pumpen Wasser durchs Maul an den Kiemen entlang und zu den Kiemendeckeln wieder hinaus.

Die einzelnen Kiemenblättchen sind reichlich mit Blutgefäßen versorgt, die dem Wasserstrom den Sauerstoff entnehmen können.

Lurche und Kriechtiere verbringen mitunter einen beträchtlichen Teil ihres Lebens im Wasser. Die erwachsenen Tiere besitzen Lungen und sind daher vom Sauerstoffgehalt der Luft abhängig. Bei den Fröschen und vielen Wasserschildkröten liegen aus diesem Grund auch die Nasenöffnungen recht hoch am Kopf, so daß die Tiere atmen können, ohne aus dem Wasser steigen zu müssen und so eventuelle Freßfeinde auf sich aufmerksam zu machen.

Die Rattenschwanzlarve der Schwebfliege *Eristalis* besitzt zur Sauerstoffaufnahme ein teleskopartig ausziehbares Hinterteil, so daß die Öffnungen der Atemröhren zur Wasseroberfläche gebracht werden können, während die Larve geschützt bis zu 7,5 cm tief im Wasser sitzt.

Rattenschwanzlarven können aus diesem Grund durchaus in extrem sauerstoffarmen Umgebungen leben, da sie sich ja mit ihrem Atemteleskop mit Sauerstoff aus der Luft versorgen.

Der Wasserskorpion *Nepa* besitzt ebenfalls eine am Hinterleib ansitzende Atemröhre, die jedoch nicht verlängerbar ist. Auch er atmet atmosphärische Luft, d.h. er muß von Zeit zu Zeit zur Wasseroberfläche steigen und sein Atemrohr herausstrecken.

Viele Insekten nehmen sich eine Luftblase mit nach unten und halten sich so lange unter Wasser auf, bis der kleine Vorrat aufgebraucht ist. Dann steigen sie wieder zur Wasseroberfläche empor und holen sich eine neue Luftblase. Der Gelbrandkäfer (*Dytiscus marginalis*) pumpt sich Luft unter die harten Flügeldecken und hängt daher beim Atemholen kopfüber im Wasser.

Der Stachelwasserkäfer (*Hydrophilus piceus*) dagegen steigt mit dem Kopf voran zur Wasseroberfläche und schließt zwischen seinen feinen Haaren zwischen Kopf und Halsschild Luftbläschen ein.

Auch der Rückenschwimmer *Notonecta* führt Luftbläschen zwischen seiner Körperbehaarung mit sich. Wenn ein Rückenschwimmer unter Wasser den Sauerstoff seiner Luftbläschen wegatmet, diffundiert aus dem Wasser noch ein wenig Gas nach. Vom Kohlendioxid, das er ausatmet, löst sich dagegen ein Teil im Wasser und umgibt die Gasblase. Auf diese Weise vollzieht sich ein laufender Gasaustausch, der die Verweilzeiten unter Wasser beträchtlich ausdehnen kann. Nach und nach löst sich auch der Stickstoff aus der Luftblase im Wasser, so daß die Gasblase immer kleiner wird und schließlich erneuert werden muß.

Viele erwachsene Insekten, aber auch eine Reihe von Insektenlarven enthalten ein kompliziertes Netzwerk von feinsten Röhrchen, sogenannten Tracheen, die die Luft im Körper transportieren.

Insektenlarven, die ihren Sauerstoff direkt aus dem Wasser beziehen, besitzen keine Atemöffnungen am Körper. Bei diesen Tieren diffundiert der Sauerstoff direkt durch die dünne Haut in den Körper. Die Jugendformen der Libellen, Eintagsfliegen oder Köcherfliegen z.B. tragen am Körper besondere Anhangsorgane mit fächerigen oder fiedrigen Verzweigungen, in denen Tracheen enthalten sind, die den Gasaustausch wie Kiemen ermöglichen. Manche Libellenlarven tragen drei blattartige Anhänge am Körperende, Eintagsfliegenlarven besitzen fiedrige Kiemenanhänge an den Hinterleibssegmenten, Köcherfliegenlarven tragen ebenfalls Anhänge am Hinterleib.

Oft führen sie besondere Schlängel- und Pumpbewegungen durch, damit ein ständiger Wasserstrom durch ihre Köcher und vorbei an den Kiemenanhängen geführt wird.

Es gibt auch Insekten, die überhaupt keine Tracheen besitzen und den Gasaustausch direkt zwischen Wasser und Körperflüssigkeit bewerkstelligen.

Das Blut der Insekten ist gewöhnlich farblos. Zuckmücken (*Chironomidae*) besitzen jedoch kräftig rot gefärbtes Blut, das Hämoglobin enthält. Dieser Blutfarbstoff verbindet sich sehr rasch

1 Der Stachelwasserkäfer (Hydrophilus piceus) verwendet seine umgestalteten Fühler und eine feine Behaarung zwischen Kopf und Brustschild zum Luftholen.

2 Wasserskorpion (Nepa cinerea), der die Atemluft mit einem langen, starren Atemrohr an seinem Hinterleib aufnimmt.

3 Der Gelbrandkäfer (Dytiscus marginalis) hängt sich kopfüber unter die Wasseroberfläche und schöpft mit den Flügelenden Luft.

4 Rattenschwanzlarven (Eristalis) holen ihre Atemluft über ein teleskopartig ausziehbares Atemrohr.

5 Die Larven der Büschelmücken (Chaoborus sp.) vollziehen den Gasaustausch über den größten Teil ihrer Körperoberfläche.

6 Eine Kaulquappe atmet mit Hilfe von äußeren Kiemen.

mit Sauerstoff. Zuckmücken-Larven können daher in Wasserbereichen leben, in denen die Sauerstoffspannung sehr gering ist, weil die wenigen Vorräte laufend von Zersetzern aufgebraucht werden. Verschiedene Insektenlarven und -puppen haben interessante Methoden und Verfahren entwickelt, um an die Luftvorräte im Wurzel- und Stengelgewebe der Wasserpflanzen zu kommen. Man findet diesen „Anzapftrick" genauso bei drei Zweiflügler-Familien wie bei den Larven der Schilf- und Rohrkäfer (Gattung *Donacia*).

Die Käferlarven besitzen ein dolchartiges Atemrohr, das sie in das luftgefüllte Pflanzengewebe stechen und mit dem sie die Luftvorräte direkt anzapfen. Die Käferpuppe, die in einem bräunlichen Kokon unter Wasser an den Wurzeln der Wasserpflanzen angeheftet ist, verfährt ebenso.

Eine nahezu einzigartige Methode der Atemluftbeschaffung hat die Wasserspinne *Argyroneta* entwickelt. Nachdem sie zwischen den Stengeln und Zweigen von Wasserpflanzen ein fein gewebtes Netz angelegt hat, trägt sie von der Wasseroberfläche Luftblasen hinunter und bläht das Netz unter Wasser zu einer größeren Luftglocke auf. In dieser „Taucherglocke" kann die Spinne nun unter Wasser leben, sich paaren und ihre Eikokons anlegen.

Es gibt schließlich noch eine Unzahl kleiner und kleinster Wassertiere, die überhaupt keine besonderen Anpassungen zeigen müssen, um an den gelösten Sauerstoff zu kommen. Einzeller z.B. erledigen den Gasaustausch über ihre gesamte Zelloberfläche.

Es gibt aber auch einige Spezialisten, die selbst in einem stehenden Teich fast genau so leben wie in einem Fließgewässer, in dem die Sauerstoffversorgung im allgemeinen besser ist. Die Larven der Schwammfliegen (*Sisyra* sp.) z.B. leben auf Süßwasserschwämmen und profitieren hier vom ständigen Atemwasserstrom, den unzählige Flimmergeißeln im Schwamm erzeugen.

Die Wassermilbe *Pentatax* lebt gar in der Mantelhöhle von Süßwassermuscheln, in der ebenfalls durch den Flimmerschlag zahlreicher Geißeln auf den Muschelkiemen ein ständiger Wasserstrom mit frischem Sauerstoff zugeführt wird.

Schwimmen

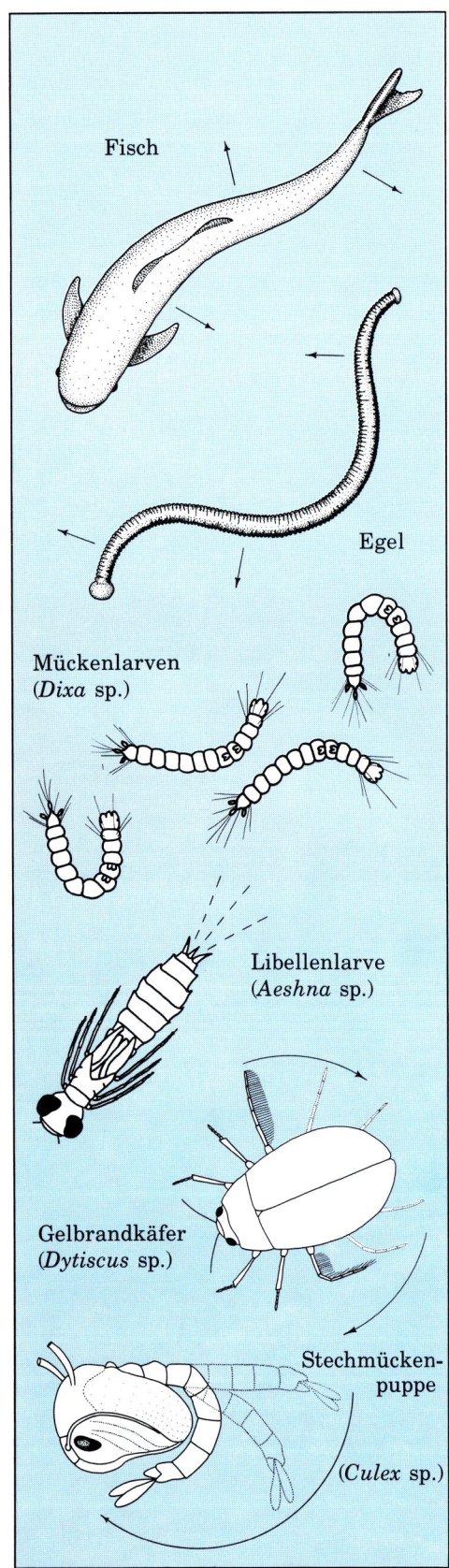

Fisch

Egel

Mückenlarven
(*Dixa* sp.)

Libellenlarve
(*Aeshna* sp.)

Gelbrandkäfer
(*Dytiscus* sp.)

Stechmücken-
puppe

(*Culex* sp.)

Nicht alle Tiere in einem Teich oder Tümpel können schwimmen. Manche kriechen oder klettern nur auf dem Boden oder im Gewirr der Pflanzenstengel herum. Andererseits werden alle Körper im Wasser nach dem Archimedischen Prinzip durch Wasserverdrängung leichter, d.h. die Teich- und Tümpelbewohner müssen kaum Kraft aufwenden, um ihren eigenen Körper zu tragen.

Die Fische sind gewiß die besten Techniker des Schwimmens. Sie sind an ihren wäßrigen Lebensraum so perfekt angepaßt, daß sie in keinem anderen leben könnten. Fische führen mit ihrem Körper Schlängelbewegungen durch, d.h. Wellen von Muskelkontraktionen durchlaufen den Fischkörper und treiben ihn vorwärts. Die Flossen dienen zur Balance, zum Steuern und zum Abbremsen.

Große Egel schwimmen ähnlich wie Fische. Ihre Wellenbewegungen verlaufen jedoch nicht seitwärts, sondern von oben nach unten.

Der flache, schuppige Schwanz des Bibers („Biberkelle") führt in vergleichbarer Weise käftige Schwimm- und Ruderschläge aus.

Die Insekten verwenden ganz verschiedene Schwimmverfahren:

Mückenlarven bewegen sich eher ziel- und richtungslos durchs Wasser, indem sie ihren Körper abwechselnd einrollen und einkrümmen, um ihn anschließend wieder gerade schnellen zu lassen (Seite 178).

Viele Libellenlarven bewegen sich nach dem Raketenprinzip: Sie können durch eine Hinterleibsöffnung Wasser in eine Kammer einsaugen, in der sich 6 Doppelreihen mit Trachealkiemen befinden. Für die normale Atmung wird das Wasser langsam ein- und ausgeströmt, so daß die Kiemen einen ständigen, sanften Wasserzustrom erhalten. Wenn die Larve allerdings aufgestört wird, kann sie die Wasserfüllung auch rasch ausstoßen und dann pfeilschnell durchs Wasser schießen.

Andere Insektenlarven und Insekten schwimmen vielfach auch mit Hilfe besonderer Ruderbeine, die mit speziellen Haarleisten besäumt sind, die beim Ruderschlag die Paddelfläche vergrößern und damit mehr Schub entwickeln.

Die Larve des Gelbrandkäfers paddelt mit ihren Beinen noch relativ unbeholfen, der erwachsene Käfer dagegen ist ein eleganter und rasanter Schwimmer. Dabei kommen ihm seine perfekte Stromlinienform und die haarbesäumten Hinterbeine sehr entgegen. Beim Ruderschlag spreizen sich die Haare gegen das Wasser, beim Rückholschlag schmiegen sie sich an das Käferbein und bieten nur einen ganz geringen Widerstand. Man hat ausgerechnet, daß rund $^3/_4$ der Paddelfläche und des Schubes durch die Schwimmhaare zustande kommen.

Der Stachelwasserkäfer *Hydrophulus* ist weniger stromlinienförmig gebaut, und seine Beine tragen nur wenige Schwimmborsten. Da seine Beine zudem wechselseitig und nicht synchron schlagen, ergibt sich eine leicht taumelnde Schwimmbewegung.

Der echte Taumelkäfer (*Gyrinus natator*) dagegen ist ein schneller und eleganter Schwimmer. Seine beiden hinteren Beinpaare tragen paddelartig vergrößerte, sich überlappende Anhänge, die beim Schwimmschlag wie eine große Ruderkelle wirken, beim Rückschlag dagegen nur minimalen Widerstand bieten und so für eine rasche Fortbewegung sorgen.

Beim Rückenschwimmer (*Notonecta glauca*) oder bei der Ruderwanze (*Corixa punctata*) finden wir lange, kräftige Hinterbeine mit Haarsäumen, die ebenfalls wie die Riemen eines Ruderbootes betätigt werden.

Stachelwasserkäfer

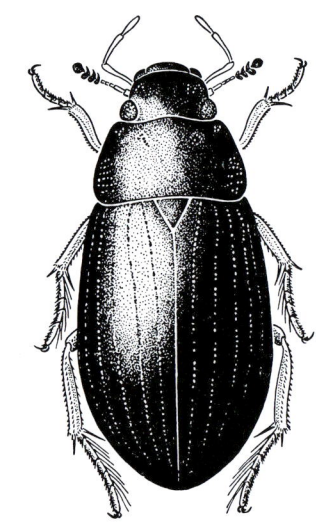

Wechselfälle überstehen

Ein Tümpel ist ein recht wechselhafter, ständig in Veränderung begriffener Lebensraum. Wegen seiner geringen Wassertiefe z.B. erwärmt sich das Wasser stärker als in einem großen Weiher oder See – ebenso rasch kühlt es aber auch wieder aus. Im Winter besteht zudem immer die Gefahr, daß das Wasser bis zum Grund durchfriert; in heißen, trockenen Sommern kann das Gewässer fast völlig austrocknen.

Trockenheit

Wenn ein Teich völlig austrocknet, sind die Verluste unter den Teichbewohnern nicht so gewaltig, wie das auf den ersten Blick erscheinen mag:

Erwachsene Insekten wie Teichläufer, Wasserkäfer oder Rückenschwimmer fliegen einfach davon und suchen sich woanders einen neuen Lebensraum. Frösche und Schildkröten können ebenfalls abwandern. Fische jedoch sind an ihren Lebensraum gebunden und überstehen das Austrocknen normalerweise nicht. Einige Arten haben jedoch besondere Strategien entwickelt, um bei jahreszeitlich austrocknenden Tümpeln zumindest das Überleben der Art zu sichern. Tropische Fische z.B. legen rechtzeitig vor der Trockenheit Eier in den Bodenschlamm ab. Mit Beginn der Regenzeit schlüpfen dann daraus die Jungfische – die Elterntiere sind jedoch in der Zwischenzeit „eingetrocknet" und gestorben.

Bärtierchen und Rädertierchen können austrocknen, ohne Schaden zu nehmen. Andere Tiere vergraben sich im Bodenschlamm, in dem zumindest in unseren Regionen immer noch eine gewisse Restfeuchtigkeit bleibt. Egel, Schnecken und verschiedene Krebstiere sondern eine abdichtende Schleimschicht ab, nachdem sie sich in den Bodenschlamm eingebuddelt haben.

Die Bildung äußerst widerstandsfähiger Cysten ist bei den Einzellern des Süßwassers weit verbreitet und kann durch verschiedene widrige Umstände, etwa Trockenheit, Kälte oder Nahrungsmangel, ausgelöst werden. Diese Cysten sind gegen Austrocknung, Frost, aber auch sehr hohe Temperaturen recht beständig, und die betreffenden Organismen können in diesem Stadium oft Monate und Jahre überdauern und innerhalb weniger Minuten nach dem Kontakt mit Wasser wieder zu neuem Leben erwachen.

Andere Arten begegnen der Gefahr der Austrocknung durch stark verkürzte Entwicklungszeiten. Stechmücken z.B. durchlaufen ihre wassergebundenen Entwicklungsstadien innerhalb weniger Tage, und Frösche, die in den Trockengebieten unserer Erde vorkommen, benötigen bis zur Metamorphose der Kaulquappe nur knapp einen Monat.

Kälte

In Gegenden mit gemäßigtem Klima bringt besonders der Winter Probleme für die Teichbewohner mit sich. Frösche und Kröten verbringen die kalte Jahreszeit eingegraben im weichen Teichboden. Solange die Tiere inaktiv bleiben, kann ihr Sauerstoffbedarf ausschließlich über die Haut gedeckt werden.

Bei wasserlebenden Schildkröten, die sich im Winter ebenfalls im Schlamm eingraben, bleibt die Kloake, die gemeinsame Öffnung der Ausscheidungs- und Geschlechtsorgane, wassergefüllt. Da sie reich mit Blutgefäßen versorgt ist, kann sie gleichsam wie eine Kieme arbeiten und das ruhende Tier mit Sauerstoff versorgen.

Schlangen und Salamander verstecken sich zur Überwinterung an Land und können daher Luft atmen.

Von den kleinen Wasserbewohnern überdauern viele die kalte Jahreszeit in besonderen, dauerhaften und widerstandsfähigen Formen: Einzeller bilden Cysten, bei den Süßwasserschwämmen stirbt das Gewebe im Herbst ab und zerfällt während des Winters. Zuvor hat der Schwamm jedoch zahlreiche sporenartige Gebilde, sog. Gemmulae, entwickelt – Überdauerungseinrichtungen, die sogar mehrfaches Durchfrieren ohne weiteres ertragen und Trockenperioden über mehrere Jahre überleben können. Aus jeder Gemmula entwickelt sich im Frühjahr dann wieder ein neuer Schwamm.

Moostierchen bilden scheibenförmige Körper, sog. Statoblasten, die zur Wasseroberfläche aufsteigen, irgendwo an Wasserpflanzen hängenbleiben und sich in der folgenden Saison wieder zu neuen Kolonien entwickeln.

Viele kleine Krebstiere, z.B. Wasserflöhe, entwickeln im Herbst besonders dickwandige Dauereier, die ebenfalls Trockenheit und tiefe Temperaturen ertragen und unbeschadet überstehen können. Im Frühjahr schlüpfen aus diesen Dauereiern ausschließlich weibliche Tiere, die sich parthenogenetisch, also ohne Befruchtung durch Männchen, vermehren.

Auch Rädertierchen überwintern mit Hilfe besonderer Dauerstadien mit derber, kräftiger Hülle.

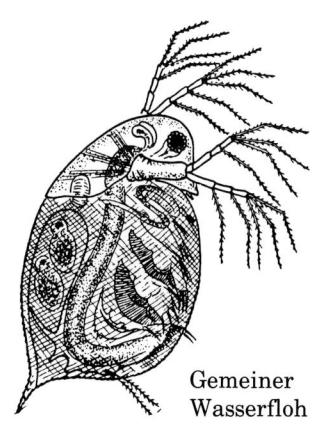

Gemeiner Wasserfloh

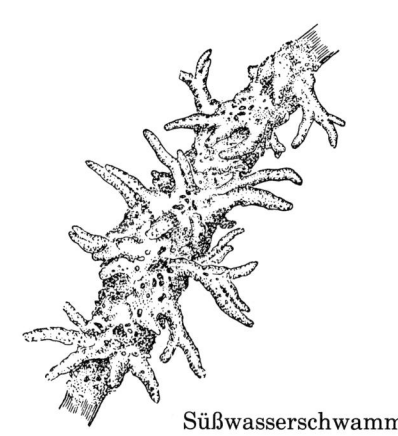

Süßwasserschwamm

Mit seiner blattartigen Gestalt kann sich der Wasserskorpion, ein gefräßiger Räuber unter den Teichbewohnern, im Pflanzengewirr hervorragend tarnen. Dieser hier hat sich eine Kaulquappe gefangen. Mit Hilfe seiner Mundwerkzeuge pumpt er nun Verdauungsflüssigkeiten in sein Opfer, um es gleichsam von innen her aufzuweichen und anschließend aufzusaugen.
Die lange Röhre am Hinterleib dient zum Luftholen an der Wasseroberfläche.

Auf den folgenden Seiten werden die häufigsten und am ehesten bei uns anzutreffenden Tiere in und an einem Teich vorgestellt und beschrieben. Es handelt sich um Vertreter der folgenden Gruppen: Einzeller, Schwämme, Hohltiere, Plattwürmer, Fadenwürmer, Schnurwürmer, Rädertierchen, Bauchhärlinge, Moostierchen, Weichtiere (Schnecken und Muscheln), Bärtierchen, Ringel- oder Gliederwürmer, Gliederfüßer (Spinnen, Wassermilben, Krebstiere, Insekten) und Wirbeltiere (Fische, Lurche, Vögel, Säugetiere).

Einzeller (Protozoen)

Die Einzeller oder Urtierchen bestehen nur aus einer einzigen Zelle, die jedoch alle typischen körperlichen Tätigkeiten wie Nahrungsaufnahme, Verdauung, Ausscheidung, Atmung und Vermehrung wahrnimmt. Viele dieser Funktionen werden von spezialisierten Zellregionen oder Zellbestandteilen ausgeübt.

Gewöhnlich sind die Einzeller höchstens 0,5 mm lang. Einige erreichen sogar nur eine Länge um 0,002 mm, während andere so groß werden können wie die kleinsten mehrzelligen Tiere.

Einzeller leben entweder frei im Wasser als Plankton oder sind Aufwuchsorganismen mit überwiegend seßhafter Lebensweise. Im Süßwasser sind sie mit zahlreichen Formen und Arten vertreten.

Die Fortbewegung erfolgt entweder durch Geißelschlag, durch Wimperflimmern oder durch Fließvorgänge mit Hilfe von Scheinfüßchen (Pseudopodien).

Die Urtierchen ernähren sich von Bakterien, Kieselalgen oder anderen Einzellern. Die Nahrung kann bei manchen Formen an beliebiger Stelle der Zelloberfläche aufgenommen werden, während sie bei anderen über Wimpern zu einer besonderen Mundöffnung gestrudelt wird.

Die Sauerstoffaufnahme und die Abgabe von Stoffwechselendprodukten erfolgt über die gesamte Zelloberfläche.

Bei den im Süßwasser lebenden Einzellern ist die Konzentration an löslichen Substanzen in der Zelle größer als im umgebenden Wasser. Daher dringt unentwegt Wasser in die Zellen ein, um einen Konzentrationsausgleich zu schaffen. Das eindringende Wasser würde die Zelle unweigerlich zum Platzen bringen, wenn nicht besondere Ausscheidungseinrichtungen, sog. kontraktile Vakuolen, in regelmäßigen Abständen Wasser ausscheiden und bei dieser Gelegenheit die Abfälle des Zellstoffwechsels gleich mit nach außen befördern würden.

Die einfachsten Einzeller zeigen, wie schwierig im Grunde genommen auf dieser Ebene die Unterscheidung von pflanzlichen und tierischen Lebewesen ist. Viele Einzeller besitzen nämlich Chloroplasten und können ebenso Photosynthese betreiben wie höhere Pflanzen. Aus diesem Grund wurde auch schon vorgeschlagen, auf der Stufe der Einzeller überhaupt noch nicht zwischen Pflanzen und Tieren zu unterscheiden.

Die einfachste Form der Vermehrung der Einzeller besteht in der Zwei- oder Mehrfachteilung. Unter günstigen Bedingungen können auf diese Weise in kurzer Zeit umfangreiche Populationen aufgebaut werden. Daneben kommen aber auch noch verschiedene Formen der sexuellen Fortpflanzung vor.

Viele Einzeller können zähe, widerstandsfähige Cysten bilden, wenn ihnen die Umweltbedingungen nicht mehr zusagen. Diese leichten Cysten können vom Wind weit verbreitet werden und sind praktisch überall vorhanden. Daher rührt auch die fast magisch erscheinende Allgegenwart der Einzeller, die besonders eindrucksvoll gezeigt werden kann, wenn man ein paar trockene Grashalme in Wasser legt und schon nach ein paar Tagen die schönste

Einzeller-Kultur hat. Von dieser Eigenart stammt auch der ältere Ausdruck „Aufgußtierchen" (Infusorien), da die Anlage einer Einzeller-Kultur tatsächlich einem Teeaufguß gleicht. Viele Einzeller leben parasitär und können bei Mensch und Tier ernsthafte Krankheiten hervorrufen.

Die Unterteilung der Einzeller ist nicht einfach, da es fast unendlich viele Formen und Gruppen gibt. Abgesehen von der gemeinsamen Tatsache, daß sie jeweils nur aus einer Zelle bestehen, gibt es zwischen den einzelnen Gruppen oft nur wenig Beziehungen.

Man kann die Einzeller einteilen in die Geißeltierchen, die Schleimtierchen, die Sporentierchen und die Wimpertierchen.

Geißeltierchen (Flagellata)

Die Geißeltierchen besitzen – wie ihr Name schon aussagt – eine oder mehrere Geißeln, die der Fortbewegung dienen.

Nach ihrer Ernährungsweise kann man tierische (Zoomastigophora) und pflanzliche (Phytomastigophora) Geißeltierchen unterscheiden.

Die tierischen Geißeltierchen besitzen kein Chlorophyll und leben überwiegend parasitisch, symbiontisch oder als Kommensalen in anderen Tieren.

Zu den parasitisch lebenden Geißeltierchen gehören z.B. die Erreger der Schlafkrankheit, Geißeltierchen der Gattung *Trypanosoma*.

Im Verdauungstrakt von Termiten kommen ebenfalls Geißeltierchen vor, die hier allerdings eine positive Wirkung haben: Sie bewerkstelligen die Verdauung von Holz, von dem die Termiten leben, für dessen Abbau ihnen jedoch die nötigen Enzyme fehlen.

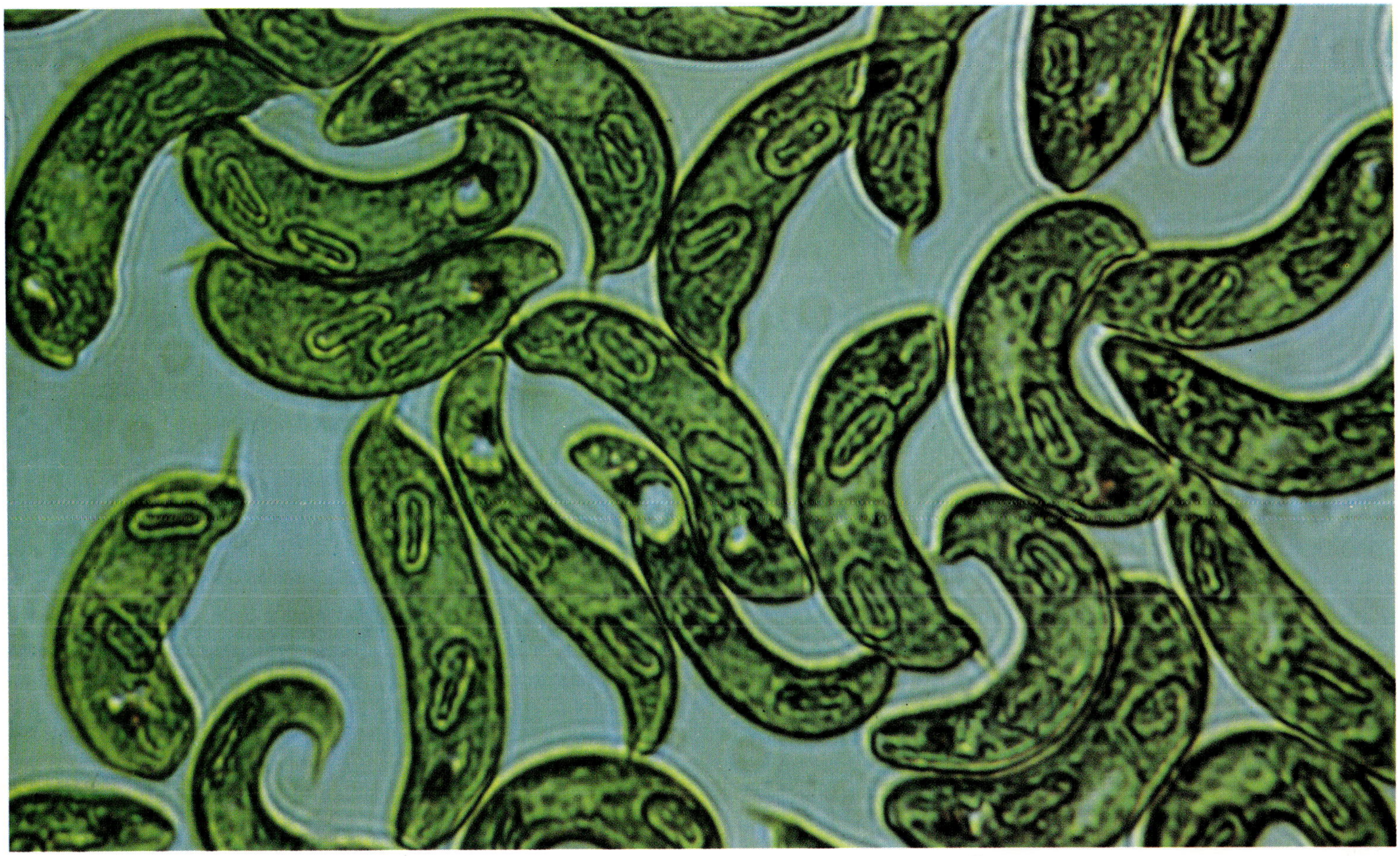

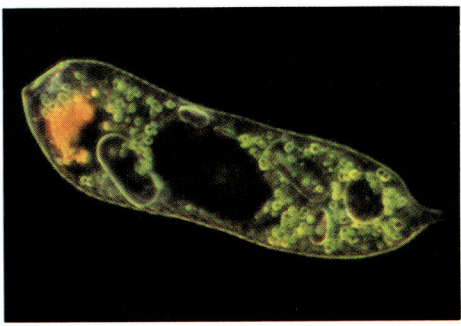

Augenflagellaten (Euglenidae)

1 Euglena

Die bekanntesten Vertreter der Augenflagellaten gehören zur Gattung *Euglena*. Sie sind weltweit verbreitet und treten in Kleingewässern, Tümpeln und Teichen mitunter sogar massenhaft auf, vor allem wenn tierische Ausscheidungsprodukte in das betreffende Gewässer gelangen. Bei einem Massenauftreten von *Euglena* ist das Wasser dunkelgrün verfärbt.

Augentierchen reagieren auf Licht und schwimmen gerichtet auf eine Lichtquelle zu. Am vorderen Zellende befindet sich ein auffallend orangegelb gefärbter Augenfleck (Stigma), der der Zelle ein Richtungssehen ermöglicht und für die Bewegung zur Lichtrichtung bedeutsam ist. Hält man Augentierchen dauernd im Dunkeln, verlieren sie ihre Chloroplasten unwiederbringlich und leben dann saprobiontisch. Wie die meisten Geißeltierchen vermehren sich auch die Augentierchen und ihre Verwandten ungeschlechtlich durch Längsteilung. Dabei entstehen zwei spiegelbildlich zueinander aufgebaute Tochterzellen. Wiederholte Zweiteilung läßt die Populationsgröße rasch anwachsen.

2 Euglena spirogyra

Diese Augentierchen-Art und ihre Verwandten besitzen eine leicht verdickte Zellhaut, die jedoch elastisch genug ist, um Formveränderungen und Bewegungen zuzulassen. Grüne Chloroplasten sind in größerer Anzahl vorhanden, so daß die Augentierchen sich alle benötigten organischen Stoffe aus Kohlendioxid und Wasser selbst aufbauen können. Die beiden sehr ungleich langen Geißeln sind selbst unter dem Mikroskop nur schwer zu erkennen. Die längere Schleppgeißel rotiert mehrfach in jeder Sekunde und ermöglicht eine leicht spiralig, drehende Fortbewegung.

Schleimtierchen (Sarcodina)

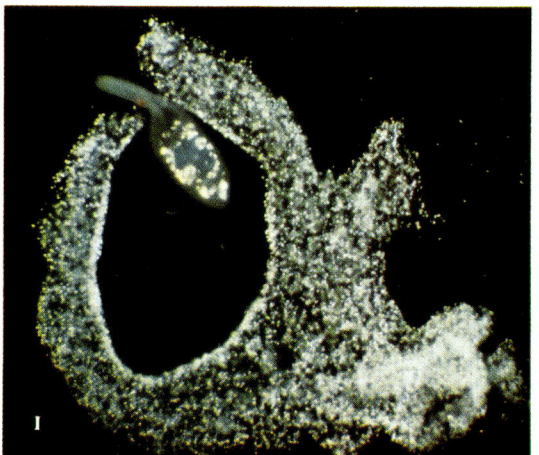

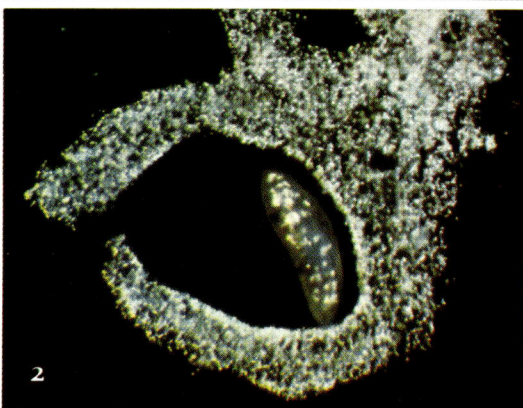

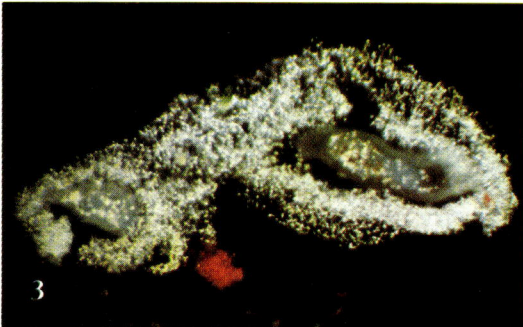

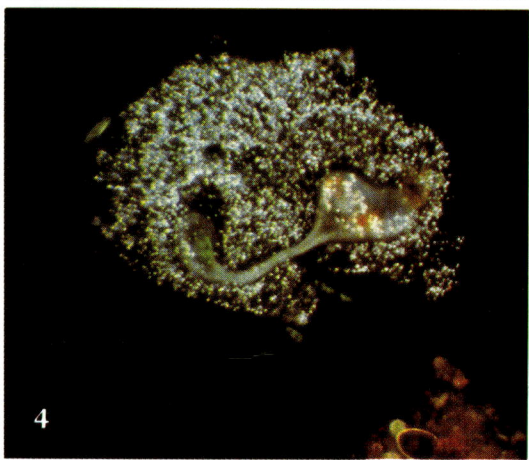

Die zu den Schleimtierchen gestellten Einzeller fangen ihre Nahrung mit Hilfe von Scheinfüßchen (Pseudopodien) ein. Diese Scheinfüßchen dienen bei den freilebenden Arten aber auch der Fortbewegung. Im Süßwasser sind gewöhnlich 3 verschiedene Gruppen vertreten: unbeschalte, nackte Amöben, Arten, die sich ein Gehäuse bauen, und eigenartige Sonnentierchen, bei denen feine Scheinfüßchen radial vom rundlichen Zellkörper abstrahlen.

Unbeschalte Amöben (Amoebidae)

1, 2, 3, 4 Amoeba proteus

Diese Art ist einer der bekanntesten Vertreter der unbeschalten Amöben, die überwiegend im Süßwasser verbreitet sind. Einige Arten kommen aber auch im Meerwasser vor oder bis in 2 m Tiefe im Boden, wo sie sich mit einem dünnen Wasserfilm des Grundwassers umgeben.

Nach Amöben sucht man am besten in Teichen, in denen größere Mengen organischer Substanz zerfallen und abgebaut werden. In einer Wasserprobe kann man das kleine Klümpchen Protoplasma, das die Amöbe darstellt, mit bloßem Auge gerade noch erkennen.

Eine Amöbe zeigt keinerlei Körpersymmetrie, da sich ihre Form ständig verändert. Von bestimmten Zellregionen fließen ständig Scheinfüßchen ab, so daß sich die gesamte Zelle langsam gleitend über verschiedene Substrate oder selbst unter dem Oberflächenfilm des Wassers fließend fortbewegt. Im mikroskopischen Bild kann man erkennen, daß das Zellinnere aus einem stärker körnig erscheinenden Endoplasma besteht, während die peripheren Bereiche von einem klaren, durchsichtigen Ektoplasma gebildet werden. Während der Fließbewegung werden Endo- und Ektoplasma ständig ineinander überführt. Wo sich ein Scheinfüßchen bildet, scheint sich das Endoplasma zu verflüssigen, durch intrazelluläre Fließvorgänge strömt dann eine größere Plasmamenge in die sackartige Ausstülpung des Scheinfüßchens. Die äußere Lage des Scheinfüßchens bildet ständig neues Ektoplasma, während der gesamte Zelleib sich allmählich in Richtung der vorfließenden Scheinfüßchen fortbewegt.

Mit Hilfe der Scheinfüßchen fangen die Amöben kleine Wasserorganismen, z.B. Bakterien, Wimpertierchen oder auch Augentierchen ein.

Die Bilder 1–4 zeigen, wie so ein Einfangvorgang abläuft. Opfer ist in diesem Fall ein Pantoffeltierchen:

Die Beute wird von zwei langgestreckten Scheinfüßchen umflossen, bis sich die Falle schließt und ein Entkommen unmöglich ist. Der Vorgang ist so angelegt, daß das Opfer schließlich in einer Vakuole verpackt wird und dort verdaut werden kann. Dieser Vorgang wird auch als Phagocytose bezeichnet.

Die Phagocytose kann auch in umgekehrter Reihenfolge ablaufen, d.h., unverdauliche Reste werden aus dem Körper wieder ausgeschleust. Auch Amöben vermehren sich durch Zweiteilung. Vor dem Teilungsvorgang werden die Scheinfüßchen eingezogen, und das Tier erscheint fast kugelig. An zwei gegenüberliegenden Stellen der Zelle erscheinen Einschnürungen, die sich allmählich vertiefen und die Zelle in zwei ungefähr gleich große Portionen trennen. Die entstandenen Tochterzellen vergrößern sich allmählich und erreichen bald die Abmessungen der Mutterzelle.

Amöben mit rauher Schale (Difflugiidae)

5 Difflugia

Difflugia ist ein hübsches Beispiel für eine Amöbe, die sich eine kugelige Schale baut. An einer Seite bleibt eine Öffnung, durch die die Scheinfüßchen für die Fortbewegung oder den Nahrungserwerb ausgestreckt werden können.

Die Schale besteht in diesem Fall aus feinen Sandkörnern, die die Zelle zunächst einschleust, mit einem schleimigen Überzug versieht und dann erst als Bausteine für die Schale verwendet. Die Schale ist birnenförmig mit rundlicher Öffnung am schmalen Ende.

(Das Bild zeigt das breitere Ende der Amöbenschale, so daß sich die kleine Öffnung auf der Gegenseite nur schemenhaft abzeichnet. Zur rechten Seite ragt, ebenfalls in der Bildebene nur undeutlich erfaßt, ein Scheinfüßchen heraus.)

Bei der amöboiden Fließbewegung trägt *Difflugia* ihre Behausung mit sich herum.

Auch *Difflugia* vermehrt sich durch Zweiteilung. Die kugelige Schale macht diesen Vorgang jedoch etwas schwieriger als bei den unbeschalten Formen. Vor der eigentlichen Zellteilung verläßt ein größerer Teil des Protoplasmas das Gehäuse und baut zunächst eine zweite Schale auf. Erst nach deren Fertigstellung teilt sich die Amöbe, so daß jede Tochterzelle eine bereits fertige „Wohnung" beziehen kann.

Amöben mit glatter Schale (Arcellidae)

6 Schale von Arcella sp.

Wie bei *Difflugia* besteht auch die Schale von *Arcella* aus einer gewölbten Kugel, an deren abgeflachter Seite eine zentrale Öffnung für die Scheinfüßchen freigehalten wird. Im Unterschied zur sandkornverarbeitenden *Difflugia* baut sich *Arcella* eine Schale aus chitinösem Material auf.

Arcella gehört zu den besonders weit verbreiteten und nicht besonders seltenen Amöben mit Schale. Man findet sie auf dem Grund von Tümpeln und Teichen, in denen reiche Vorräte an toter organischer Substanz lagern.

7 Sonnentierchen (Actinophryidae)

Bei den Sonnentierchen sind die Zellen kugelig gestaltet und die Scheinfüßchen lang und dünn und strahlen nach allen Seiten radial ab. Daher sehen diese Einzeller wie eine strahlende Sonne aus. In Tümpeln und Teichen mit größeren Mengen pflanzlichen Bestandsabfalls sind die Sonnentierchen durchaus nicht selten. Die äußeren Bereiche der Zelle sind mit Vakuolen angereichert, die für Auftrieb sorgen und dem Organismus ein Schweben ermöglichen. Die abstrahlenden Scheinfüßchen werden hauptsächlich zum Nahrungserwerb eingesetzt: Sie arbeiten als Klebefallen, an denen Bakterien oder andere verwertbare Kleinstmaterialien hängenbleiben, bevor sie durch Phagocytose in eine Nahrungsvakuole eingeschleust werden.

Sporentierchen *(Apicomplexa)*

Sporentierchen sind parasitische Einzeller, die in Vertretern fast aller Tierstämme vorkommen. Ihre Lebenszyklen sind recht kompliziert und schließen meist verschiedene Generationen mit geschlechtlicher und ungeschlechtlicher Vermehrung ein. Dabei sind oft zwei verschiedene Wirte nötig, denn der Generationswechsel kann sich nur bei Wirtswechsel fortsetzen.

Zu diesen Sporentierchen gehören z.B. die *Plasmodium*-Arten, die Erreger der Malaria, einer in tropischen Gebieten häufigen und gefürchteten Krankheit. Die Einzeller werden von Stechmücken übertragen, deren Larven in allen möglichen Kleingewässern leben.

In unseren Teichen kommt sehr häufig das Sporentierchen *Glugea* vor, ein Einzeller, der an Fischen weißliche Knoten hervorruft.

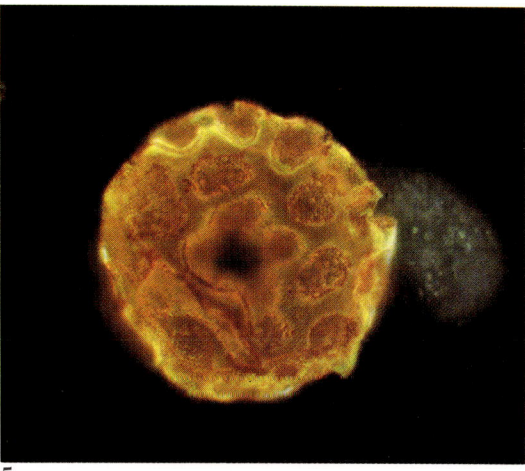

5

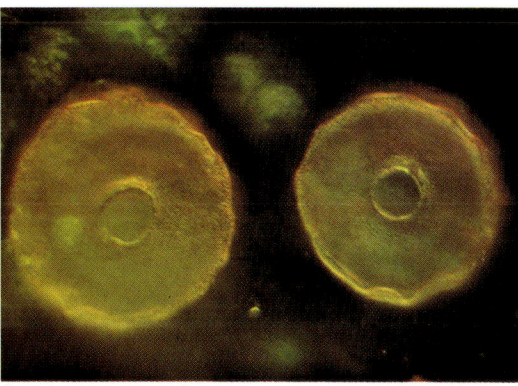

6

7

Wimpertiere (Ciliophora)

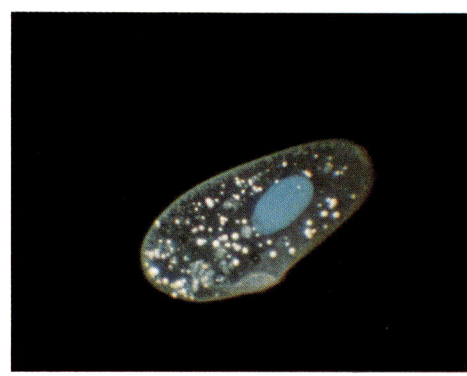

1

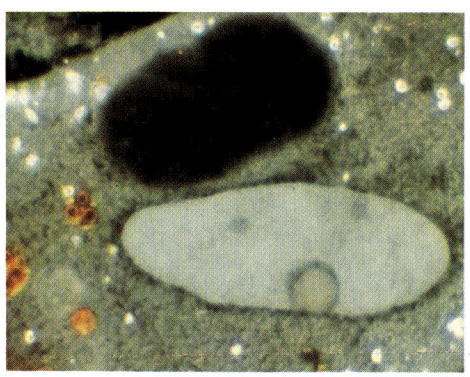

2

Von den Wimpertieren sind bisher annähernd 6000 Arten beschrieben worden; sie stellen daher eine der artenreichsten Gruppen innerhalb der Einzeller dar. Kennzeichnend für die Wimpertiere sind die zahlreichen Wimpern, die sowohl der Fortbewegung als auch zum Einstrudeln der Nahrung dienen. Manche Wimpertiere unterscheiden sich von den übrigen Einzellern durch den Besitz einer besonderen Mundöffnung (Zellmund = Cytostom). Typischerweise kommen auch zwei verschiedene Zellkerne vor, ein vegetativer Großkern (Makronucleus) und ein generativer Kleinkern (Mikronucleus). Im Süßwasser sind die Wimpertiere weit verbreitet und häufig, entweder freischwimmend oder festsitzend. Das Pantoffeltierchen *Paramecium* z.B. lebt freischwimmend im Plankton, das Trompetentierchen *Stentor* dagegen festsitzend. Manche Formen sind im ausgewachsenen Stadium seßhaft, z.B. *Vorticella* und *Campanella*, besitzen aber freibewegliche Verbreitungsstadien. Viele Wimpertiere kommen auch

als Symbionten oder Kommensalen vor, und einige leben parasitisch (z.B. *Ichthyophthirius*, ein Wimpertier, das in Tümpeln und Teichen zu großen Fischsterben führen kann).

1–5 Pantoffeltierchen
Paramecium

Das Pantoffeltierchen ist eines der häufigsten und populärsten Wimpertiere im Teich. Besonders zuverlässig ist mit ihm in Gewässern zu rechnen, in denen sich größere Mengen zerfallender organischer Substanz befinden – Bakterien bilden nämlich eine der Hauptnahrungsquellen dieser Art. Der deutsche Name „Pantoffeltierchen" nimmt Bezug auf die charakteristische Zellform, die tatsächlich an einen Schuh bzw. Pantoffel erinnert.

Pantoffeltierchen sind relativ groß und gerade noch mit bloßem Auge erkennbar. Um zu prüfen, ob sie in einer Wasserprobe enthalten sind, genügt es, einen gut beleuchteten Glasbehälter gegen einen dunklen Hintergrund zu betrachten. Im Wasser zeigen sich die Pantoffeltiere als helle, umherhuschende Pünktchen.

Die *Paramecium*-Zelle wird nach außen von einer Zellhaut (Pellicula) abgegrenzt, die dem Tier eine ziemlich konstante, jedoch nicht starre Form gibt. Über die Zelloberfläche ziehen zahlreiche Reihen von Wimpern (Cilien) in leichten Spiralbändern. Durch Schlagen dieser Wimpern bewegt sich das Pantoffeltier unter gleichzeitiger schraubiger Drehung durchs Wasser. Der Wimpernschlag ist nicht synchron, sondern metachron, d.h., die einzelnen Wimpern werden zeitlich und räumlich nacheinander betätigt. Durch besondere Koordinationen der Cilienbewegungen kann das Tier aber auch in Bögen oder sogar rückwärts schwimmen. Stößt das Pantoffeltierchen gegen ein Hindernis, so schwimmt es zunächst ein Stück rückwärts, wendet sich zur Seite und schwimmt dann erst wieder geradeaus. Dieses Ausweichmanöver wird so lange wiederholt, bis das Hindernis „umschifft" ist.

Das Mundfeld wird ebenfalls von Wimpern umstanden, die teilweise sogar miteinander verschmolzen sind. Diese Wimpern erzeugen einen feinen Strom, der geeignete Nahrungsparti-

kelchen in den Bereich des Zellmundes treibt. Hier werden diese Teilchen dann durch Phagocytose aufgenommen, in eine Vakuole verpackt und in der Zelle verdaut. Das Pantoffeltierchen besitzt zwei räumlich festgelegte kontraktile Vakuolen, an jedem Zellende eine. Diese Vakuolen entleeren sich durch einen feinen, nach außen führenden Kanal.

Die Zellhaut enthält sehr kompliziert aufgebaute Strukturen, sog. Trichocysten, langschäftige, in einen Widerhaken auslaufende Geschosse, die bei Reizung blitzschnell abgeschossen werden. Diese Trichocysten dienen der Feindabwehr, eventuell aber auch dem Beutefang. Bei manchen Arten scheinen sie auch als Verankerungseinrichtungen zu dienen.

Wimpertiere können ungünstige Bedingungen auch durch Cystenbildung überstehen. Diese Cysten werden oft auch mit dem Wind verfrachtet und tragen zur Verbreitung der Arten bei.

Wie bereits erwähnt, besitzen die Wimpertiere zwei Zellkerne. Über den vegetativen Großkern werden die normalen Stoffwechselabläufe der Zelle kontrolliert. Der wesentlich kleinere Kern (2) spielt eigentlich nur bei der Vermehrung eine besondere Rolle.

In einigen unserer *Paramecium*-Aufnahmen (1, 5) erscheint der Großkern als auffallendes, bläuliches Gebilde, er ist in der lebenden Zelle jedoch vollkommen farblos.

Die ungeschlechtliche Vermehrung der Pantoffeltiere erfolgt durch Querteilung, d.h., aus einer Zelle entstehen zwei spiegelbildlich aufgebaute Tochterzellen (4).

Auf diese Weise kann in relativ kurzer Zeit eine große Population aufgebaut werden. Die Vitalität der Population läßt aber bald deutlich nach – sie muß dann durch einen besonderen Vorgang wieder aufgefrischt werden, d.h., zwischen verschiedenen Individuen werden die Zellkerne ausgetauscht. Dazu legen sich zwei Pantoffeltierchen aneinander und nehmen über ihre Mundfelder Kontakt zueinander auf (Konjugation, 3).

Die Großkerne werden abgebaut und verschwinden völlig, ausgetauscht wird lediglich von den Kleinkernen stammendes genetisches Material.

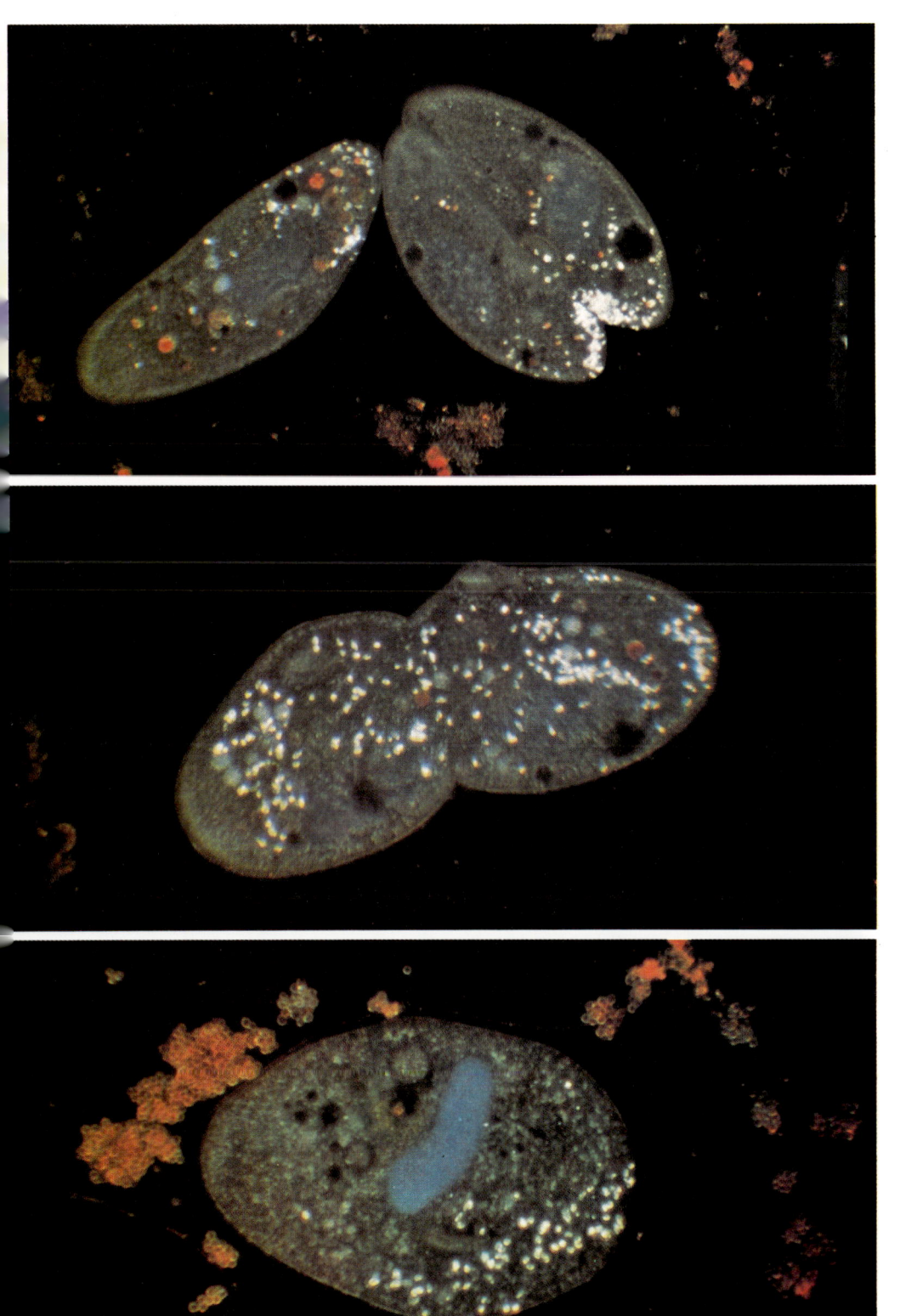

3

4

5

Nach Abschluß der in viele Einzelphasen zerfallenden Austauschprozesse lösen sich die Pantoffeltierchen wieder voneinander und gehen alsbald erneut zur ungeschlechtlichen Vermehrung durch Querteilung über.

Man konnte schon beobachten, daß erst nach 350 Zellgenerationen eine Konjugation zum Kernaustausch eingeleitet wurde – ohne diesen Prozeß würde die Population aber über kurz oder lang zugrunde gehen.

Bild 5 zeigt eine Zelle, die gerade erst aus einer Querteilung hervorgegangen ist, was man ihrem gestauchten Format entnehmen kann. Bald wird sie die typische, schlankere Zellform eines Pantoffeltierchens angenommen haben.

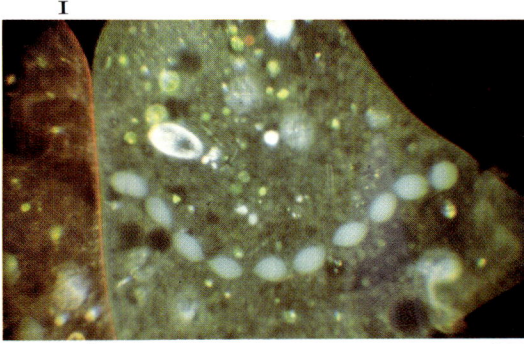

1–3 Trompetentierchen *Stentor*

Die Trompetentierchen sind normalerweise festsitzend, d.h. die Zelle heftet sich an einer Pflanze oder einer anderen Unterlage an, streckt sich lang aus und erinnert nun an einen Trichter oder eine Trompete. Bei Störungen zieht sich das Tierchen jedoch sofort zu einem abgekugelten Plasmagebilde zusammen. Um neue Nahrungsgründe aufzusuchen, können sie sich jedoch von ihrer Unterlage ablösen und mit Hilfe der Wimpern durchs freie Wasser schwimmen. (In diesem Zustand sind jedoch Kopfteil und Hinterende der Zelle eingezogen.) Das offene Ende des Zelltrichters wird von einem Kranz besonders großer Wimpern umstanden, die unaufhörlich schlagen, um einen feinen Wasserstrom zu erzeugen, der Nahrungsteilchen in die Gegend des Mundfeldes führt. Geraten unerwünschte

Partikel in den Trichter, kehrt sich der Schlagrhythmus der Wimpern um, und die Teilchen werden wieder ausgestrudelt.

Bild **2** zeigt eine Besonderheit der Trompetentierchen: den eigenartig untergliederten, perlschnurartigen Großkern. Kurz vor der Zellteilung verschwinden diese Einschnürungen, und der Großkern bildet eine einheitlich erscheinende Kernmasse.

Stentor polymorphus (3) tritt mitunter in Kolonien auf, bei denen sich die Einzeltiere in einer gemeinsamen Schleimbasis verankern. Die grüne Färbung rührt von symbiontischen Grünalgen her, die in der *Stentor*-Zelle in größerer Anzahl vorkommen.

1, 2 Glockentierchen *Vorticella*

Der Name dieser Wimpertiere rührt von der auffälligen Glockenform der Zellen her, die am Ende langer, fadenförmiger Stiele sitzen.

Bei den Glockentierchen ist nicht mehr die gesamte Zelloberfläche bewimpert, sondern es sind nur noch 3 Reihen besonders langer Wimpern im Bereich des Zellmundes übriggeblieben. Der Schlag dieser zu einem membranösen Band verschmolzenen Wimpern erzeugt wiederum einen Wasserstrom, der geeignete Nahrungspartikel herbeistrudelt.

Der lange Stielteil ist fadendünn und kann sich wie eine Uhrfeder blitzschnell spiralig aufrollen.

Vorticella tritt gewöhnlich immer gesellig auf, ist aber keine soziale oder koloniebildende Form. Jedes Einzeltier sitzt der Unterlage mit einem eigenen Stiel an. Die Unabhängigkeit der Glockentierchen zeigt sich auch darin, daß sie sich nicht gleichzeitig oder in irgendeiner koordinierten Weise zusammenziehen.

Obwohl die Glockentierchen die meiste Zeit als Aufwuchsorganismen verbringen, gibt es auch eine faßförmige Schwimmform, die als Verbreitungsmittel eingesetzt wird. Die ungeschlechtliche Vermehrung erfolgt durch einfache Teilung des glockenförmigen Abschnittes. Während eine Tochterzelle auf dem Stiel der Mutterzelle verbleibt, schwimmt die zweite davon und setzt sich an geeigneter Stelle erneut fest. Zur Konjugation finden sich zwei Individuen zusammen, die ihre Stiele verlassen und Schwimmformen ausgebildet haben.

3 Campanella

Die *Campanella*-Arten gehören zu den koloniebildenden Glockentierchen, die auf einem gemeinsamen, nicht zusammenziehbaren Stiel sitzen. Bei Störun-

gen schließen die Individuen lediglich ihre Glocken.

4 Ichthyophthirius multifiliis

Ichthyophthirius multifiliis ist ein besonders großes Wimpertier, das bei Süß- und Seewasserfischen die sog. Weißpünktchenkrankheit hervorruft, d.h., Körper und Flossen sind mit zahlreichen weißen Punkten besetzt. Die befallenen Fische werden durch den Parasiten so sehr geschwächt, daß sie bei starkem Befall sterben.

Der Lebenszyklus dieses Wimpertierchens ist einfach (daher kann sich die Krankheit auch relativ rasch ausbreiten!): Die ausgewachsenen Individuen verlassen ihren Wirt und bilden eine Vermehrungscyste, in der sie sich mehrfach teilen. Innerhalb eines Tages können etwa 2000 neue Wimpertiere in einer Cyste produziert werden! Die länglichen, überall bewimperten Zellen begeben sich nach der Freisetzung sofort auf die aktive Suche nach einem neuen Wirt, denn sie müssen innerhalb von 3–4 Tagen einen Fisch gefunden haben, sonst sterben sie ab. Haben sie einen Wirt gefunden, so bohren sie sich in dessen Haut und wachsen hier zum erwachsenen Parasiten heran.

Besonders gut gedeiht *Ichthyophthirius* in warmem Wasser, die optimale Temperatur für Wachstum und Entwicklung liegt bei 25–27°C. Unter diesen Bedingungen vollzieht sich der gesamte Lebenszyklus in nur 3 Tagen. Ein Befall mit diesem Parasiten ist nur schwer zu kontrollieren.

Der hier abgebildete Dreistachelige Stichling (**4**) ist nicht nur von *Ichthyophthirius* befallen, sondern zeigt besonders im Bereich der Flossen Anzeichen einer Pilzerkrankung. Vermutlich wurde er von den parasitischen Wimpertierchen zuvor bereits so stark geschwächt, daß die Pilze ein um so leichteres Spiel hatten.

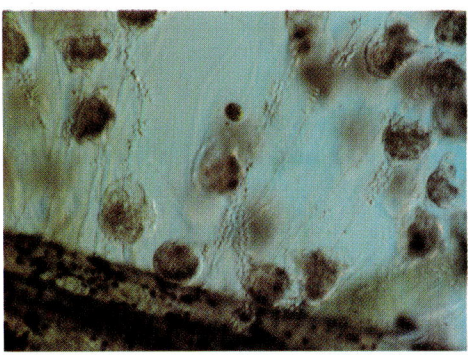

1

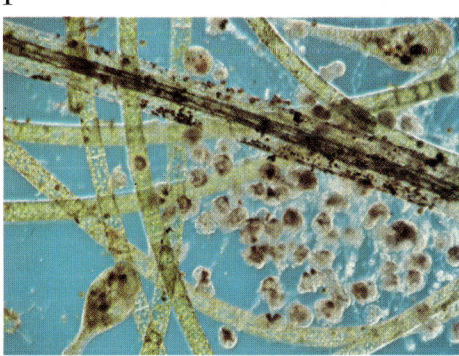

2

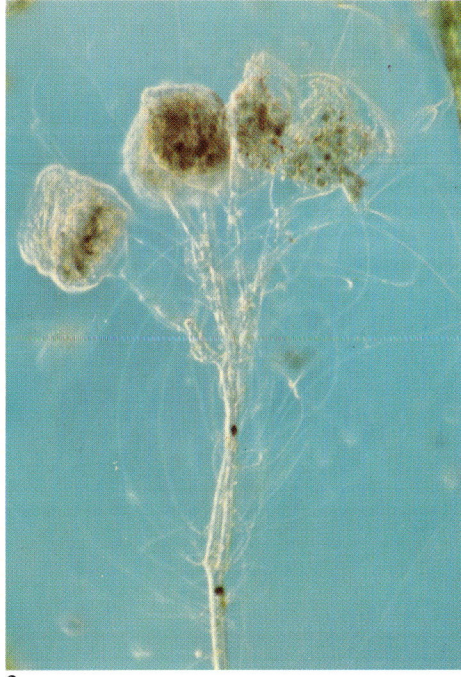

3

4

Schwämme (Porifera)

Die meisten Schwämme leben im Meer, nur die Vertreter der Familie *Spongillidae* kommen weltweit auch im Süßwasser vor.

1–4 Süßwasserschwamm
Ephydatia fluviatilis

In Mitteleuropa ist dieser Schwamm in Teichen und Tümpeln nicht selten. Er bildet auf Steinen oder zwischen Wurzeln und Stengeln unregelmäßig gestaltete Krusten (**1**). Von Algen, die in Form und Gestalt zunächst vielleicht ähnlich aussehen, unterscheidet er sich durch die feinen Stacheln (Spiculae), die überall von der Oberfläche abstehen (siehe Bild). Sie bestehen aus Kieselsäure und dienen zur Festigung des weichen Schwammkörpers.

Durch viele kleine Poren wird ständig Wasser mit frischem Sauerstoff und feinen Nahrungsteilchen eingesogen. Über wenige größere Öffnungen werden dann das Wasser, Abfälle und Stoffwechselendprodukte ausgeschieden.

Gewöhnlich sind Süßwasserschwämme grau, gelblich oder sogar weiß, manchmal findet man aber auch grasgrüne oder schmutziggrüne Exemplare (**2**). Diese Schwämme erhalten ihre Färbung von den zahlreichen einzelligen Grünalgen der Gattung *Chlorella,* die die Schwammzellen in Mengen besiedeln.

An dunklen Stellen sind die Schwämme algenfrei und in ihrer Ernährung völlig auf sich selbst gestellt.

Im Sommer pflanzen sich die Schwämme geschlechtlich fort: Männliche Schwärmerzellen (Gameten) werden in das freie Wasser entlassen und gelangen mit dem Atemwasserstrom in einen anderen Schwamm, in dem sie dann die Eizellen befruchten können. Die weitere Entwicklung vollzieht sich noch im Elternorganismus. Schließlich wird eine bestimmte Larvenform (Planula-Larve, **3**) in großer Menge aus den Ausfuhröffnungen entlassen. Diese mehrzellige Larve ist auf der gesamten Oberfläche bewimpert. Sie schwimmt eine Zeitlang umher, um die Art zu verbreiten, setzt sich dann fest und entwickelt sich zu einem neuen Schwamm. Im Herbst werden im Schwamm große Mengen ungefähr stecknadelkopfgroßer Formen (Gemmulae, **4**) gebildet, die überall im Schwamm verteilt sind. Jedes dieser Gebilde umfaßt nur wenige Zellen, die allerdings von einer sehr derben Schutzhülle umgeben sind. Im Winter stirbt der Schwamm ab, zerfällt und entläßt die Gemmulae. Sie sinken zu Boden, überwintern hier und beginnen erst im nächsten Frühjahr mit der Entwicklung eines neuen Schwammes.

Wenn man Süßwasserschwämme aus dem Wasser nimmt und ein wenig ausdrückt, zeigt sich, daß sie einer Unzahl kleinerer Wassertiere Schutz und Behausung bieten: Rundwürmern, Plattwürmern, jede Mengen junger Schnekken, Kleinkrebse, Rädertiere und vieles mehr. Der Schwammfliege *Sisyra* (vgl. Seite 160) bietet der Schwamm nicht nur Deckung und eine optimal mit Sauerstoff versorgte Umgebung, sondern auch noch Nahrung. Ihre Larven ernähren sich nämlich ausschließlich von Schwammzellen, die sie mit ihren langen Mundwerkzeugen der Reihe nach aussaugen.

1

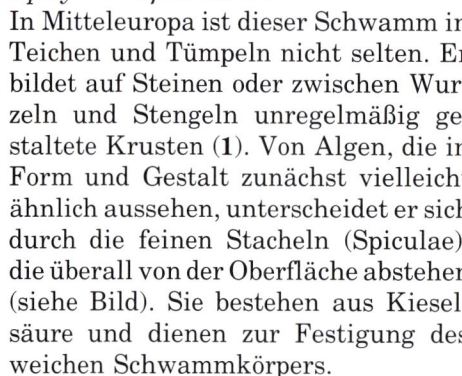

2

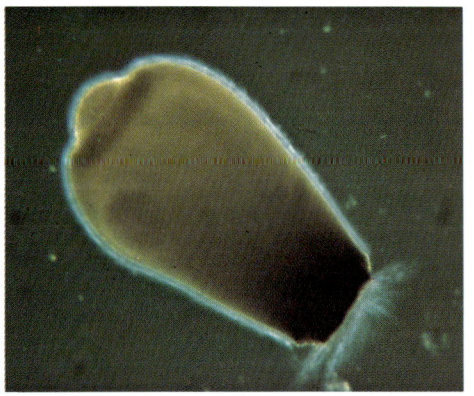

3

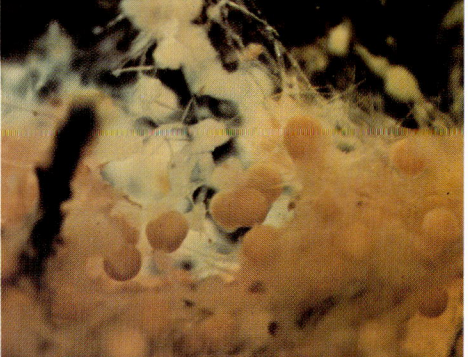

4

1

2

3

4

Hohltiere (Coelenterata)

Ebenso wie die Schwämme sind auch die weitaus meisten Vertreter der Hohltiere im Meer zu Hause. Die bekanntesten Vertreter im Süßwasser sind die Süßwasserpolypen (*Hydridae,* **1–4**), die in Tümpeln und Teichen weltweit verbreitet sind. Teiche mit vielen Wasserpflanzen, vor allem mit Seerosen oder Wasserlinsen, sind bevorzugte Lebensräume.

Süßwasserpolypen bewegen sich auf eine ebenso elegante wie eigenartige Weise, indem sie abwechselnd mit den Fangarmen (Tentakeln) und der Rumpfbasis schreiten.

Die Tentakel sind dicht mit Nesselzellen (Cnidocyten, **3**) besetzt, die regelrecht abgefeuert werden können. Ihre „Geschosse" (Nematocysten), die wie winzige Harpunen aussehen, lähmen und halten Beutetiere, z.B. Wasserflöhe, fest. Das gefangene Beutetier wird dann von anderen Tentakeln ergriffen, zur Mundöffnung geführt und im Gastralraum recht schnell verdaut. Bei ausreichender Ernährung und günstigen Wassertemperaturen vermehren sich die Süßwasserpolypen ungeschlechtlich durch Knospung (**2**): Zunächst entwickelt sich an der Körperflanke eine Ausstülpung, an der sich später eine Mundöffnung sowie mehrere Fangarme differenzieren. Schließlich trennt sich die neue Generation durch basale Einschnürung ab und beginnt ein selbständiges Leben.

Süßwasserpolypen vermehren sich aber auch geschlechtlich. Jeder Polyp ist zwittrig und bringt daher männliche und weibliche Geschlechtszellen hervor. Die männlichen Zellen entwickeln sich in charakteristischen Verdickungen nahe der Mundöffnung (**4**). Sie werden ins freie Wasser abgegeben. Die einzelne, große Eizelle entwickelt sich dagegen am basalen Ende des Polyps – hier wird das Ei auch befruchtet. Nachdem es sich mit einer dicken Schutzhülle umgeben hat, sinkt zu Boden oder wird an einer Wasserpflanze befestigt. Im Frühjahr entwickelt sich daraus ein neuer Süßwasserpolyp.

1 Grüner Süßwasserpolyp
Hydra viridis
Der Grüne Süßwasserpolyp ist ein besonders prächtiger Polyp mit kräftig grasgrüner Färbung, die von zahlreichen symbiontischen Grünalgen der Gattung *Chlorella* herrührt. Beim Grünen Süßwasserpolyp sind die Fangarme kürzer als der Rumpf.

2 Brauner Süßwasserpolyp
Hydra oligactis
Der Braune Süßwasserpolyp besitzt Tentakel, die so lang oder länger als der Rumpf sind.

Plattwürmer (Platyhelminthes)

Plattwürmer sind vielzellige, achsensymmetrische Tiere, die jedoch im Gegensatz zu manchen anderen Würmern nicht untergliedert sind. Sie sind stark abgeflacht und besitzen keine Körperhöhlen. Ihre flache, zusammengedrückte Gestalt ermöglicht eine nahezu ungehinderte Sauerstoffdiffusion in alle Geweberegionen und Zellen. Die Mundöffnung dient nicht nur der Nahrungsaufnahme, sie ist die einzige Körperöffnung und gibt daher auch die Stoffwechselendprodukte wieder ab.

Die meisten Plattwürmer sind zwittrig, verfügen jedoch über verschiedene Verfahren, um eine Eigenbefruchtung nach Möglichkeit auszuschließen.

Man kann die Plattwürmer in 3 größere Gruppen gliedern:

Die **Strudelwürmer** (**Turbellaria**), freilebende Formen, von denen die meisten im Meer vorkommen, einige wenige jedoch auch an Land in warmen, feuchten Lebensräumen. Einige Arten kommen auch im Süßwasser vor.

Die **Bandwürmer** (**Cestodea**), ausschließlich parasitisch lebende Formen, die am Kopf besondere Verankerungs- und Saugorgane tragen.

Die **Saugwürmer** (**Trematoda**), ebenfalls parasitische Formen, die in der Mehrzahl in den inneren Organen ihrer Wirte leben.

Strudelwürmer (*Turbellaria*)

Strudelwürmer kommen in verschiedenen Teichen und Tümpeln nicht selten in großer Anzahl vor. Ihre gesamte Körperoberfläche, vor allem jedoch die Bauchseite, ist mit Wimpern besetzt, die den Tieren eine elegante Gleitbewegung auf allen möglichen Substraten und durch das Wasser selbst ermöglichen. Diese Wimpern erzeugen außerdem feine Wasserströme, die frisches Atemwasser heranführen.

1–4 Planarien (Dendrocoelidae)

Die bekanntesten Strudelwürmer im Süßwasser sind die Planarien, deren typischster Vertreter *Dendrocoelium lacteum* (**1**) ist.

Planarien sind meist weißlich, es gibt aber auch Farbabweichungen, je nach Nahrung und Füllung des Verdauungstraktes. (Bild **2** zeigt z. B. schwärzliche Individuen einer noch unbekannten Art, die in einem Teich in über 1600 m Höhe in Australien entdeckt wurden und durch ihre große Anzahl auffielen.)

Dendrocoelium tritt besonders häufig in nährstoffreichen Tümpeln mit kalkreichem Wasser auf. Die Verbreitung dieser Art deckt sich weitgehend mit der der Wasserassel *Asellus*, die die Hauptnahrung zu stellen scheint.

Die Planarie bewegt sich für einen Strudelwurm erstaunlich rasch und kann verschiedene Gliederfüßer lebend fangen, frißt aber auch totes Material. Die Anwesenheit verwertbarer Nahrung wird mit Hilfe besonderer Sinnesorgane wahrgenommen, die in grubigen Vertiefungen am Kopf sitzen. (Kleine Stückchen von Leber oder rohem Fleisch werden sofort eine Reihe hungriger Planarien anlocken, wenn sich welche in der Nähe aufhalten.)

Von der gefangenen Beute werden mit Hilfe des Schlundes (Pharynx) entweder kleine Stücke abgerissen oder Flüssigkeiten aufgesaugt.

Bild **3** zeigt den noch ausgestreckten Schlund einer Planarie, die ihre Mahlzeit gerade beendet hat.

Bild **4** zeigt eine Dunkelfeldaufnahme, auf der die innere Struktur einer Planarie besonders deutlich zu sehen ist: die Untergliederung des Verdauungstraktes in 3 Hauptäste und deren feine Verästelungen.

Planarien sind zwittrig, dennoch müssen sich jeweils zwei Individuen zusammentun, um ihre Eizellen gegenseitig zu befruchten. Nach der Befruchtung werden mehrere Eier in einen Kokon eingeschlossen und an einen Stein oder Pflanzenstengel geheftet. Der Kokon von *Dendrocoelium lacteum* ist rundlich, dunkelbraun und ungestielt. Seine Größe liegt bei 1–4 mm. Andere Planarien-Arten entwickeln länger gestielte kugelige Kokons oder eiförmige Gebilde, die unmittelbar an das Substrat geheftet werden. Die jungen Pla-

1

2

4

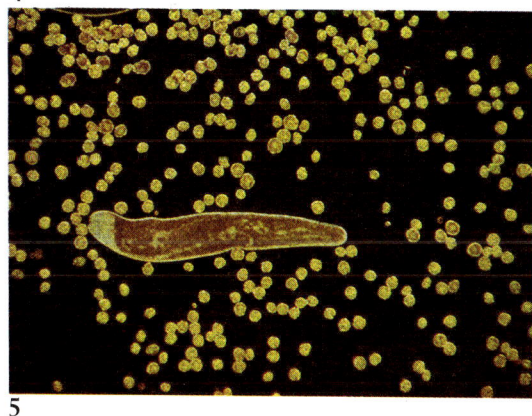
5

narien sehen schon gleich nach dem Schlüpfen wie Kleinausgaben ihrer Eltern aus und müssen keine umständliche Entwicklung mehr durchlaufen.

Verschiedene Strudelwurm-Arten sind mehrjährig; *Dendrocoelium lacteum* allerdings vollendet seine Entwicklung innerhalb eines Jahres, die Elterntiere sterben nach der Fortpflanzung ab.

Auf der Nordhalbkugel legen die meisten Arten ihre Eikokons bereits im Frühjahr ab, andere Arten warten damit bis zum Hochsommer.

Ungeschlechtliche Vermehrung kommt bei *Dendrocoelium lacteum* nicht vor, andere Planarien können sich aber teilen und anschließend regenerieren. Zur Teilung wird das Hinterende verankert, während sich das Vorderende so lange bewegt, bis der Körper des Tieres sich unmittelbar hinter dem Schlund durchtrennt.

5 Microturbellaria

Unter der Bezeichnung *Microturbellaria* werden verschiedene Strudelwurm-Arten zusammengefaßt, die nicht länger als 2 mm sind. Diese Arten sind besonders häufig in Tümpeln mit planktonreichem Wasser anzutreffen, denn ihre Nahrung besteht vor allem aus Mikroalgen.

Der Verdauungstrakt der *Microturbellaria* besteht aus einem einfach aussehenden Sack mit verschiedenen Seitentaschen. Die Lage der Mundöffnung kann variieren, bei manchen Arten liegt sie ungefähr in der Körpermitte, bei anderen mehr am Hinterende.

Die ungünstige Jahreszeit wird meist in Form hartschaliger Dauereier überstanden, die sich erst bei günstigeren Temperaturen im nachfolgenden Frühjahr entwickeln. Im Sommer erfolgt die Vermehrung durch normale Eier oder ungeschlechtlich durch Knospung.

Bandwürmer *(Cestodea)*

Die parasitischen Bandwürmer leben im erwachsenen Zustand immer in Wirbeltieren. Der Wurm hakt sich mit dem Kopf im Darmtrakt seines Wirtes fest – meist wirkungsvoll unterstützt von besonderen Saugorganen.

Der Körper der Bandwürmer besteht aus einer langen Folge identischer Glieder, in denen jeweils männliche und weibliche Fortpflanzungsorgane enthalten sind. Eine Mundöffnung oder ein Darmsystem fehlt diesen Würmern.

Der Bandwurm nimmt seine Nahrung mit der gesamten Körperoberfläche direkt aus dem Darm seines Wirtes auf.

Hinter dem Kopf liegt die Wachstumszone, in der ständig neue Glieder angelegt werden, so daß der Bandwurm mit zunehmendem Alter immer länger wird.

Gewöhnlich ist der Körper der Tiere stark abgeflacht und sieht aus wie ein schmales, weißliches Band. Manche Arten werden bis 15 m lang.

Die reifen Eier verlassen den Wirt mit dessen Darminhalt. Um den Lebenszyklus zu schließen, muß noch mindestens ein weiterer Wirt (Zwischenwirt) befallen werden. Die Zwischenwirte können entweder wasserlebende Wirbellose oder Landtiere sein. Ist der Zwischenwirt ein wasserlebendes Wirbeltier, so kommen als Endwirte gewöhnlich Vögel oder Säugetiere in Frage.

1, 2 Fischbandwurm
Schistocephalus gasterostei
Der Fischbandwurm lebt als erwachsenes Tier im Verdauungstrakt fischfressender Vögel (Endwirt). Der Wurm stößt Glieder mit reifen Eiern ab, die mit den Exkrementen des Wirtstieres ausgeschieden werden. Wenn die Eier ins Süßwasser gelangen, schlüpfen daraus bewimperte, freischwimmende Larven, die sich in kleine Krebse (z.B. Hüpferlinge) einbohren und in diesen Tieren die Entwicklung zur Cyste vollziehen. Zunächst geschieht nichts weiter, bis der Kleinkrebs von einem Fisch verzehrt wird. Jetzt werden die Cysten wieder aktiv und wachsen zu enormer Größe heran, so daß sich alsbald an der Bauchseite des Fisches eine auffällige Vorwölbung (1) zeigt. Wenn der Parasit zu diesem Zeitpunkt künstlich entfernt wird oder freikommt, wenn ein Räuber den Fisch erbeutet hat, erkennt man einen noch undifferenzierten Bandwurm (2).

Der gesamte Entwicklungszyklus schließt sich in der Natur jedoch erst, wenn der Fisch als Zwischenwirt von einem Vogel, z.B. einem Eisvogel oder einem Graureiher, erbeutet wird. Jetzt tritt der Bandwurm in seine letzte Entwicklungsphase ein, setzt sich im Darm des Endwirtes fest und gliedert neue, mit Eiern gefüllte Abschnitte ab.

1

2

1 2

Fadenwürmer (Nematoda)

Die meisten Süßwasser-Fadenwürmer sind ziemlich kleine, 1–2 mm lange Tiere. Die größte einheimische Art wird etwa 8 mm lang. Fadenwürmer erkennt man vor allem an ihrer eigenartigen Bewegungsweise: Sie biegen ihren Körper S-förmig in rasch aufeinanderfolgenden Schlängelbewegungen. Die Würmer sind gewöhnlich durchsichtig, drehrund und nicht in einzelne Segmente gegliedert. Zum Vorder- und Hinterende hin läuft der Körper spitz zu. Die im Teich lebenden Arten halten sich meist im Bodenschlamm auf, man findet sie aber auch zwischen den Wurzeln der Wasserpflanzen.

Die meisten Arten sind getrenntgeschlechtlich. Die Weibchen entwickeln eine große Zahl hartschaliger Eier, einige wenige Arten bringen auch lebende Junge zur Welt. Aus den Eiern schlüpfen Jungtiere, die bereits in allen Organisationsmerkmalen den Eltern gleichen. Bemerkenswert ist die Fähigkeit der Fadenwürmer, ihren Körper mit einer dicken Schutzschicht zu umgeben, wenn sich die Umweltbedingungen verschlechtern – eine Anpassungsleistung zur Sicherung des Überlebens.

Die Artbestimmung der Fadenwürmer überläßt man am besten den Spezialisten. Die etwa 10 000 bisher beschriebenen Arten sehen sich sehr ähnlich und können nur mit großem Aufwand einzelnen Gattungen oder gar Arten zugeordnet werden.

Verständlicherweise hat sich die Forschung bislang vor allem mit solchen Nematoden befaßt, die an Kulturpflanzen, bei Haustieren und auch beim Menschen Krankheiten hervorrufen. Über die Biologie der zahlreichen, in Teich und Tümpel lebenden Fadenwürmer weiß man noch sehr wenig.

1 Fadenwurm aus einem Teich

Das abgestumpfte Ende entspricht der Kopfseite, das Hinterende läuft in eine schlanke Spitze aus. Der kreisrunde Körperquerschnitt und die schlängelnden Bewegungen sind jedoch sichere Erkennungsmerkmale für einen Fadenwurm.

2 Junge Fadenwürmer im Körper des Muttertieres

Nur wenige Arten sind lebendgebärend. In diesem Fall schlüpfen die Jungtiere nicht erst außerhalb, sondern schon innerhalb der Leibeshöhle des Weibchens aus den hartschaligen Eiern. Die neugeborenen Fadenwürmer sind sofort selbständig, zur Geschlechtsreife benötigen sie allerdings noch einige Zeit.

Saitenwürmer, Schnurwürmer (Nematomorpha)

Die Aufnahme auf Seite 101 zeigt, in welcher Form man Schnurwürmer am ehesten in einem Teich antreffen wird – als verschlungenes Knäuel aus etlichen Dutzend bis einigen hundert Tieren. Die Einzeltiere sind zwischen 10 cm und 10 m lang, aber nur 1–3 mm dick. Als früher Pferde noch überwiegend als Zug- und Tragtiere eingesetzt wurden, tauchten Schnurwürmer sehr häufig in Pferdetränken auf – und bald setzte sich auch die irrige Annahme fest, die Schnurwürmer seien ins Wasser geratene und lebendig gewordene Haare aus den Pferdeschweifen. In einigen Gattungsnamen taucht dagegen die Erinnerung an den Gordischen Knoten auf – eine Anspielung, die man angesichts der verknäuelten Massen schon eher verstehen kann.

Der Schnurwurm ist nur im erwachsenen Zustand freilebend und kommt in allen möglichen Süßwasserbiotopen der gemäßigten und tropischen Regionen vor. Die Jungtiere leben immer parasitisch in Insekten und Krebstieren. Schnurwürmer sind getrenntgeschlechtlich, beide Geschlechter kommen ungefähr gleich häufig vor, allerdings sind die Männchen stets kleiner als die Weibchen. Ihr Hinterende ist zudem oft gewellt oder gabelig geteilt. Der Körper der Schnurwürmer ist drehrund, einen deutlichen Kopfbereich kann man meist nicht unterscheiden. Es gibt auch keine Mundöffnung oder zurückgebildete Reste davon, denn die erwachsenen Tiere nehmen keine Nahrung mehr auf. Im Gegensatz zu den klaren, durchsichtigen Fadenwürmern sind die Schnurwürmer optisch dicht und in verschiedenen Grau- oder Brauntönen gefärbt.

Die freilebenden erwachsenen Tiere werden ziemlich bald geschlechtsreif. Die Männchen suchen mit schlängelnden Schwimmbewegungen die inaktiven Weibchen auf und sterben nach der Paarung ab. Wenig später legen die Weibchen charakteristische schleimige Eischnüre mit unglaublichen Eimassen ab, die sie an Wasserpflanzen befestigen. Eine Laichschnur von ca. 15 cm Länge enthält rund eine halbe Million Eier. Über mehrere Wochen hinweg kann ein einziges Weibchen bis zu 4 Millionen Eier legen, bevor es schließlich ebenfalls stirbt. Nach etwa 1 Monat schlüpfen aus den Eiern 1,2–1,5 mm lange Larven, die am Kopfende kräftige Ankerhaken und ein sehr bewegliches, rüsselartiges Saugorgan tragen. Diese Larven müssen nun irgendwie in den Körper von Insekten und Kleinkrebsen gelangen – wie sie das erreichen, ist bisher noch nicht geklärt. Einige meinen, daß sich die Larven aktiv durch die weichen Häute im Gelenkbereich der Krebse einbohren, andere behaupten, sie würden passiv mit der Nahrung aufgenommen.

Sobald die Larve im Körper ihres Wirtes angelangt ist, sucht sie die Leibeshöhle auf und bildet ihr rüsselartiges Saugorgan (Proboscis) zurück.

Larven, die sich auf Pflanzen festgesetzt und in eine Schleimhülle eingekapselt haben, können natürlich auch von einem „falschen" Wirt aufgenommen werden. In diesem Fall geht die Larve entweder zugrunde oder kapselt sich erneut ein. Wird der Irrwirt später vielleicht einmal von einem richtigen Wirt gefressen, so erwachen die abgekapselten Larven zu neuem Leben und setzen ihre Entwicklung fort.

Aus der Larve entwickelt sich der lange, anfangs noch bleiche Schnurwurm. Er nimmt mit seiner gesamten Körperoberfläche Nahrung auf und nimmt rasch an Länge zu, so daß er bald die Leibeshöhle seines Wirtes vollständig ausfüllt – dies überlebt der Wirt gewöhnlich nicht, und die Würmer kommen nach einiger Zeit wieder ins Wasser, wo sie ihren Lebenszyklus zu Ende bringen, d. h. wieder Eier ablegen. Der ganze Entwicklungszyklus eines Schnurwurmes dauert ca. 3–5 Monate.

In Mitteleuropa gibt es nur wenige weitverbreitete Schnurwurm-Arten. Sie gehören den Gattungen *Gordius* und *Parachordodes* an. Wie bei den Fadenwürmern ist auch bei den Schnurwürmern die Artbestimmung äußerst schwierig und ein Fall für Spezialisten.

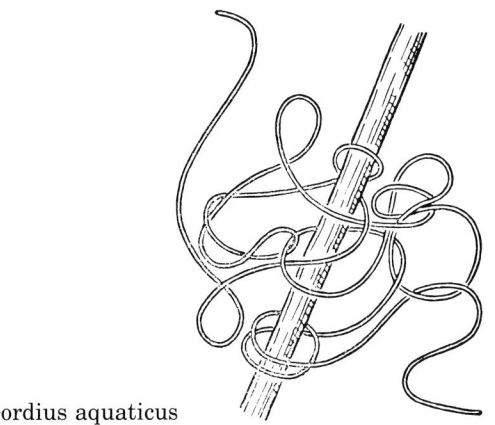

Gordius aquaticus

Rädertiere (Rotatoria)

Rädertiere gehören zu den besonders häufigen, kennzeichnenden und formschönen Vertretern der Kleintierwelt im Süßwasser. Man findet sie praktisch überall, in kleinen Regenpfützen ebenso wie in allen möglichen Tümpeln, Teichen und Seen. Sie treten nicht nur in großen Populationen auf, sondern sind überdies auch noch besonders artenreich. Allein in Mitteleuropa sind bisher ca. 500 Arten bekannt. Viele Rädertierchen sehen außerordentlich bizarr aus und sind eine Freude für den Mikroskopiker. Ihre systematische Bezeichnung erhielten die Rädertiere wegen ihres charakteristischen Räderorgans am Kopfende: einem Kranz langer Geißeln, die unaufhörlich schlagen, um der Mundöffnung einen stetigen Wasserstrom mit verwertbaren Nahrungspartikelchen zuzuführen. Auf der anderen Seite dient das Räderorgan aber auch als Antriebsmittel und damit der Fortbewegung.

Rädertierchen stellen die kleinsten Vertreter der Vielzeller dar. Ihre Größe liegt bei etwa 0,1–2 mm.

Rädertiere besitzen neben dem Räderorgan noch ein einfaches Nervensystem sowie Ausscheidungs-, Verdauungs- und Geschlechtsorgane. Ihr Körper ist meist zylindrisch geformt, es gibt aber auch nahezu kugelige oder langgestreckte Formen. Der Körper ist sehr beweglich und auch zu Formveränderungen in der Lage. Dies gilt besonders für den rückwärtigen Fußbereich, der in zwei Klauen mit besonderen Klebdrüsen endet.

Rädertierchen schwimmen entweder frei im Wasser umher oder bewegen sich im Bereich von Wasserpflanzen oder Steinen. Manche Arten bevorzugen auch die seßhafte Lebensweise und verankern sich mit Hilfe einer Klebdrüse am Substrat. Einige Arten bauen sich auch aus feinem Partikelmaterial und Drüsensekret eine schützende Wohnröhre.

Die in einer Wasserprobe zu beobachtenden Rädertierchen sind fast immer weiblichen Geschlechts, Männchen sind ausgesprochen selten.

Sie sind wesentlich kleiner und besitzen keine Verdauungssysteme, können daher auch nicht besonders lange überleben. Sie sind so weit zurückgebildet, daß man sie fast als umherschwimmende „Gameten-Behälter" bezeichnen könnte. Ihre einzige Aufgabe besteht in der Befruchtung der Weibchen – und selbst dafür scheinen sie die meiste Zeit des Jahres entbehrlich zu sein. Die Weibchen legen nämlich überwiegend große, unbefruchtete Eier, aus denen sich dann immer nur Weibchen entwickeln. Wenn der Tümpel oder Teich allerdings Anzeichen von Überbevölkerung aufweist oder der Temperaturrückgang den Beginn des Winters anzeigt, werden kleine und große Eier gleichzeitig produziert. Plötzlich sind dann auch Männchen da. Sie paaren sich mit den Weibchen, die daraufhin widerstandsfähige Dauereier legen. Unter günstigeren Bedingungen schlüpfen daraus wieder ausschließlich Weibchen.

Einige Rädertier-Arten können sich bei zunehmend widrigen Bedingungen auch in eine feste Schutzhülle einkapseln und geradezu unglaubliche Temperaturextreme und Trockenheit über Monate und sogar Jahre überstehen. In dieser Form können die Rädertiere auch vom Wind verbreitet werden. Wenn eine Cyste dann in einem geeigneten Süßwasser landet, schwillt sie an und erwacht zu neuem Leben.

1, 2 Rädertier *Rotaria*

Zu den häufigsten Teichbewohnern unter den Rädertieren gehören die verschiedenen Vertreter der Gattung *Rotaria*. Bild 1 zeigt eine seßhafte Art, deren Körper in drei Abschnitte gegliedert ist: einem Kopfbereich mit dem Räderorgan und zwei rötlichen Lichtsinnesorganen, einem tonnenförmigen Rumpf und einem verschmälerten, gegabelten Fuß, der sehr beweglich ist und das Tier mit Hilfe eines klebrigen Sekrets an beliebigen Unterlagen befestigen kann. Die Mundöffnung geht in einen ausgeprägten Schlund über, der ein weiteres typisches Kennzeichen dieser Lebewesen ist. Er ist meist rundlich oder oval und besitzt dicke, muskulöse Wände. Auf der Innenseite fallen kräftige Vorsprünge auf, die der Durchmischung und Zerkleinerung der eingestrudelten Nahrung dienen.

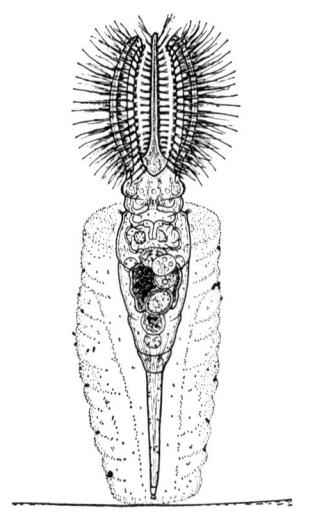

Rädertier mit Gallertgehäuse

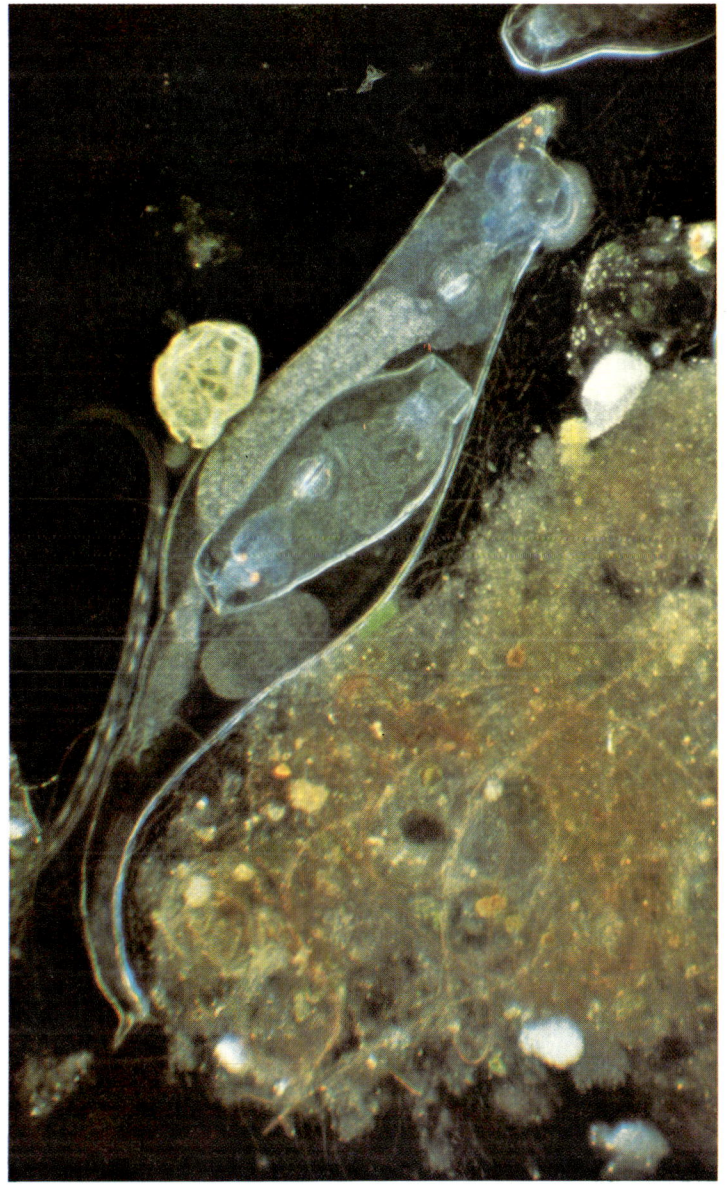

1

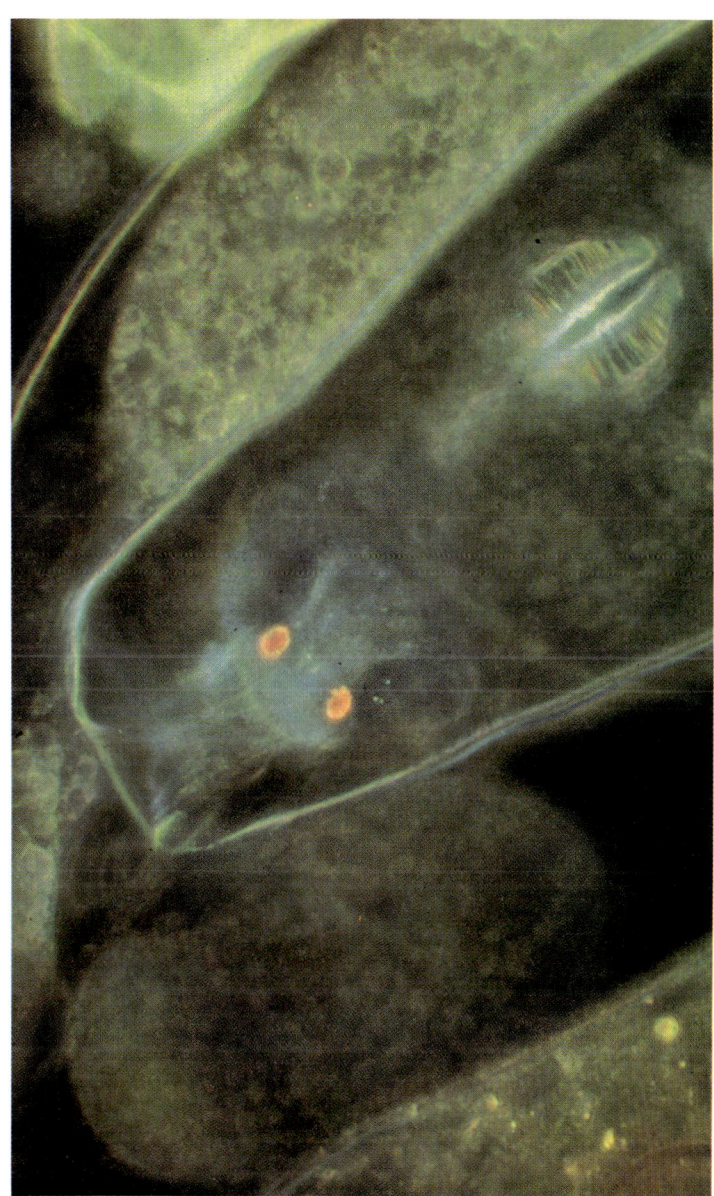

2

Einige Rädertiere leben räuberisch und fangen ihre Beutetiere dadurch ein, daß sie ihren Kauapparat (Mastax) durch die Mundöffnung ausstülpen. Bei diesen Arten enthält der Kaumagen auch noch eine Greifvorrichtung.

Rotaria-Arten können mit Hilfe des Räderorgans frei umherschwimmen oder mit ihrem beweglichen Fuß nach Art der Egel „schreiten".

Rotaria-Arten legen keine Eier ab, die Jungtiere schlüpfen bereits im Körper des Weibchens aus und werden regelrecht geboren. Bild 1 zeigt einen Embryo im Mutterleib, Bild 2 eine Ausschnittvergrößerung. Die rötlichen Lichtsinnesorgane und der kräftige Kaumagen sind deutlich erkennbar.

3 Lacinularia

Das Bild zeigt eine in Australien gesammelte Kolonie von *Lacinularia*, Rädertiere aus der Familie der Flosculariidae. Diese Art könnte man zutreffend als soziales Rädertier bezeichnen. Jedes Tier ist in einer gemeinsamen Schleimkugel unabhängig verankert und kann die „Wohngemeinschaft" jederzeit verlassen.

3

Bauchhärlinge (Gastrotricha)

Moostiere (Bryozoa)

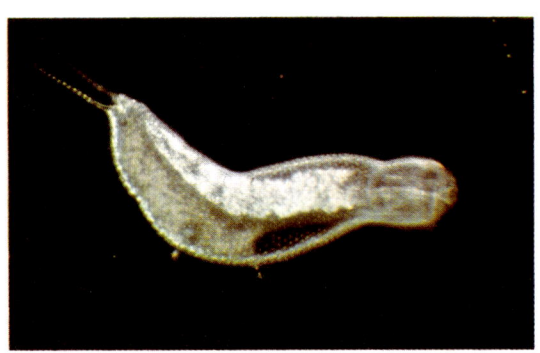

I

1 Chaetonotus sp. aus einem Gartenteich

Bauchhärlinge sind in Teichen nicht besonders zahlreich vertreten, vermutlich sind sie aber immer vorhanden. Die Gattung *Chaetonotus* ist weltweit verbreitet. Die Drüsen am Fußende dienen der vorübergehenden Anheftung.

Viele Vertreter der Bauchhärlinge leben im Meer und gehören zu der interessanten Sandlückenfauna.

Die Bauchhärlinge stellen eine kleine Tiergruppe dar, deren Größe meist zwischen 0,5–1,5 mm Länge liegt. Bauchhärlinge sind eigentlich nicht besonders selten, werden jedoch wegen ihrer geringen Größe leicht übersehen. Zusammen mit Einzellern und anderen Kleinlebewesen bauen sie die charakteristische Artengemeinschaft eines Teichbodens auf. Ihre Nahrung besteht aus Bakterien, Algen, Einzellern und allerhand organischem Abfall, den sie durch Schluckbewegungen des Schlundes (Pharynx) regelrecht aufsaugen. Bei den meisten Arten ist der Kopfbereich vom übrigen Rumpf ein wenig abgesetzt. Das Hinterende trägt paarig angelegte Zehen, die Rückenseite ist gewölbt und meist mit Schuppen, Platten oder Dornfortsätzen besetzt. Die Bauchseite ist flach und mit Wimperreihen ausgestattet, die das Tier in gleitende Flimmerbewegung versetzen. Dieser Wimperbesatz gab den Tieren auch ihren deutschen Namen.

Die wenigen im Süßwasser vorkommenden Arten sind allesamt weiblich und vermehren sich durch Jungfernzeugung ohne Befruchtung. Jedes Weibchen legt nur wenige, dafür aber erstaunlich große Eier an Wasserpflanzen oder Steine ab. Man kann zwei Typen von Eiern unterscheiden: Aus einer Sorte schlüpfen ohne Larvenform direkt die fertigen Jungtiere, bei der anderen dauert die Entwicklung erheblich länger – es handelt sich um Dauereier, mit deren Hilfe ungünstige Bedingungen durchstanden werden können.

Die Bauchhärlinge sind leider von den Biologen bisher etwas vernachlässigt worden, und ihre Lebensweise und ihr Verhalten sind noch nicht erschöpfend bekannt. Man kennt bisher weltweit ca. 150 Arten.

Die meisten Moostierchen kommen im Meer vor, einige finden sich aber auch im Süßwasser, in dem sie nicht allzu selten sind, wegen ihrer unauffälligen Form jedoch meist übersehen werden. Einige Arten sehen nämlich tatsächlich wie Schneckengelege aus und können nur dann richtig zugeordnet werden, wenn man diese Gelege einmal genauer betrachtet. Außerhalb des Wassers erinnern Moostierchen-Kolonien an gelatineartige Krusten und Überzüge auf Steinen und Pflanzenstengeln.

Moostierchen leben meist in festsitzenden Kolonien, nur wenige Arten können sich frei bewegen, allerdings nur sehr langsam und meist im Bereich weniger Zentimeter pro Tag.

Ihr deutscher Name leitet sich von der graugrünen Farbe und der samtigen Erscheinung der Kolonie ab, die eine gewisse Ähnlichkeit mit einem Moospolster hat.

Die Einzeltiere sind sehr klein und stecken in einer Hülle oder einer gelatinösen Masse (**2**).

Eines der auffälligsten Kennzeichen der Moostierchen ist der Lophophor, ein hufeisenförmiges Anhängsel mit vielen bewimperten Tentakeln (**4**), der durch besondere Muskeln ausgestreckt oder eingezogen werden kann. Bei der geringsten Störung wird er sofort eingefahren und kommt bei einigen Arten dann für die nächsten Stunden nicht mehr zum Vorschein.

Rhythmische Bewegungen der Wimpern auf den Tentakeln erzeugen einen feinen Wasserstrom, der Nahrungspartikel heranträgt und sie zur Mundöffnung befördert.

Betrachtet man einmal eine Moostierchen-Kolonie gegen einen dunklen Hintergrund in einer Stereolupe, dann wird man erstaunt sein über die zarten Formen und Strukturen dieser kleinen Tierkolonie!

Im inneren Aufbau zeigen die Einzeltiere einen U-förmig gebogenen Verdauungstrakt und ein einfaches Muskel-, Nerven- und Ausscheidungssystem.

Moostierchen können sich auf dreierlei Weise vermehren: geschlechtlich,

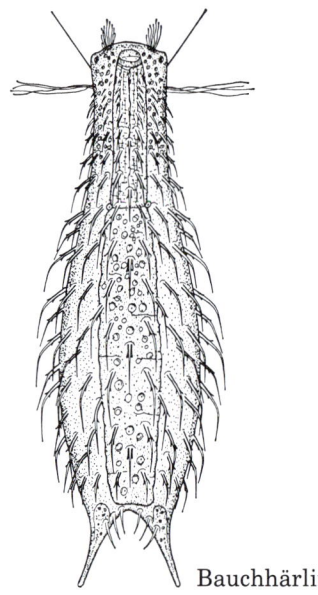

Bauchhärling

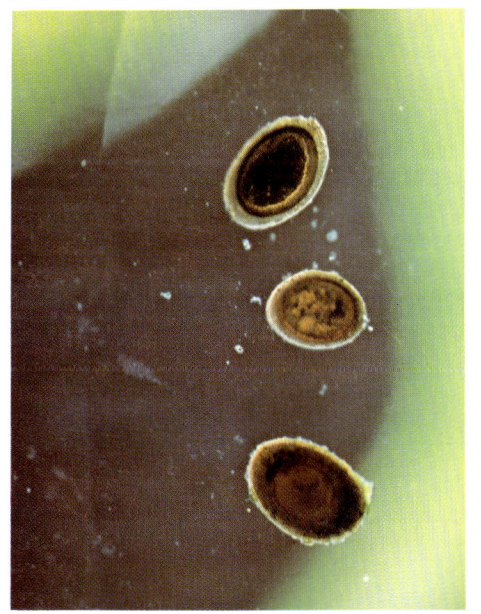

2

3

4

durch Knospung oder durch Statoblasten, hochspezialisierte Überdauerungseinrichtungen, mit denen die
Tiere z.B. den Winter überstehen können.

Ein solcher Statoblast besteht aus einer Gruppe undifferenzierter Zellen in
einer sehr derben, widerstandsfähigen
Hülle (3).

Moostierchen sind Zwitter, und jedes
Tier bringt ein einziges Ei hervor, das
gleich an Ort und Stelle befruchtet
wird. Aus dem Ei schlüpft dann eine
bewimperte Larve, die sich nach kurzem Umherschwimmen festsetzt und
eine neue Kolonie begründet. Knospung findet vor allem in den Randbereichen der Kolonie statt.

Weichtiere (Mollusca)

Schnecken *(Gastropoda)*

Die Weichtiere sind eine ungemein arten- und formenreiche Tiergruppe mit einem äußerlich einfachen und ungegliedert erscheinenden Körper, jedoch von sehr kompliziertem innerem Bau und vielen Spezialanpassungen.

Die meisten Weichtiere leben im Meer, einige haben aber auch das Festland erobert. In Tümpeln und Teichen leben sehr viele Schnecken und Muscheln.

Eines der auffälligsten Kennzeichen eines Weichtieres ist seine harte, kalkige Schale, die entweder den Weichtierkörper völlig umschließt oder in die sich das Tier bei Gefahr zurückziehen kann. Die Schale wird von einer besonderen Körperfalte, dem sogenannten Mantel, abgeschieden. Sie besteht zum größten Teil aus Calciumcarbonat. Der Calcium-Gehalt des Teichwassers entscheidet darüber, welche Weichtier-Arten sich ansiedeln können: In relativ kalkarmen Teichen wird man in der Regel nur dünnschalige, kleine Formen finden; ist reichlich Calcium im Wasser vorhanden, finden sich auch Arten mit kräftigeren Schalen ein.

Der Fuß, eine meist flache, sehr muskulöse Bildung der Körperunterseite, ist ein weiteres typisches Organisationsmerkmal der Weichtiere. Er dient fast immer der Fortbewegung.

Die Weichtiere lassen sich unterteilen in die Schnecken und die Muscheln.

Bei den Schnecken besteht die Schale, so vorhanden, nur aus einem Stück, dem typischen Schneckenhaus, das in charakteristischer Weise spiralig aufgewunden ist. Der kleinste Umgang an der Spitze (Apex) des Hauses entspricht der Schalengröße des frisch geschlüpften Tieres. Im Laufe des Wachstums produziert der Mantel ständig neue Kalkabscheidungen und Gehäuseumgänge, um die Schalenmaße jeweils genau auf die zunehmende Körpergröße abzustimmen. Der Fuß ist als breite Kriechsohle ausgebildet, deren Gleitfähigkeit noch durch eine in der Nähe des Kopfes sitzende, schleimabsondernde Drüse unterstützt wird. Die Muskulatur des Fußes erzeugt quer verlaufende Kontraktionswellen, durch den Rückstoß erhält die Schnecke Vorschub und kann sich gleitend auf der Unterlage fortbewegen. Wasserlebende Schnecken sind fast das ganze Jahr über aktiv. Nur bei Temperaturen nahe dem Gefrierpunkt stellen sie ihre Bewegungen ein. Wasserschnecken bewegen sich recht langsam über Pflanzenteile, Steine oder selbst entlang des Oberflächenfilms, wo sie nach allen möglichen Algen oder anderem pflanzlichem Material suchen, von dem sie leben.

Süßwasserschnecken sind fast ausschließlich Pflanzenfresser. Mit Hilfe ihrer langen Raspelzunge (Radula) kratzen sie kleine pflanzliche Aufwuchsformen ab und „weiden" alle möglichen Flächen ab. Dieses „Abweiden" kann man am besten bei einer Schnecke beobachten, die die algenbewachsenen Scheiben eines Aquariums abraspelt. Die Raspelzunge ist mit mehreren Reihen kleiner Zähne besetzt, deren Form und Anordnung je nach Art verschieden ist. Beim Abraspeln werden die kleinen Zähnchen relativ schnell abgenutzt; sie werden jedoch ständig ersetzt, da auch die Raspelzunge selbst nachwächst.

Süßwasserschnecken atmen entweder durch Luftaufnahme in eine lungenartige Struktur oder durch Sauerstoffaufnahme aus dem Wasser mit Hilfe membranöser Kiemen. Bezeichnenderweise kommen die kiemenat-

menden Arten überwiegend in fließenden Gewässern vor, in denen die Sauerstoffversorgung normalerweise etwas besser ausfällt als in stehenden Gewässern. Die Kiemenatmer besitzen außerdem eine kleine Kalkplatte am Fußende (Operculum), die paßgenau die Öffnung der Schale verschließen kann, wenn sich das Tier zurückzieht.

Die im Teich lebenden Schnecken besitzen fast alle eine Lunge in Gestalt einer Höhle zwischen Mantel und Rükken. Um den Luftvorrat zu erneuern, muß das Tier von Zeit zu Zeit zur Oberfläche aufsteigen. Zusätzlich diffundiert jedoch auch noch Sauerstoff direkt aus dem Wasser in den Körper der Tiere.

Die Lungenatmer besitzen keinen Schalenverschluß, nur in heißen Regionen können einige Arten beim Austrocknen ihres Lebensraumes einen kalkigen Schleim ausscheiden, der die Aufgabe der Gehäuseversiegelung ebensogut wahrnimmt wie ein echter Deckel.

Die in Teich und Tümpel lebenden Schnecken sind Zwitter. Manche Arten können sogar ihre eigenen Eier befruchten, doch ist Fremdbefruchtung an sich der Normalfall. Eine andere Möglichkeit besteht darin, daß sich die männlichen und weiblichen Geschlechtsorgane zeitlich nacheinander entwickeln. Die betreffende Schnecke ist dann zu einem bestimmten Zeitpunkt funktionell männlich oder weiblich – jedoch nie beides gleichzeitig.

Posthornschnecke

1

2

Verschiedene im Süßwasser lebende Schnecken sind von großer Bedeutung als Zwischenwirte verschiedener Parasiten der Haustiere oder des Menschen. Manche Leberegel z.B. führen einen Wirtswechsel von Süßwasserschnecken zu Fischen durch und wandern aus dem Verdauungstrakt durch den Gallengang in die Leber ein. Da vor allem in Ostasien sehr häufig roher Fisch in größeren Mengen verzehrt wird, beträgt der Durchseuchungsgrad beim Menschen in manchen Regionen über 35%.

Der Leberegel *Fasciola hepatica* ist weltweit ein großes Problem bei der Schafzucht, da er eine starke Schwächung oder sogar den Tod der befallenen Tiere herbeiführt.

Die Eier des Leberegels werden mit dem Schafskot abgesetzt. Die schlüpfenden Larven suchen das Wasser auf und befallen hier bestimmte Schneckenarten. In der Schnecke wandeln sie sich in eine andere Larvenform um. Schließlich entwickelt sich noch eine dritte Larvenform, die dann die Schnecke verläßt und sich auf Pflanzenteilen am Gewässerrand einkapselt. Wenn solche Pflanzen von Schafen abgeweidet werden und die Cysten in den Verdauungstrakt gelangen, verläßt der Parasit seine Cyste und wandert erneut in die Leber ein. Hier ernährt sich der Wurm von Blut und wächst auf eine Länge von ca. 2,5 cm heran.

Das ist natürlich eine stark vereinfachte Skizze des Lebenszyklus eines Leberegels; weiter in die Tiefe zu dringen, würde jedoch den Rahmen dieses Buches sprengen.

Auch der Mensch kann ein potentieller Endwirt des Leberegels sein, da die letzte Larvenform sich häufig auch auf Wasserkresse festsetzt – einem schmackhaften Salat, der in letzter Zeit wieder häufiger verwendet wird. Man sollte daher bei der Verwendung von wilder Wasserkresse sehr vorsichtig sein!

Tellerschnecken (Planorbidae)

Die Tellerschnecken besitzen ein charakteristisches Gehäuse, dessen Windungen allesamt in einer Ebene liegen. Alle Arten sind mit langen, nicht zurückziehbaren Tentakeln ausgestattet, an deren Basis die Augen sitzen. Der Fuß ist klein und an jedem Ende abgerundet. Wenn die Schnecke kriecht, wird das Haus senkrecht getragen.

1 Planorbis spirorbis

Diese Tellerschnecke gehört zu einer Reihe sehr ähnlicher Arten, bei denen das Gehäuse jeweils eine größere Zahl von Umgängen aufweist.

2 Posthornschnecke
Planorbis corneus

Die Posthornschnecke gehört zu den größeren Arten, ihr Gehäuse kann ca. 25–30 mm Durchmesser erreichen. Diese Schnecke zeichnet sich dadurch aus, daß ihr Blut Hämoglobin enthält (wie das der Wirbeltiere) und dadurch rot gefärbt ist. Die Schnecke selbst ist dunkelbraun.

Die Posthornschnecke legt etwa 60 Eier in einer gemeinsamen gelatinösen Masse an Pflanzenteilen ab. Bei Aquarianern ist die Posthornschnecke sehr geschätzt, da sie die raschwüchsigen Pflanzen im Aquarium unter Kontrolle hält.

1

2

3

Schlammschnecken (Lymnaeidae)

Die Vertreter dieser Familie zeichnen sich durch verhältnismäßig dünne, bräunliche, spitz zulaufende Gehäuse aus. Ihre Fühler sind im Querschnitt dreieckig, etwas abgeflacht und nicht zurückziehbar. An ihrer Basis liegen die Augen.

1, 2 Spitzschlammschnecke
Lymnaea stagnalis

Die Spitzschlammschnecke ist die größte einheimische Schlammschnekke. Ihr hornfarbenes Gehäuse kann 50–60 mm hoch und bis 30 mm breit werden. Sie ist in Tümpeln und Weihern in Europa weit verbreitet. Im Gegensatz zu den meisten anderen Süßwasserschnecken, die ausschließlich pflanzliche Nahrung zu sich nehmen, frißt die Spitzschlammschnecke auch Aas.

Die Eier (2) werden in großen, napfförmigen Kapseln an Pflanzen oder Steinen abgelegt, sehr gerne auch an die Unterseiten von See- und Teichrosenblättern.

3 Lymnaea peregra

Diese Art ist weit verbreitet und in allen möglichen Teichen und Tümpeln häufig anzutreffen. Ihr letzter Gehäusegang ist ziemlich groß, jedoch nicht auffällig aufgeblasen. Die Eier werden in Doppelreihen langer, gelatinöser Massen abgelegt. Da sie sehr durchscheinend sind, kann man in ihnen die Entwicklung der Schnecken besonders gut beobachten.

Die Form und Größe dieser Art ist auffallend variabel.

Napfschnecken (Ancylidae)

4 Teichnapfschnecke
Acroluxus lacustris

Das Gehäuse der Teichnapfschnecke sieht aus wie ein stark flach gedrückter Helm, zeigt keinerlei Anzeichen einer Drehung oder Windung und ist etwa doppelt so lang wie breit. Ein sehr kurzer, hakenförmiger Zipfel ist manchmal leicht zur linken Seite versetzt. Die Schale ist recht dünn und leicht zerbrechlich. Da die Schalenränder in ge-

4

wissem Umfang biegsam und weich bleiben, passen sie sich allen Unregelmäßigkeiten der Unterlage bestens an, wenn die Napfschnecke sich zurückzieht und ihr Gehäuse dem Substrat andrückt. Eine festsitzende Napfschnecke wird man nicht ohne erhebliche Beschädigung des Gehäuses ablösen können! Selbst wenn sich die Schnecke auf Weidegang befindet, schaut von ihr kaum etwas unter der flachen Napfschale hervor. Die nebenstehende Aufnahme wurde unter günstigen Beobachtungsumständen unter einem recht flachen Winkel „geschossen", so daß Fuß, Mantel, Kopf, Fühler und die kleinen schwarzen Augen zu sehen sind. Die Teichnapfschnecke legt nur wenige Eier in einer flachen, gelatinösen Kapsel.

Muscheln (Bivalvia)

Muscheln sind seitlich zusammengedrückte Weichtiere mit einer zweiklappigen Schale, die auf der Rückseite durch ein bewegliches Band (Ligament) verbunden ist.

Muscheln, die in Fließgewässern leben, zeigen gewöhnlich dicke, derbe Schalen mit kräftigem Schloß, während die Schalen der Muscheln aus stehenden Gewässern erheblich dünner ausfallen und auch keine Schloßzähne aufweisen.

Die Anatomie einer Muschel unterscheidet sich erheblich von der einer Schnecke. Da alle Muscheln Nahrungsfiltrierer sind und keine Weidegänger, benötigen sie auch keine Raspelzunge. Der gesamte Kopfbereich kann daher zurückgebildet bzw. umgestaltet werden.

Muscheln bewegen sich mit Hilfe eines sehr muskulösen Fußes. Er ist keilförmig, wird zum vorderen Ende der Schalen herausgestreckt und kann das Tier langsam von der Stelle schieben. Öffnet man eine Muschelschale, so erkennt man am hinteren Ende unten eine Einführöffnung und darüber die Ausführöffnung für den ständigen Atemwasserstrom, der durch die Mantelhöhle geleitet wird. Der feine Wasserstrom wird von den zahlreichen feinen Wimpern auf den Kiemen beidseits des Fußes erzeugt. Er versorgt das Tier einerseits mit Sauerstoff zum Atmen und führt andererseits Mengen feinster Nahrungspartikel heran, von denen sich die Muschel ernährt. Die Nahrungspartikel werden durch feine

Schleimüberzüge im Bereich der Kiemen ausfiltriert und festgehalten, durch Wimperschlag befördert und so der Mundöffnung an der Fußbasis zugeführt.

Bei kleineren Muschel-Arten sind die Tiere zwittrig, größere Arten sind getrenntgeschlechtlich.

Flußmuscheln (Unionidae)

1, 2 Teichmuschel
Anodonta cygnea
Der bekannteste Vertreter der in Fließgewässern verbreiteten Süßwassermuscheln ist die Teichmuschel.

Lebende und ungestörte Muscheln öffnen die beiden Klappen ihrer Schale immer ein wenig, mitunter schaut auch der Fuß ein Stückchen weit heraus. Er

1

2

109

dient zum Eingraben und zur langsamen Fortbewegung.

Ca. ²/₃ der Muschel sind im Normalfall im weichen Boden eingegraben.

Die Ausführ- und Einführöffnung am Hinterende (2) ist jedoch immer frei zugänglich. Die Muschel kontrolliert recht genau, was durch die Einführöffnung in die Mantelhöhle einströmt. Enthält das einströmende Wasser z.B. Substanzen, die der Muschel nicht zusagen, kehrt sich der Wasserstrom noch in der Einführöffnung um und wird wieder hinausbefördert.

Große Arten sind getrenntgeschlechtlich. Die Weibchen produzieren im Sommer Tausende von Eiern, die von den Eierstöcken zu den äußeren Kiemen verbracht werden, wo sie für die ins Wasser entlassenen und mit dem Atemwasserstrom eingesogenen männlichen Geschlechtszellen am besten erreichbar sind. Erst im nachfolgenden Frühjahr entwickeln sich aus den befruchteten Eiern zunächst parasitisch lebende Larven, die sog. Glochidien.

Das Glochidium ist die Miniaturausgabe einer Muschel, allerdings mit einem Greifzahn an jedem Ende der breit dreieckigen Schalen versehen. Die Schwimmbewegung erfolgt durch Bewegen der beiden Schalenklappen, die rhythmisch auf- und zuschnappen. Viele Glochidien sondern gleichzeitig noch einen langen, klebrigen Byssusfaden ab, der wie ein Treibanker mitgeführt wird.

Um sich weiter entwickeln zu können, muß die freischwimmende Larve nun einen Fisch finden, an dem sie sich festklammern kann. Einigen gelingt der Kontakt mit einem Fisch während der Schwimmphase, andere heften sich mit ihrem Byssusfaden zunächst an Pflanzen an und warten hier auf einen vorbeischwimmenden Fisch. Mit ihren beiden Greifzähnen an den Außenseiten der Larvenschale verankern sich die Larven dann an ihrem Wirt.

Larven, denen das Ankermanöver nicht gelingt, müssen zugrunde gehen.

Die Fischhaut bildet nun als Abwehrreaktion eine Cyste um die verankerten Larven. Die Larven erhalten ihre Nahrung über das Fischblut. Unter der Larvenschale wird nun eine neue zweiklappige Schale angelegt, und nach etwa 3 Monaten hat sich am Fisch eine Jungmuschel entwickelt. Diese läßt bald von ihrem Wirt ab, sinkt zu Boden und führt hier das geruhsame Leben der erwachsenen Muschel.

1: Zwei freischwimmende Larven (Glochidien), die ihre Muttermuschel verlassen haben.

2: Zwei Glochidien, die sich am Schwanz eines Stichlings festgeklammert haben.

I

2

Kugelmuscheln (Sphaeriidae)

Die Kugelmuscheln der Gattung *Sphaerium* sind weltweit verbreitet. Ihre beiden Schalenklappen sind rundlich gewölbt, so daß die Tiere erstaunlich rund aussehen. Sind die Schalen geschlossen, so ähnelt die Muschel einem kleinen Kieselstein. Kugelmuscheln sind ausnahmsweise Zwitter. Sie produzieren gleichzeitig immer nur 10–16 Eier, die nach der Befruchtung allerdings nicht ins freie Wasser abgegeben werden, sondern zur weiteren Entwicklung im erwachsenen Tier bleiben, so lange, bis die Larven geschlüpft und zu kleinen Muscheln herangewachsen sind.

Die Kugelmuscheln besitzen kein parasitierendes Stadium.

Die Muscheln der Gattung *Sphaerium* und die noch kleineren Arten der Erbsenmuscheln (*Pisidium*) klettern an Pflanzenstengeln herum.

Die *Pisidium*-Arten besitzen nur einen Sipho. Beim Klettern wird der Fuß lang ausgestreckt und an seiner Spitze mit einem Sekret befestigt. Beim Verkürzen der Muskeln wird die gesamte Muschel nachgezogen, ihrerseits an der Unterlage verklebt und auf diese Weise Zug um Zug bewegt.

Mitunter findet man Kugel- und Erbsenmuscheln auch an den Füßen von Wat- und Wasservögeln angeklebt. Zweifellos werden sie auf diesem Weg in alle möglichen Gewässer verschleppt und verbreitet.

111

Bärtierchen (Tardigrada)

Die Bärtierchen bilden eine kleine Gruppe spezialisierter, kleiner Tierchen, die man meist in die verwandtschaftliche Nähe der Gliederfüßer (Arthropoda) stellt. Ihr Körper ist nur wenig abgeflacht und trägt 4 Paar kurze Beine, die an der Spitze mit kleinen, hakigen Greifklauen ausgerüstet sind. Die Fortbewegung erscheint tapsig und unbeholfen, weshalb die Tierchen auch ihren deutschen Namen Bärtierchen bekamen.

Bärtierchen sind meist nicht länger als 1 mm. Kopf und Rumpf sind nur undeutlich voneinander abgesetzt. Der Rumpf ist deutlich in 4 Segmente untergliedert. Der Kopfteil trägt charakteristische kleine Anhänge, die im Dienst der Ernährung stehen. Bärtierchen bohren mit ihren Mundwerkzeugen Pflanzenzellen an und saugen sie aus.

Die meisten Bärtierchen-Arten leben im Süßwasser. Am sichersten und zuverlässigsten findet man sie jedoch in Moospolstern oder zwischen Flechten.

Wenn man ein Moospolster in einem kleinen Gefäß mehrere Stunden lang in Wasser einweicht und dann kräftig ausdrückt, werden mit großer Wahrscheinlichkeit Bärtierchen im sich sammelnden Bodensatz zu finden sein. Ein Mikroskop oder eine gute Lupe sind zur Beobachtung allerdings erforderlich. Wenn das Moos zuvor trocken war, muß man eventuell 1–2 Tage warten. Bei Trockenheit und Kälte verlieren die Bärtierchen Wasser und ziehen sich zu einem ovalen Gebilde zusammen. In diesem Zustand sind sie gegen sehr extreme Bedingungen resistent. Bei Wiederbefeuchtung quellen die Tiere auf und werden nach einiger Zeit aktiv. Unter Laborbedingungen fand man heraus, daß manche Bärtierchen-Arten sogar einen Aufenthalt in flüssigem Stickstoff (bei fast −200°C) und Temperaturen bis über 100°C überlebten. Bärtierchen sind unter den vielzelligen Tieren die extremsten Überlebenskünstler.

Bärtierchen sind getrenntgeschlechtlich, die Männchen sind gewöhnlich kleiner als die Weibchen. Aus den Eiern schlüpfen Jungtiere, die in allen Merkmalen ihren Eltern gleichen und kein Larvenstadium durchlaufen.

1: Ein Vertreter der Familie Scutechiniscidae, deren Arten eigentümlich rot gefärbt sind. Das Tier stammt aus einem kleinen Gartenteich.

2: Farblose, eher transparente Art einer anderen Familie. An der Kopfseite (links) ist eines der beiden schwarzen Augen zu erkennen.

I

2

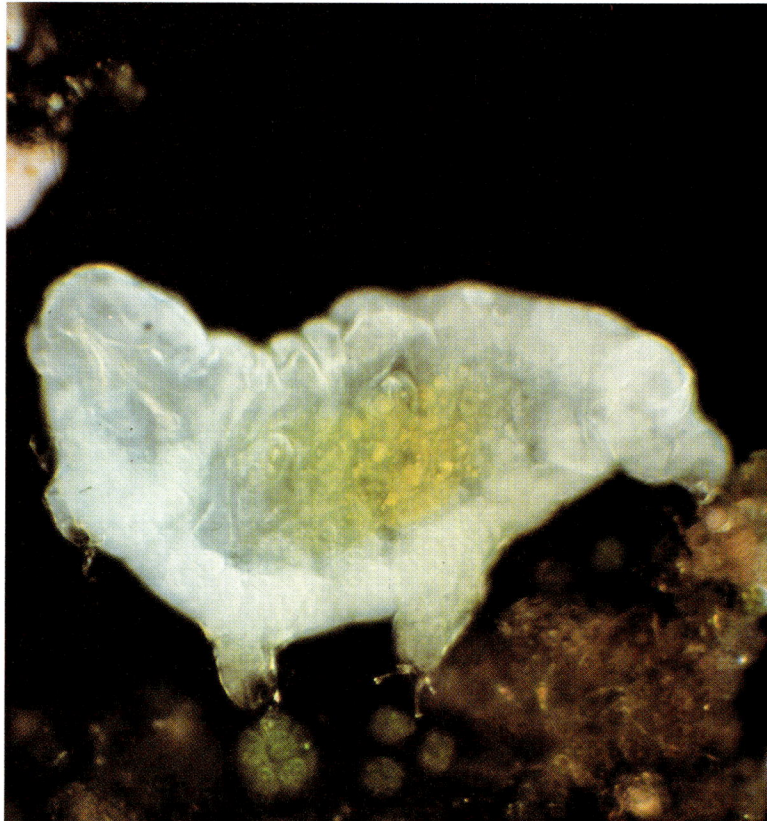

Ringel- oder Glieder-würmer (Annelida)

Es gibt viele verschiedene Typen langgestreckter, wurmartiger Tiere. Als „Echte Würmer" werden jedoch nur die Vertreter der Ringel- oder Gliederwürmer betrachtet. Die meisten der über 9000 bekannten Arten leben im Meer.

Von den landbewohnenden Ringelwürmern ist der Regenwurm sicherlich der bekannteste Vertreter. Er vertritt gleichzeitig die durchschnittliche Größenklasse der Ringelwürmer, wenngleich eine australische Regenwurmart sogar 3 m Länge erreichen kann. Die im Süßwasser verbreiteten Arten sind überwiegend viel kleiner, manche von ihnen werden nicht einmal 0,5 mm lang.

Eines der besonderen Kennzeichen der Ringelwürmer ist der in zahlreiche Segmente oder Ringabschnitte (Annuli) gegliederte Körper. Die Anzahl der Segmente beträgt zwischen nur wenigen bis mehreren hundert und ist je nach Verwandtschaftsgruppe verschieden.

Jedes Körpersegment enthält die gleiche Grundausstattung an Muskulatur, Nervensystem, Blutgefäßen und Ausscheidungsorganen. Die Geschlechtsorgane dagegen sind auf die vordere Körperregion beschränkt.

Ringelwürmer sind meist zwittrig, doch ist Fremdbefruchtung der Eizellen die Regel. Der Verdauungstrakt durchzieht den Wurmkörper geradlinig vom vorderen bis zum hinteren Ende. Etwas überspitzt könnte man sagen, daß ein Ringelwurm eine Röhre in einer untergliederten Röhre ist.

Ringelwürmer besitzen eine weiche, flexible Haut, die den einzelnen Körpersegmenten entsprechend angeordnete Borsten trägt. Gegliederte Körperanhänge in Form von Beinen gibt es nicht. Zwischen der Körperwand und dem Verdauungstrakt befindet sich ein flüssigkeitsgefüllter Hohlraum, das Coelom. Die Flüssigkeit im Coelom kann nicht weiter komprimiert werden. Wenn sich die Ringmuskeln eines Segmentes zusammenziehen, nimmt daher der betreffende Abschnitt an Länge zu. Die Kontraktion der Längsmuskulatur führt umgekehrt zu einer Verkürzung und Verdickung der Segmente. Verschiedene Körperabschnitte des Wurms können aufgrund ihrer abschnittsweisen Untergliederung auch unabhängig voneinander verlängert und verdickt werden. Für die typische Fortbewegung des Wurms sind diese Mechanismen von großer Bedeutung.

Man unterscheidet bei den Ringel- oder Gliederwürmern im wesentlichen drei größere Gruppen:

Die Vielborster (Polychaeta), die Wenigborster (Oligochaeta) und die Egel (Hirudinea).

Die Vielborster besitzen mit Muskeln versorgte seitliche Körperanhänge. Sie leben nahezu ausschließlich im Meer und bleiben daher in diesem Buch unberücksichtigt.

Zu den Wenigborstern gehören jedoch viele im Süßwasser lebende Ringelwürmer. Sie tragen an jedem Körpersegment nur wenige starre, einzelne Borsten.

Die Egel sind an jedem Körperende mit einem besonderen Saugorgan ausgerüstet. Sie sind überwiegend im Süßwasser verbreitet.

Wenigborster (Oligochaeta)

Wenigborster sind in vielen Tümpeln und Teichen anzutreffen, in denen sie sich entweder in den weichen Bodenschlamm vergraben oder im pflanzlichen Bestandsabfall aus Algen, Laub und Pflanzenstengeln aufhalten. Viele von ihnen sind nahezu völlig durchsichtig – sicherlich ein ausgezeichnetes Mittel, im gut durchlichteten Wasser so gut wie unsichtbar zu bleiben. Manche im Süßwasser lebende Wenigborster ertragen auch noch sehr ungünstige Sauerstoffverhältnisse, weil sie in ihrem Blut Hämoglobin enthalten. Dieser wichtige Farbstoff hat eine sehr hohe Affinität zu Sauerstoff und erlaubt dem Wurm die Nutzung eines minimalen Sauerstoffgehaltes im Wasser.

Befruchtete Eier werden gewöhnlich in einem gemeinsamen Kokon abgelegt. Der Kokon wird durch einen Drüsengürtel (Clitellum) am Vorderende des Körpers hergestellt. Aus den Eiern schlüpfen gleich junge Würmer – im Gegensatz zu den Vielborstern, die ihr Individualleben zunächst einmal mit einem frei umherschwimmenden Larvenstadium beginnen. Bei Süßwasser-Ringelwürmern kommt neben der sexuellen auch ungeschlechtliche Vermehrung vor: Mitunter werden am Hinterende einzeln oder in Ketten Tochterindividuen abgeschnürt.

Die im Süßwasser lebenden Ringelwürmer besitzen ein sehr ausgeprägtes Regenerationsvermögen. Viele Arten können auch Dauercysten bilden, wenn es die Umweltbedingungen erfordern. Dazu schließen sich die Tiere in eine zähe, schleimige Hülle ein. Im Sommer dienen solche Cysten in der Hauptsache zum Überstehen von Trockenperioden, im Winter sollen sie vor den Folgewirkungen von Tieftemperaturen schützen.

Die meisten Wenigborster findet man im flachen Wasser. Bei Wassertiefen über 1 m nimmt die Ringelwurmfauna rasch ab. Eine Ausnahme bilden hier lediglich die Röhrenwürmer, die in dichten Populationen auf dem Boden tiefer Tümpel leben können.

Ebenso wie die Regenwürmer im Garten sind auch die Ringelwürmer im Teich ausgesprochen nützliche Tiere. Sie nehmen große Mengen Schlamm und Detritus auf, verwerten daraus die nutzbaren organischen Anteile und beteiligen sich auf diese Weise wirksam an der Umsetzung und Verarbeitung der Bestandsabfälle.

1 Lumbriculus variegatus

Dieser Wurm aus der Familie *Lumbriculidae* ist in stehenden Gewässern nicht selten und ähnelt im Aussehen sehr stark dem Regenwurm. Die 4–10 cm langen Tiere sind rötlichbraun und irisieren im vorderen Abschnitt leicht grünlich. Sie schwimmen mit charakteristischen Wellenbewegungen, halten sich jedoch meist zwischen Wasserpflanzen oder halb eingegraben im Boden auf. Die Vermehrung erfolgt überwiegend ungeschlechtlich.

2 Schlammröhrenwürmer
Tubificidae

Schlammröhrenwürmer werden meist 3–4 cm lang und fallen durch ihre kräftig rötliche Färbung auf. Sie leben in individuenreichen Gruppen zusammen und besiedeln selbst solche Räume, in denen andere Wenigborster nicht mehr leben können.

Schlammröhrenwürmer bauen sich feine Röhren in den Bodenschlamm. Mit dem Vorderende stecken sie in der Röhre, während das freie Hinterende schlängelnde Bewegungen ausführt. Bei Störungen ziehen sie sich völlig in ihre Bodenröhren zurück. Die wedelnden Bewegungen der freien Körperenden dienen der Sauerstoffaufnahme durch Diffusion – das gesamte Hinterende dient praktisch als Kieme. Durch die Bewegungen sichern sie sich den (eventuell nur sehr geringen) Sauerstoffgehalt großer Wasservolumina. Je geringer die Sauerstoffversorgung im Bodenschlamm ist, um so weiter ragen die Hinterenden der Tiere aus den Röhren heraus.

Ihre Nahrung besteht aus organischem Abfall, den sich die Tiere unter anderem durch den Verzehr des Bodenschlamms beschaffen.

Schlammröhrenwürmer legen ihre Eier in ovalen Kapseln ab. Die Vermehrung erfolgt meist sehr rasch.

Die umfangreichen Wurmpopulationen dienen verschiedenen Fischen als Nahrung.

3 Nymphenwürmer *Naididae*

Die Nymphenwürmer bilden eine besonders umfangreiche Familie. Viele ihrer Vertreter sind weltweit verbreitet und gehören sicherlich zu den häufigsten Süßwasserwenigborstern überhaupt.

Gewöhnlich werden die Tiere etwa 3–25 mm lang. Manchmal findet sexuelle Vermehrung mit anschließender Eiablage statt, üblicherweise vermehren sich diese Würmer jedoch ungeschlechtlich durch Abschnürung von Tochterindividuen. Die Abschnürungsstellen sind am Wurmkörper meist klar zu erkennen. Oft bilden sich neue Stellen, wenn sich das Tochterindividuum noch nicht abgelöst hat. Auf diese Weise entstehen vielgliedrige Abschnürungs-(Proliferations-)ketten.

Die meisten Arten dieser Familie sind durchsichtig oder leicht rosa. Nur der Bereich der inneren Organe ist weniger durchscheinend. Bestandsabfall und dessen tote organische Materie bilden die Hauptnahrung. Nur wenige Arten leben räuberisch und fangen sich kleine Planktontiere.

4 Chaetogaster limnaei

Diese Art lebt kommensalisch mit der Posthornschnecke zusammen. Der Wurm ist nur 5–8 mm lang und nahezu durchsichtig. Mehrere Würmer können mit der Schnecke das gleiche Gehäuse bewohnen. Sie sind dort relativ geschützt und profitieren vom besseren Nahrungsangebot, das sie bei ihren Streifzügen mit der Schnecke erreichen.

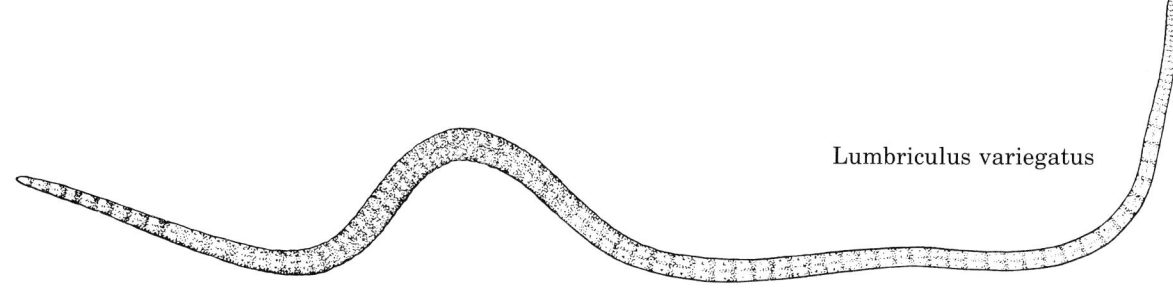

Lumbriculus variegatus

1

2

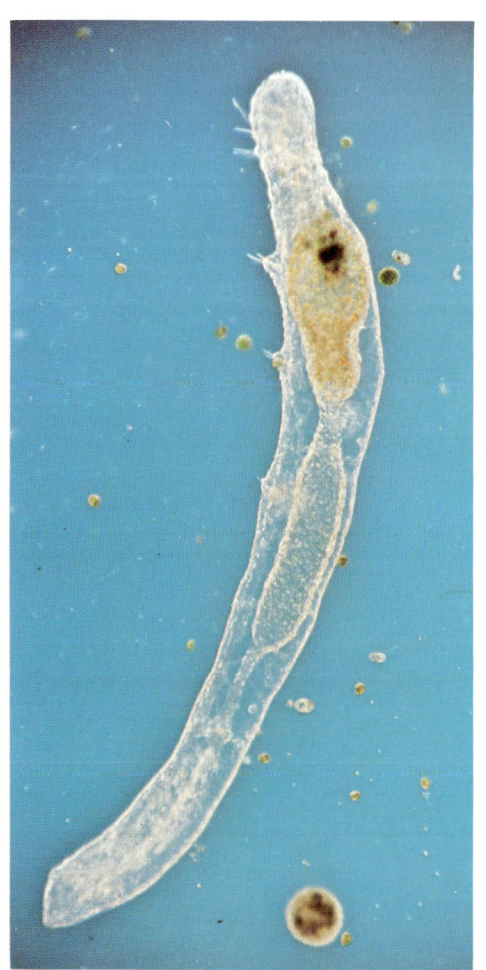

3

4

Egel (Hirudinea)

Egel kann man zuverlässig an ihren beiden Saugorganen erkennen, von denen das am hinteren Körperende meist das größere ist. (Bei vielen Arten ist das kleinere Saugorgan um die Mundöffnung nicht einmal besonders gut entwickelt.) Andere Kennzeichen sind die völlig fehlenden Borsten, die deutliche Abflachung und die rundlich-ovale Form, die die Tiere in Ruhestellung einnehmen. Egel können außerdem viel weniger innere Segmente als äußerlich sichtbare Ringelabschnitte aufweisen. Am Kopfende sind paarige Lichtsinnesorgane angelegt. (Ihre Anzahl, Größe und Unterbringung sind wichtige Bestimmungsmerkmale.)

Das hintere Saugorgan dient als wichtiges Hilfsmittel zum Festsetzen auf anderen Tieren oder auf Pflanzen. Beide Saugorgane werden eingesetzt, wenn der Egel sich schreitend fortbewegt: Das hintere Saugorgan sucht zunächst festen Halt, dann streckt sich der Körper und setzt sich mit dem vorderen Saugorgan irgendwo fest. Nun wird das Hinterende gelöst, der Körper nach vorne geschwenkt und ein neuer Halt gewählt. Diese Abfolge wiederholt sich und erinnert ein wenig an Radschlagen.

Manche Egel können außerdem sehr elegant schwimmen.

Egel gibt es im Meer, in warmen, feuchten Gegenden auch auf dem Festland und im Süßwasser. Manche Arten leben ausschließlich im Wasser, andere sind dagegen amphibisch und kommen sowohl im Wasser als auch an Land vor.

Üblicherweise ernähren sich die Egel vom Blut anderer Tiere. Um diese Nahrung zu beschaffen, gibt es zwei Möglichkeiten: Einige Egel besitzen am Vorderende einen langen, beweglichen Rüssel, aber keine Kiefer. Sie fallen nur solche Tiere an, deren Körperwand dünn und weich genug ist, um vom Rüssel durchdrungen werden zu können. Fische, Wasserschnecken und verschiedene andere Wirbellose sind gewöhnlich die Opfer.

Die größeren Egel dagegen besitzen Kieferapparate, mit denen sie auch die zähere Haut eines Wirbeltieres öffnen können.

Egel saugen nur relativ selten. Ihr Darm ist in mehrere dehnungsfähige Abschnitte eingeteilt, in denen auch eine sehr große Mahlzeit auf „Vorrat" genommen werden kann. Wenn ein Egel saugt, gibt er gleichzeitig einen gerinnungshemmenden Stoff ab, damit das Blut aus seinem Wirt besser fließt und nicht schon während der Mahlzeit gerinnt.

Die meisten Egel sind Außenparasiten. Einige dringen jedoch auch in die Nasenöffnungen größerer Landwirbeltiere ein, wenn diese zum Trinken den Kopf in das Wasser halten.

Tümpel mit glatten Steinen und vielen Pflanzen bieten Bedingungen, in denen sich Egel leichter festsetzen können, derartige Kleingewässer werden deutlich vor schlammigen oder sandigen bevorzugt.

Egel sind gewöhnlich nachts aktiver als am Tage.

1, 2 Gemeiner Fischegel
Piscicola geometra
Der Gemeine Fischegel ist eine typische und dazu auch noch recht häufige Süßwasserform. Er kommt in Teichen und Tümpeln (und ebenso auch in Fließgewässern) auf der gesamten Nordhalbkugel vor. Er wird etwa 5–10 cm lang und ist grünlichbraun gescheckt. Am Grunde des vorderen Saugorgans sitzen 2 Paar ziemlich große Augen. Der Körper ist ziemlich schlank und im Querschnitt viel runder als bei den meisten anderen Egeln. Beide Saugorgane sind recht groß und tragen eine strahlig verlaufende Streifenmusterung. Viele Egel ziehen sich bei Störung oder Berührung stark zusammen, der Gemeine

Fischegel dagegen reagiert auf Berührungsreize kaum. Er ist ziemlich bewegungsaktiv und „schreitet" nach Art der Spannerraupen.

Der Gemeine Fischegel ist ein typischer Rüsselegel ohne Kiefer. Der Egel dringt mit seinem sehr muskulösen Rüssel in die äußeren Körperschichten seines Opfers ein – wie er dies allerdings letztlich erreicht, ist noch unbekannt, möglicherweise sind ihm dabei besondere „Weichmacher"-Enzyme behilflich. Säugetiere werden kaum angefallen, da ihre Haut viel zu derb ist.

Diese Egel-Art ist nur ein zeitweiliger Parasit, denn er verbringt nicht seine gesamte Lebenszeit auf seinem Wirt.

Ein hungriger Fischegel setzt sich mit dem rückwärtigen Saugorgan auf eine Wasserpflanze und streckt seinen Körper gerade in das Wasser (1). In dieser Stellung kann er reglos viele Tage verharren und darauf warten, daß ein Fisch vorbeischwimmt. Sofort heftet der Egel dann sein vorderes Saugorgan an das Opfer und läßt das Hinterende los. Er bleibt dann einige Tage am Fisch (2), saugt sich langsam voll und läßt dann von seinem Opfer ab.

Es kann vorkommen, daß kleine Fische wie Stichlinge sogar 2 oder 3 Fischegel mit sich herumführen. An großen Karpfen sind auch schon knapp 100 Exemplare gefunden worden.

Nach einer Mahlzeit paaren sich die Egel auf dem Körper des Opfers. Anschließend werden die braunen, gerippten Eikokons an Wasserpflanzen oder an Steinen abgelegt.

Bei den Fischegeln enthält jeder Kokon nur ein Ei.

1

2

1

2

1, 2 Blattegel
Theromyzon tessulatum

Dieser Egel ist einer der häufigeren Blattegel (*Glossiphoniidae*) – Egel von abgeflachter, blattförmiger Gestalt. Blattegel bewohnen verschiedene Süßwasserbiotope. Sie saugen an Wasserschnecken und anderen wirbellosen Wasserbewohnern, befallen jedoch auch Fische oder sogar Wasservögel und sind kosmopolitisch verbreitet.

Der Blattegel wird etwa 2–5 cm lang. Wenn er sich stark streckt, verlaufen die beiden Körperflanken nahezu parallel. Zusammengezogen zeigt er einen ovalen Körperumriß. Auf der Rückenseite des grauen Körpers sind 6 Reihen gelber Punkte angebracht. Außerdem fallen 4 Paar Augen auf.

Die Entwicklung dieses Egels umfaßt mehrere Stationen: Zunächst lebt er auf den Schleimhäuten im Rachen- und Schlundbereich von Wasservögeln. Bei passender Gelegenheit (beispielsweise beim Abweiden von Wasserpflanzen) verläßt er seinen Wirt und lebt zunächst frei im Wasser. Nach längerer Zeit legt das Weibchen seine Eikokons auf Steine, bleibt bemerkenswerterweise jedoch auf seinem Gelege sitzen (**1**).

Wenn die Jungen geschlüpft sind, setzen sie sich an der Bauchseite des Weibchens fest und lassen sich etwa fünf Wochen lang herumtragen (**2**). Das Egel-Weibchen mit den Jungtieren versucht in der Zeit, durch die Nasenöffnung erneut in einen Wasservogel einzudringen.

3 Schlundegel
Erpobdella octoculata

Dieser Egel gehört zu einer als Schlundegel (*Erpobdellidae*) bezeichneten Gruppe, die weder einen Rüssel noch einen kräftigen Kiefer besitzen, statt dessen aber mit einem langen, muskulösen Schlund ausgestattet sind, mit dessen Hilfe sie kleine Wassertiere verzehren können. Schlundegel leben überwiegend im Süßwasser oder im feuchten Boden. Die Tiere sind sehr flach. Europäische Individuen errei-

chen etwa 6 cm Länge und variieren in der Färbung. In kalkarmem Wasser ist diese Art der bei weitem häufigste Egel. Er lebt von Insektenlarven, Wasserflöhen oder kleinen Wenigborstern, greift mitunter aber auch kleinere Wasserschnecken an.

Die glatten, braunen, ovalen und ziemlich lederigen Kokons, jeder mit etwa 30 Eiern, werden an Pflanzen oder Steinen angeheftet. (Der im Bild **3** wiedergegebene Kokon wurde an einer Aquarienscheibe befestigt. Die schlüpfbereiten Jungtiere sind bereits deutlich zu erkennen.)

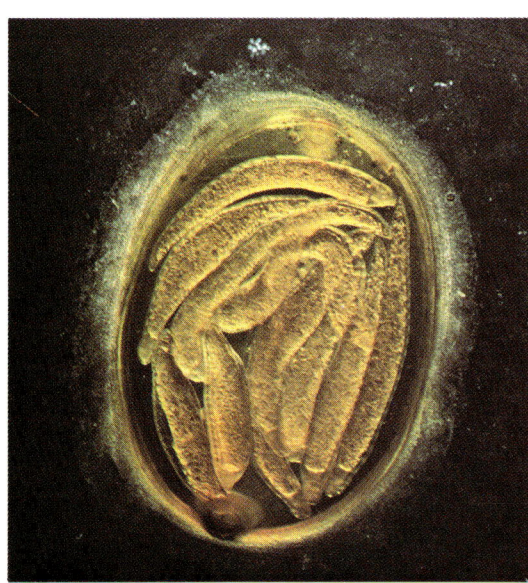

3

Kieferegel *Hirudidae*

Die Familie *Hirudidae* umfaßt die größten und am besten bekannten Egel. Die Mehrzahl der Kieferegel ernährt sich ebenfalls durch Blutsaugen. Wenn das Tier eine Mahlzeit einnimmt, ist der vordere Saugapparat am Wirt befestigt, während der scheibenförmige Kiefer sich mit schwingenden Bewegungen wie eine Säge in die Haut einschneidet. Der Schneidevorgang wird von einer befallenen Person nicht bemerkt, weil der arbeitende Egel eine betäubende Substanz unbekannter Natur abgibt, die schmerzunempfindlich macht. Der Schlund eines Kieferegels ist ebenfalls sehr kräftig und kann lange Zeit anhaltend saugen. Während des Saugvorgangs gibt der Egel noch eine gerinnungshemmende Substanz (*Hirudin*) ab, daher bluten Stellen, an denen Egel gesaugt haben, noch mindestens eine halbe Stunde, nachdem der Egel abgelassen hat.

Der Pferdeegel (*Haemopsis sanguisuga*) ist in Europa weit verbreitet und häufig. In der Ruhestellung ist er etwa 6 cm lang, doch kann er sich auf etwa 15 cm Länge ausstrecken. Seine Färbung variiert: Auf dem Rücken ist er meist braun oder schwärzlich mit dunkleren Flecken.

Am Kopfende stehen 5 Paar Augen. Die 3 scheibenförmigen Kiefer weisen zwei Reihen stumpfer Zähne auf, die die Wirbeltierhaut jedoch nicht durchdringen können. Untypischerweise saugt der Pferdeegel nämlich kein Blut, sondern verschlingt kleine Wassertiere wie Würmer, kleine Fische oder Kaulquappen.

Wenn der Pferdeegel schwimmt, bleiben die dorsoventralen Muskeln angespannt und flachen den Körper dabei sichtlich ab. Die Längsmuskulatur kontrahiert sich nun abwechselnd, so daß eine sehr elegante wellenförmige Schwimmbewegung zustande kommt (siehe Bild oben).

Zur Eiablage verläßt der Pferdeegel das Wasser. Die Kokons werden im feuchten Boden außerhalb der Tümpel und Teiche versteckt.

Gliederfüßer (Arthropoda)

Die Gliederfüßer übertreffen alle anderen Tiergruppen an Artenreichtum und Individuenzahl und haben jede nur denkbare ökologische Nische besetzt. Im Süßwasser entfallen rund drei Viertel aller nachgewiesenen Arten auf die Vertreter dieses großen Tierstammes.

Hauptkennzeichen der Gliederfüßer sind ihr Außenskelett und die in mehreren Paaren vorhandenen gelenkigen, gegliederten Beine, die zu verschiedenen Zwecken erheblich umgestaltet werden können.

Der Körper der Tiere wird von harten Außenskelett-Teilen geschützt, die anfangs noch weich und biegsam, später jedoch starr wie ein Panzer sind. Jeder Plattenteil des Außenskelettes ist mit dem nächsten Stück durch eine feste, aber dünne Chitinlage verbunden, so daß manche Teile gelenkig gegeneinander bewegt werden können. Diese Art „Schutzschild" ist natürlich sehr viel wirksamer als bei einem dünnhäutigen Wurm. Gleichzeitig bietet das Außenskelett auch der Muskulatur verbesserte Ansatzmöglichkeiten und Angelpunkte zur Betätigung der oft langen Extremitäten. Die Einzelabschnitte der Extremitäten sind jeweils so miteinander verbunden, daß sie sich nur in einer Ebene bewegen können.

Bei landbewohnenden Gliederfüßern wird der ständig drohende Wasserverlust durch die Einlagerung wachsiger Materialien in die äußeren Schichten des Außenskelettes unterbunden. Mit dem in mancher Hinsicht so perfekt erscheinenden Außenskelett sind jedoch auch einige Nachteile verbunden: Es muß nämlich von Zeit zu Zeit abgestreift werden (Häutung), damit das Tier an Größe zunehmen kann. Während der Häutung sind die Tiere jedoch besonders schutz- und wehrlos gegen mögliche Räuber. Ferner setzt ein Außenskelett gewisse Grenzen hinsichtlich der maximalen Körpergröße, da es sonst zu sperrig und unhandlich wird.

Die Gliederfüßer kann man in zwei größere Gruppen einteilen: die Spinnentiere oder Kieferfühler und die Krebstiere und Insekten.

Bei den Spinnentieren ist der Körper in zwei Abschnitte, die Kopfbrust (Cephalothorax) und den Hinterleib (Abdomen) untergliedert, Antennen fehlen. Die beiden ersten Extremitäten vor der Mundöffnung heißen Cheliceren und dienen der Nahrungsaufnahme. Die folgenden Extremitäten hinter der Mundöffnung heißen Pedipalpen und werden bei den einzelnen Ordnungen für unterschiedliche Zwecke eingesetzt. Abgesehen von einigen Wassermilben, einer echten wasserlebenden Spinne und einigen Arten, die lediglich auf der Wasseroberfläche leben, gibt es in Europa sonst keine Süßwasservertreter der Spinnentiere.

Spinnen *(Araneae)*

Raubspinnen *Pisauridae*

Zu den Arten, die man wohl am häufigsten selbst auf kleinen stehenden Gewässern beobachten kann, gehören die verschiedenen Vertreter der Listspinnen (Gattung *Dolomedes*). Diese Spinnen verstricken und umgarnen ihre Beute nicht mit Netzen, sondern gehen auf einem Schwimmblatt in Lauerstellung (siehe nebenstehendes Bild). Dabei werden ein oder zwei Beine in das Wasser gehalten, so daß die Spinne Wellen oder Erschütterungen der Wasseroberfläche sofort registrieren kann. (Bei gröberen Erschütterungen reagieren sie meist nicht.) Die Oberflächenwellen, die von einem zappelnden, im Grenzflächenfilm gefangenen Insekt ausgesendet werden, werden sofort erkannt. In diesem Fall läuft die Spinne über das Wasser zu ihrer Beute, greift sie, lähmt sie und schleppt sie zu ihrem Ruheplatz. Ihre Beobachtungswarte findet die Spinne mit Hilfe eines feinen Spinnfadens wieder, den sie zuvor auf dem Schwimmblatt befestigt hat und dessen anderes Ende auf den Beutezug mitgenommen wird. Die Listspinne überlistet sogar kleinere Fische: Mit der Fußspitze planscht sie im Wasser herum, um so ein zappelndes Insekt vorzutäuschen und die Aufmerksamkeit hungriger Fische zu gewinnen. Wenn ein kleinerer Fisch sich bis auf etwa 20 mm genähert hat, langt die Spinne plötzlich ins Wasser und zieht ihn auf ihr Blatt. Manchmal verfolgt sie ihr Opfer sogar unter Wasser. Bei Störungen taucht die Listspinne ab, dabei nimmt sie zwischen den Körperhaaren genügend Luft mit, um selbst längere Zeit unter der Wasseroberfläche zu bleiben.

Die Listspinne gehört zu den größten einheimischen Spinnenarten, sie ist kräftig gebaut und besitzt respektable Greifbeine. Der Körper ist mittelbraun. Am Rande des Kopfbruststückes und des Hinterleibs verläuft ein hellgelber Rand, oberseits sind noch hellere Punkte eingestreut. Große Exemplare können etwa 25 mm Körperlänge (ohne Beine gemessen) erreichen. Meist handelt es sich dabei um die Weibchen, die männlichen Tiere sind erheblich kleiner.

Die Paarung wird sehr zögernd vorbereitet: Das Männchen nähert sich dem Weibchen sehr langsam und mit häufigen Pausen, dabei bewegt es seine Vorderbeine schüttelnd auf und ab. Schließlich berührt er sie vorsichtig und – wenn sie nicht abweisend reagiert – steckt seine Palpen nacheinander in die weibliche Körperöffnung. Die Übertragung der männlichen Geschlechtszellen dauert nur wenige Sekunden. Anschließend bringt sich das Männchen rasch in Sicherheit. Das Weibchen umgibt seine Eier mit einem ansehnlichen Seidengewebe und packt sie zu einem Eisack zusammen, den es unter dem Hinterleib einige Wochen lang mit sich herumführt. Damit der Eisack feucht bleibt, wird er regelmäßig kurz ins Wasser getaucht. Kurz vor dem Schlüpfen der Jungspinnen wird das Eipaket an Pflanzen befestigt und mit einem zusätzlichen lockeren Seidenzelt überspannt – das Weibchen sitzt vor dem Zelteingang Wache. Rechtzeitig vor dem Schlüpfen wird dann das Eipaket aufgetrennt, damit die Jungen ins Freie gelangen können. Etwa 3 Tage nach dem Schlüpfen verbringen die jungen Spinnen noch im gemeinsamen Zelt, dann häuten sie sich und verteilen sich im Gewässer, um ein eigenes Leben zu führen.

Im Winter verstecken sich die Listspinnen mit zusammengezogenen Gliedern zwischen feuchten Pflanzenteilen und kehren erst wieder im Frühjahr zu ihrem Teich zurück.

1 Wolfsspinnen *Lycosidae*

Die meisten Wolfsspinnen leben an Land. Einige bevorzugen jedoch zumindest Gewässernähe, und dazu gehören besonders die verschiedenen Vertreter der Gattung *Pirata*. *Pirata*-Spinnen sind samtig braun und etwa 4–10 mm lang. Kopfbrust und Hinterleib werden von einem weißen Band umsäumt, die Oberseite des Hinterleibs ist mit zwei Reihen kleiner weißer Punkte besetzt.

Das Weibchen trägt sein Eipaket mit sich herum; es ist an den Spinndrüsen am Hinterleib befestigt.

Auf dem Bild verzehrt eine *Pirata* gerade eine Fliege. (Rechts sind Blattläuse zu sehen, die eigenartigerweise auf Wasserlinsen saugen.)

Trichterspinnen *Agelinidae*

Es gibt weltweit etwa 40 000 Spinnenarten, aber nur eine von ihnen hat sich an das Leben im Wasser perfekt angepaßt und verdient daher zu Recht den Namen Wasserspinne.

2 Wasserspinne
Argyroneta aquatica

Die Wasserspinne verbringt tatsächlich die meiste Zeit unter Wasser, und sie kommt weder zur Häutung noch zur Nahrungsaufnahme, Paarung oder Eiablage an Land. Sollte ihr feuchter Lebensraum jedoch einmal austrocknen, kann sie an Land durchaus überleben.

Unter Wasser wird die Wasserspinne eigenartigerweise nicht naß, da sie von einer silbrig erscheinenden Hülle kleiner Luftbläschen umkleidet wird, die sich in ihrer samtigen Körperbehaarung gefangen haben. Alle Lebenstätigkeiten dieser Spinne (mit Ausnahme von Jagen und Luftsammeln) werden in einer Luftglocke verrichtet (2).

Zur Herstellung einer solchen Luftglocke baut die Wasserspinne unter Wasser zwischen den Pflanzenteilen zunächst einmal eine seidige, dichtgeflochtene Matte aus Spinnfäden. Dann holt sie von der Wasseroberfläche Luftblasen unter die Seidenmatte, die sich daraufhin spannt und aufwölbt. Gleichzeitig wird das glockenförmige Gebilde vergrößert. Neue Spinnfäden werden an den Rändern angeknüpft, während weitere Ausflüge zur Wasseroberfläche den Luftvorrat in der Glocke vermehren. Bis zu einem gewissen Grade arbeitet die Luftglocke unter Wasser als automatische Sauerstoffversorgung: Aus dem umgebenden Wasser kann ständig Sauerstoff eindiffundieren, während überschüssiges Kohlendioxid abgegeben wird. Wenn die Sauerstoffspannung nicht mehr ausreicht, erneuert die Spinne die Luftvorräte durch neue „Sammelfahrten" zur Wasseroberfläche.

Von ihrer Luft- und Tauchglocke aus geht die Wasserspinne auch auf Beutezüge. Insekten, die sich im Oberflächenfilm des Wassers gefangen haben, zieht sie vollends unter Wasser und nimmt sie in ihre Luftglocke mit. Die Wasserspinne lauert auch kleinen Fischen auf und frißt auch tote Tiere. Da Spinnen eine Verdauungsflüssigkeit in ihre Beuteobjekte pumpen und anschließend die vorverdauten Teile aufsaugen, findet die Nahrungsaufnahme der Wasserspinne in der Luftglocke statt, da dies im Wasser selbst nur schlecht erledigt werden kann.

Bei vielen Spinnenarten sind die Männchen erheblich kleiner als die Weibchen. Bei der Wasserspinne sind jedoch beide Geschlechter annähernd gleich groß und etwa 9–13 mm lang. Das geschlechtsreife Männchen versieht in seiner Luftglocke seine beiden Palpen mit Geschlechtszellen (Sperma) und begibt sich dann auf die Suche nach einem Weibchen. Trifft es auf ein paarungsunwilliges Weibchen, so wird es vor weiterer Annäherung durch Scheinangriffe gewarnt. Ist das Männchen jedoch willkommen, befühlt es seine „Auserwählte" zunächst zärtlich mit den Vorderbeinen, bevor die Paarung vollzogen wird.

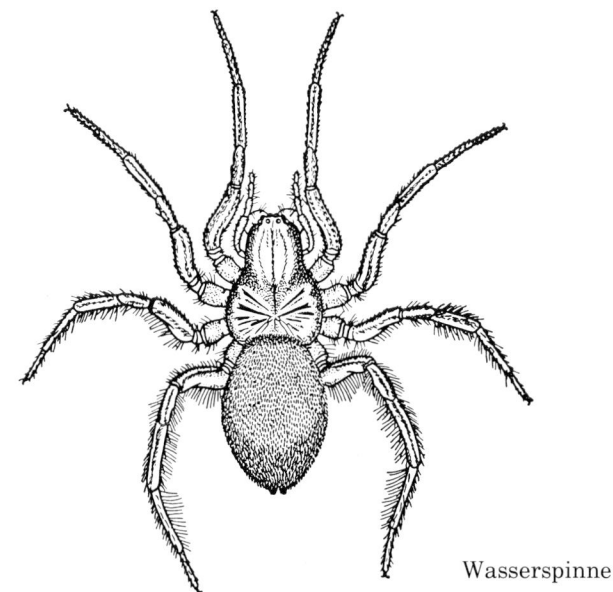

Wasserspinne

1 ▲

2 ▼

I

Die Eier werden in Portionen zu etwa 50–100 in dichten, weißlichen Eipaketen im Sommer in der Tauchglocke abgelegt. Ein solches Eipaket kann die obere Hälfte der Glocke vollständig ausfüllen (1).

Das Weibchen hält am Eingang zur Glocke Wache. Nach 3–4 Wochen schlüpfen die jungen Wasserspinnen, bleiben jedoch noch etwa 2 Wochen in der mütterlichen Luftglocke, häuten sich dann zum zweiten Mal und verbreiten sich.

Viele von ihnen klettern auch an Pflanzenstengeln hoch, spinnen einen langen Faden und lassen sich durch die Luft davontragen. Verluste sind hierbei zwar nicht zu vermeiden, einige Jungspinnen werden auf diese Weise aber auch neue Teiche besiedeln.

Bei Wintereinbruch verläßt die Wasserspinne ihre Luftglocke nahe der Wasseroberfläche und sucht größere Wassertiefen auf. Hier baut sie sich eine neue, kräftigere Tauchglocke und geht bis zum nächsten Frühjahr in Winterruhe.

Die Wasserspinne gehört zu den wenigen europäischen Spinnenarten, deren Biß schmerzhaft ist und unangenehme Begleiterscheinungen (Schwindelgefühl, Übelkeit, Temperaturanstieg) mit sich bringt.

Argyroneta aquatica ist in ihrem Vorkommen auf Europa beschränkt.

Wassermilben (*Hydracarina*)

Die Milben gehören wie die Spinnen zur Gruppe der Spinnentiere. Sie unterscheiden sich von den Spinnen vor allem dadurch, daß Kopfbrust und Hinterteil miteinander verschmolzen sind, so daß der Körper eine Einheit bildet. Erwachsene Tiere besitzen 8 Beine, Larven jedoch nur 6. Am Kopfende sitzen spezialisierte Mundwerkzeuge zum Stechen und Saugen. Auch die Milben pumpen in ihre Beute Verdauungsflüssigkeit, so daß verwertbare Teile verflüssigt und anschließend gut aufgesaugt werden können. Außer den zwischen zwei Sinnespalpen liegenden Mundwerkzeugen befinden sich am Kopfende noch 2 Paar ziemlich weitständige Augen und in der Kopfmitte häufig noch ein zusätzliches unpaares Auge.

Milben atmen über ein Tracheensystem. Die Tracheenöffnungen der Wassermilben sind mit kleinen Plättchen verschlossen, über die sich der Gasaustausch vollziehen kann, so daß die Tierchen nicht ständig zur Oberfläche aufsteigen müssen.

Milben, die in stehenden Gewässern vorkommen, schwimmen mit ihren behaarten Beinen recht gut; Milben aus Fließgewässern krabbeln eher umher, um nicht verdriftet zu werden.

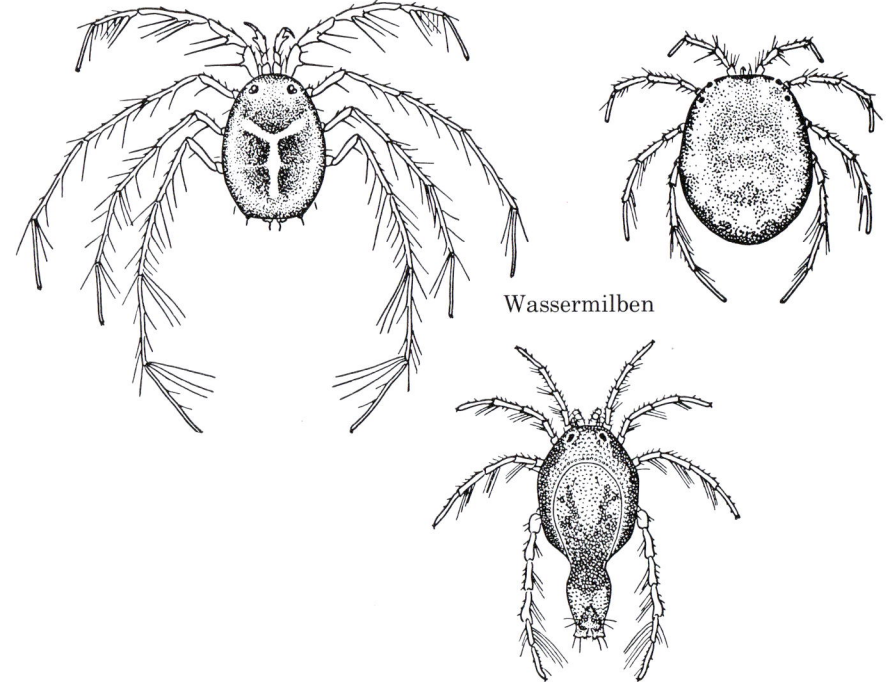

Wassermilben

2, 3 Teichmilbe *Hydrachna*
Die Teichmilbe ist eine im Süßwasser weit verbreitete und häufige Gattung. Sie ist meist kräftig rot gefärbt und nur 3–5 mm lang, lebt räuberisch und saugt die Körperflüssigkeit kleiner Krebstiere, von Insektenlarven oder Würmern auf. Die Weibchen legen ihre ebenfalls rötlich gefärbten Eier in einer gelatinösen Masse (3) auf Pflanzenteilen oder Steinen ab. Nach etwa 3 Wo-

2

3

4

chen schlüpfen aus den Eiern die sechs-
beinigen Larven. Sie leben zunächst
parasitisch auf Wasserwanzen, an denen man mitunter eine Menge kleiner
roter Punkte auf den Beinen sitzen sehen kann. Später leben die Larven frei,
bevor sie die Geschlechtsreife erreichen.

In Europa gibt es etwa 200 Wasser-
milben-Arten. Viele dieser Arten sind
weit verbreitet oder sogar kosmopolitisch.

4 Wassermilbe *Pentatax bonzi*
Die Wassermilben der weitverbreiteten
Gattung *Pentatax* verbringen ihr Leben
in der Mantelhöhle von Süßwassermuscheln. Die gelb-schwarze *Pentatax
bonzi* lebt auf den Kiemen der Teichmuschel und legt hier sogar ihre Eier
ab.

Krebstiere *(Crustacea)*

Die Krebstiere bilden interessanterweise die einzige größere Gruppe der Gliederfüßer, die primär wasserlebend sind. Die meisten Krebstiere kommen im Meer vor und zeigen hier eine enorme ökologische Spanne von freilebenden Räubern, Pflanzenfressern und Aasfressern bis hin zu Innenparasiten, deren Gestalt so weit abgewandelt wurde, daß man ihre Zugehörigkeit zu den Krebsen nur noch aus dem charakteristischen Larvenstadium ableiten kann.

Krebstiere leben nahezu ausschließlich im Wasser. Die Atmung erfolgt entweder über besondere Kiemen oder über die gesamte Körperoberfläche. Alle Arten besitzen zwei Paar Antennen. Die meisten Körperabschnitte tragen gabelig geteilte Anhänge (Extremitäten), die ihrerseits gelenkig untergliedert sind.

Fischläuse *Argulidae*

Diese kleinen Fischparasiten sind schon seit über 300 Jahren bekannt, dennoch steht bislang kein wirksames Abwehrmittel zur Verfügung, das in Teichen und Tümpeln eingesetzt werden könnte.

Die Fischlaus sticht ihr Opfer an, gibt einen besonderen Stoff zur Auflösung der Blutgefäße ab und saugt das Blut ihres Wirtes auf. Nach der Mahlzeit verläßt der Parasit seinen Wirt. Er kann allerdings sehr gut und schnell schwimmen, so daß er sich bei erneutem Appetit einen anderen Wirt suchen kann. Bei allzu starkem Befall überlebt der befallene Fisch nicht.

1, 2 Karpfenlaus
Argulus foliaceus

Die Karpfenlaus und ihre Verwandten leben als Außenparasiten auf dem Körper oder den Flossen verschiedener Süßwasserfische. (Bild **1** zeigt *Argulus* auf der Schwanzflosse des Dreistacheligen Stichlings [*Gasterosteus aculeatus*].)

Die Karpfenlaus ist sehr stark abgeflacht und außerdem auch noch nahezu durchsichtig. Sie ist daher auf Fischen nur schwer zu erkennen. Eines ihrer verräterischsten Kennzeichen sind ihre großen schwarzen Augen. Eine ausgewachsene Karpfenlaus wird ungefähr 3 mm lang.

Die Nahaufnahme (**2**) zeigt die paarig angelegten Saugorgane, das wichtigste Hilfsmittel beim Anheften an einen Fisch. Frei umherschwimmende Fischläuse werden von den Fischen mitunter als Nahrung angesehen. Die Läuse verhindern aber durch rechtzeitiges Festsaugen das Verschlucktwerden. Wenn ein Fisch vergeblich versucht hat, eine an seinen Lippen oder in der Mundhöhle sitzende Fischlaus zu verschlucken, spuckt er sie schließlich wieder aus.

Männchen und Weibchen paaren sich auf einem Wirt. Das Weibchen legt nach der Befruchtung der Eier ein langes Band mit 200–300 Eiern auf dem Teichboden oder an Steinen ab. Aus den Eiern schlüpfen schon nach einem Monat winzige Larven, die sich sofort auf die Suche nach einem Fisch begeben. Gestaltlich unterscheiden sie sich von den Eltern noch sehr stark; sie müssen mehrere Häutungen hinter sich bringen, bevor sie die Form der Erwachsenen erreicht haben.

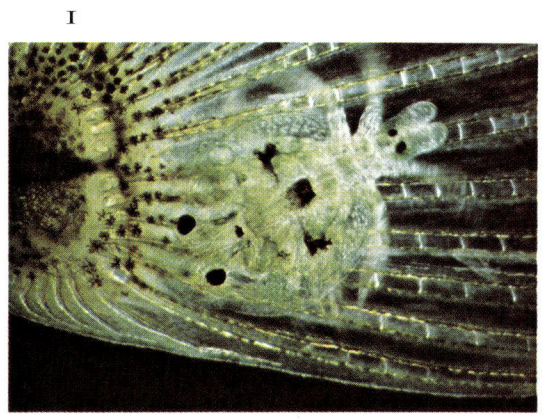

1

1–5 Wasserflöhe
Daphnidae

Wasserflöhe (*Daphnia* sp., **1**) sind sicherlich die häufigsten Krebstiere in allen möglichen stehenden Gewässern. Sie bevölkern kleine Tümpel ebenso wie große Seen. Für die Ökologie der Tümpel, Teiche, Weiher oder Seen sind sie von größter Bedeutung. Sie ernähren sich nämlich als Pflanzenfresser von Planktonalgen, die mit den besonders dazu eingerichteten Beinen ausfiltriert werden, und wandeln die Energie dieser Algen in eigene Biomasse um. Wasserflöhe sind ihrerseits eine bevorzugte Nahrung verschiedener Fleischfresser, angefangen von großen Einzellern wie *Stentor* bis zum Süßwasserpolypen *Hydra*. Auch der tierfangende Wasserschlauch (Seite 63) zieht seinen Nutzen aus den Wasserflöhen.

Wasserflöhe schwimmen mit Hilfe ihres zweiten Antennenpaares, das besonders kräftig und lang entwickelt ist. Die Bewegung erfolgt unplanmäßig: Bei Ruderschlägen steigen die Wasserflöhe im Wasser auf, zwischen den Schwimmbewegungen sinken sie langsam wieder ab.

Mit Ausnahme des Kopfes steckt der gesamte übrige Körper in einem durchsichtigen Panzer, der auf der Rückenseite geschlossen, auf der Bauchseite aber offen ist.

Wasserflöhe besitzen nur ein einzelnes, dafür aber recht großes Komplexauge. Die Tiere orientieren sich zum Licht und können daher je nach den Beleuchtungsverhältnissen in unterschiedlichen Wassertiefen gefunden werden.

Die Geschlechter sind getrennt, doch wird man die meiste Zeit des Jahres nur Weibchen finden. Im Sommer legen sie große Mengen unbefruchteter Eier, die in Portionen von 7–12 in einem besonderen Brutraum auf der Rückseite des Panzers aufbewahrt werden. (Bild **2** zeigt *Daphnia magna* mit einem Eivorrat.) Die Sommereier entwickeln sich rasch, und schon nach 1–2 Tagen schlüpfen die Jungtiere, die dem erwachsenen Wasserfloh schon sehr ähnlich sehen. Auch die jungen Wasserflöhe verbleiben noch im Brutraum. Erst nach einigen Tagen erweitert sich die bauchseitige Öffnung des Panzers und entläßt die Jungtiere (**3**).

Bei ungünstigeren Außenbedingungen (beginnende Austrocknung oder Kälte) werden Eier gelegt, aus denen zum Teil Männchen schlüpfen. Die Männchen sind viel kleiner als die Weibchen. Man erkennt sie außerdem an dem längeren ersten Antennenpaar.

Nach der Befruchtung produzieren die Weibchen nur 2–3 sehr dickschalige Dauereier, die in einem besonderen Teil des Panzers aufbewahrt werden. Wenn sich der weibliche Wasserfloh häutet, sinken die Eier mit der leeren Hülle zu Boden (**4**). Hier verharren sie bis zum nächsten Frühjahr, wenn sich wieder günstigere Bedingungen einstellen. Aus diesen Eiern schlüpfen ausschließlich Weibchen, die wiederum parthenogenetisch Sommereier legen und fortlaufend Weibchen hervorbringen.

Wasserflöhe bilden eine mäßig umfangreiche Artengruppe. Viele Gattungen und Arten sind weit verbreitet. Sehr viele Arten sind außerordentlich transparent, ein hervorragendes Mittel, um möglichst lange unentdeckt zu bleiben.

Der Wasserfloh in Bild **5** sieht grün aus, weil der Hintergrund grün gefärbt ist. In seinem Brutraum sind zahlreiche Sommereier zu erkennen.

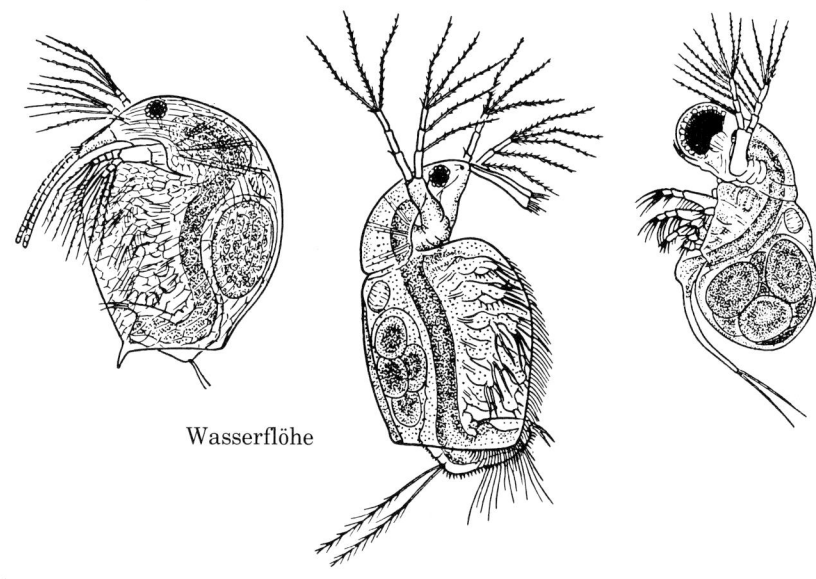

Wasserflöhe

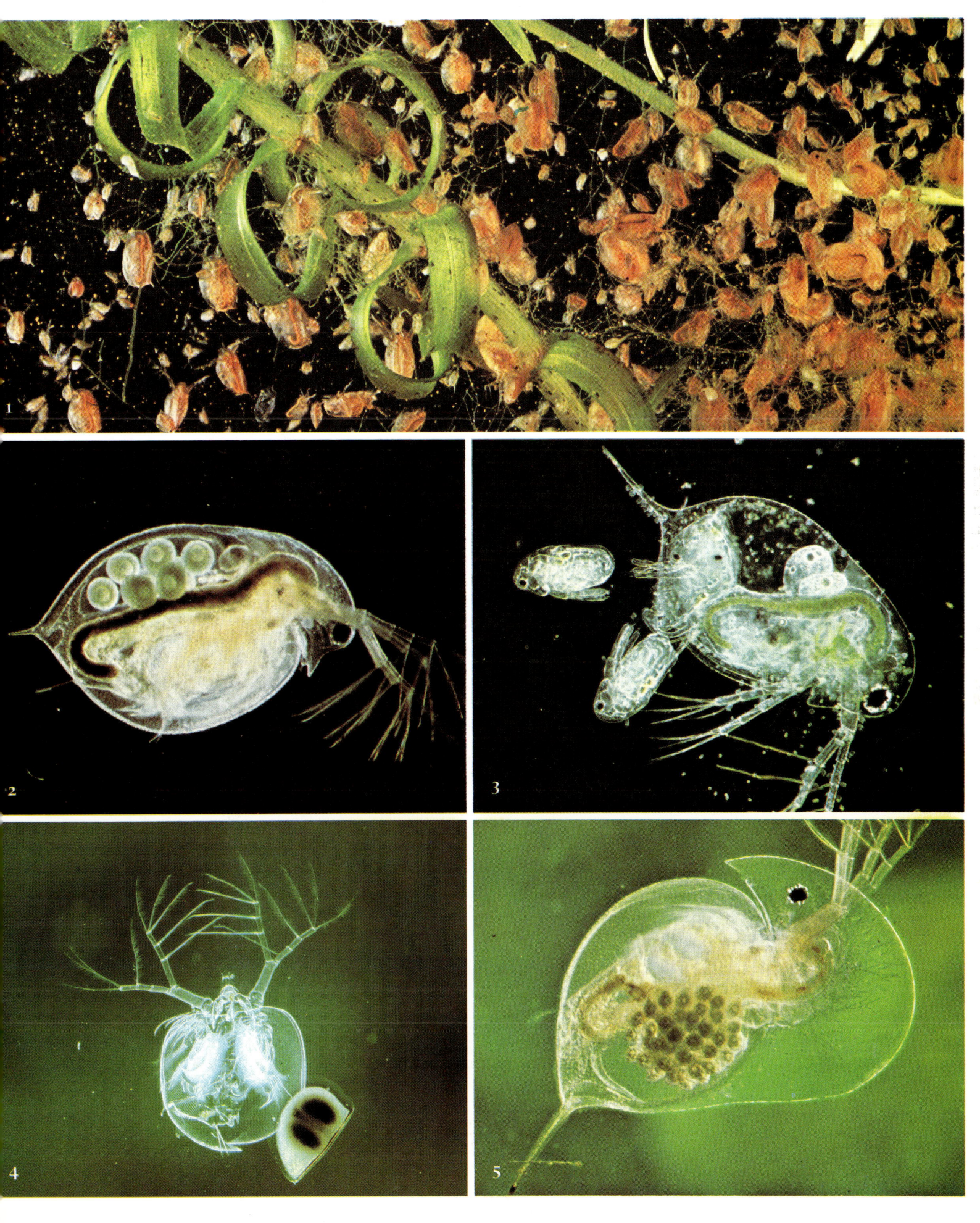

1

2

1, 2 Muschelkrebse
Cyprididae

Muschelkrebse sind gewöhnlich nur sehr kleine, allenfalls 1–1,5 mm groß werdende Krebstiere. Die meisten Arten schwimmen frei und kommen (oft in riesigen Mengen) im stehenden oder fließenden Süßwasser, aber auch im Meer vor. Tümpel mit reichem Pflanzenwachstum sind ihr bevorzugter Lebensraum. Verschiedene Muschelkrebs-Arten leben vor allem in Teichen, in die Abwasser mit hoher organischer Fracht eingeleitet wird. Im Herbst werden besonders gern die in die Tümpel oder Teiche eingewehten Blätter angenommen.

Ihre Färbung variiert von fast reinem Weiß über verschiedene Grau-, Braun- oder Schwarzbraun-Schattierungen, mitunter sind sie auch gestreift oder gepunktet. Sie haben, wie die Muscheln, eine zweiklappige, verkalkte Schale mit rückwärtigem Schloß und Schließmuskel entwickelt.

Obwohl die Schalen verschiedene Muster tragen oder mit Grübchen, Punkten oder Stacheln besetzt und selbst völlig glatt sein können, zeigen die Schalenumrisse wenig Veränderlichkeit, so daß man Muschelkrebse ziemlich eindeutig erkennen kann.

Bei Gefahr kann sich der gesamte Weichkörper des Tieres in die beiden Klappen zurückziehen und dicht machen. In dieser Form sinkt der Muschelkrebs sofort zu Boden.

Muschelkrebse schwimmen durch Ruderbewegungen ihrer beiden Antennenpaare oder nur mit dem zweiten Paar. Die vorderen drei Beinpaare dienen der Nahrungsaufnahme, während die hinteren beiden Beinpaare einerseits zum Krabbeln, andererseits auch zum Reinigen der Schaleninnenseiten eingesetzt werden. Die Tiere besitzen – wie die Wasserflöhe – ein einzelnes, in der Körpermitte plaziertes Auge, das sich als runder, schwarzer Fleck nahe der Rückenlinie (2) zeigt.

Bei manchen Arten sind die Geschlechter getrennt. Bei vielen anderen sind bisher keine Männchen gefunden oder beobachtet worden. Die Eier werden meist an Wasserpflanzen geheftet. Sie sind bemerkenswert widerstandsfähig. Aus einer völlig ausgetrockneten Schlammprobe schlüpften noch nach 30 Jahren Muschelkrebslarven. Diese Larven besitzen bereits einen zweiklappigen Panzer, aber nur drei Beinpaare.

Viele Arten sind weltweit verbreitet, wie man es eigentlich auch von einer Tiergruppe erwartet, die kleine, widerstandsfähige Dauereier hervorbringt und diese in Schlammteilchen an den Füßen von Wasservögeln verbreiten läßt.

3 Hüpferlinge *Cyclopidae*

Hüpferlinge und ihre Verwandten, die man der Ordnung Ruderfußkrebse (Copepoda) zuordnet, zeigen einen sehr einheitlichen Bau, abgesehen von einigen parasitischen Arten, die als Anpassung an ihre besondere Lebensweise stärkere Abwandlungen erfahren. Allesamt sind sie ziemlich klein. Die größten freilebenden Arten werden 3–4 mm groß. Im Gegensatz zu Wasserflöhen und Muschelkrebsen sind die Hüpferlinge nicht mit einem Panzer ausgerüstet. Ihr Körper ist in drei Abschnitte gegliedert: Auf einen verschmolzenen Kopf-Brust-Bereich (Cephalothorax) folgen 4–5 freie Thoraxsegmente, die zu einem sehr schmalen, in borstliche Anhänge endenden Hinterleib (Abdomen) überleiten.

Am Kopf sitzen zwei Paar Antennen, von denen das erste Paar sehr groß ist.

Die Mundwerkzeuge sind entweder auf das Ergreifen von Beute oder auf das Ausfiltrieren von Partikeln spezialisiert. In der Kopfmitte, meist in der Nähe des vorderen Randes, fällt ein unpaares Komplexauge auf, das entweder rot oder schwarz gefärbt ist. Die bekannte Gattung *Cyclops* ist nach dieser Einäugigkeit benannt worden.

Fast alle Körpersegmente tragen paarige Extremitäten, doch sind diese meist nur von der Unterseite her sichtbar.

Viele Hüpferlinge sind nahezu farblos und durchscheinend, es gibt jedoch auch kräftiger ausgefärbte Arten in verschiedenen Rot-, Grün- oder Blautönen.

Die Männchen sind gewöhnlich kleiner als die Weibchen. Bei manchen Arten ist eine ihrer Antennen umgestaltet, um sich während der Paarung am Weibchen festzuhalten. Das Männchen überträgt sein Sperma in einem kleinen Paket (Spermatophore). Das winzige Paket wird lediglich am Weibchen angeheftet und verbleibt dort bis zu dessen Tod.

Wie bei vielen Krebstieren des Süßwassers produzieren die Weibchen zwei Sorten von Eiern, von denen sich eine unter günstigen Außenbedingungen sofort entwickelt, während die andere als Dauerstadium der Arterhaltung bei sehr ungünstigen Bedingungen dient.

Die Eier werden in einem oder (häufiger) zwei Eisäckchen verpackt und etwa 10 Tage vom Weibchen herumgeführt.

Die geschlüpften Larven entwickeln sich über 11–12 Häutungen innerhalb eines Monats zu erwachsenen Tieren.

Einige Hüpferlinge liegen zur Nahrungsbeschaffung auf dem Rücken, erzeugen mit ihren Beinen einen ständigen Wasserstrom und filtrieren verwertbares Material aus. Die Haare auf ihrem Filterapparat stehen so dicht, daß selbst Bakterien darin hängenbleiben. Andere Arten, darunter auch die *Cyclops*-Hüpferlinge, streifen im Wasser umher und greifen sich alle passend erscheinende Nahrung. Gelegentlich ernähren sie sich auch von toten Tieren.

Cyclops-Arten sind meist mit Wasserflöhen vergesellschaftet und wie diese eine wichtige Nahrungsgrundlage für räuberisch lebende Insektenlarven oder Kleinfische.

3

1 Wasserasseln *Asellidae*

Wasserasseln sind etwa 18–25 mm lang und dorsoventral stark abgeflacht. Einen Panzer besitzen sie nicht, der Kopf ist vom übrigen Körper klar abgesetzt. Am Brustteil (Thorax) sitzen 7 Paar Schreitbeine an. Außerdem trägt jeder Abschnitt des Hinterleibes paarig angelegte Extremitäten. Unter dem Brustteil besitzt das Weibchen eine Bruttasche, die von vorspringenden Platten der vorderen Schreitbeine gebildet wird. Wasserasseln sind mit paarigen Komplexaugen ausgestattet. Nur bei wenigen höhlenlebenden Formen sind die Augen völlig zurückgebildet.

Die Weibchen legen ihre Eier im Frühjahr und tragen sie in der Bruttasche mit sich herum. Dort sind sie als weißliche Masse erkennbar, wenn man ein Tier auf die Rückenseite dreht. Die Jungen ähneln beim Schlüpfen bereits den erwachsenen Tieren. Sie bleiben noch im Brutraum, bis die ersten Häutungen abgeschlossen sind.

Wasserasseln können in Tümpeln und Teichen zahlreich auftreten, besonders wenn reichlicher Pflanzenwuchs vorhanden ist. Die Tiere klettern zwischen den Pflanzen herum oder durchwühlen die Abfallschicht am Boden. Ihre Nahrung besteht aus allen möglichen Abfällen oder kleineren Algen – je mehr organisches Material anfällt, um so zahlreicher ist die Assel-Population. Sie sind damit Bestandteil der wichtigen Zersetzer im Teich, die den überschüssigen Bestandsabfall umsetzen und remineralisieren helfen.

2 Flohkrebse *Gammaridae*

Flohkrebse sind eher typisch für Fließgewässer, besonders für fallaubreiche Bäche, doch kommen sie auch am Boden oder unter Steinen in Teichen vor, die vielleicht von einem Bach durchflossen werden. Voraussetzung für ihr Vorkommen ist eine gute Sauerstoffversorgung des Teichgrundes.

Auch bei diesen kleinen Krebsen fehlt ein Panzer, und der Kopf ist vom übrigen Körper deutlich unterschieden. Beidseits des Kopfes sitzt ein großes Komplexauge. Am Brustteil sitzen 7 Paar Beine an. Auch jeder der 6 Hinterleibsabschnitte trägt paarig angelegte Extremitäten.

Gammarus pulex (**2**), einer der häufigsten Flohkrebse, ist seitlich zusammengedrückt.

Die Weibchen tragen ihre Eier in einer besonderen Bruttasche auf der Körperunterseite. Nach dem Schlüpfen bleiben die Jungen noch eine Weile bei der Mutter.

Beim Schwimmen legt sich der Flohkrebs auf die Seite und bewegt sich in gestreckter Haltung fort. Anschließend krümmt er den Hinterleib wieder in charakteristischer Weise ein.

Wie die Wasserasseln ernähren sich auch die Flohkrebse größtenteils von pflanzlichem Bestandsabfall, seltener von tierischem Material. Sie selbst dienen vor allem Fischen als Nahrung.

Ökologisch wichtig sind sie auch als Zwischenwirte von Bandwürmern und anderen Parasiten von Fröschen, Fischen und Wasservögeln.

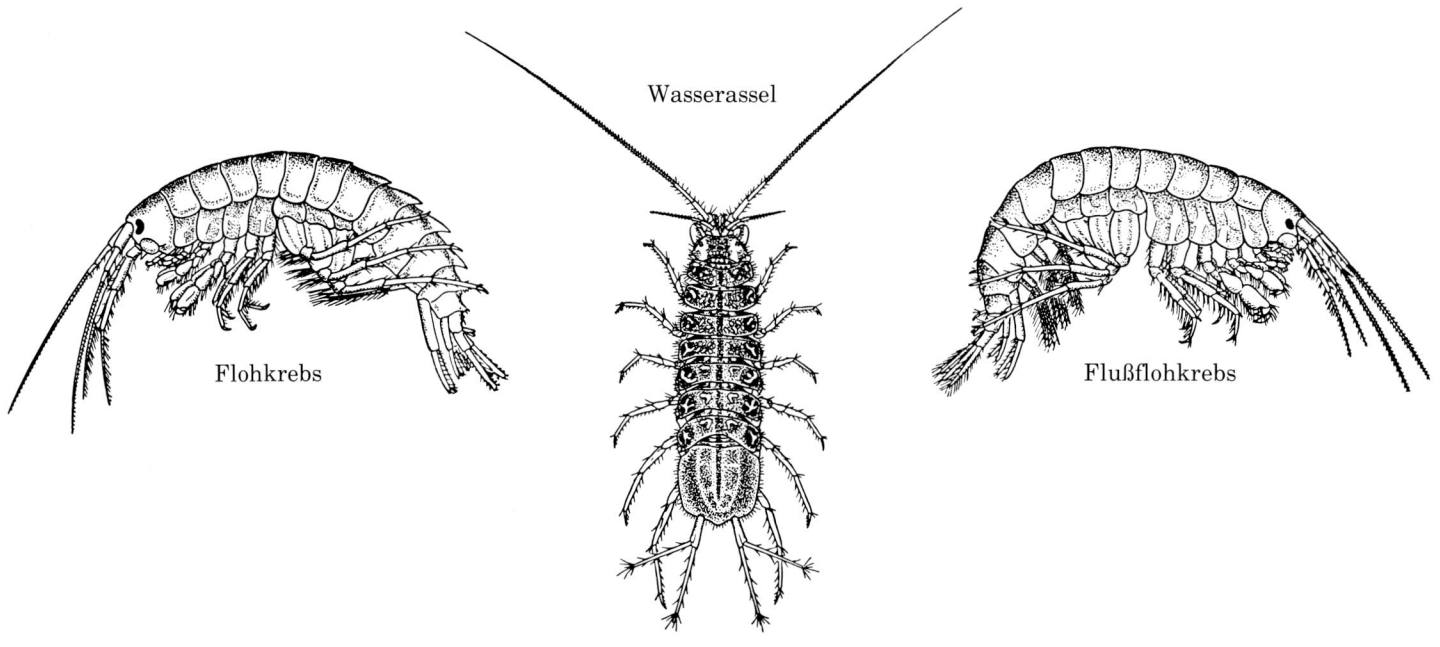

Wasserassel

Flohkrebs

Flußflohkrebs

1 ▲

2 ▼

Insekten *(Insecta)*

Zu den Insekten gehören etwa 750 000 verschiedene Arten. Wie groß die Zahl der noch unbekannten bzw. unbeschriebenen Arten ist, läßt sich kaum abschätzen. Die Insekten stellen aber schon jetzt die bei weitem umfangreichste Tiergruppe dar. Ihre Artenzahl überschreitet sogar die Zahl aller übrigen bekannten Tierarten.

Viele Insekten haben sich perfekt an das Landleben angepaßt. Allerdings gibt es auch eine nicht geringe Anzahl am und im Süßwasser. Entweder verbringen sie nur als Jugendstadien oder das gesamte Leben im Wasser. Auffallenderweise gibt es kaum Insekten im Meer.

Der Körper eines Insekts besteht aus 3 Abschnitten: dem Kopf, dem Brustteil (Thorax) und dem Hinterleib (Abdomen).

Am Kopf sitzen ein Paar Antennen mit Sinnesfunktionen, ein Paar meist großer Komplexaugen (Facettenaugen), 3 einfache Augen (Ocellen) und 3 Paar Mundwerkzeuge.

Der Brustteil trägt 3 Beinpaare und meist auch 2 Paar Flügel. Ihm obliegt also im wesentlichen die Fortbewegung durch Fliegen, Laufen, Kriechen, Schwimmen oder Springen.

Im Hinterleib ist der größte Teil der Verdauungs-, Ausscheidungs- und Geschlechtsorgane untergebracht. Er trägt nur wenige Anhänge, die zumeist der Paarung und Eiablage dienen.

Die Insekten verteilt man auf 2 Unterklassen: die primitiveren flügellosen Insekten (Apterygota) und die geflügelten Insekten bzw. Insekten, die zumindest im erwachsenen Stadium Flügel tragen oder Ansätze dazu erkennen lassen (Pterygota).

Die geflügelten Insekten zerfallen wiederum in zwei übergeordnete Verwandtschaftsgruppen, die Exopterygota und die Endopterygota, die auf der Grundlage von Entwicklungseigenheiten unterschieden werden.

Bei den exopterygoten Insekten gleichen die aus den Eiern schlüpfenden Jungtiere den erwachsenen Tieren in allen wesentlichen Merkmalen, die Körperproportionen sind allerdings ein wenig verschoben, und sie sind zuerst noch flügellos und noch nicht fortpflanzungsfähig. Die Jugendstadien, oft auch als Nymphen bezeichnet, nehmen die gleiche Nahrung auf wie die erwachsenen Tiere und halten sich auch im gleichen Lebensraum auf. Mit zunehmendem Alter erscheinen die Flügel am Körper – zunächst als kleine Knospen, die sich bei aufeinanderfolgenden Häutungen ständig vergrößern und schließlich die Endgröße und Funktion des erwachsenen Tieres erreichen.

Die typische Entwicklungsfolge der exopterygoten oder hemimetabolen Insekten umfaßt 3 Stationen: Ei – Nymphe – erwachsenes Tier (Imago).

Die endopterygoten Insekten werden meist als höher entwickelt betrachtet. Bei diesen Formen schlüpfen aus dem Ei Larven, die keinerlei gestaltliche Ähnlichkeit mit den Elterntieren aufweisen. Sie leben oft sogar in einer anderen Umwelt und nehmen eine andersartige Nahrung zu sich. An der Larve sind zu keinem Zeitpunkt irgendwelche Flügelanlagen zu erkennen. Der Übergang von einer Larve zum erwachsenen Tier erfordert eine totale Umordnung und Neustrukturierung des Körpers. Daher wird ein weiteres Entwicklungsstadium (Puppe) eingeschaltet.

Endopterygote oder holometabole Insekten durchlaufen 4 Entwicklungsstadien: Ei – Larve – Puppe – erwachsenes Tier. (Von diesen Insekten sagt man auch, daß sie eine vollkommene Verwandlung durchlaufen.)

Springschwänze *Collembola*
Die Springschwänze bilden eine der 4 Ordnungen primitiver flügelloser Insekten, die zu keinem Zeitpunkt ihrer Evolution mit Flügeln oder ähnlichen Einrichtungen ausgestattet waren. Ein anderes ursprüngliches Merkmal zeigt sich darin, daß zwischen den Jungtieren und den Adulten praktisch keine Verwandlung (Metamorphose) statt-

findet. Außerdem führen die Tiere auch dann noch Häutungen durch, wenn sie bereits geschlechtsreif geworden sind.

Der Name „Springschwanz" rührt von einer Sprunggabel unter dem Hinterleib her, mit deren Hilfe die Tiere bei Beunruhigung gewaltige Sätze ausführen können.

Nur wenige Springschwänze leben im Wasser, obwohl sämtliche Formen eine sehr feuchte Umgebung benötigen. Eigentlich sind sie Bewohner des Oberflächenfilms. Keine Springschwanz-Art lebt tatsächlich untergetaucht.

1 Wasserspringer *Poduridae*
Der häufigste Vertreter der Springschwänze auf der Oberfläche von Tümpeln und Teichen ist der Schwarze Wasserspringer (*Podura aquatica*, 1). Man findet ihn praktisch überall auf der Nordhalbkugel, vorzugsweise jedoch in den Randbereichen von Süßwasserteichen. Wasserspringer sind sehr klein. Ihr länglicher Körper wird nur ca. 1,5 mm lang und trägt sehr kurze Beine. Sie treten meist gesellig auf und bilden gerne größere Gruppen. Auf dem Wasser kann man die Tiere leicht entdecken, da sie einheitlich blau-schwarz gefärbt sind.

Die meiste Zeit verbringen die Tiere damit, zwischen den Schwimmdecken der Wasserlinsen umherzukriechen, wo sie kleine Nahrungsteilchen suchen.

Das Bild zeigt Springschwänze, von denen sich etliche erst vor kurzem gehäutet haben – die leeren Hüllen driften noch überall herum, und ein Tier (links unten) steckt noch mitten im Häutungsprozeß.

Wasserspringer legen Gruppen glatter, rundlicher Eier, aus denen weiße Nymphen schlüpfen, die nach 5 Häutungen bereits erwachsen sind.

In Gegenden mit kalten Wintern verläßt der Wasserspringer im Herbst das Gewässer und vergräbt sich im Boden in Teichnähe.

1

2

2 Kugelspringer *Sminthuridae*
Bei den Kugelspringern ist der Brustteil mit den ersten 4 Hinterleibssegmenten so verschmolzen, daß die Tiere
fast kugelig erscheinen.

    Sminthurides aquaticus (**2**) ist auf
Schwimmdecken nicht selten. Er ernährt sich von Wasserlinsen.

Libellen *Odonata*

Ihr überaus geschickter Flug, dazu auch rasche Wechsel vom schwirrenden Stillstand zum rasanten Streckenflug lassen die Libellen in der Luft sofort auffallen und erkennen – auch wenn sie ruhig sitzen, sind sie mit keiner anderen Insektengruppe zu verwechseln.

Libellen sind recht große Insekten mit langem, stabförmigem Hinterleib. Ihre großen, schlanken Flügel bestehen aus einem komplizierten Netzwerk zahlreicher Adern und tragen meist noch einen auffallenden Flügelfleck. Die Augen (1) sind auffallend groß, wie

es sich für einen Jäger gehört. Ihre Leistungsfähigkeit wird durch den sehr beweglichen Kopf sogar noch erhöht. Die Vorderbeine dienen zum Ergreifen und Halten der Beute, während die kräftigen Mundwerkzeuge große Stücke abtrennen können.

Die Paarung der Libellen (2) ist einzigartig: Das Männchen besitzt eine ganz normale Geschlechtsöffnung am Hinterleibsende. Vor dem Hochzeitsflug und der Paarung überträgt es jedoch sein Sperma in eine besondere Vorrichtung nahe der Verbindung von Brust und Hinterleib. Bei der Paarung greift das Männchen den Hals des Weibchens mit besonderen Greifwerkzeugen am Ende des Hinterleibs. Gleichzeitig umgreift das Weibchen den Hinterleib des Männchens, biegt seinen eigenen Hinterleib nach vorne und berührt das Männchen mit seiner Geschlechtsöffnung so, daß das Sperma aus der Vorratskammer übertragen

werden kann (Paarungsrad). Die Paarung findet im Flug oder in der Ruhe statt.

Libellenlarven leben im Wasser und besitzen große Mundwerkzeuge zum Fangen und Halten größerer Beutetiere. Die Unterlippe ist zu einer besonderen Greifeinrichtung umgestaltet. Sie wird als Fangmaske bezeichnet und umschließt die übrigen Mundwerkzeuge (3).

Man untergliedert die Libellen in zwei Unterordnungen: Kleinlibellen (Zygoptera) und Großlibellen (Anisoptera).

1: Libellen-Augen

2: Paarungsrad der Libellen

3: Libellenlarve mit deutlich sichtbarer Fangmaske

2

1

3

1

2

3

1–3 Kleinlibellen (Zygoptera)

Kleinlibellen sind außerordentlich schlanke Tiere mit sehr ähnlichen, in Form und Aderung nahezu übereinstimmenden Vorder- und Hinterflügeln, die am Brustteil sehr nahe beiein-ander eingelenkt sind. In Ruhestellung werden die Flügel aufrecht über dem Hinterleib getragen (1).

Die Augen sind jeweils durch einen größeren Zwischenraum getrennt.

Die Larven der Kleinlibellen erkennt man zuverlässig an ihren drei blattähn-lichen Kiemen am Ende des schlanken, langen Abdomen (2). Manchmal kann eine Libellenlarve auch eine Kieme verlieren (3), doch reicht die verblei-bende Kiemenfläche immer noch zur Sauerstoffversorgung aus.

1, 2 Großlibellen (Anisoptera)

Bei den Großlibellen unterscheiden sich Vorder- und Hinterflügel in Form und Flügeladerung; außerdem sind sie dem Brustteil mit einer breiten Basis eingelenkt. In der Ruhestellung werden die Flügel meist horizontal ausgestreckt.

Die großen Augen sind zwar oft noch deutlich getrennt, doch ist die Trennfuge immer kleiner als ein Augendurchmesser. Bei vielen Arten grenzen die Augen auf der Rückenseite des Kopfes auch unmittelbar aneinander (1).

Die beiden wichtigsten und bekanntesten Familien der Großlibellen sind die Edellibellen (*Aeshnidae*) und die Segellibellen (*Libellulidae*).

Jede Großlibelle bewacht ihr eigenes Revier und fliegt dort regelmäßig Patrouillenflüge, wobei auch verschiedene Kleininsekten im Flug erbeutet werden. Die Segellibellen starten zu ihren Beuteflügen eher von einem bevorzugten Lande- und Ruheplatz und stürzen sich dabei auf vorbeifliegende Kleininsekten.

Die Larven der Großlibellen besitzen keine äußeren Kiemen, der Gasaustausch findet über den Enddarm statt. Dort befindet sich eine mit 6 Längsfalten ausgestattete Kammer, die reichlich mit Blutgefäßen versorgt wird und daher den Sauerstoff aus dem eingesogenen Atemwasser aufnehmen kann. Das Wasser wird abwechselnd ein- und ausgepumpt.

Die Larve (Nymphe) bewegt sich entweder langsam kriechend fort oder stößt plötzlich ihre Wasserfüllung aus der Atemkammer aus und schießt dann pfeilartig durch das Medium.

I 2

1: Bei vielen Großlibellen grenzen die großen Augen auf der Rückenseite des Kopfes unmittelbar aneinander.

2: Larve des Plattbauchs (Libellula depressa)

Bei den Klein- und Edellibellen schneidet das Weibchen mit seinem Hinterleib einen Schlitz in Blatt oder Stiel einer Wasserpflanze und legt darin ein Ei ab. Die Eiablage findet immer nahe der Wasseroberfläche statt, mitunter steigt das Weibchen dazu sogar in das Wasser (**1**).

Bild **2** zeigt das Weibchen der Becher-Azurjungfer (*Enallagma cyathigerum*) bei der Eiablage an Wasserpflanzen.

Die Weibchen der Segellibellen dagegen lassen ihre Eier einfach ins Wasser gleiten. Das Weibchen schwebt über der Wasseroberfläche, taucht seinen Hinterleib kurz ein und legt jedesmal ein Ei ab (**3**). Unter Wasser sammeln sich alsbald beachtliche Eimengen an (**4**). Das Männchen schwebt während der Eiablage über dem Weibchen und verjagt in dieser Zeit alle anderen Libellen.

Im Wasser schwillt der Embryo im Ei zunächst stärker an. Mit dem Kopf drückt er dann von innen gegen die Eiwand und sprengt eine vorgesehene Öffnung auf. Die schlüpfende Larve, auch Pronymphe genannt, ist noch in eine dünne Larvenhaut gehüllt, die jedoch recht bald abgestreift wird.

1

2

3

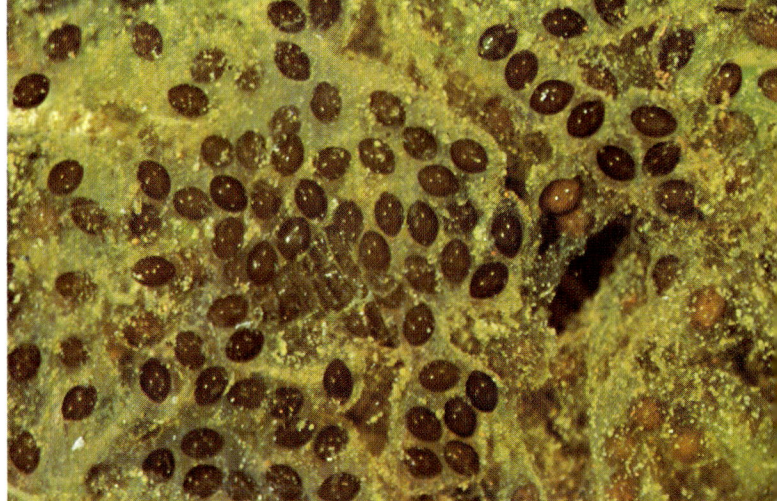

4

1–4: Letzter Häutungsvorgang der Nymphe einer Blaugrünen Mosaikjungfer (Aeshna cyanea).

Im Verlauf der weiteren Entwicklung häutet sich eine Libellennymphe 12mal. Nach der 6. Häutung sind bereits die Flügelanlagen erkennbar.

Die Bilder **1–4** zeigen den Häutungsvorgang bei der Nymphe einer Blaugrünen Mosaikjungfer (*Aeshna cyanea*). Es handelt sich um die letzte Häutung vor der Entwicklung zur fertigen Libelle:

1: Die Nymphe hat ihren Kopf durch Blutdruck stärker vergrößert, trennt dadurch die abzustreifende Haut auf der Rückenseite des Brustteils auf und fährt anschließend aus ihrer eigenen Haut.

2: Der Hinterleib der bleichgrünen Nymphe ist schon ein gutes Stück herausgezogen. Am Kopfende sind zwei lange, weißliche Fäden zu erkennen. Es handelt sich um die Auskleidung der beiden vorderen Atemöffnungen, die bei der Häutung ebenfalls erneuert wird.

3: Die Auskleidung der Atemröhren ist vollständig herausgezogen worden und liegt nun gekrümmt auf der alten Haut. Jetzt sind auch die Beine frei geworden.

4: Jetzt hat die Nymphe ihre Häutung abgeschlossen. Nach etwa 24 Stunden hat sie ihre grasgrüne Färbung verloren und ein etwas eintönigeres Braunschwarz angenommen.

Die Dauer des Nymphenstadiums ist von Art zu Art verschieden. Bei den kleineren Großlibellen vergehen zwischen Eiablage und Schlüpfen der fertigen Libelle 1–2 Jahre. Besonders große Arten benötigen sogar ca. 3 Jahre.

Die Nymphen der Libellen verstehen sich auf allerhand List und Tücken, um ihre Beute zu fangen. Vor allem tarnen sie sich am Gewässergrund oder im Pflanzengewirr des Tümpels sehr gut. Innerhalb und zwischen den Libellenarten kommt sogar Kannibalismus vor. Die Bewegung der Nymphen sind meist ziemlich gemächlich und langsam. Nur bei der Flucht vor einem Feind entwickeln sie Geschwindigkeit.

Die Färbung der Nymphen reicht von Grün, Grau, Braun bis fast zu Schwarz. In gewissem Umfang können sie ihre Färbung auch nach der jeweiligen Umgebung richten.

Gewöhnlich verstecken sich die Nymphen an einer günstigen Stelle und warten, bis ein Opfer in Reichweite ihrer großen Fangmasken gerät. Dann schnellen sie urplötzlich vor und greifen die Beute mit zwei langen, dolchigen Haken. In der Ruhe wird die Fangmaske unter dem Kopf zusammengefaltet. Eine sehr hungrige Nymphe pirscht sich auch an ihre Beute heran.

Wenn eine Nymphe an einem Pflanzenstengel emporklettert und den Kopf aus dem Wasser hält, steht das Schlüpfen der fertigen Libelle unmittelbar bevor. Bei Störung taucht die Nymphe zwar rasch wieder unter, zeigt sich aber schon nach kurzer Zeit wieder an der Wasseroberfläche. Zu diesem Zeitpunkt werden die Kiemenorgane am oder im Hinterleib funktionslos. Die aufsteigende Nymphe atmet daher bereits atmosphärischen Sauerstoff, weshalb sie ihren Vorderkörper aus dem Wasser herausheben muß. Bei der genaueren

Beobachtung der Nymphen von *Aeshna cyanea* zeigte sich, daß der Zeitpunkt der weiteren Entwicklung an der Augenfarbe abgelesen werden kann. Wenn sich die Augen umfärben, wird die Nymphe das Wasser bald ganz verlassen. Für den Fotografen ist dies das Signal, fortan auf der Lauer zu liegen, denn bald ereignet sich der entscheidende Schlüpfvorgang der fertigen Libelle.

Die Nymphen der Großlibellen steigen gewöhnlich zur Nachtzeit auf. Die Kleinlibellen, die ohnehin etwas weniger Zeit für den Übergang zum fertigen Fluginsekt benötigen, wählen sich dazu

1: Nymphe einer Aeshna cyanea, die gerade einen Dreistacheligen Stichling erbeutet hat und ihn nun verzehrt.

I

2–3: Beginnender Schlüpfvorgang der Nymphe von Aeshna cyanea, erkennbar an der Umfärbung der Augen. Auf dem oberen Bild sind sie noch bräunlich gefärbt, unten dagegen haben sie schon deutliche Gelbtöne angenommen.

2 ▲

3 ▼

1: Nymphen und zwei frisch geschlüpfte Imagines einer Kleinlibellen-Art. Sie vollenden ihre Entwicklung auf einem Seerosen-Blatt.

I

die frühen Morgenstunden aus. Oft steigen die schlüpfreifen, gleichaltrigen Nymphen einer Art nahezu gleichzeitig aus dem Wasser, so daß sich in kurzer Zeit größere Ansammlungen bilden. Auf Blättern, Steinen oder Bäumen in Teichnähe sitzen sie gruppenweise zusammen.

Die Aufnahmen 1–15 auf den folgenden drei Seiten zeigen den kompletten Schlüpfvorgang einer Plattbauch-Libelle (*Libellula depressa*):

Die Nymphe der Plattbauch-Libelle ist leicht behaart und dunkelbraun und paßt sich daher dem Teichboden in Form und Farbe so perfekt an, daß sie kaum zu finden ist. Nur durch Bewegungen verrät sie sich.

1: Kurz vor dem Schlüpfen der Imago klettert die Nymphe aus dem Wasser und verharrt eine Weile in dieser Position. In diesem Fall ist kein Wechsel der Augenfarbe zu beobachten. Nach einer Weile klettert sie an einem Pflanzenstengel oder einem Gehölz so weit hoch, bis sie weit über der Wasserlinie ist. Nun werden die Beine an einer geeigne-

ten Stelle mit festem Griff verankert, da sie nach dem Schlüpfvorgang die fertige Libelle auch noch einige Stunden tragen sollen. Wenn sie sich niedergelassen und festgesetzt hat, schwingt die Nymphe ihren Hinterleib mehrfach auf und ab, wahrscheinlich um festzustellen, daß sich kein Schlüpfhindernis in der Nähe befindet.

2–3: Anschließend verhält sie sich ruhig; allerdings kann man rhythmische Pulsationen beobachten, ein Zeichen dafür, daß nun Blutflüssigkeit in den Brustteil gepumpt wird. Tatsächlich steigt der innere Blutdruck in diesem Körperteil stark an. Plötzlich reißt die Nymphenhaut auf der Oberseite des Brustteils auf und gibt den Blick auf die lebhaft grün gefärbte Brust der flugfähigen Libelle frei.

4–5: Langsam arbeitet sich das Insekt nun aus seiner Hülle heraus, kräftige Kontraktionsbewegungen und vorsichtiges Kriechen begleiten und unterstützen den Schlüpfvorgang.

6: Schließlich ist die Imago nahezu frei. Sie hängt mit freigelegten Beinen kopfüber aus der Nymphenhaut, und nur ihr Hinterleib steckt noch in der alten Hülle.

7: Die Libelle ruht sich nun etwa 15–30 Minuten lang aus, richtet sich dann jedoch plötzlich auf, umfaßt die

Nymphenhaut mit den Beinen und zieht nun in einem Vorgang den Hinterleib aus der Hülle.

8: Jetzt sitzt die Libelle mit dem Kopf nach oben, während ihre noch unentfalteten Flügel nach unten weisen.

9–13: Nun wird Blut in die Flügel gepumpt, so daß sie sich langsam entfalten können, bis alle 4 Flügel die arttypische Länge erreicht haben. Sie sind jedoch immer noch ein wenig weich, unfertig und verletzlich und müssen noch einige Stunden ebenso wie der Körper aushärten. Gleichzeitig verändert sich die Körperfärbung. Obwohl die Libelle schon etwa 12 Stunden nach dem Schlüpfen fliegen kann, dauert es noch einige weitere Tage, bis das Tier völlig ausgefärbt ist und auch die Flügel so weit erhärtet sind, daß sie in der Sonne glitzern.

14–15: Bei der Plattbauch-Libelle unterscheiden sich Männchen und Weibchen in der Färbung sehr deutlich, das obere Bild zeigt ein fertiges Weibchen, das untere ein geschlechtsreifes Männchen.

8

9

14

15

Eintagsfliege:
links Larve,
rechts Männchen

1: Nymphe (Larve) einer Eintagsfliege der Gattung Cloeon, die in nährstoffreichen Teichen und Tümpeln mitunter sehr häufig sind.

2: Erwachsene Eintagsfliege in Ruhestellung.

3–6: Häutungsprozeß von der Subimago zur Imago von Ephemera danica.

7: Unterschied zwischen einer Subimago (rechts) und einer Imago (links). Rechts unten ist die verlassene Haut einer Subimago erkennbar.

I

1–7 Eintagsfliegen (Ephemeroptera)

Im Sommer gehören in Gewässernähe die Eintagsfliegen zu den besonders häufigen Insekten. An Teichen oder Bächen halten sie sich gern auf oder an verschiedenen Pflanzen auf.

Der Körper der Eintagsfliegen ist recht weich; der Hinterleib endet mit einem Paar seitlicher Anhänge (Cerci) und einer eigenen Verlängerung; im Normalfall sind also drei gleichartige Schwanzanhänge vorhanden. Die dreieckigen Vorderflügel sind wesentlich größer als die Hinterflügel. Beide Flügelpaare sind durch ein kräftiges Ader- und Netzwerk deutlich gezeichnet. In Ruhestellung werden die häutigen Flügel senkrecht nach oben getragen. Die Mundwerkzeuge sind bei den erwachsenen Tieren so stark zurückgebildet, daß sie keine Nahrung mehr aufnehmen können. Ihr Leben ist daher nur sehr kurz: Es dauert nur wenige Stunden bis einige Tage und dient nur der Fortpflanzung.

Das Jugendstadium einer Eintagsfliege ist eine wasserlebende Nymphe. Die Nymphen von *Cloeon* besitzen 7 Paar blättrige Kiemen, die unentwegt schlagen und fächeln, um einen Atemwasserstrom über den Körper zu führen. Vermutlich wird auch mit der gesamten Oberfläche des weichen Körpers Sauerstoff aufgenommen. Zeitweise schwimmen die Nymphen aktiv zwischen den Pflanzen umher und können bei Störung oder Verfolgung erstaunlich schnell sein. Sie leben fast alle als Pflanzenfresser und nehmen Bakterien, Algen oder auch pflanzlichen Detritus auf.

Die gesamte Entwicklung vom Ei zur Imago dauert bei den meisten Arten etwa ein Jahr, einige Formen bringen in dieser Zeit aber auch mehrere Generationen zuwege.

Kurz vor dem Schlüpfen der Eintagsfliege schwimmt die Nymphe zur Wasseroberfläche auf. Kurz darauf öffnet sich die Nymphenhaut auf der Rückenseite des Brustteiles, und in wenigen Sekunden befreit sich das geflügelte Insekt aus seiner Larvenhülle und fliegt ohne eingeschaltete Ruhepause sofort davon.

Eigenartigerweise gibt es bei den Eintagsfliegen zwei geflügelte Entwicklungsstadien: Das aus der Nymphe geschlüpfte, wesentlich dunklere, noch nicht geschlechtsreife Insekt wird als Subimago bezeichnet. Nach einer Pause von höchstens einigen Stunden häutet sich die Subimago nochmals und nimmt dann die hellere Gestalt der fertigen Imago an. (Die zurückgelassene Haut ist einzigartig, denn auch die Flügel werden noch einmal gehäutet!)

Bekannt und besonders auffällig ist der Hochzeitstanz der Männchen, die mit raschen Flügelschlägen schnell in die Höhe steigen und sich dann langsam zur Erde sinken lassen. Die Männchen tanzen entweder allein oder in Schwärmen. Das Weibchen nähert sich dem Männchen oder der Tanzgruppe und fliegt in Paarungshaltung mit einem Männchen wieder davon. Die Paarung findet immer im Flug statt und dauert nur wenige Minuten. Kurz darauf legt das Weibchen seine Eier ins Wasser ab – entweder alle auf einmal oder, bei den länger lebenden Arten, in kleineren Portionen.

Bei vielen Eintagsfliegen findet die Eiablage von der Wasseroberfläche aus statt. Bei anderen steigt das Weibchen auch in das Wasser hinunter und befestigt dort sein Gelege an Pflanzenteilen oder Steinen.

Nach der Eiablage treiben die Weibchen erschöpft auf dem Wasser und sind ein willkommener, leicht erreichbarer Leckerbissen für Fische!

2

3-6

7

Schnabelkerfe, Wanzen (Hemiptera)

Die Insekten dieser Ordnung zeichnen sich durch den Besitz stechend-saugender Mundwerkzeuge aus, mit denen sie ausschließlich flüssige Nahrung aufnehmen können. Flüssignahrung liefern verschiedene Pflanzensäfte oder auch die Körperflüssigkeiten (Blut) der Tiere. Die 4 beißenden Bestandteile des beißend-kauenden Typs der Insektenmundwerkzeuge sind bei den Wanzen zu 4 nadelspitzen Stiletten geworden. Zwei dieser Teile fügen sich so zusammen, daß zwei Kanäle entstehen, einer, um Speichel in den Wirtsorganismus zu injizieren, der andere als Aufsaugvorrichtung. Die beiden übrigen Stilette stehen sich eng gegenüber und schließen die beiden Saugkanäle ein. Jedes endet in einer scharfen Schneidespitze, die im Wechsel mit der anderen arbeitet und einen feinen Kanal in die Pflanze oder das betreffende Tier sägt, in den das Saugrohr dann versenkt werden kann.

Wenn die Stilette gerade nicht gebraucht werden, kommen sie in eine rückenseitige Rinne in der lang ausgezogenen Oberlippe, die wie ein Futteral für die stechend-saugenden Teile eingerichtet ist.

Meist kann man aus Länge, Stellung und Dicke des ganzen Stechrüssels bereits ablesen, ob die betreffende Art Pflanzensäfte saugt oder räuberisch lebt: Die Saftsauger besitzen längere, dünnere, ziemlich gerade Stilette, die in der Ruhestellung gegen die Brustunterseite gedrückt werden. Bei räuberischen Arten ist der Stechrüssel gewöhnlich viel kürzer, kräftiger, zudem auch gekrümmt und in der Ruhelage nicht zurückgelegt.

Ebenso wie die Mundwerkzeuge sind auch die Flügel in typischer Weise gestaltet: Die Vorderflügel sind meist dick und lederig und bedecken zum größten Teil die häutigen Hinterflügel.

Viele Arten dieser umfangreichen Insektenordnung leben an Land und sind als Pflanzensauger durchaus auch von wirtschaftlicher Bedeutung.

Die wenigen im Süßwasser lebenden Arten ernähren sich fast ausnahmslos von toten anderen Insekten oder leben räuberisch. Bei den wasserlebenden Wanzen kann man zwei Formen unterscheiden: Arten, die nur auf der Wasseroberfläche bleiben und nicht in das Wasser hinabsteigen, und Arten, die sich fast immer unter Wasser aufhalten und ihren nassen Lebensraum nur verlassen, um neue Weidegründe aufzusuchen.

Teichläufer *Hydrometridae*

Teichläufer sind stabförmig schlanke, langbeinige Insekten, die sich im Uferbereich und im Pflanzengürtel von Tümpeln und Teichen aufhalten. Die Familie umfaßt weltweit etwa 70 Arten. In Mitteleuropa kommen nur 2 Arten der Gattung *Hydrometra* vor.

Ihr Kopf ist sehr schlank, die Augen sind auffallend weit zum Brustteil zurückgesetzt, die Antennen sind lang. Alle 4 Stilette der Mundwerkzeuge tragen Widerhaken, so daß es für gefangene Beutetiere kein Entkommen mehr gibt. Ihre Nahrung besteht aus Insekten, die sich im Wasserspiegel gefangen haben, gelegentlich aber auch aus Wasserflöhen oder Stechmückenlarven, die sich an der Wasseroberfläche aufhalten.

1 Gemeiner Teichläufer
Hydrometra stagnorum

Der Gemeine Teichläufer wird ungefähr 12 mm lang. Er überwintert als Imago und paart sich im Frühsommer. Die Eier werden einzeln an Pflanzenteile oder Steine nahe dem Wasserspiegel abgelegt. Jedes Ei ist ungefähr 1 mm lang und kurz gestielt.

I

2 Wasserläufer *Gerridae*

Die Wasserläufer haben sich weltweit zu rasanten Räubern auf der Wasseroberfläche von Teichen, Tümpeln oder Altwassern mit geringer Strömung entwickelt.

Ihre Vorderbeine sind wesentlich kürzer als die beiden übrigen Beinpaare. Sie dienen dem Ergreifen und Festhalten der Beute, die aus verschiedenen Insekten oder anderen Kleintieren aus dem Bereich der Wasseroberfläche besteht. Das mittlere Beinpaar ist am längsten und dient als Ruder zur Fortbewegung über die Wasserfläche, die Hinterbeine sind die Steueranlage.

Die bei einem Insektenbein am Ende des Fußes typischerweise angebrachten Klauen sind bei den Wasserläufern etwas weiter zurückgesetzt, damit sie den Oberflächenfilm des Wassers nicht durchstoßen, die Fußspitze endet mit einem Borstenbüschel, auf das sich das Eigengewicht des Tieres besser verteilen läßt. (Die Eindellungen der Wasserfläche, die die Beine hervorrufen, sind auf der obigen Abbildung deutlich zu sehen.)

Wasserläufer überwintern meist in einiger Entfernung außerhalb ihres Wohngewässers. Im Frühjahr paaren sie sich, und die Weibchen legen Gruppen von Eiern in einer umhüllenden Masse an Pflanzen gerade unterhalb der Wasserfläche ab.

Im Hochsommer sind Nymphen verschiedener Entwicklungsstadien vorhanden. Da einige Imagines flügellos sind, andere funktionslose, halblange Flügel tragen oder sogar richtig geflügelt sind, ist die Unterscheidung von Nymphe und erwachsenem Tier meist nicht gut möglich.

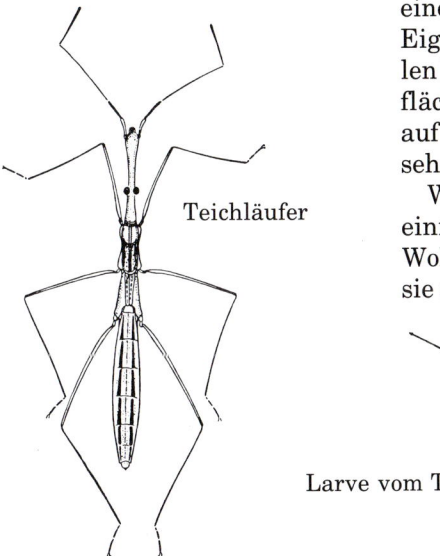

Teichläufer

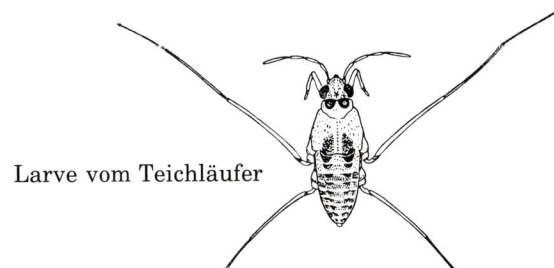

Larve vom Teichläufer

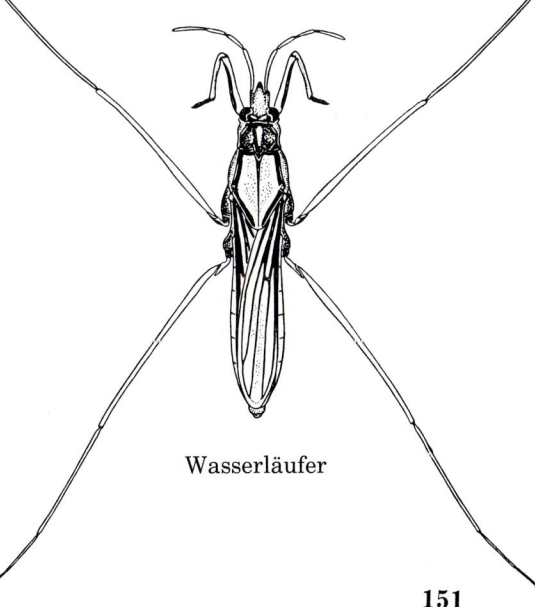

Wasserläufer

151

I

Schwimmwanzen *Naucoridae*

Schwimmwanzen sind echte Wasserbewohner und kommen in Gewässern aller Art vor, sofern sie keine allzu starke Strömung und außerdem reichlichen Pflanzenwuchs aufweisen. Die Tiere leben ausschließlich räuberisch, und wenn man sie unvorsichtig anfaßt, können sie recht schmerzhaft zustechen.

Schwimmwanzen sind meist dorsoventral abgeflacht und im Umriß oval-länglich. Flügel sind zwar vorhanden, doch ist die Flügelmuskulatur so sehr zurückentwickelt, daß die Tiere nicht fliegen können.

In regelmäßigen Abständen kommen die Tiere an die Oberfläche, um Atemluft zu holen, die zwischen den Flügeldecken und dem Hinterleib eingeschlossen wird. Zusätzlich führen sie auch noch einen feinen Luftfilm zwischen ihrer Körperbehaarung mit sich.

Die Vorderbeine der Schwimmwanzen sind hervorragend zum Beutefang umgestaltet, sie erinnern im Aussehen ein wenig an den Fangapparat der Fangschrecken (Gottesanbeterin). Mit diesen Beinen werden selbst Wasserasseln oder Flohkrebse gepackt und festgehalten, während der Rüssel die Körperflüssigkeiten der Opfer aufsaugt.

1 Schwimmwanze
Ilyocoris cimicoides
Dies ist die häufigste einheimische Art. Sie wird etwa 1–1,5 cm lang und überwintert als Imago. Die Paarung (siehe Bild) findet im Frühjahr statt. Das Weibchen legt seine Eier in langen Reihen in die Stengel von Wasserpflanzen ab. Nach etwa einem Monat schlüpfen die Nymphen. Ihre Entwicklung zur fertigen Imago dauert etwa 2 weitere Monate, wobei 5 Häutungen durchlaufen werden.

Riesenwasserwanzen
Belostomatidae
Die Vertreter dieser Familie stellen die größten Wanzen, die heute bekannt sind, und nehmen sogar innerhalb der größten Insekten einen beachtlichen Rang ein. Die Familie umfaßt etwa 100 Arten, die jedoch in Europa nicht vorkommen, dagegen in Nord- und Südamerika, Australien und Indien nicht selten sind.

Mit ihrem länglich-ovalen Körper, den großen Augen, dem kurzen, gekrümmten Rüssel und den kräftigen Greifbeinen sind die Riesenwasserwanzen respektable Räuber. Man sollte auf jeden Fall den Kontakt mit ihnen vermeiden oder sie nur sehr vorsichtig anfassen, denn der stechende Biß ist ziemlich schmerzhaft!

Die Hinterbeine sind stark behaart und daher für Schwimmbewegungen bestens geeignet.

Meist halten sich diese Wasserwanzen zwischen Pflanzen auf und legen sich dort auf die Lauer, wobei die Vorderbeine griffbereit gehalten werden. Hat eine Wanze einen Fisch gefangen, so werden die Mundwerkzeuge in die Beute gesteckt, durch eine Röhre enzymhaltige Speichelflüssigkeit injiziert, die das Opfer von innen aufweicht, und schließlich die verflüssigte Nahrung aufgesaugt.

Die Oberseite des Hinterleibes ist deutlich konkav geformt, so daß zusammen mit den Flügeldecken ein größerer Hohlraum entsteht, der mit Luft gefüllt werden kann. Um den Luftvorrat zu erneuern, durchstößt die Wanze mit einem zurückziehbaren Atemrohr die Wasseroberfläche.

Riesenwasserwanzen können recht gut fliegen und ziehen durch die Luft zu anderen Gewässern. Wie viele andere Insekten werden sie vom Licht stark angezogen. Stellenweise können sie daher zu einer echten Plage werden.

2 Riesenwasserwanze
Diplonychus eques
Bei dieser Art befestigt das Weibchen seine Eier auf den Flügeldecken des Männchens, das die Eier dann so lange mit sich herumführt, bis die Larven schlüpfen.

Bei einer mittelamerikanischen Art wurde beobachtet, daß das Männchen während des Schlüpfens an die Wasseroberfläche steigt, sich dort kräftig schüttelt, so daß die kleinen Nymphen aus den Eiern schneller ins Wasser gleiten können.

I

Wasserskorpione *Nepidae*

Die Vertreter dieser Wanzenfamilie haben zwei verschiedene Körperformen entwickelt: Der Wasserskorpion (*Nepa cinerea*) und seine engeren Verwandten sind von ovaler Körpergestalt, dabei stark dorsoventral abgeflacht und insgesamt ziemlich blattförmig. Sie leben zwischen Wasserpflanzen in allen möglichen stehenden Klein- und Großgewässern.

Bei der Stabwanze (*Ranatra linearis*) und nahestehenden Gattungen ist der Körper schmal, stabförmig, sehr schlank und daher sehr gut getarnt, da er im Stengelgewirr ebenfalls als Pflanzenteil erscheint.

Wasserskorpione verfügen über kräftig entwickelte Vorderbeine zum Pakken und Halten von Beute sowie über ein längeres „Atemrohr" am Hinter-

leib, das der Luftversorgung an der Wasseroberfläche dient. Dieses „Atemrohr" besteht aus zwei Längshälften, die über hakenförmige Borsten fest miteinander verbunden sind. Die Öffnung des Atemrohres ist von wasserabweisenden Haaren besetzt.

Die Familie umfaßt ungefähr 150 Arten, von denen allerdings nur wenige in den gemäßigten Regionen der Nordhalbkugel vorkommen. Die größten *Nepa*-Arten werden um 7 cm lang, während *Ranatra*-Arten bis 9 cm lang sein können.

Wasserskorpione überwintern als Imago und paaren sich von Anfang April bis Ende Mai. Bald nach der Paarung werden die Eier in der Dämmerung in Ketten an Pflanzenteilen nahe dem Wasserspiegel abgelegt. Nach etwa einem Monat schlüpfen daraus die Nymphen, die zunächst noch kein besonderes langes Atemrohr besitzen. Dieses Organ vergrößert sich jedoch von Häutung zu Häutung. Tatsächlich kann man die Imago von weit entwikkelten Nymphen am besten an der

Länge des Atemrohres unterscheiden. Wie die Riesenwasserwanzen legt sich auch *Nepa* mit fangbereiten Vorderbeinen auf die Lauer, um alle Kleintiere (einschließlich der Nymphen anderer Insekten) zu ergreifen, die sich auf Reichweite nähern. Hinsichtlich der Beutewahl werden keine besonderen Vorlieben entwickelt.

1 Wasserskorpion *Nepa cinerea*

Der einheimische Wasserskorpion wird bis 3 cm lang. Er bewohnt sehr gerne ziemlich flache, pflanzenreiche Tümpel und Teiche. Obwohl die Tiere komplette Hinterflügel besitzen, können sie dennoch nicht fliegen, da die Flugmuskulatur nicht genügend entwickelt ist. Nimmt man einen Wasserskorpion (vorsichtig!) in die Hand, so stellt er sich für eine Weile tot.

2

2 Stabwanze *Ranatra linearis*
Die Stabwanze, eine in der Bundesrepublik besonders geschützte Art, bevorzugt etwas tiefere Teiche als der Wasserskorpion, aber ebenfalls dichte Wasserpflanzenbestände, zwischen denen sie sich auf die Lauer legen kann. Kaulquappen werden besonders häufig ergriffen, aber auch kleinere Wassertiere, wie etwa Wasserflöhe, kann die Stabwanze mit hoher Treffsicherheit fangen.

Die erwachsenen Stabwanzen überwintern und paaren sich dann im Frühjahr.

Die Eier zeigen zwei lange Fortsätze und werden in kurzen Reihen auf den Stengeln von Wasserpflanzen abgesetzt. In etwa einem Monat schlüpfen daraus die Nymphen. Die weitere Entwicklung benötigt etwa 2 Monate und 5 Häutungen. Jüngere Nymphen zeichnen sich durch ein relativ kurzes Atemrohr am Hinterleib aus.

Rückenschwimmer *Notonectidae*

Rückenschwimmer sind kräftig gebaute Wasserwanzen von bis zu 1,5 cm Länge. Man erkennt die Tiere leicht an ihrem fast dreieckigen Körperquerschnitt, der sich aus einem auffälligen Rückenkiel ergibt. Der Körperumriß ist strömungsgünstig bootförmig. Die Körpergestalt und die Lage des Kiels kommen der Fortbewegungsweise sehr entgegen, denn Rückenschwimmer schwimmen tatsächlich in Rückenlage durchs Wasser. Antriebsorgane sind die Beine des 3. Beinpaares, die viel länger

sind als die übrigen und zudem einen breiten Haarsaum tragen. Beim Schwimmen werden die Beine weit ausgestreckt und arbeiten wie die Riemen bei einem Ruderboot.

Haare an der Bauchseite halten immer kleine Luftbläschen als Atemvorrat fest und sorgen zudem für den nötigen Auftrieb: Wenn das Tier sich nicht gerade an Wasserpflanzen festhält, schwebt es sofort zur Oberfläche auf. Die festgehaltene und mitgeführte Luftblase arbeitet zwar als physikalische Kieme, doch muß die Luft an der Oberfläche von Zeit zu Zeit erneuert werden.

Im Frühjahr werden zigarrenförmige Eier einzeln in die Stengel von Wasserpflanzen gelegt. Die Nymphchen, die nach einigen Wochen ausschlüpfen, sind anfangs weiß und haben rote Augen.

Rückenschwimmer sind sehr gefräßige Räuber, die selbst Tiere anfallen, die viel größer sind als sie selbst. Sie suchen Insekten (z. B. Schmetterlinge) auf, die sich im Oberflächenfilm des Wassers gefangen haben, fangen aber auch Kaulquappen oder kleine Fische. Im Speichel ist offenbar ein Giftstoff enthalten, der die Beute lähmt.

Rückenschwimmer sollte man vorsichtig oder besser gar nicht anfassen, da sie recht schmerzhaft zustechen können!

Ruderwanzen, Wasserzikaden
Corixidae

Ruderwanzen sind in stehenden Kleingewässern mitunter recht häufig. Die Tiere werden bis 13 mm lang und gleichen im Aussehen den Rückenschwimmern. Sie unterscheiden sich jedoch von den *Notonecta*-Arten durch ihren flachen, rundlichen, ungekielten Rücken und ihren breit abgerundeten Hinterleib.

Außerdem schwimmen sie in normaler Haltung mit dem Bauch nach unten und der Rückenseite oben.

Beim Männchen enden die Vorderbeine mit einem auffällig abgeflachten Segment, das mit einer oder zwei Reihen kräftiger Klauen bestanden ist. Bei der Paarung dienen sie zum Festhalten des Weibchens, und zwar greifen sie unter die gebogenen Wülste der Flügeldecken. Während der Paarungszeit zirpen die Männchen recht laut. Sie streichen dabei mit einer Dörnchenleiste ihrer Vorderbeine über den Rand ihrer Unterlippe.

Die Eier sind zwiebelförmig und werden einzeln an Wasserpflanzen (Stengel oder Blätter) gelegt.

Die Nymphen nehmen den Sauerstoff anfangs durch die gesamte Körperoberfläche auf. Nach der 3. Häutung stellen sie sich jedoch auf Luftatmung um. Zu diesem Zeitpunkt sind ihre Flügeldekken schon groß genug, um einen gewissen Luftvorrat zu halten, der von Zeit zu Zeit an der Oberfläche erneuert werden muß.

Wasserzikaden oder Ruderwanzen treiben im Wasser nicht auf dem Wasser wie die Rückenschwimmer. Wenn sie zu schwimmen aufhören, sinken sie zu Boden. Dies hangt möglicherweise mit der (für Wasserwanzen ungewöhnlichen) Art der Ernährung zusammen: Ruderwanzen leben nämlich ausschließlich von pflanzlichem Material. Sie stechen mit ihren Mundwerkzeugen kleinste Planktonalgen an oder saugen auch größere Pflanzenteile aus.

Zu den Ruderwanzen gehören mehr als 200 Arten, die weltweit verbreitet sind. In Europa sind 42 Arten nachgewiesen.

Netzflügler (Neuroptera)

Der Name dieser Insektenordnung leitet sich von der eigenartigen Flügeladerung ab, die an ein Netzwerk oder ein Nervengeflecht erinnert. Die Netzflügler gelten innerhalb der endopterygoten Insekten als eine besonders ursprüngliche Gruppe, von denen sich unter anderem die Köcherfliegen, Schmetterlinge und Fliegen ableiten lassen. Nur wenige Formen haben ein wasserlebendes Nymphenstadium.

1, 2 Schlammfliegen
Sialidae

Die Schlammfliegen sind in Mitteleuropa nur mit wenigen Arten der Gattung *Sialis* vertreten. Die Imago wird etwa 14 mm lang, trägt fast körperlange Antennen und dunkle, sehr kräftig geaderte Flügel, die in Ruhestellung dachartig über dem Hinterleib gefaltet werden. Oft findet man die erwachsenen Tiere in Gewässernähe auf Steinen oder Pflanzen herumkrabbeln. Nur ungern fliegen (oder besser flattern) die Tiere über kurze Entfernungen.

Mit besonderen Duftstoffen lockt das Weibchen das kleinere Männchen an. Schlammfliegen, die sich gerade paaren, trifft man im Mai oder Juni an Ge-wässerrändern recht häufig an. Das Weibchen legt anschließend bis zu 2000 Eier in größeren Gruppen an Röhricht oder anderen aus dem Wasser aufragenden Pflanzen ab. Die Eier sind dunkelbraun, an einem Ende knopfartig gerundet und an der anderen Seite festgeheftet (**1**). Nach 2 Wochen schlüpfen die Larven durch einen Längsschlitz im Ei. (Findet man Eier mit einer winzigen runden Öffnung, so wurden sie von Schlupfwespen der Gattung *Trichogramma* parasitiert. Diese Schlupfwespen sind so klein, daß sie ihren gesamten Entwicklungszyklus innerhalb eines Schlammfliegeneies zu Ende führen.)

Nach dem Schlüpfen lassen sich die Larven entweder ins Wasser fallen, oder sie kriechen ins Wasser. Sie sind nur etwa 1 mm lang, aber sehr aktive Schwimmer, ausgerüstet mit Kiemen und langen Haaren an Beinen und Abdomen. Mehrere Tage lang halten sie sich nahe der Wasseroberfläche auf und schwimmen lebhaft und weiträumig umher. Nach der ersten Häutung meiden sie jedoch den durchlichteten Bereich des Wassers, steigen zu dunkleren Tiefen im Teich hinunter und graben sich dort im Bodenschlamm ein. Die meisten *Sialis*-Arten durchlaufen 10 Häutungen innerhalb von 2 Jahren.

Die nahezu ausgewachsene Larve mißt ungefähr 25 mm Länge (**2**). Sie besitzt eine zylindrische Körperform und ist bräunlich gefärbt. Der Kopfbereich ist stark betont, die Kiefer sind recht kräftig, da die Tiere räuberisch leben. (Sie ernähren sich von Zuckmückenlarven oder den Larven von Köcher- und Eintagsfliegen, die sie stückweise verschlingen.)

Am Brustteil sitzen 3 Paar lange, kräftige Laufbeine. Ein besonders auffälliges Merkmal bilden die 7 Paar Hin-terleibskiemen, die unsegmentiert sind und gerade abstehen.

Das letzte Hinterleibssegment ist in eine Kieme von ganz ähnlichem Aussehen verlängert. Schlammfliegenlarven können mit Wasserkäfer-Larven der Gattung *Gyrinus* (Seite 171) verwechselt werden; die Käferlarven haben jedoch einen wesentlich kleineren Kopf und tragen am Hinterleib 10 Paar Kiemenanhänge.

Die erwachsene *Sialis*-Larve verläßt irgendwann zwischen Ende März und Juni das Wasser, krabbelt vom Teich oder Tümpel weg und sucht sich in feuchtem, lockerem Boden oder auch pflanzlichem Abfall eine geeignete Stelle zur Verpuppung. Die Larve verkriecht sich etwa 1 cm tief und baut sich eine Puppenkammer; ein seidiger Kokon wird nicht angelegt. Die Körperanhänge sind bei der fertigen Puppe nicht in die Puppenhülle einbezogen, sondern stehen frei ab. Durch allerhand dornige Fortsätze vermeidet die Puppe Kontakt zu den Wänden ihrer Puppenkammer. Sie ruht darin fast wie ein Fakir auf seinem Nagelbett.

Kurz vor dem Schlüpfen verläßt die bewegliche Puppe ihre Kammer, damit die Imago ungehindert ins Freie gelangen kann.

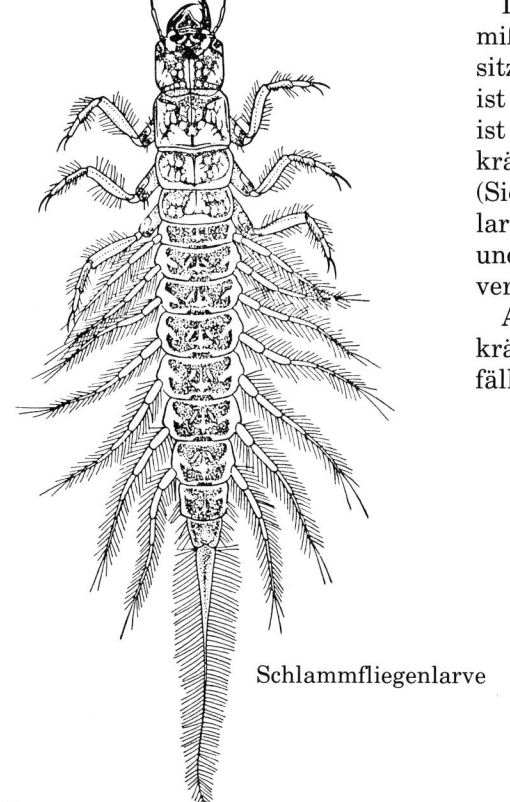

Schlammfliegenlarve

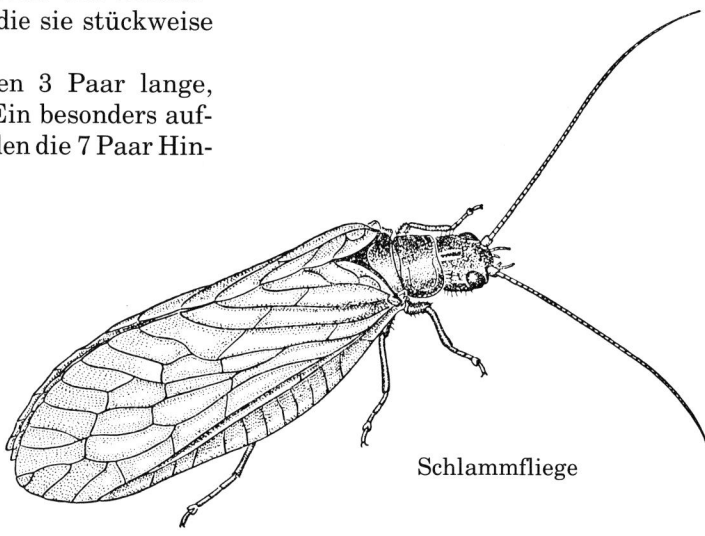

Schlammfliege

1 ▲

2 ▼

1, 2 Schwammfliegen
Sisyridae

In Europa kommt hauptsächlich die Art *Sisyra fuscata* vor, die recht weit verbreitet ist. Ihre Larve lebt ausschließlich auf Süßwasserschwämmen und ernährt sich von deren Oberflächenzellen. Ein Schwamm kann mehrere Larven enthalten.

Die Imago der Schwammfliege ist ein kleines, bräunliches Insekt, das sich fast immer in Gewässernähe aufhält.

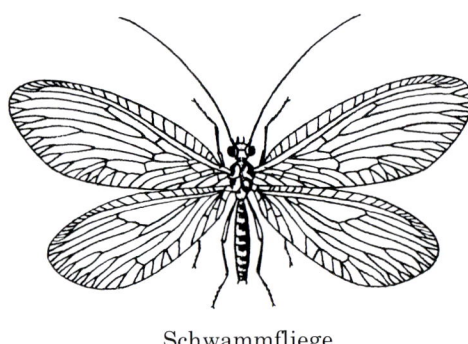

Schwammfliege

Das Weibchen legt seine Eier gruppenweise an Zweigen ab, die entweder im Wasser stehen oder über die Teichfläche ragen. Jede Eiergruppe wird mit einem feinen Seidengewebe überspannt. Die frisch geschlüpften Larven fallen in das Wasser und schwimmen lebhaft umher, um sich einen Schwamm zu suchen. Bei erfolgreichem Abschluß der Suche heften sich die Larven entweder außen am Schwamm fest oder dringen durch eine seiner Öffnungen ein.

Die Mundwerkzeuge der Larve sind hochgradig spezialisiert. Sie bilden eine gekrümmte, spitze Röhre, die in Schwammzellen eingestochen wird, um den Zellinhalt aufzusaugen.

Die Larven der Schwammfliege (**1, 2**) sind länglich-oval, etwas abgeflacht und an beiden Enden verschmälert. Sie messen ca. 5 mm und sind entweder blaßgrün oder gelblich gefärbt und passen sich damit der Eigenfarbe der Schwämme gut an. Am Brustteil sitzen 3 Beinpaare an. Auf der Bauchseite der ersten 7 Hinterleibssegmente befinden

sich 7 Kiemenpaare, die in bestimmten Zeitabständen kräftig vibrieren.

Kurz vor der Verpuppung verläßt die Larve ihren Schwamm, schwimmt an Land, klettert an Pflanzenstengeln hinauf und spinnt sich in einen seidigen Kokon ein.

Pro Jahr entwickeln sich mehrere Generationen – wenn es die Bedingungen zulassen. Schwammfliegen sind überall dort verbreitet, wo es auch Süßwasserschwämme gibt.

I

2

Käfer (Coleoptera)

Die Käfer bilden die artenreichste Insektenordnung überhaupt; weltweit wurden bisher rund 250000 Arten beschrieben. Merkmale, an denen man einen Käfer als solchen erkennt, sind die lederig-hornigen, derben Flügeldecken (Elytren), die sich auf dem Rükken in einer geraden Trennlinie treffen und die häutigen Hinterflügel bedekken, die gewöhnlich wesentlich größer sind und in der Ruhestellung gefaltet unter den Elytren liegen. Beim Fliegen werden die Elytren hochgeklappt.

Von den über 100 Käferfamilien leben nur relativ wenige Formen teilweise oder ganz im Süßwasser. Teichbewohnende Arten atmen ausschließlich atmosphärischen Sauerstoff, der an der Wasseroberfläche besorgt werden muß. Dies gilt normalerweise auch für die wasserlebenden Käferlarven. Die Verpuppung findet jedoch meist außerhalb des Wassers statt, wo die Sauerstoffversorgung aus der Luft keine besonderen Probleme bereitet.

Käferlarven sind ziemlich vielgestaltig. Räuberisch lebende Formen sind mit tüchtigen Brustbeinen ausgerüstet, in pflanzlichem Gewebe bohrende Larven können auf die Beine verzichten.

Schwimmkäfer *Dytiscidae*

Gelbrandkäfer
Dytiscus marginalis
(Bilder 1–3, Seite 162/163)
Der Gelbrandkäfer und seine Verwandten werden aufgrund ihrer hohen Anpassung an den Lebensraum Teich auch als echte Wasserkäfer bezeichnet.

Der Gelbrandkäfer wird etwa 35 mm lang. Beim Männchen sind die Flügeldecken glatt, dunkelgrün und leicht glänzend, beim Weibchen dagegen stumpf, längs gefurcht und olivbraun. Außerdem sind beim Männchen Teile der Vorderbeine zu einem rundlichen Saug- und Halteorgan umgewandelt (3). Sie dienen unter anderem auch zum Festhalten des Weibchens während der Paarung. Der Körper der Gelbrandkäfer ist nahezu ideal stromlinienförmig gestaltet und auch leicht abgeflacht. Die Tiere schwimmen sehr gewandt. Dabei werden die großen, haarumsäumten Hinterbeine synchron geschlagen.

Unter den Flügeldecken wird ein Luftvorrat geführt, der von Zeit zu Zeit erneuert werden muß. Wenn der Käfer seine Schwimmbewegungen einstellt, treibt er sofort mit dem Hinterleib voraus zur Wasseroberfläche. Dabei kommen zwei besondere Atemöffnungen mit der atmosphärischen Luft in Kontakt. Zusätzlich werden auch die beiden Flügeldecken noch ein wenig angehoben (2).

Der erwachsene Käfer ist flugfähig und kann lange Strecken zurücklegen. Daher sind Gelbrandkäfer die wohl verbreitetsten großen Wasserkäfer.

Der Gelbrandkäfer und seine Larve sind gefräßige Räuber, die sogar Fische angreifen, die größer als sie selbst sind. Im Frühsommer werden besonders gerne Kaulquappen erbeutet, später auch zunehmend Molchlarven, die übrige Zeit ist kaum ein größerer Wasserbewohner sicher (3). Die großen Mandibeln werden zum Zerreißen der Beute verwendet, die dann in kleineren Portionen verschluckt wird. Die Verdauung findet beim erwachsenen Käfer, im Gegensatz zur Larve, intern statt.

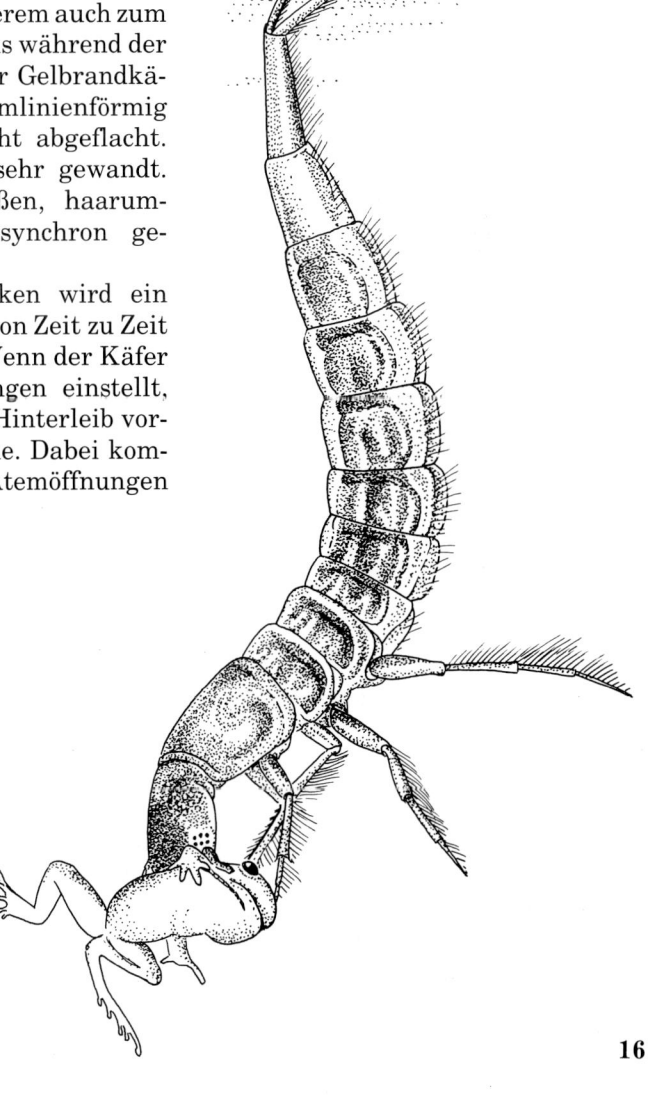

Larve des Gelbrandkäfers
mit Beute

1

2

Zu den Bildern **1–3**, Seite 164:

Im Frühjahr legt das Weibchen seine zigarrenförmigen Eier einzeln in den Stengeln von Wasserpflanzen ab. Die schlüpfende Larve ist mindestens ebenso gefräßig wie der erwachsene Käfer. An ihrem großen Kopf fallen die sichelförmigen, kräftigen Mandibeln sofort auf. Die Brustbeine sind behaart und bilden wirksame Ruderorgane. Die beiden letzten Hinterleibssegmente und das Hinterleibsende sind ebenfalls behaart. Diese Einrichtung erleichtert es der Larve, kopfunter an der Wasser-

Würmern, Insekten bis hin zu kleineren Fischen von Stichlingsgröße. Die Larve legt sich auf die Lauer und überfällt ihr Opfer aus dem Hinterhalt.

Jede Mandibel enthält eine fast röhrig ausgebildete Vertiefung, durch die ein Verdauungssekret in die Beute abgegeben wird. Daher findet bei der Larvenmahlzeit jeweils eine Vorverdauung außerhalb ihres Darmtraktes statt. Durch Pump- und Schluckbewegungen saugt die Larve später ihr Opfer auf. Zur vollen Entwicklung benötigt die Larve etwa 1 Jahr. Eine vollentwik-

kelte Larve ist etwa 5 cm lang. Kurz vor der Verpuppung verläßt sie den Teich (**2**), kriecht etwa 1–2 m weit davon und gräbt sich im feuchten, weichen Boden ein.

Die Puppe (**3**) liegt etwa 3–4 cm unter der Oberfläche und benötigt ungefähr 3 Wochen zur weiteren Entwicklung. Dann schlüpft die Imago, bleibt jedoch noch eine Woche in der Erde, um auszuhärten, und sucht anschließend das Wasser auf. Die erwachsenen Gelbrandkäfer überwintern im Bodenschlamm des Teiches oder Tümpels.

I

oberfläche zu hängen und Atemluft zu holen (**1**).

Die Larve des Gelbrandkäfers ernährt sich von einer großen Zahl verschiedener Beuteobjekte. Die Speisekarte reicht von Kaulquappen, Molchlarven, Mollusken, verschiedenen

2

3

1, 2 Furchenschwimmer
Acilius sulcatus

Der Furchenschwimmer ist ebenfalls in vielen Teichen anzutreffen. Der ca. 16 mm lange Käfer zeigt die gleiche strömungsgünstige Tropfenform wie der Gelbrandkäfer, auch fadenförmige Antennen und zu Ruderorganen ausgebildete Hinterbeine. Am Vorderbein des Männchens findet sich eine ähnliche Saugeinrichtung wie beim größeren Verwandten.

Das Weibchen legt seine Eier einzeln oder in kleinen Gruppen am Tümpelboden ab.

Die Larve des Furchenschwimmers (2) kann man an ihrem deutlich verlängerten ersten Brustsegment gut erkennen. Sie schwimmt etwas langsamer als die Gelbrandlarve, aber dennoch recht elegant mit Paddelbewegungen ihrer haarbesäumten Brustbeine.

1–5 Teichschwimmer
Colymbetes fuscus

Der Teichschwimmer verpuppt sich im Hochsommer in einer Puppenkammer, die die Larve im feuchten Boden in Teichnähe anlegt. Bei der Puppe sind alle Extremitäten frei. Sie ist weiß mit Ausnahme der Augen, die sich gegen Ende der dritten Woche dunkler abheben (**1**). Der frischgeschlüpfte Käfer ist anfangs ebenfalls noch sehr bleich, trägt jedoch dunkle Augen (**2**). Nach wenigen Tagen ist er jedoch kräftiger ausgefärbt und ausgehärtet (**3**) und nach etwa einer Woche mit allen arttypischen Kennzeichen versehen (**4**). Jetzt verläßt der Käfer die Puppenkammer und sucht das nahe gelegene Gewässer auf (**5**).

6 Zwergschwimmer
Hyphydrus

Zwergschwimmer sind in Deutschland mit 31 verschiedenen Arten vertreten. Ihre Larve ist etwas dicklich und trägt am Kopf einen charakteristischen schnabelartigen Fortsatz. Die Brustbeine sind nicht alle groß, aber als Schwimmorgane ausgebildet und mit Haaren besetzt. Zum Hinterleib hin ist der Körper verschmälert. Rechts und links der Hinterleibsspitze sitzen 2 Schwanzanhänge (Cerci). Die auffällige Schwarz-Gelb-Färbung ist offenbar eine Warnfarbe.

6

167

Wasserkäfer *Hydrophilidae*

1–5 Großer Kolbenwasserkäfer
Hydrous piceus

Der Große Kolbenwasserkäfer gehört zu einer Verwandtschaftsgruppe, in der es sowohl land- als auch wasserlebende Arten gibt. Der Kolbenwasserkäfer selbst ist der größte einheimische Wasserkäfer, er erreicht rund 5 cm Länge. An der beachtlichen Größe, der dunklen schwarzgrünen Färbung, den keulenförmigen Antennen und den auffällig langen Palpen ist die besonders geschützte Art gut zu erkennen. Die Palpen sind besondere Sinnesanhänge, die eigentlich schon zu den Mundwerkzeugen gehoren. Sie haben damit in etwa die Funktion, die bei anderen Insekten in den Antennen sitzen, während die Wasserkäferantennen für das Luftholen an der Wasserfläche umgestaltet wurden.

An zwei Stellen kann der Kolbenwasserkäfer Atemluft transportieren: Er verfügt zum einen über eine Luftkammer unter den Flügeldecken, zum anderen ist die Brustunterseite von vielen unbenetzbaren Haaren besetzt, so daß sich auch hier ein feiner Luftfilm ansammeln kann. Wenn im Wasser genügend Sauerstoff gelöst ist, wirkt die Brustunterseite mit ihrem feinen Luftpolster wie eine physikalische Kieme: Der Gasaustausch mit der Umgebung vollzieht sich nahezu selbsttätig, der Käfer braucht daher nicht allzu oft zur Oberfläche aufzusteigen. Bild **1** zeigt diesen silbrig glänzenden Luftvorrat. Während der Überwinterung wird sogar der gesamte Sauerstoffaustausch über diesen Luftfilm vorgenommen, allerdings ist er in der Ruhezeit des erwachsenen Käfers auch nicht allzu groß.

Das Lufterneuerungsmanöver an der Wasseroberfläche ist jedoch einzigartig bei dieser Käferfamilie: Der Käfer durchstößt durch Kopfdrehung mit einer Antenne die Wasseroberfläche. Die Haare auf der Antenne bilden zusammen mit der Behaarung auf der Brustunterseite und am Kopf eine Art Trichter, durch den die Luft zu den entsprechenden Vorratsräumen sowohl an der Brust als auch unter die Flügeldecken geleitet wird (**3**).

Das Männchen unterscheidet sich vom Weibchen rein äußerlich durch ein vergrößertes, ungefähr dreieckiges Segment am Ende der Vorderbeine.

Beide Geschlechter besitzen einen scharfen Dorn, mit dem sie sehr empfindlich zustechen können.

Im Gegensatz zum Gelbrandkäfer ist der Kolbenwasserkäfer trotz seiner eleganten Stromlinienform kein allzu gewandter Schwimmer. Die beiden hinteren Beinpaare tragen zwar Haarsäume, bilden aber trotzdem keine allzu wirksamen Ruder. Sie werden außerdem nicht im Gleichklang wie die Riemen eines Ruderbootes, sondern abwechselnd betätigt; der Kolbenwasserkäfer bewegt sich daher eher paddelnd im Wasser fort. Während die Gelbrandkäfer arge Räuber sind, ist der Kolbenwasserkäfer ein Pflanzenfresser, der vor allem die Algen des Teiches oder Tümpels beweidet.

Die Paarung findet im Herbst statt. Die erwachsenen Käfer überwintern im Bodenschlamm. Im Frühjahr spinnt das Weibchen ansehnliche Eikokons mit besonderen Hinterleibsdrüsen. Jedes auf diese Weise gefertigte Eipaket enthält etwa 50 Eier. Da es einen größeren Luftvorrat enthält, wirkt es wie eine Schwimmboje und treibt daher an der Oberfläche (**4**).

Die Larven schlüpfen nach etwa 2 Wochen und beißen sich an einer dünnen Stelle des Kokons durch. Wie beim Gelbrand holen sie ihre Atemluft mit Hilfe besonderer Öffnungen am Hinterleibsende. Im Unterschied zur Imago leben die Larven räuberisch. Sie besitzen große, kräftige, bezahnte Mandibeln. Hauptnahrung bilden Wasserschnecken der Gattung *Planorbis* (Seite 107), die sie in charakteristischer Weise festhalten (**5**), die Schale Stück für Stück wegbeißen, um schließlich den Schneckenkörper selbst zu verzehren. Gegen Ende des Sommers ist die Larve mit etwa 7 cm Länge erwachsen. Sie verläßt nun den Teich, vergräbt sich in Wassernähe im weichen Boden und verpuppt sich. Nach etwa 6 Wochen schlüpft der fertige Käfer und zieht zum Teich zurück. Die Imago kann hervorragend fliegen und dabei auch weite Strecken zurücklegen. Die Familie *Hydrophilidae* ist weltweit verbreitet und mit insgesamt etwa 2000 Arten bekannt; in Mitteleuropa kommen rund 150 Arten vor.

4

5

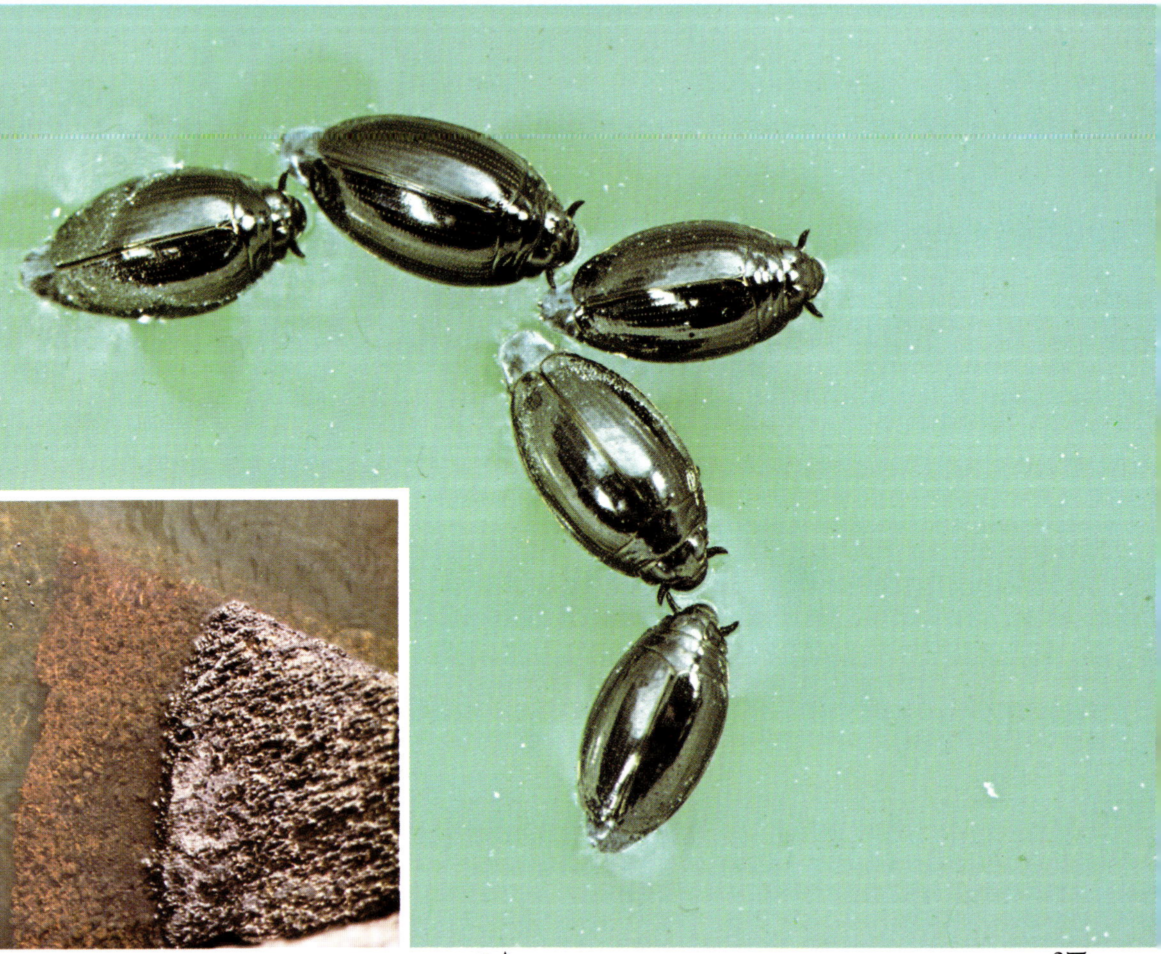

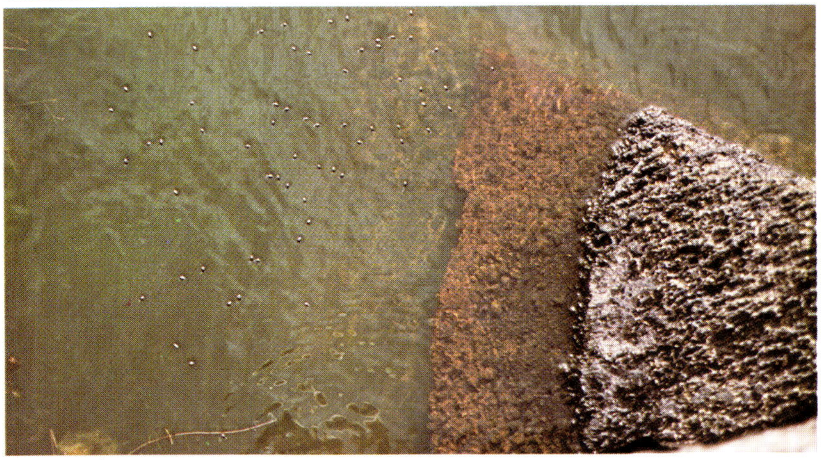

1▲ 2▲ 3▼

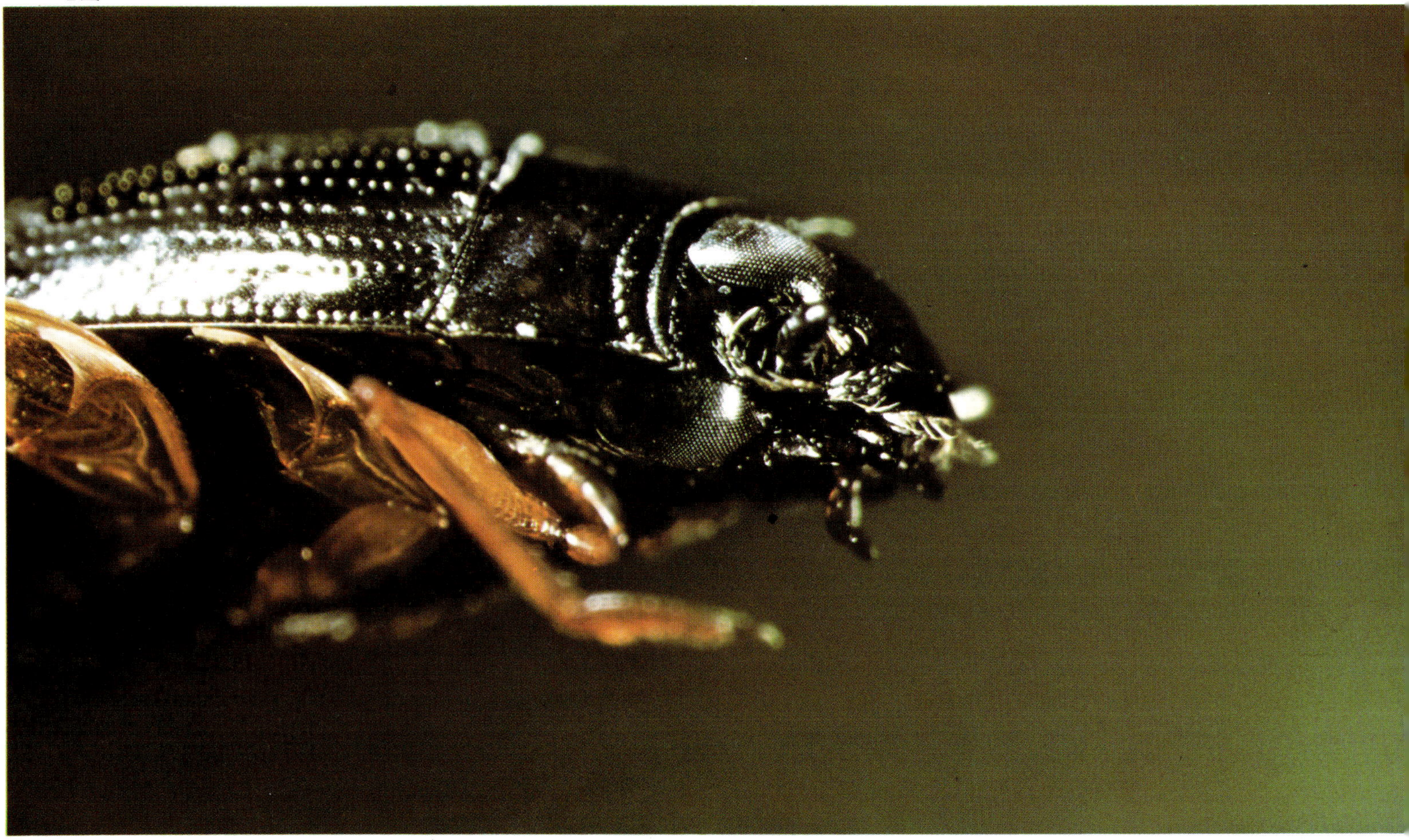

1–4 Taumelkäfer
Gyrinidae

Weltweit gibt es etwa 700 verschiedene Taumelkäfer-Arten, in Mitteleuropa allerdings nur etwa 12. Taumelkäfer sind typische Oberflächenschwimmer, die auf der Wasserfläche von Teichen und Tümpeln in rasanter Fahrt ihre Kurven und Spiralen ziehen und sich ihrem Ziel niemals geradlinig nähern. Gewöhnlich treten die Tiere gesellig auf, wobei sich kleinere Gruppen von 2–12 Individuen bilden (**1**).

Die Käfer sind länglich-oval und dorsoventral leicht abgeflacht und werden 4–20 mm lang. Die Hinterleibsspitze überragt die Flügeldecken ein wenig. Fast alle Arten sind schwarz, wobei sie jedoch eigenartig silbrig glänzen. Die Vorderbeine sind ziemlich lang und enden beim Männchen in einem besonderen Saugteil, mit dem das Weibchen während der Paarung festgehalten wird. Die mittleren und hinteren Beine dienen der Fortbewegung, sind stark abgeflacht und mit Haarsäumen verse-

Schwimmbahn eines
Taumelkäfers

hen. Beim Ruderschlag stemmen sich die Segmentplatten mit aller Macht gegen das Wasser und sorgen so für optimalen Vorschub. Bei der Rückholbewegung der Beine klappen sie zusammen und leisten nur wenig Widerstand.

Die Augen sind auf zwei getrennte Bereiche verteilt (**3**), so daß der Käfer gleichzeitig den Luftraum kontrollieren, aber auch die Vorgänge unterhalb der Wasserlinie verfolgen kann. Diese Art der Augenanordnung auf der Ober- und Unterseite des Kopfes ist einzigartig bei den Wasserinsekten.

Solange sie sich an der Oberfläche aufhalten, haben die Käfer leichten Zugang zur atmosphärischen Luft. Bei Störung tauchen sie jedoch rasch unter und nehmen dann eine größere Luftblase als Atemvorrat mit. Außerdem befindet sich noch ein kleines Luftpolster unter den Flügeldecken.

Die erwachsenen Tiere ernähren sich in der Hauptsache von kleineren Insekten, die auf die Wasseroberfläche geraten sind.

In der ungünstigen Jahreszeit vergraben sich die Taumelkäfer im Bodenschlamm. Bei sehr milden Temperaturen kommen sie jedoch für kurze Zeit auch ab und zu an die Oberfläche, um Nahrung zu suchen.

Die Eier werden im Frühjahr in kleinen Gruppen an Stengel oder Blätter von Wasserpflanzen gelegt.

Die Larve (**4**) ist gut zu erkennen, kann jedoch leicht mit der Larve von Schlammfliegen (Seite 158) verwechselt werden. Sie ist etwa 15 mm lang. Die ersten 8 Hinterleibssegmente tragen je ein Paar Kiemen. Am 9. Segment sitzen 2 Kiemenpaare, und am letzten Abschnitt fällt ein Klauenpaar auf.

Die Mandibeln sind röhrig entwickelt, so daß Verdauungssekret in die Beute geleitet werden kann.

Die Nahrung besteht aus verschiedenen Larven anderer Insektenarten oder auch aus kleineren Würmern. Zur Nahrungsaufnahme sitzt die Larve ziemlich reglos (**4**), nur der Schlund betätigt sich durch Schluckbewegungen.

Nach dem Hochsommer verläßt die Larve das Wasser, klettert an Röhrichtpflanzen empor und verpuppt sich in einem Kokon, der aus Schlammteilchen gefertigt wird. Einen Monat später schlüpfen die Käfer.

4

1

2

3

Blattkäfer
Chrysomelidae

Zu dieser großen Käferfamilie gehören weltweit mehr als 20 000 Arten. Die meisten von ihnen sind oval und fallen durch einen sehr farbigen, metallischen Glanz auf.

1–3 Schilf- oder Rohrkäfer
Donacia ssp.

Erwachsene Schilfkäfer sind länglich und werden etwa 6–13 mm lang. Die Käfer sind landlebend und während des Sommers häufig paarweise auf Schilf oder anderen Pflanzen des Röhrichtgürtels zu finden. Larven und Puppen leben im Wasser. Vor der Eiablage beißt das Weibchen ein Loch in das Blatt einer Schwimmblattpflanze, streckt dann die Legeröhre vor und legt die Eier durch die Blattöffnung auf die Blattunterseite. Wenn die Larven schlüpfen, sinken sie zunächst auf den Teichboden und heften sich mit Hilfe eines besonderen Ankerorgans an den Wurzeln von Wasserpflanzen an. Die *Donacia*-Larven beziehen ihren Sauerstoff unmittelbar aus dem Aerenchym der Pflanzen, die sie anstechen. Ihre Nahrung besteht aus zernagtem Pflan-

zenmaterial und daraus aufgesaugtem Zellinhalt.

Die Larve (**2**) sieht recht plump aus, ist weitgehend inaktiv, mißt ungefähr 8–16 mm Länge und besitzt nur sehr kurze Brustbeine. Wenn sie ausgewachsen ist, spinnt sie sich einen seidigen Kokon an einer Wasserpflanze oder auch am Wurzelwerk. Zuerst ist dieser Kokon noch hell, nimmt dann jedoch bald eine kräftig braune Färbung an (**3**).

Die Imago verläßt den Kokon eingeschlossen in einer Luftblase, so daß sie völlig trocken die Wasseroberfläche erreicht und sofort davonfliegen kann.

4–6 Galerucella grisescens

Diese Blattkäfer-Art wird etwa 4–6 mm lang und lebt bevorzugt auf dem Pfeffer-Knöterich (*Polygonum hydropiper*) in der Umrandung flacher Teiche. Die Käfer paaren sich im Juli (**4**), und das Weibchen legt anschließend Gruppen von Eiern an der Nahrungspflanze ab (**5**). Nach etwa 2 Wochen schlüpfen daraus die Larven, nachdem sie sich zuvor eine Öffnung in die Eihülle genagt haben (**6**). Larven und Imagines leben auf Blättern und löchern die Blattsubstanz stark auf (**6**).

4

5

6

Zweiflügler
(Diptera)

Die Zweiflügler besitzen nur ein Paar häutige Flügel (Vorderflügel), die Hinterflügel sind in kleine Anhänge (Halteren) umgewandelt und dienen beim Flug der Balance und der Steuerung.

Die Mundwerkzeuge der Zweiflügler dienen hauptsächlich zum Saugen, können bei manchen Familien aber auch zum Stechen verwendet werden.

Den Larven (Maden) fehlen die Brustbeine, und ihr Kopf ist nur sehr klein. Meist findet sich nur am ersten Brustsegment und am letzten Hinterleibssegment eine paarig angelegte Atemöffnung.

Die erwachsenen Tiere leben nicht mehr im Wasser, aber von vielen Arten sind die Larven und Puppen an den aquatischen Lebensraum gebunden.

Zu den Zweiflüglern gehören mehr als 85000 Arten, die sich auf folgende größere Gruppierungen verteilen:

Die **Mücken** (Nematocera) besitzen fadenförmige Antennen, die beim erwachsenen Tier länger sind als Kopf und Brust zusammen und aus zahlreichen gleichen Gliedern bestehen. Ihre Larven haben einen vom Brustteil abgesetzten, nicht in diesen zurückgezogenen Kopf. Die Kiefer (Mandibeln) arbeiten horizontal.

Die im Süßwasser vertretenen Familien sind: Schnaken (*Tipulidae*) (teilweise), Faltenmücken (*Ptychopteridae*), Tastermücken (*Dixidae*), Stechmücken (*Culicidae*), Zuckmücken (*Chironomidae*) und einige weitere Familien.
Bei den **Fliegen** (Brachycera) sind die Antennen sehr kurz und bestehen im typischen Fall aus drei Segmenten, von denen das letzte deutlich vergrößert ist. Der etwas zurückgebildete Kopf der Larven kann gewöhnlich in den Brust-

teil zurückgezogen werden. Die Mandibeln beißen immer vertikal.

Hierher gehören die Bremsen (*Tabanidae*), deren Larven zum Teil im Wasser leben.

Zu den **Cyclorapha** werden alle diejenigen (früher meist zu den Brachycera gestellten) Familien gezählt, bei deren Larven der Kopf sehr stark reduziert ist und die eine Tönnchenpuppe entwickeln, deren Deckel beim Schlüpfen abgesprengt wird. Erwähnenswert von dieser Unterordnung ist die Familie der Schwebfliegen (*Syrphidae*), bei denen wiederum nur die Larve im Wasser lebt.

1–4 Schnaken
Tipulidae

Die meisten Schnakenlarven leben nicht im Wasser, sondern ernähren sich von den Wurzeln der Gräser und zahlreicher Kulturpflanzen. Wasserlebende Schnakenlarven sind gewöhnlich schmutzigweiß oder bleichgrau (**1**). Sie sind an ihrer schwärzlichen Kopfkapsel ebenso gut zu erkennen wie an der etwas auffälligen Gestaltung der Atemöffnungen (**2**). Diese stehen am Hinterleib auf einer Platte, die von 6–8 fleischigen Lappen umgeben ist. Die Larve steigt mit dem Hinterleibsende voran zur Wasseroberfläche auf. Dann werden die Atemöffnungen freigegeben, und die Larve kann atmosphärische Luft aufnehmen. Die Lappen dienen zum Verschluß und eventuell auch zur Aufnahme von gelöstem Sauerstoff aus dem Wasser.

Nach dem Luftholen zieht die Larve sich wieder in tiefere Gewässerbereiche zurück, die Lappen werden zusammengeklappt und verhindern ein Eindringen des Wassers (**3**).

Viele Schnakenlarven sind reine Pflanzenfresser. In der Gattung *Dicranota* gibt es aber auch räuberisch lebende Larven, die sich speziell von Röhrenwürmern ernähren.

Die ausgewachsene Larve verläßt das Wasser und verpuppt sich im feuchten Boden in Gewässernähe. Die Puppe ist am ersten Brustsegment mit paarigen Hörnern zur Luftversorgung ausgestattet. Sie ist frei beweglich und kriecht aus dem Boden, bevor die Schnake schlüpft.

Schnaken-Larve

1

2

3

4

Im Spätsommer und Herbst sind die Schnaken in Teichnähe recht häufig auf Pflanzen zu sehen (**4**).

Man erkennt sie leicht an den sehr langen Beinen, den schmalen Vorflügeln, den deutlich sichtbaren und langen Halteren und dem insgesamt langen, stabartigen Körper (Sie könnten allenfalls mit den Imagines der Faltenmücken verwechselt werden.)

Schnaken mit wasserlebenden Larven legen ihre Eier unmittelbar im Wasser ab. Sie werden mit einem Legebohrer entweder in Pflanzenteile, in den Bodenschlamm oder auch frei im Wasserraum abgelegt.

1

2

176

Die Faltenmücken stellen eine vergleichsweise artenarme Gruppe dar, deren Imagines den Schnaken ähnlich sehen. Sie tragen jedoch auf dem zweiten Brustsegment eine U-förmige Naht (die Schnaken dagegen eine V-förmige) und können ihre Beine auch bei Angriff nicht abwerfen.

Die Faltenmücke *Ptychoptera contaminata* (**6**) als Vertreterin der einzigen Gattung fliegt von Mai – Oktober und ist nicht selten auf niedriger Vegetation nahe dem Wasser zu beobachten.

Die Larven graben sich gewöhnlich etwas in den Bodenschlamm ein und durchwühlen ihn nach pflanzlichem Detritus. Von Schnakenlarven unterscheiden sie sich durch ihr langes, schlankes Atemrohr am Hinterleibsende (**1**), das vom letzten Hinterleibssegment gebildet wird und am Ende die Öffnung der Körpertracheen enthält. Das Atemrohr kann ausgestreckt oder verkürzt werden, je nach Wassertiefe, die Larven siedeln sich fast immer so an, daß seine Spitze die Wasseroberfläche erreicht.

Bei der Puppe sitzt das lange Atemrohr nicht am Hinterleibsende, sondern am ersten Brustsegment (**2**) und ist ungefähr doppelt so lang wie die Puppe. (Ein zweites Atemrohr bleibt sehr kurz und fällt meist nicht weiter auf.) Ändert sich der Wasserspiegel, so verändert auch die Puppe ihre Stellung so, daß sie die Oberfläche auf jeden Fall erreicht.

Während ihrer Umwandlung verändert die Puppe ihre Färbung von Blaßbraun bis fast Schwarz kurz vor dem Schlüpfen. Vor dem Schlüpfen schwimmt sie ausgestreckt auf dem Wasser, bis eine Brustnaht reißt und die Imago ihre Puppenhülle durch rasche Wellenbewegungen schnellstens verläßt. Die frisch geschlüpfte Imago ruht sich noch eine Weile aus, bis die Flügel ausgehärtet sind, und fliegt dann davon (**4**).

5

3

4

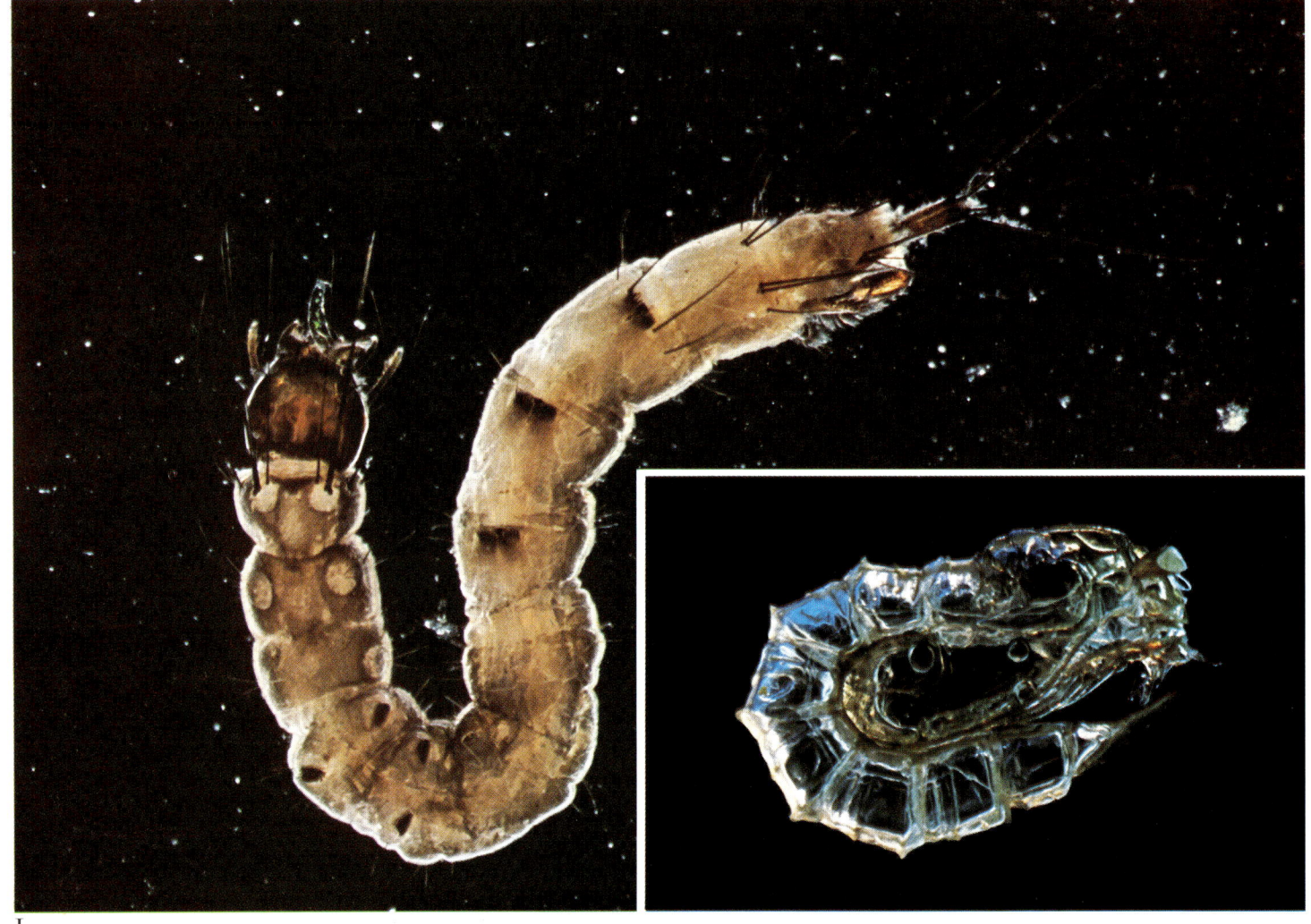

I

1, 2 Tastermücken
Dixidae

Im Vergleich zu den rund 11 000 Schnaken-Arten, die bisher weltweit bekannt wurden, nehmen sich die knapp 100 Tastermücken vergleichsweise bescheiden aus. In fast allen Regionen der Welt lebt immer ungefähr ein Dutzend zum Teil schwer unterscheidbarer Arten. Als Bewohner der Wasseroberfläche werden sie offenbar weniger leicht eine Beute gefräßiger Unterwasserräuber.

Erwachsene Männchen bilden in der Dämmerung in der Nähe von Gewässern häufig Tanzschwärme.

Im Aussehen gleichen diese Mücken den Stechmücken, sie können jedoch nicht stechen.

Die Larve (1) lebt in krautreichen Tümpeln und selbst in dünnen Wasserschichten, etwa in Rieselfluren über Fels. Kennzeichnend für diese Larve ist die U-förmige Körperhaltung; in dieser Stellung hält sich die Larve nahe der Wasseroberfläche auf. Eine ausgewachsene *Dixa*-Larve mißt etwa 8 mm. Der Kopf ist deutlich entwickelt und meist dunkler braun als der Körper. Im Mundbereich stehen zahlreiche Borsten, die unentwegt vibrieren und auf diese Weise einen Wasserstrom erzeugen, der dem Tier kleinste verwertbare Nahrungspartikel zuführt. Starre, nach vorne weisende Borsten finden sich am ersten Brustsegment. Am ersten und zweiten Hinterleibssegment

sitzen beinartige Anhänge, die in der Abbildung als dunklere Flecken deutlich erkennbar sind. Längere Haare verschließen die Atemöffnung am Hinterleibsende, wenn die Larve untergetaucht ist. Mit raschen Schlängelbewegungen schwimmt die Larve sehr geschickt durchs Wasser.

Auch die Puppe hält sich an der Wasseroberfläche auf und ist zu einem U zusammengebogen, wobei das Hinterleibsende die Augen berührt. (Bild **2** zeigt eine leere Puppenhülle nach dem Schlüpfen der Imago.)

Stechmücken
Culicideae

Weltweit gibt es etwa 1600 Stechmücken-Arten. In Mitteleuropa kommen rund drei Dutzend Arten vor, in den Tropen ist die Formenfülle größer. Die größte Individuendichte weisen jedoch eigenartigerweise die nordischen Regionen auf, in denen die kurzen Sommer wegen der überall auftretenden Stechmückenschwärme unerträglich sein können.

Nur die Weibchen saugen Blut. Sie benötigen die Blutmahlzeit, damit die Eier heranreifen können. Bei den Männchen sind die Mundwerkzeuge nicht zum Stechen, sondern nur zum Saugen entwickelt. Sie suchen Blüten auf, um hier Nektar zu saugen. Die summenden Quälgeister, die unter anderem auch den Menschen plagen, sind daher immer die Weibchen. Nicht alle dieser blutsaugenden Arten fallen auch den Menschen an, manche saugen nur an Säugetieren, andere dagegen an Fröschen, Reptilien oder Vögeln.

Die eigenartigen Ernährungsgewohnheiten der Stechmücken sind nicht ganz harmlos, beim Stechen können nämlich verschiedene Krankheitserreger von Mensch und Tier übertragen werden. Malaria oder Gelbfieber sind typische Erkrankungen, die in diesem Zusammenhang zu erwähnen sind. Die Malaria-Erreger z. B. sind tierische Einzeller, die sich auf ungeschlechtliche Weise im Blut des Menschen vermehren. Die geschlechtliche Fortpflanzung erfolgt in der Stechmücke. Die Ausbreitungsstadien gelangen in die Speicheldrüse der weiblichen Stechmücke und werden in die Blutbahn des Zwischenwirtes injiziert, wenn die Mücke ihre nächste Blutmahlzeit einnimmt.

Die Larven der Stechmücken leben im Wasser. Die meisten von ihnen bevorzugen kleine und kleinste Gewässer, beispielsweise auch die Wasserfüllung in Astlöchern oder ähnliche Kleinstgewässer. Sie atmen jedoch atmosphärischen Sauerstoff, den sie an der Wasseroberfläche aufnehmen müssen. Nur wenige Arten stechen das Aerenchym von Wasserpflanzen an und machen sich dessen Luftvorräte zunutze.

Alle Stechmückenlarven durchlaufen 4 Larvenstadien, von denen das letzte am längsten dauert.

Auch die Stechmückenpuppen leben im Wasser und sind ungewöhnlich aktiv und beweglich.

Die beiden bekanntesten Gattungen innerhalb dieser Familie sind *Anopheles* und *Culex*.

1–13 Culex pipiens

Bei der gewöhnlichen Stechmücke (*Culex pipiens*) sind die Geschlechter gestaltlich unterschieden: Die Männchen sind wesentlich schlanker und tragen gefiederte Antennen, während die Weibchen etwas plumper wirken und sehr kurz behaarte Antennen haben. Die Imago ist etwa 5–6 mm lang. Wenn sie ruht, nimmt sie eine nahezu parallele Stellung zu ihrer Unterlage ein.

Das Weibchen legt bis zu 300 Eier, die mit dem breiteren Ende zusammengeheftet und in der Form von länglichen Eiflößen (Mückenschiffchen) verbunden werden (1, Seite 180). Dieses aus Eiern bestehende Floß mißt etwa 5–1 mm. Es ist unsinkbar und nicht benetzbar.

Beim Schlüpfen gelangen die Larven durch eine Öffnung auf der Unterseite des Eies sofort ins Wasser. Sie sind beinlos, tragen aber am Ende des Hinterleibs eine Atemvorrichtung, die gleichzeitig auch als Halteorgan verwendet wird. Die meiste Zeit ihres kurzen Lebens verbringen die Larven kopfunter an der Wasseroberfläche hängend (2, Seite 181). Die Atemöffnung endet mit fünf lappenartigen Anhängen. Bei Störung schwimmt die Larve mit heftigen Schlängelbewegungen ins tiefere Wasser. Dabei schließen sich die Lappenanhänge über der Atemöffnung. Am letzten Hinterleibssegment sitzen außerdem noch 4 kiemenartige Strukturen an, die offenbar für den Salzhaushalt zuständig sind. Am Mundbereich stehen zahlreiche feine Borstenhaare, die durch Vibration einen ständigen Wasserstrom erzeugen und feinste Nahrungspartikel heranstrudeln.

Die Verpuppung erfolgt im Wasser und läuft sehr rasch ab: Die letzte Lar-

I

venhaut reißt auf, und nach wenigen heftigen Bewegungen ist die Puppe frei. An der Puppe fällt ein dicker, schwerer Kopf-Brust-Bereich auf, der mit zwei trompetenförmigen Atemorganen ausgestattet ist, während der Hinterleib in zwei größeren Schwimmpaddeln endet. Die Kopfseite enthält eine kleine Luftkammer, die der Puppe den nötigen Auftrieb verleiht, so daß sie immer mit dem Nacken an der Oberfläche schwebt und die Atemöffnungen mit der freien Atmosphäre in Kontakt kommen (3). Bei Störung verläßt die Puppe mit raschen Schwimmstößen die Oberflächenregion und bleibt im tieferen Was-

ser, bis der zu Ende gehende Atemvorrat einen erneuten Aufstieg erzwingt. Die Puppen sind anfangs noch sehr bleich, werden mit der Zeit jedoch kräftiger braun und sind am Ende sogar nahezu schwarz. Kurz vor dem Schlüpfvorgang streckt sie sich an der Wasseroberfläche (4).

Durch Erhöhung des Blutdrucks schwillt der Brustbereich stärker an, bis die Puppenhülle auf der Rückenseite aufreißt. Allmählich klettert die fertige Stechmücke aus ihrem Puppenanzug heraus, wobei sie sich vorsichtig wurmartig windet. Die Bilder 5–13 (Seite 182/183) wurden in einem Zeitraum von insgesamt 5 Minuten geschossen. Die Imago streckt sich schließlich gerade vor, bis die langen Beine zum Vorschein kommen und zum

Entwicklungszyklus von Culex pipiens
1: Eifloß
2: Frisch geschlüpfte Larven
3: Puppe
4: Puppe kurz vor dem Schlüpfvorgang
5–13: Schlüpfvorgang

Abstützen die Wasserfläche berühren können. Zu diesem Zeitpunkt sind die Flügel schon längst frei und entfaltet. Nach kurzer Ruhepause, während der die Flügel wahrscheinlich noch ein wenig ausgehärtet werden, steigt die Stechmücke auf und fliegt davon.

2

3▲

4▼

181

8  9  10

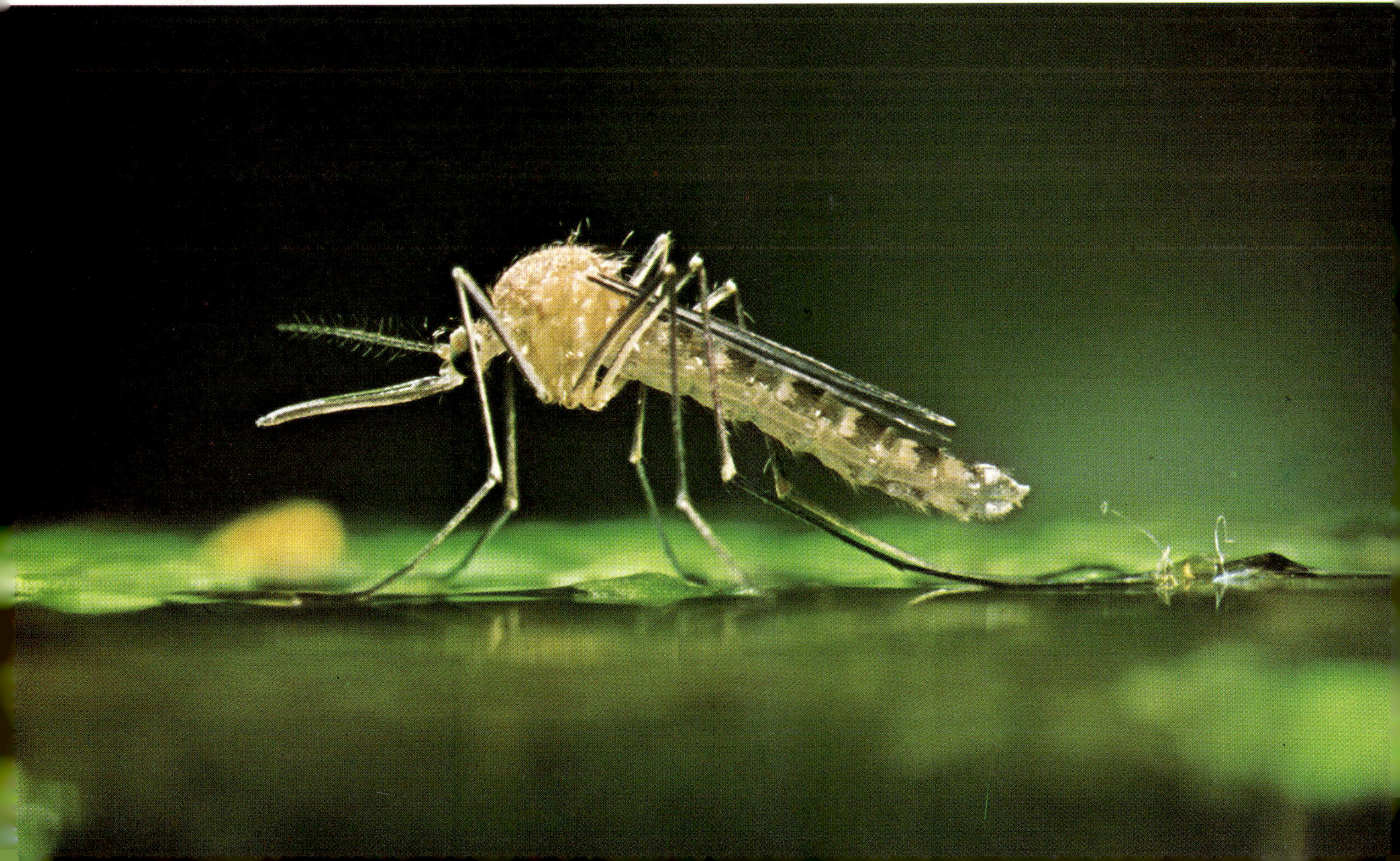

I

1–4 Anopheles sp.

Die zweite bekannte Stechmücken-Gattung ist die Gattung *Anopheles,* die in Ruhestellung gut von der Gattung *Culex* unterschieden werden kann: Während *Culex* sich mehr oder weniger parallel zur Unterlage hinsetzt, stellt *Anopheles* ihren Hinterleib deutlich von der Unterlage ab (**2**).

Auch die *Anopheles*-Larve ist leicht von einer *Culex*-Larve zu unterscheiden: Sie hängt nicht kopfüber an der Wasseroberfläche oder bildet dazu gar einen rechten Winkel, sondern liegt parallel unter dem Oberflächenfilm (**1**).

Weitere wichtige Unterschiede betreffen die Art der Eiablage: Bei *Culex* sind die Eier zu Flößchen zusammengefaßt, *Anopheles*-Eier werden einzeln abgelegt. Jedes einzelne Ei ist schwimmfähig und treibt als Einzelfloß auf dem Wasser umher.

Bei der *Anopheles*-Puppe sitzt an jedem Hinterleibssegment ein seitlicher Dornfortsatz, der der *Culex*-Puppe fehlt.

Wenn eine Stechmücke sticht und Blut saugen möchte, ist die erste Empfindung ein leicht brennender Schmerz, der bei der Injektion von Speichel entsteht, der die Gerinnung des Blutes verhindern soll. Dieser Speichel ist außerdem für den leicht entzündeten Fleck verantwortlich, der nach dem Saugakt auf der Haut bleibt. Eine Person, die häufiger von Stechmücken attackiert wird, entwickelt innerhalb einiger Wochen eine Art Immunität, so daß keine Anschwellungen mehr auftreten, der Stechvorgang wird aber in jedem Fall wahrgenommen.

2–4: Weibliche Anopheles stephensi bei einer Blutmahlzeit.

2: Die Mücke hat sich niedergelassen und die Flügel zusammengelegt, aber noch nicht mit dem Stechvorgang begonnen. Sie bringt nun die Spitze der Unterlippe auf die Haut und schneidet mit 4 Stiletten (je zwei Mandibeln und Maxillen) die Haut an, bis sie auf eine Blutkapillare trifft.

3: Sie hat Erfolg gehabt und saugt nun kräftig. Durch die zunehmende Blutfüllung im Magen beginnt sich auch der Hinterleib auszudehnen.

4: Die enorme Vergrößerung des Hinterleibs zeigt, daß sich die Blutmahlzeit allmählich dem Ende nähert. Mitunter scheidet die Stechmücke an Ort und Stelle schon gleich einen Blutstropfen aus. Die Hinterbeine liegen, offenbar unter dem Gewicht der „Zuladung" im Hinterleib, auf der Unterlage. Dennoch kann das Insekt immer noch ausgezeichnet fliegen.

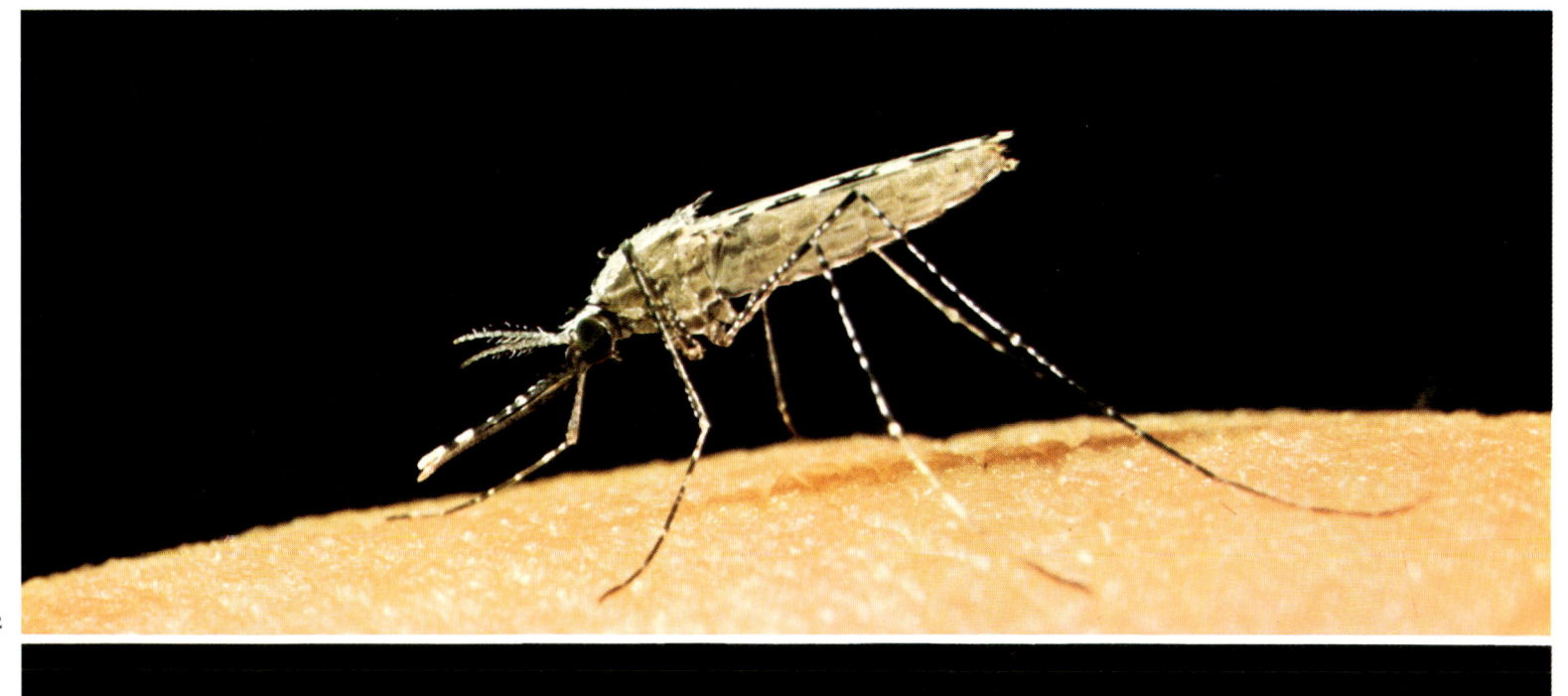

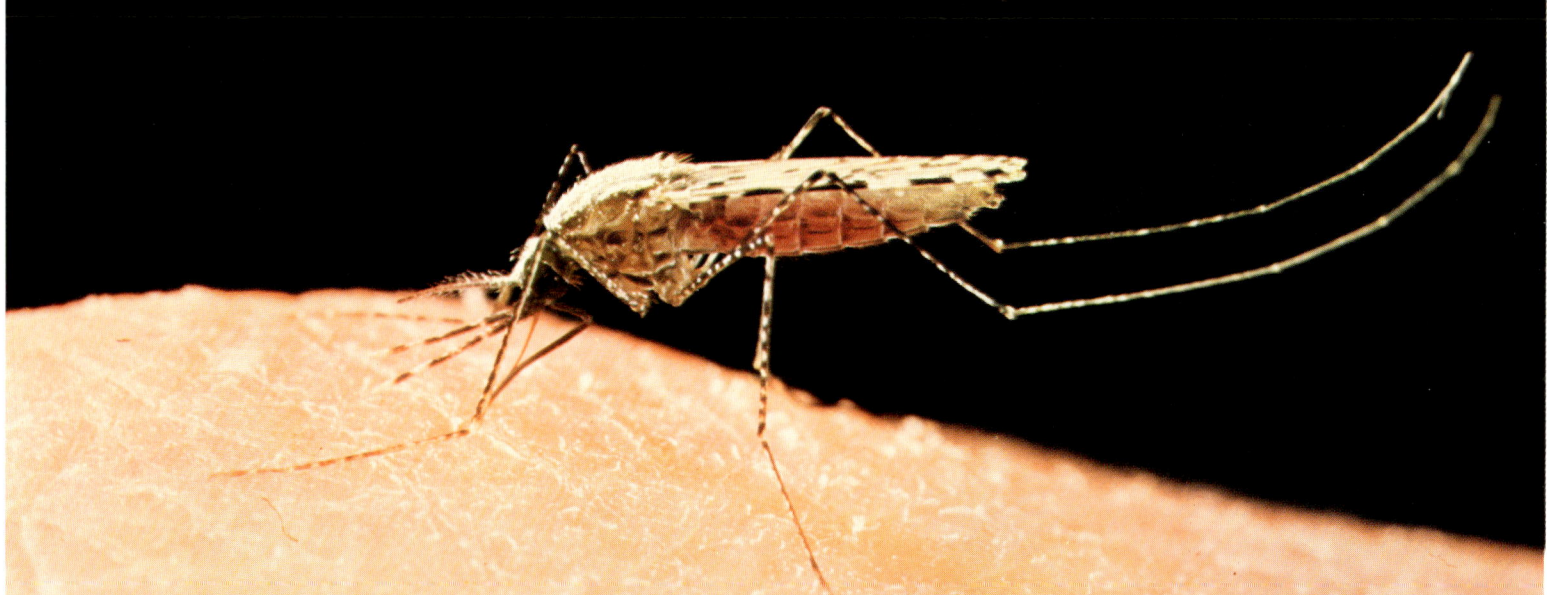

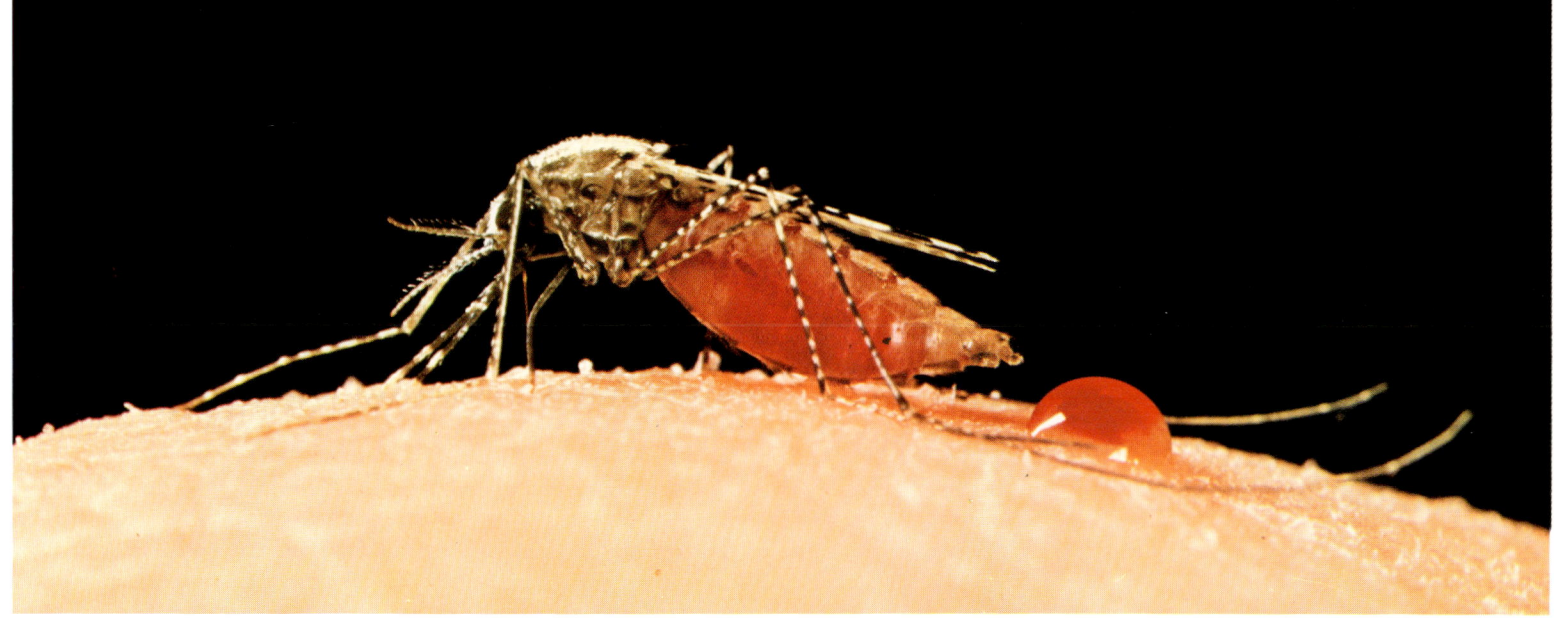

2

3

4

I

1–5 Büschelmücken
Chaoboridae

Die Büschelmücken bilden eine hochspezialisierte Gruppe, die früher mit den Stechmücken vereinigt war. *Chaoborus crystallinus* ist die in Mitteleuropa wichtigste Art. Ihre Larve wird etwa 13–15 mm lang und ist so durchsichtig, daß man sie leicht übersieht (1). Sie hält sich reglos parallel unter der Wasseroberfläche auf, führt jedoch von Zeit zu Zeit hastige Bewegungen aus, um dann wieder irgendwo reglos in waagrechter Position zu verharren. Auffällig sind die beiden schwärzlichen Augen und die hydrostatischen Organe im rückwärtigen Teil des Hinterleibes sowie hinter dem Kopf. Alle anderen Organe sind fast durchsichtig. Die Antennen sind zu Greiforganen zum Beutefang umgebildet. Die Nahrung besteht aus kleineren Insekten und Krebsen.

Die beiden oval geformten hydrostatischen Organe an den beiden Körperenden sind gasgefüllt und können den Larvenkörper in beliebiger Wassertiefe in der Schwebe halten. Die Tiere treiben daher nicht automatisch zur Oberfläche auf. Nur wenn die Organe sich vergrößern, wird auch der Auftrieb größer, und das Tier steigt. Das Büschel am Hinterleibsende dient vermutlich als Ruder.

Besondere Atemöffnungen fehlen. Der Sauerstoffaustausch findet über die gesamte Körperoberfläche statt. Tiefe Temperaturen scheinen der Larve nichts auszumachen, denn sie bleibt auch im Winter aktiv.

Die Puppe treibt an der Wasseroberfläche, wobei zwei besondere Atemöffnungen ständig Kontakt mit der Atmosphäre halten. Das Hinterleibsende wird nicht so stark eingekrümmt wie bei den Stechmücken, ist jedoch ebenfalls mit Schwimmpaddeln ausgerüstet (2).

Die flugfähigen Büschelmücken, die nur etwa 6 mm lang sind, schlüpfen im Frühjahr (3–5). Ihre Mundwerkzeuge sind nur kurz und relativ schwach und zum Blutsaugen ungeeignet. Die Art der Nahrung ist unbekannt.

1: **Büschelmücken-Larve**
2: **Puppe**
3–5: **Schlüpfvorgang**

2▲

3-5▼

1–8 Zuckmücken
Chironomidae

Zuckmücken gleichen den Büschelmücken in Gestalt und Aussehen, lassen sich aber anhand der stärker hervortretenden Flügeladerung zuverlässig unterscheiden. Die Männchen besitzen besonders stark aufgefiederte Antennen, während diese bei den Weibchen nur wenig behaart sind. Die Mundwerkzeuge sind kaum spezialisiert, gewöhnlich fehlen sogar die Mandibeln. Der Kopf ist klein und bei vielen Arten im Brustteil versteckt. Die Larven leben aquatisch.

Zuckmückenschwärme kann man selbst im Winter beim Tanzen beobachten. Die Schwärme bestehen nur aus Männchen, die Weibchen verbergen sich sitzend auf Pflanzen und suchen nur zur Paarung einen Männchen-

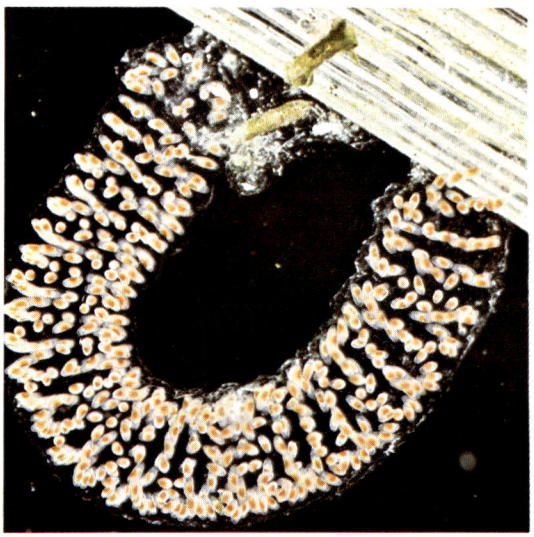

1

2

schwarm auf. In Sekundenschnelle findet die Paarung statt – zusammen mit dem Männchen wird der Schwarm verlassen.

Die Imago von *Chironomus* nimmt keine Nahrung auf, ihr Magen ist stark reduziert und immer leer. Das Weibchen legt seine Eier in einem Schleimband an Pflanzenteilen gerade unterhalb des Wasserspiegels ab (**1**). Die gesamte Eimasse mißt um 25 mm Länge und ist gut erkennbar.

Nach rund 10 Tagen schlüpfen die Zuckmückenlarven (**2**) und lassen sich anschließend auf den Tümpelboden sinken. Die typischen Kennzeichen einer *Chironomus*-Larve tauchen bei allen anderen Zuckmücken-Larven in ähnlicher Form auf: Die Larve ist wurmförmig und deutlich segmentiert. Der Kopf ist vom übrigen Körper klar abgesetzt. Am ersten Brustsegment sitzt ein Paar Fußstummel, die – zusammen mit einigen Nachschiebern am Hinterleib – eine spannerraupenartige Fortbewegung ermöglichen. Am Hinterleibsende (vorletztes Segment) fallen 4 röhrige Kiemenanhänge auf.

Einige Arten (**3**) haben rot gefärbte Larven, die in ihrem Blut Hämoglobin führen und daher an sauerstoffarme Gewässer oder Tümpelbereiche besonders gut angepaßt sind.

Larven, die sich vorzugsweise zwischen Wasserpflanzen oder nahe der Wasseroberfläche aufhalten, sind dagegen weißlich, grünlich oder auch farblos.

Die meisten Zuckmückenlarven leben in kunstvoll gesponnenen Gespinströhren, in die auch Sandkörner oder Schlammteilchen als Baumaterial einbezogen werden. Mit Hilfe ihrer Fußstummel hält sich die Larve in der Wohnröhre fest, gleichzeitig führt der Körper Wellenbewegungen durch, die einen Wasserstrom erzeugen und sowohl sauerstoffhaltiges Wasser als auch Nahrungspartikel heranführen.

Von Zeit zu Zeit verläßt die Larve ihre Gespinströhre, schwimmt zur Oberfläche auf und erneuert dort ihren Sauerstoffvorrat. Anschließend wird eine neue Gespinströhre angelegt.

Zuckmückenlarven machen in vielen Gewässern etwa 50–70% der Boden-

fauna aus und bilden damit eine wichtige Nahrungsgrundlage für Fische.

Die Verpuppung erfolgt in der Gespinströhre oder auf dem Bodenschlamm. Die fertige Puppe zeichnet sich durch große Haarbüschel am Kopfbereich aus, die im Wasser ständig bewegt werden, um Sauerstoff aufzunehmen. Durch diese Einrichtung kann die Puppe so lange unter Wasser bleiben, bis die Imago schlüpfbereit ist (**4**).

Das Tracheensystem ist in der Puppe schon recht weit entwickelt, während es der Larve nahezu fehlt. Kurz vor dem Schlüpfen enthalten die Tracheen der Puppe bereits so viel Luft, daß sie zur Oberfläche aufsteigt.

Die Zuckmücken sind wahrscheinlich die artenreichste Insektenfamilie, die in Binnengewässern überhaupt vertreten ist. Aus Mitteleuropa sind etwa 1000 verschiedene Arten bekannt, die alle möglichen verschmutzten oder unverschmutzten Gewässertypen besiedeln.

3–8:
Schlüpfvorgang einer Chironomus-Art. Sobald die Puppe an der Oberfläche erscheint, streckt sie sich lang aus und pumpt Blutflüssigkeit in den Brustteil, durch dessen Vergrößerung dann die Puppenhaut auf der Rückseite aufreißt. Nach und nach steigt die Imago aus dem Puppenkleid aus. Die Brust und die Flügel sind auffallend rot; sie enthalten fast die gesamte Blutmenge. Die gleiche Blutmenge, die in den Brustteil gepumpt wurde, um die Puppenhaut zu sprengen, wird jetzt verwendet, um die Flügel zu entfalten. Sobald die Imago die Puppe verlassen hat und auf der Wasseroberfläche ruht, wird das Blut in den Hinterleib zurückgeleitet. Dabei entfärben sich die Flügel nach und nach.

1

2

1, 2 Bremsen
Tabanidae

Bremsen sind mittelgroße bis große Insekten mit kräftigem Körperbau, bei denen die Weibchen stechen, die Männchen jedoch harmlos sind und sich von Nektar ernähren.

Manche Arten haben wasserlebende Larven, bei anderen leben die Larven im feuchten Boden, hinter Rinde oder zwischen Moosrasen.

Bei den Gattungen *Tabanus* und *Chrysops* leben die Larven meist in stehenden Gewässern.

Die Larven von *Tabanus* sp. (1) ist recht kräftig gebaut, cremeweiß, an beiden Enden verschmälert. Der kleine Kopf kann in das erste Brustsegment zurückgezogen werden. Die ersten 7 Hinterleibssegmente tragen je einen muskulösen Wulst, der zudem noch knotig verdickt ist. Damit und mit dem ausstreckbaren Hinterteil stemmen sich die fußlosen Larven gegen die Unterlage und bewegen sich kriechend fort. Zum Luftholen durchstößt das Hinterleibsende die Wasseroberfläche, außerdem findet aber auch noch Hautatmung (Sauerstoffaustausch über die gesamte Körperoberfläche) statt.

Bremsenlarven leben räuberisch. Die Nahrung besteht in der Hauptsache aus Würmern, kleinen Krebsen und Insektenlarven. Als Mundwerkzeuge dienen schwärzliche, kräftige Hakenorgane.

Die erwachsene Larve verläßt das Wasser und vergräbt sich zur Verpuppung in Gewässernähe im Boden.

Im Sommer sind die geflügelten Imagines häufig anzutreffen. Die Weibchen legen ihre spindelförmigen Eier in großen Massen an Pflanzenteilen in Gewässernähe ab.

Nicht alle Bremsen sind einfarbig grau oder schwarz, manche Arten der Gattung *Chrysops* sind auch recht lebhaft gefärbt (2).

Zu den auffälligen Merkmalen der Bremsen gehören die großen, irisierenden Augen.

190

1

2

3

1–3 Schwebfliegen
Syrphidae

Bei flüchtiger Betrachtung sehen die Schwebfliegen wie Bienen oder Wespen aus. Anhand des einfachen Flügelpaares und der kurzen Antennen kann man die Tiere jedoch von echten Hautflüglern sicher unterscheiden.

Im Spätsommer kann man die plump gebauten Tiere entweder im Schwirrflug vor Blüten stehen oder in größerer Anzahl auf Doldenblüten sitzen sehen.

Die Larven vieler Arten sind reine Landbewohner, bei anderen Arten kommen sie jedoch in stehenden oder sehr langsam fließenden Gewässern vor, selbst wenn diese stark oder sogar übermäßig mit organischen Stoffen verunreinigt sind. Die Larven einiger Gattungen (*Eristalis, Eristalinus, Eristalomyia*) sind als „Rattenschwanzlarven" bekannt geworden.

Eristalinus sepulcralis (1) ist eine verhältnismäßig kleine, nur um 9 mm lang werdende Art, bei der die Augen in eigenartiger Weise dunkelrot gefleckt erscheinen. Diese Schwebfliege findet sich fast immer in der Nähe jauchebelasteter Gewässer. Ihre Larve (2) zeigt das kennzeichnende Merkmal: ein lang ausstreckbares Atemrohr am Hinterleib, das die mehrfache Rumpflänge der Larve einnehmen und bis auf 75 mm Länge teleskopartig ausgefahren werden kann.

Diese Rattenschwanzlarve ist eine – wie bei allen Fliegen – fußlose Made, bei der der Kopf mit seinen hakenförmigen Mundwerkzeugen in den Brustteil zurückgezogen werden kann.

Die Rattenschwanzlarven leben oft verborgen im Bodenschlamm an seichten Stellen, schlürfen unentwegt Schlamm auf und filtrieren daraus verwertbares Material. Während der Wühlarbeit im Bodenschlamm wird das Atemrohr lang ausgestreckt, um die Versorgung mit atmosphärischer Luft von der Wasseroberfläche sicherzustellen. An der Spitze des langen Atemrohrs sitzen die eigentlichen Atemöffnungen, umstanden von einem Haarkranz, der das Eindringen von Wasser verhindert.

Die ausgewachsene Larve verläßt das Wasser und gräbt sich nahe dem Ufer im feuchten Boden ein, um sich zu verpuppen. (Nur selten findet man Puppen auch frei umhertreibend auf der Wasserfläche.) Die Puppe bleibt in der letzten Larvenhaut und behält daher ungefähr das Aussehen der Larve; lediglich das lange Atemrohr und der gesamte übrige Körper erscheinen etwas geschrumpft und faltig. Neu sind zwei Paar Atemhörner am Vorderende (3).

Die Weibchen der Schwebfliegen legen ihre Eier in kleinen Gruppen auf der Wasserfläche oder auch in verschiedenen Faulstoffen ab.

Schmetterlinge (Lepidoptera)

Schmetterlinge sind die wohl am leichtesten zu erkennenden und außerdem auch am buntesten ausgefärbten Insekten. Sie unterscheiden sich von anderen Insekten vor allem dadurch, daß ihr Körper und besonders die Flügel dicht von dachziegelartig überlappenden Schuppen bedeckt sind. Die Mundwerkzeuge der erwachsenen Schmetterlinge sind in Gestalt eines langen Saugrüssels entwickelt, der zwischen den Mahlzeiten aufgerollt wird.

Die Schmetterlingsraupe besitzt im typischen Fall 3 Paar Brustbeine und zusätzlich noch 5 beinartige Greiforganpaare am Hinterleib. (Die bekannten Spannerraupen besitzen am Hinterleib nur 2 Paar falscher Beine).

Kein erwachsener Schmetterling lebt im Wasser, und nur wenige Raupen leben in Wasserpflanzen. Mehr als 100 000 Schmetterlings-Arten sind weltweit beschrieben.

1, 2 Zünsler
Pyralidae

Der Wasserzünsler (*Nymphula nymphaea*) ist eines der wenigen Beispiele für einen Wasserschmetterling, dessen Entwicklung vom Ei bis zur Puppe im Wasser verläuft. Die Imagines fliegen zwischen Juni und August. Die Weibchen legen ihre Eier auf die Unterseite von Schwimmblättern ab.

Die Raupen schneiden ovale, ca. 25 mm lange Löcher in die Blätter von Seerosen oder Laichkraut-Arten. Diese Löcher zeigen die Anwesenheit der Raupen eindeutig an. Die fehlenden Teile findet man an der Blattunterseite angeheftet, denn die Raupen bauen sich mit Hilfe kleiner Blattstückchen, die an den Rändern durch Seidenfäden verwoben werden, wassergefüllte Gehäuse (1). Ältere Raupenstadien sind behaart und können daher von der Oberfläche Luft in ihre Behausung mitnehmen. Die Luftfüllung verhindert gleichzeitig Wassereinbrüche in die Blattbehausung. Während die jungen Raupen ihren Sauerstoffbedarf noch gänzlich über die Körperoberfläche vornehmen, haben sich die älteren Raupen bereits auf Luftatmung umgestellt.

Vor der Verpuppung befestigt die Wasserzünsler-Raupe ihre Blattbehausung mit Seidenfäden an einer Wasserpflanze und versiegelt die beiden Enden.

Auch die Puppe (2) liegt in einer Lufthülle; das Bild zeigt die Puppe, nachdem der Deckel des flachen Blattköchers entfernt wurde.

3–5 Eulen
Noctuidae

In den Pflanzen der Röhrichtzone leben verschiedene Eulenraupen. Die Raupen der Rohreule (*Nonagria typhae*) z. B. leben in den Halmen von Rohrkolben. Die Raupe verrät ihre Anwesenheit im Mark des Stengels durch eine Öffnung im oberen Stengelteil, meist knapp unterhalb des Blütenstandes. Wenn man einen solchen Stengel vorsichtig öffnet, findet man die blaß bräunliche, etwa 45 mm lange, typischerweise mit 3 Brustbeinpaaren und 5 Paar zusätzlicher Greifer ausgestattete Eulenraupe. Die Raupe frißt sich durch das Stengelmark und liegt daher wie in einer Tunnelröhre (3). Wenn die Raupe dicker wird, nimmt auch der Tunneldurchmesser zu.

Zur Verpuppungszeit schließt sich die Raupe im oberen Stengelteil in eine Puppenkammer ein. Die Puppe liegt mit dem Kopf nach unten in Richtung des Halmausgangs, durch den bereits die Raupe ihre Abfälle hinausbefördert hat (4).

Die späteren Extremitäten sind in den Puppenkörper eingeschmolzen und liegen nicht frei. Die Verpuppung findet im Juli oder August statt.

Beim Schlüpfen verläßt die Eule die Puppenkammer, krabbelt im Tunnel abwärts zur Öffnung und entfaltet ihre Flügel erst im Freien (5).

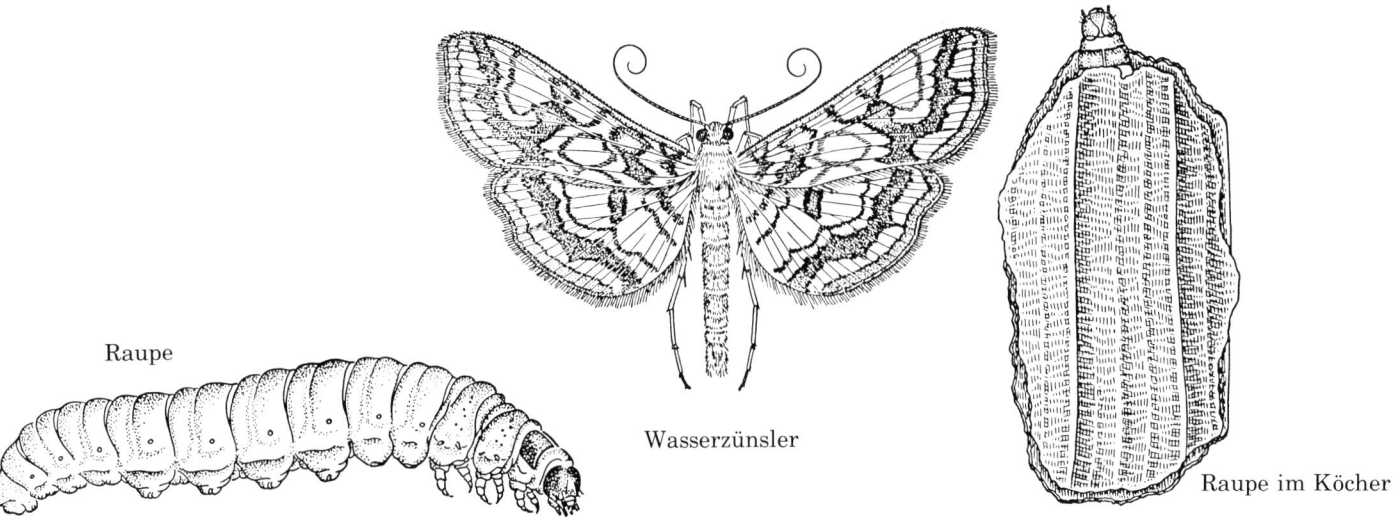

Raupe

Wasserzünsler

Raupe im Köcher

1

2

3

4

5

Köcherfliegen (Trichoptera)

Die Köcherfliegen bilden eine eigene Insektenordnung, die jedoch in die nähere Verwandtschaft der Schmetterlinge gehört. Tatsächlich unterscheiden sich Schmetterlinge und Köcherfliegen nur in wenigen Merkmalen: Schmetterlingsflügel tragen breite Schuppen, die Flügel der Köcherfliegen sind eher behaart oder mit nur wenigen recht schmalen Schuppen besetzt. Weltweit gibt es rund 5000 Köcherfliegen-Arten; in Mitteleuropa sind bislang etwa 300 Arten nachgewiesen worden. Köcherfliegen sind nur schwache Flieger, die sich vorzugsweise in Gewässernähe aufhalten und meist erst in der Dämmerung oder Dunkelheit umherflattern. Auffällig sind ihre fadendünnen, meist mehr als körperlangen Antennen.

Die Mehrzahl der Köcherfliegenlarven lebt im Wasser, und da sie zur typischen Gewässerfauna gehören, sind sie uns meist vertrauter als die Imagines. Viele Larven leben in einem selbstgebauten Köcher, der arttypische Kennzeichen in Form, Größe und verwendetem Baumaterial erkennen läßt (2–5).

Im allgemeinen besitzt eine Köcherfliegenlarve einen kräftigen Kopf, recht kurze Antennen und beißende Mandibeln. Während der Nahrungsaufnahme oder Fortbewegung wird der Vorderkörper aus dem Köcher vorgestreckt. Die Brustbeine sind verhältnismäßig lang und gut entwickelt. Am ersten Hinterleibssegment befinden sich einige Papillen, die vorgestreckt werden können und zum Festhalten des Köchers dienen. Ferner gibt es am Hinterleibsende ein Paar Greifklauen, die ebenfalls im Fadengespinst verhakt werden, mit dem der Köcher innen ausgekleidet wird. Entlang des Körpers sind im Hinterleibsbereich Büschelkiemen entwickelt, die der Sauerstoffversorgung dienen.

Mit dem Hinterleib werden Wellen- und Pumpbewegungen ausgeführt, die den Wasserstrom zu den Kiemen unterstützen sollen.

Zur Verpuppung verschließt die Larve ihren Köcher bis auf eine kleine Öffnung, die dem Atemwasser auch weiterhin Zutritt verschafft. Bei der Puppe sind die späteren Extremitäten frei und nicht mit der Puppenhülle verbunden. Am Hinterleib befinden sich auch weiterhin Kiemenanhänge. Wie die Larve bewegt auch die Puppe ihren Hinterleib zur Sicherstellung eines ausreichenden Atemwasserstromes.

Die Weibchen lassen ihre Eier entweder aus dem Flug in das Wasser fallen oder steigen ins Wasser, um sie in einer gelatinösen Masse an Pflanzenteilchen oder Steinen zu befestigen. Das Larvenstadium dauert etwa ein Jahr. Die Puppenruhe beträgt dagegen nur rund zwei Wochen.

Die Imagines sind sehr kurzlebig und überdauern nur selten einen Monat.

Köcherfliegenlarven sind ein wichtiger Bestandteil in den aquatischen Nahrungsnetzen. Von räuberisch lebenden Larven anderer Wasserinsekten, Fröschen, Fischen und anderen Räubern werden sie gerne verzehrt.

Köcherfliegen gibt es in allen möglichen wäßrigen Lebensräumen, zumindest eine Art kommt sogar im Meer vor, viele leben bevorzugt im Fließwasser.

Erstaunlich ist die Vielseitigkeit in der Verwendung von Baumaterial für die Herstellung der Köcher, an deren Form- und Gestaltmerkmalen man die Familien- und Gattungszugehörigkeit, in seltenen Fällen auch die Artzugehörigkeit bestimmen kann:

Limnephilus flavicornis fertigt ihren Köcher aus leeren Schneckenschalen (3).

Eine andere Art verwendet die leeren Sporenkapseln des Wassermooses *Fontinalis* (4), wieder eine andere (5) stellt ihren Köcher aus abgestorbenen Pflanzenteilen her; zu diesem Köcher gehört in diesem Fall noch ein langes stabförmiges Gebilde, das wahrscheinlich der Balance dient. Typisch für die Familie *Leptoceridae* sind lange, schmale, konisch zulaufende Köcher (6). In diesem Fall wurden Sandkörner als Baumaterial verwendet. Die Larve ist mit langen, behaarten Hinterbeinen ausgestattet, die ihr sogar erlauben, mitsamt ihrem Köcher frei zu schwimmen. Bei vielen anderen Arten sind die Köcher jedoch so schwer, daß die Tiere allenfalls damit umherkrabbeln können.

Eigenartigerweise besitzt die Puppe der Köcherfliegen funktionstüchtige Mandibeln und ist auch sonst recht aktiv. Bei den meisten Insekten können sich die Puppen nur wurmartig winden, doch Köcherfliegenpuppen sind außerordentlich agil. Das hängt mit den besonderen Schwierigkeiten zusammen, denen sie sich beim Schlüpfen gegenübersehen:

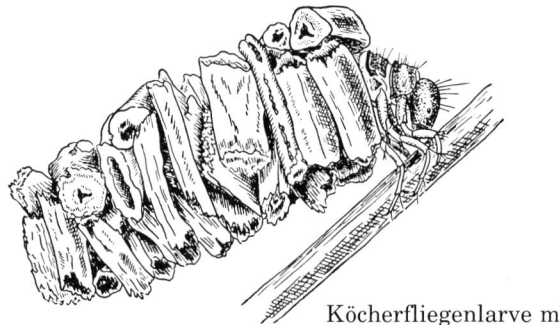

Köcherfliegenlarve mit Köcher

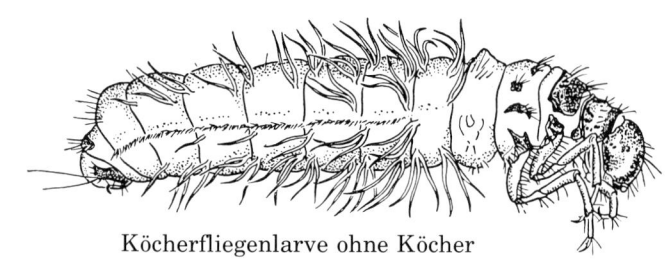

Köcherfliegenlarve ohne Köcher

Die Puppe von *Limnophilus lunatus* beißt mit ihren Mandibeln eine breite Deckelöffnung in ihren Köcher, steigt dann völlig heraus und schwimmt zur Wasseroberfläche (**1–3**). Die Schwimmbewegungen sind nicht sehr geschickt, reichen aber aus.

An einem Pflanzenstengel kriecht die Puppe weiter aus dem Wasser. Etwa 50 cm oberhalb der Wasserlinie bleibt sie sitzen und beginnt damit, den Brustbereich durch Einpumpen von Blutflüssigkeit zu vergrößern (**4–6**).

Die Puppenhaut reißt auf der Rückseite schließlich auf, und bald ist die Imago vollends frei. Die Flügel sind dabei bereits weitgehend entfaltet (**7**). Anfangs sind sie noch ziemlich weich (**8**), nach einigen Stunden sind sie jedoch so weit ausgehärtet, daß das Insekt davonfliegen kann.

Die fertige Köcherfliege besitzt im Gegensatz zur Puppe keine Mandibeln mehr, oder diese sind erheblich zurückgebildet. Nahrung wird nur noch selten aufgenommen.

1–3: Schlüpfvorgang bei Limnephilus lunatus

4–6: Einpumpen von Blutflüssigkeit in den Brustbereich

7–8: Entfalten der Flügel

Wirbeltiere (Vertebrata)

Zu den Wirbeltieren gehören alle diejenigen Tiere, die eine Wirbelsäule bzw. ein Rückgrat aufweisen: Fische, Lurche, Kriechtiere, Vögel und Säugetiere.

Fische (Pisces)

Bei den Fischen lassen sich mehrere größere Verwandtschaftsgruppen unterscheiden:

1. Die **Neunaugen**, die als eigene Wirbeltierklasse anzusehen sind. Anstelle eines Kiefers besitzen diese Tiere ein großes Saugorgan, mit dem sie sich auf Fischen festsetzen. Mit Hilfe einer zahnbewehrten Raspelzunge kratzen sie aus ihrem Opfer Fleischstücke heraus – eine Ernährungsweise, die zwar häßliche, aber selten tödliche Verletzungen hervorruft. Neunaugen kommen nur in Fließgewässern vor und werden hier nicht weiter berücksichtigt.

2. Die **Knorpelfische**, zu denen die fast ausschließlich auf das Meer beschränkten Haie und Rochen gehören. Ihr Skelett besteht tatsächlich aus relativ weichem Knorpel. Die Kiemenöffnungen sind frei zugänglich und noch nicht von einem gemeinsamen Kiemendeckel verschlossen. Außerdem fehlt diesen Fischen eine Schwimmblase. Sie müssen also Energie aufwenden, um vom Boden aufzusteigen.

3. Die **Knochenfische**, zu denen alle aus dem Süßwasser vertrauten Fische gehören. Ihr Skelett besteht aus echter Knochensubstanz. Die Kiemenbögen werden von einem knöchernen Kiemendeckel überdeckt. Bei vielen Formen sind die Lungen in Gestalt einer Schwimmblase vorhanden. Mit diesem Organ können die Fische ihren Auftrieb regulieren, so daß sie in bestimmten Wassertiefen bleiben können, ohne dafür ständig Energie aufwenden zu müssen.

Die Knochenfische stellen die bei weitem artenreichste Wirbeltierklasse: Mit rund 20 000 Arten sind sie fast ebenso artenreich wie alle übrigen Wirbeltierklassen zusammengenommen.

Der Mensch als Nutznießer dieser von Natur aus reichen Bestände hat jedoch einige Arten durch ständige Überfischung bereits an den Rand der Existenz gebracht, und die zunehmende Umweltverschmutzung und -vergiftung ist nicht nur im Meer, sondern auch in den Binnengewässern ein weiteres sehr ernstes Problem.

Entsprechend ihrer vielfältigen Ernährung zeigen die Fische eine enorme Vielfalt in der Gestaltung des Mundbereichs und des Gebisses. Alle Nahrungsreserven, die ein Teich anzubieten hat, werden von Fischen ausgenutzt: Algen werden ebenso verzehrt wie höhere Pflanzen, manche Arten durchwühlen den Bodenschlamm nach verwertbarem Material, andere filtrieren mit besonderen Zusatzeinrichtungen vor ihren Kiemenöffnungen Planktonorganismen als Nahrung aus, manche sind Aasfresser, während eine Reihe von Arten eine ähnlich nützliche Funktion dadurch ausübt, daß sie kranke, verletzte oder sterbende Individuen verzehrt.

Wie die übrigen Wirbeltiere besitzen die Fische besondere Sinnesorgane für die Wahrnehmung von Licht, Geschmack, Geruch und Raumlage; im Unterschied zu den landlebenden Wirbeltieren verfügen sie jedoch noch über ein besonderes Seitenlinienorgan, mit dem feinste Druckänderungen wahrgenommen werden können. Das Seitenorgan hilft ihnen, verschiedenste Vorgänge im Wasser zu orten und zu erkennen, wodurch sie hervorgerufen wurden.

Die Fortpflanzung der Fische ist reich an Besonderheiten: Viele Arten legen ihren Laich einfach an Pflanzen oder Steinen ab; diese Eier werden aber leicht zur Beute vieler kleiner Räuber und müssen deshalb in ungeheuren Mengen abgelegt werden, um den Bestand zu sichern. Andere Arten – wie die Stichlinge – bauen besondere Nester und bewachen ihr Gelege. Die Cichliden, die auf der Südhalbkugel unsere Barsche vertreten, brüten ihre Eier in der Mundhöhle aus (und sogar noch die geschlüpften Jungtiere suchen bei Gefahr die Mundhöhle ihrer Mutter auf).

Eine sehr interessante Gruppe sind die tropischen Cyprinodonten, von denen einige in Tümpeln und Teichen leben, die die meiste Zeit des Jahres unter Wassermangel leiden oder gar völlig austrocknen. Das Weibchen legt seine Eier vor Beginn der Trockenzeit im feuchten Bodenschlamm ab. Wenn der Teich austrocknet, sterben alle Fische ab, die Eier überdauern jedoch, und wenn die Regenzeit einsetzt, können die Jungfische schlüpfen. Sie wachsen schnell heran und sind schon nach wenigen Monaten geschlechtsreif, so daß sie wiederum rechtzeitig vor der nächsten Trockenzeit ablaichen und für die nächste Generation sorgen können. An Extrembiotopen erreichen die Cyprinodonten nicht einmal eine Lebensspanne von einem Jahr.

Stichlinge Gasterosteidae

1–4 Dreistachliger Stichling
Gasterosteus aculeatus

Der Dreistachlige Stichling gehört zu den kleinsten einheimischen Fischarten. Er wird ca. 7,5 cm lang und kommt in Teichen und Tümpeln ebenso vor wie in Gräben oder in den Altarmen von Flüssen.

Außerhalb der Fortpflanzungszeit sehen Männchen und Weibchen fast gleich aus und sind oberseits bräunlich bis grünlich, unterseits leicht silbrig gefärbt (**1**). Beim Männchen ist der Kopf allerdings etwas größer, so daß die Geschlechter mit einiger Übung unterschieden werden können. Die 3 einzelnen, beweglichen Stacheln auf dem Rücken haben dem Fisch den Namen gegeben.

Im Winter schließen sich die Stichlinge zu kleinen Schwärmen aus Männchen und Weibchen zusammen. Im Frühjahr verlassen die geschlechtsreifen Männchen den Schwarm; jedes grenzt sich nun ein eigenes Revier ab, das es heftig verteidigt. Allmählich legen die Männchen nun auch ihr Hochzeitskleid (**2**) an: Mit seinen azurblauen Augen, der leuchtend roten Bauchseite, der rötlichen Maulumrahmung und den durchsichtigen, silbrigen Schuppen auf der Rückenseite unterscheidet es sich erheblich von seiner Normalfärbung.

Nun beginnt das Männchen mit dem Nestbau. Zuerst wird am Grund eine kleine Delle eingerichtet. In dieser Vertiefung werden mit einem besonderen Sekret verschiedene Pflanzenteile zusammengeklebt, bis schließlich ein länglich-kugelförmiges Gebilde mit Eingang und Hohlraum entstanden ist. Mehrfach prüft das Männchen sein Nest und überzeugt sich, daß das Weibchen auch hineinschlüpfen kann (**3**).

Andere Männchen, die das Territorium verletzen und sich dem Nest nähern, werden sofort angegriffen und vertrieben. Rote Farbe löst sofortige Angriffe aus, so unähnlich ein rotgefärbtes Objekt einem Fisch auch sein mag (**4**). Dünne Weibchen werden nicht zur Kenntnis genommen, dicke Weibchen dagegen werden heftig umworben, selbst wenn die Bauchschwellung durch Parasiten und nicht durch reifen Laich hervorgerufen wurde.

Selbst silbrige, birnenförmige Objekte, von den Verhaltensforschern etwas respektlos als „Sexbombe" bezeichnet, lösen das typische Balzverhalten aus.

1

2

3

4

1–7 Balzverhalten beim Dreistachligen Stichling

Bei der Balz schwimmt das Männchen in Zickzacklinien auf das Weibchen zu. Ist das Weibchen laichbereit, bleibt es „erhobenen Hauptes" nahe der Wasseroberfläche und beobachtet das Männchen genau. Das Männchen wiederholt seine Balzbewegungen, bis ihm das Weibchen schließlich zum Nest folgt. Dort zeigt er ihr mit der Kopfspitze den Nesteingang, während er sich teilweise zur Seite legt und ihr den Rücken zuwendet (1).

Manchmal ist ein Weibchen noch nicht ganz laichbereit und läßt sich dann weiter umwerben. Dauert diese Werbung zu lange, lädt das Männchen seine angestauten Frustrationen manchmal auch energisch ab: Er fährt ihr mit geöffnetem Maul energisch in die Flanken (2).

Ist das Weibchen jedoch laichbereit und mit dem Nest zufrieden, schlüpft es in den Nesttunnel. Sofort ändert das Männchen sein Verhalten: Es hält seine Nasenspitze unter heftigem Zittern unmittelbar an die Schwanzflosse des Weibchens (3).

Langsam hebt das Weibchen seinen Schwanz, womit signalisiert wird, daß nunmehr mit dem Ablaichen zu rechnen ist. Nun werden zwischen 50–100 Eier im Nest abgelegt. Anschließend zieht sich das Weibchen schleunigst zurück. Sofort schlüpft das Männchen in das Nest und besamt die Eier. Sollte sich das Weibchen noch innerhalb seines Reviers aufhalten, wird es nun heftig vertrieben. Nach einer Weile nimmt das Männchen sein Balzverhalten wieder auf, so daß schließlich auch mehrere Weibchen im gleichen Nest ablaichen können (4).

Die Bewachung des Nestes und der Brut ist Sache des Männchens. Mit den Brustflossen wird der Laich befächelt. Dadurch wird das Nest mit sauerstoffreicherem Wasser versorgt (5).

Anfangs sind die Eier noch fast klar und durchsichtig. Nach etwa 5 Tagen kann man durch die klare Eihülle jedoch schon deutlich das schlagende Fischherz, die großen Augen und den eingekrümmten Schwanz erkennen (6).

Der frisch geschlüpfte Stichling trägt noch einen großen Dottersack mit sich herum (7), der Nahrungsvorräte enthält und auch für den nötigen Auftrieb sorgt. Im Kopfbereich fallen nun große, einzelne Pigmentzellen auf. Die Jungfische bleiben noch einige Tage im Nest und werden dort sorgsam behütet: Eindringlinge werden vertrieben, und auch harmlose Tiere, wie Köcherfliegenlarven, die sich in Nestnähe verirren sollten, werden gepackt und in einiger Entfernung wieder abgesetzt. Entfernt sich ein Jungfisch von der Nestlingsgruppe, wird er vom Vater vorsichtig eingesogen und im Nest wieder ausgespuckt.

Wenn die Vorräte aus dem Dottersack aufgebraucht sind, streben die jungen Stichlinge zur Wasseroberfläche, um dort Luft zu schlucken und die Schwimmblase zu füllen. Das Männchen versucht – meistens vergeblich –, sie daran zu hindern und möglichst lange im Nest zu behalten. Allmählich legt es sein prächtiges Hochzeitskleid ab, und damit verliert sich auch sein Brutfürsorgetrieb.

Etwa 10 Tage nach dem Schlüpfen verteilen sich die jungen Stichlinge, ohne daß das Männchen weiter versucht, sie zusammenzuhalten. Anfangs ernähren sich die Jungfische von kleinsten Nahrungspartikeln, zunehmend bilden auch Wasserflöhe, Mückenlarven, Würmer oder andere Kleintiere ihre Nahrung. Umgekehrt dienen die Stichlinge größeren Fischen, zum Beispiel Barschen, als Nahrung, obwohl ihre Rücken- und Bauchstacheln ein recht wirksames Verteidigungsmittel sind.

In Europa ist der Dreistachlige Stichling weit verbreitet. Er kommt vom Mittelmeer bis in den hohen Norden vor.

1–2 Zehnstachliger Stichling
Pungitius pungitius

Der Zehnstachlige Stichling oder Zwergstichling ist kleiner als sein dreistachliger Verwandter und erreicht nur etwa 37 mm Körperlänge. Der Zwergstichling besitzt 8–11 (nicht notwendigerweise genau 10) Rückenstacheln, die gewöhnlich eingefaltet werden, außerdem ist die Schwanzbasis sehr viel schlanker als beim größeren Verwandten. Er kommt vor allem in den nördlicheren Regionen vor. Auch diese Art lebt meist in Schwärmen. Im Hochzeitskleid sind die Männchen bronze-schwarz mit weißen Bauchstacheln. Das Weibchen wird durch „Kopfstand" umworben. In dieser Haltung schwimmt das Männchen zum Nest (1), das aus einem ovalen Ball aus verschiedenem Pflanzenmaterial, vor allem aus Algen, besteht (2). Durch dieses Nest führt ein großer Tunnel.

Der Balzablauf ist ähnlich wie bei der größeren Stichlingsart. Das Weibchen folgt zum Nest, wo ihm der Eingang gewiesen wird. Es schlüpft hinein und wird vom zitternden Männchen zum Ablaichen angeregt. Anschließend sucht das Weibchen das Weite, während das Männchen sofort die Eier besamt. Auch beim Zwergstichling bewacht und behütet das Männchen die Brut, bis die jungen Stichlinge etwa 10 Tage nach dem Schlüpfen (in kälteren Gewässern nach längerer Zeit) selbständig werden.

Meist halten sich die Zwergstichlinge in Bodennähe des Teiches auf und verkriechen sich bei Gefahr entweder zwischen den Pflanzen oder auch im Lokkermaterial auf dem Teichgrund.

1

2

I

Barsche *Percionidae*

1 Barsch
Perca fluviatilis

Der Barsch ist ein sehr gut kenntlicher Fisch mit verhältnismäßig kurzem, gedrungenem Körper und Stachelflossen, die bei unsachgemäßem Anfassen des Fisches empfindliche Stiche verursachen können. Der Rücken des Fisches ist dunkelgrau bis bläulich oder olivgrün, die Flanken sind heller und durch 6–9 Querbinden auffällig gemustert. Am Ende der ersten Rückenflosse befindet sich ein großer schwarzer Fleck (1). Die Männchen sind etwas kräftiger gefärbt als die Weibchen.

Barsche leben räuberisch: Als Jungfische verzehren sie Insektenlarven, später ernähren sie sich von anderen Fischen.

In Seen und Fließgewässern erreichen Barsche ein Gewicht bis 2 kg und darüber. In kleineren Gewässern bleibt der Barsch entsprechend kleiner, da hier sein Tisch nicht so reich gedeckt ist.

Die Laichzeit fällt in das Frühjahr (März – Mai/Juni). Die bis 2 mm großen Eier werden in langen gallertigen Bändern an Wasserpflanzen und Steinen abgelegt.

Barsche sind in Europa weit verbreitet. Sie fehlen eigentlich nur in Teilen des Mittelmeerraumes und in Norwegen. Nach Osten reicht das Verbreitungsgebiet bis nach Sibirien. Verwandte Arten gibt es in Nordamerika.

1

2

Hechte *Esocidae*

Die Hechte sind eine kleine Fischfamilie, in deren einziger Gattung *Esox* bisher nur 5 Arten bekannt sind. In Europa kommt nur der gewöhnliche Hecht (*Esox lucius*) vor, die übrigen 4 Arten sind in der Verbreitung auf Nordamerika beschränkt.

1–2 Hecht *Esox lucius*

Der europäische Hecht ist ein Standfisch in Seen und langsam fließenden Gewässern und bevorzugt klare, ruhige Stillwasserbereiche mit kiesigem Grund und reichem Pflanzenwuchs. Sein Rücken ist bräunlich bis grünlich, die Flanken fallen heller aus und tragen unregelmäßig verteilte Querbinden, der Bauch ist gelblich. Alle Flossen zeigen unregelmäßige schwärzliche Fleckenmuster. Je nach Wohngewässer verändert sich die Farbzeichnung. Die unregelmäßige Musterung tarnt den Fisch hervorragend und läßt ihn im Pflanzengewirr fast unsichtbar werden (1). Die Weibchen sind stets größer als die Männchen.

Hechte leben räuberisch: Anfangs ernähren sie sich von Wasserinsekten, Kaulquappen und Kleinkrebsen, gehen mit zunehmender Größe aber zu Fröschen, Fischen, Wasservögeln und selbst Säugetieren über; auch Kannibalismus kommt gelegentlich vor.

Der Hecht ist der Löwe unter den Fischen – ein Räuber, der nur auf kurze Distanz jagt und keine lange Verfolgung auf sich nimmt. Er jagt auf Sicht und nutzt dabei die Überraschung des Beuteobjektes aus. Pfeilschnell schießt er aus seinem Versteck hervor und faßt seine Beute. Verfehlt er sie, entkommt das Beutetier ungeschoren, denn er jagt seinem Opfer nicht nach. Der lange, stromlinienförmige Körper und die weit zurückgesetzten Rücken- und Afterflossen ermöglichen eine rasante Beschleunigung in kurzer Zeit. Fische werden meist von der Flankenseite gepackt, sodann gedreht und mit dem Kopf zuerst verschlungen. Im Hechtmaul findet sich auf den Kiefern, am Gaumenbein und auf der Zunge eine kräftige Bezahnung, die einzelnen Zähne weisen alle in Richtung Schlund.

Der Laich wird im Flachwasser im Frühjahr abgelegt. Zur Laichzeit werden die Weibchen von 3–5 Männchen begleitet. Je Kilogramm Körpergewicht laicht ein Weibchen etwa 40 000 Eier ab. Die klebrigen Eier werden meist an Wasserpflanzen abgelegt. Die Fischlarven kleben sich mit einem Sekret zunächst ebenfalls für 2–3 Wochen an Pflanzen fest – in dieser Zeit fallen

sie leider in größerer Zahl anderen Räubern zum Opfer. (Bild **2** zeigt einen Junghecht, der von einer Gelbrandlarve erbeutet wurde.)

Zwischen Teichgröße, Wasservolumen, Nahrungsangebot und Körpergröße eines Hechtes besteht ein unmittelbarer Zusammenhang: In Seen werden Hechtmännchen bis 100 cm, Weibchen bis etwa 150 cm lang und erreichen über 20 kg Gewicht. In langsamen Flüssen sind Hechte der 10 kg-Klasse schon etwas Besonderes, während in Teichen die 2 kg-Marke kaum überschritten wird.

Hechte kommen von Natur aus in allen Seen und Flüssen der gemäßigten Klimazonen Europas und Asiens vor. In den Alpen werden Gewässer bis in etwa 1500 m Höhe besiedelt. Im Bereich der Ostsee kommen Hechte auch im Brackwasser vor.

Zu Unrecht wird der Hecht als Fischräuber verfolgt, wobei allerdings übersehen wird, daß er vorwiegend die schwächeren und kranken Individuen fängt und damit hilft, die Fischbestände eines Gewässers gesund zu halten.

Karpfenfische *Cyprinidae*

1 Karpfen
Cyprinus carpio

Der Karpfen ist ein formenreicher, hochrückiger Fisch mit einem großen, vorstülpbaren Maul, kurzen Barteln und einer einzelnen langen Rückenflosse, der vor allem in sommerwarmen Teichen mit reichem Pflanzenwuchs vorkommt. Er erträgt aber auch niedrige Sauerstoffspannung im Wasser und überdauert selbst dort noch, wo andere Fischarten nicht überleben könnten.

Tagsüber halten sich die Fische an tieferen, geschützten Stellen oder unter überhängenden Uferpartien auf. Erst bei anbrechender Dunkelheit gehen sie auf Nahrungssuche.

Die Jungfische ernähren sich überwiegend von kleinen Bodentieren des Teiches, größere Karpfen verzehren Schnecken oder größere Krebstiere, im Sommer auch in besonderem Maße Wasserpflanzen.

Bei Wassertemperaturen um 20°C werden im Sommer die Eier zwischen Wasserpflanzen in Flachwasserbereichen abgelaicht. (Wegen der erforderlichen hohen Laichtemperaturen pflanzen sich die Teichkarpfen in unseren Breiten nur relativ selten fort. Die Be-

stände müssen daher durch Besatzfische erneuert werden, die in Fischzuchtanstalten vorkultiviert wurden.)

Karpfen sind recht langlebig. Sie können bis etwa 40 Jahre alt werden. In einem geräumigen Wohngewässer und bei gutem Nahrungsangebot sind Körpergewichte von 10–20 kg keine Seltenheit, und sehr alte Karpfen können bis 100 cm lang werden.

Als Teichfisch spielt der Karpfen seit dem ausgehenden Mittelalter eine wichtige Rolle bei uns.

Wildform

Zuchtformen

Lurche (Amphibia)

Lurche sind Wirbeltiere mit weicher, durchlässiger, meist etwas feuchter Haut, durch die ein großer Teil des Gasaustausches vorgenommen wird. Um die Feuchtigkeit zu sichern, ist die Haut mit zahlreichen besonderen Drüsen ausgestattet. Da die Haut ständig feucht bleiben muß, findet man die Amphibien entweder im Süßwasser oder an feuchten, schattigen Stellen des Festlandes.

Die Entwicklung beginnt mit einem weichen, schalenlosen Ei, aus dem aquatisch lebende Larven schlüpfen. Die Larve besitzt unmittelbar hinter dem Kopf äußere Kiemen, über die Sauerstoff und Kohlendioxid zwischen Blut und Wasser ausgetauscht werden. Die Lungen sind bei den Larven noch nicht funktionstüchtig; sie treten erst nach der Umwandlung in das adulte Tier in Tätigkeit, die gewöhnlich mit einer vollständigen Veränderung der Körperform (Metamorphose) einhergeht.

Lurchlaich, -larven und erwachsene Tiere sind eine leichte Beute für viele räuberisch lebende Teichtiere: Die Kaulquappen werden von Libellenlarven, den Larven des Gelbrandkäfers und vielen Fischen erbeutet, die erwachsenen Tiere, vor allem die Frösche,

bilden zum Teil die Nahrung großer Raubfische, von Wasservögeln und Kriechtieren.

Die Lurche werden in 2 Unterklassen, Schwanzlurche und Froschlurche, gegliedert, die sich in Gestalt und Aussehen unterscheiden lassen:

1. Zu den **Schwanzlurchen** (Urodela) gehören die Molche und Salamander. Ihr Körper ist schlank und geschwänzt, die Hinterbeine sind kaum länger als die Vorderbeine.

2. Frösche und Kröten bezeichnet man als **Froschlurche** (Anura). Die adulten Tiere zeichnen sich durch einen relativ kurzen Körper (ohne Schwanz) und kräftige, lange Hinterbeine aus.

Schwanzlurche (Urodela)

Eigenartigerweise sind die Vertreter dieser Unterklasse innerhalb Europas auf den Kontinent beschränkt. Auf den Britischen Inseln kommen keine Salamander und Molche vor.

Salamander schützen sich durch ein giftiges Hautsekret. Man sollte sie daher nicht unnötig anfassen. Gewöhnlich verbergen sie sich tagsüber unter Laub oder Steinen und verlassen nur in der Dunkelheit oder bei sehr feuchtem Wetter ihr Versteck und gehen auf Nahrungssuche. Ihre Nahrung besteht aus Würmern, Schnecken und anderen Wirbellosen. Die Eier werden überwiegend in Waldteichen abgelegt.

Als Molche bezeichnet man die Schwanzlurche, die zur Laichzeit das Wasser aufsuchen und deren Männchen ein charakteristisches Hochzeitskleid (Wassertracht) anlegen.

Die Körperhaut der Molche ist nicht so schleimig wie die des Salamanders. Einige Molche verbringen den größten Teil des Jahres im Wasser, andere Arten leben außerhalb der Fortpflan-

zungszeit an Land. Auch sie sind überwiegend nachtaktiv und ernähren sich von verschiedenen kleinen Wirbellosen. Zur Überwinterung ziehen sich die Tiere in Erdspalten, unter Laubhaufen oder in hohle Bäume zurück.

Die in Mitteleuropa vorkommenden Wassermolche gehören alle zur Gattung *Triturus*.

Molche *Salamandridae*

2 Kammolch
Triturus cristatus
Der Kammolch ist ein ziemlich großer, um 15 cm langer, in der Färbung recht variabler Schwanzlurch. Die körnige Haut ist auf der Rückenseite meist bräunlichgrau mit dunkleren Flecken. Die Bauchseite ist meist orange, gelb oder orangerot und zusätzlich schwarz oder dunkelgrau getupft. In jeder der kleinen Hautwarzen befindet sich eine Drüse, die ein übelriechendes Sekret produziert.

Im Frühjahr entwickelt das Männchen als Wassertracht einen hohen, meist stärker gezackten und an der Schwanzwurzel eingekerbten Kamm (**2**). Männchen und Weibchen suchen zur Balz auch sehr kleine Gewässer auf. In dieser Zeit kann man die Molche am ehesten finden und beobachten.

1: Der Nordamerikanische Flecken-Salamander (Ambyostoma maculatum) sieht unserem einheimischen Feuer-Salamander (Salamandra salamandra) in der Körperform, nicht jedoch in der Körperzeichnung, recht ähnlich.

2: Kammolch (Triturus cristatus) im Hochzeitskleid.

2

1

2

3

Die Balz der Molche (1–3) ist ein szenenreicher Vorgang: Das Weibchen verhält sich dabei mehr oder weniger passiv. Das Männchen paradiert vor ihm, indem es seinen Schwanz jeweils in Richtung des Weibchens einkrümmt (1). Bei der Balz entläßt es einen Duft- und Lockstoff, der dem Weibchen mit der Schwanzspitze zugewedelt wird. Dazwischen wird das Weibchen auch mit dem ganzen Schwanz berührt. Schließlich folgt es dem Männchen. Dieses setzt dann ein weißes Spermienpaket (Spermatophor) am Boden ab und entfernt sich langsam. Das Weibchen kriecht nach und nimmt das Spermienpaket auf. Die Besamung der Eier erfolgt im Körper des Weibchens.

Die Eier werden einzeln an Wasserpflanzen abgelegt, wobei das Weibchen mit den Hinterbeinen ein Blatt faltet und das Ei hineinplaziert (2).

Die Laichzeit kann sehr ausgedehnt sein. Anschließend verlassen die erwachsenen Tiere das Wasser, manche bleiben auch weiterhin im Teich. Nach etwa 2 Wochen schlüpfen die Molchlarven. Sie tragen am Kopf beidseits je 3 fiederige Kiemen (3).

Im Gegensatz zu den Kaulquappen der Frösche erscheinen die Vorderbeine vor den Hinterbeinen. Nach etwa 4 Monaten verschwinden die äußeren Kiemen, die Tiere stellen sich auf Lungenatmung um. Jetzt verlassen viele von ihnen ihr Gewässer, während andere bis zum kommenden Frühjahr bleiben.

Froschlurche (Anura)

Die Frösche und Kröten gehören zu den am weitesten verbreiteten Lurchen. Sie kommen in allen Kontinenten vor und sind selbst in arktischen Regionen anzutreffen. Etwa 4000 Arten sind insgesamt bekannt. Bei den europäischen Arten ist die Unterscheidung zwischen Fröschen und Kröten noch ziemlich einfach:

Frösche besitzen eine ziemlich glatte Haut und lange Sprungbeine. Bei den Kröten ist die Haut dagegen recht war-

Wasserfrosch

zig. Außerdem sind die Hinterbeine vergleichsweise kurz.

Die Froschlurche sind jedoch außerordentlich formenreich, so daß die Faustregel zur Unterscheidung der größeren Gruppen nicht immer zutrifft.

Echte Frösche *Ranidae*

1, 2 Grasfrosch
Rana temporaria

Der Grasfrosch ist in Europa die am weitesten verbreitete Froschlurch-Art. Er ist ein Vertreter der Braunfrösche, zu denen unter anderem auch noch der Moorfrosch und der Springfrosch gehören.

Der Grasfrosch bewohnt fast alle Typen von Feuchtgebieten und hält sich vorwiegend in Pflanzenbeständen in der Nähe von Gewässern auf. Seine Färbung variiert beträchtlich: Die meisten Tiere sind bräunlich oder braun-

grau, es gibt jedoch auch rötliche oder olivgelb gefärbte. Auf dem Rücken sind zusätzlich noch dunkle bis schwarze Flecken verstreut. Die Geschlechter sind außerhalb der Paarungszeit nur schwer zu unterscheiden. Während der Paarungszeit verfärben sich Bauch und Brustbereich des Weibchens rötlich (Bild 2, Seite 210), außerdem sind die Weibchen größer als die Männchen: Das Weibchen wird bis 9 cm lang, das Männchen bleibt meist um 1,5 cm kürzer.

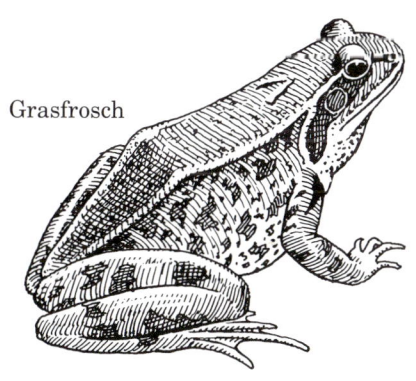

Grasfrosch

I

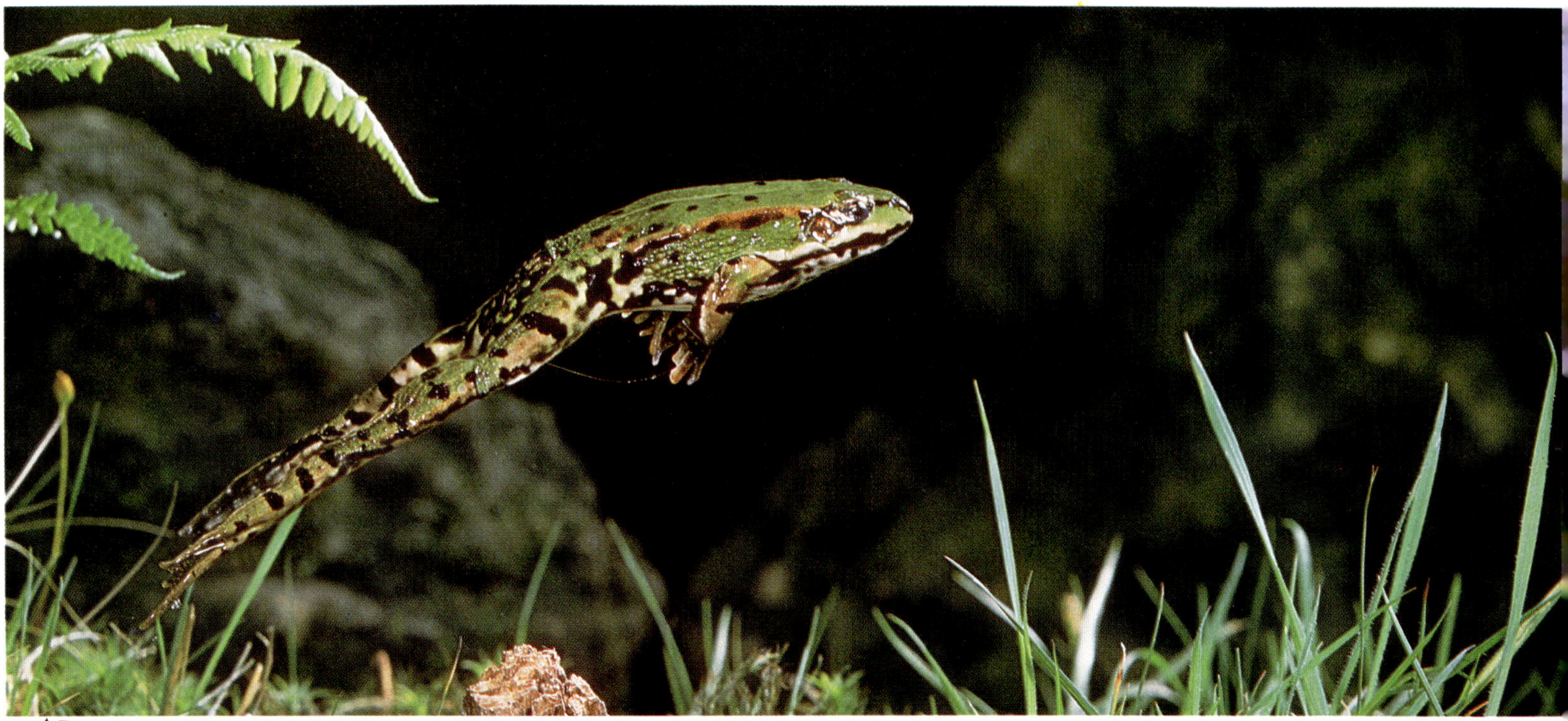

▲1

2▼

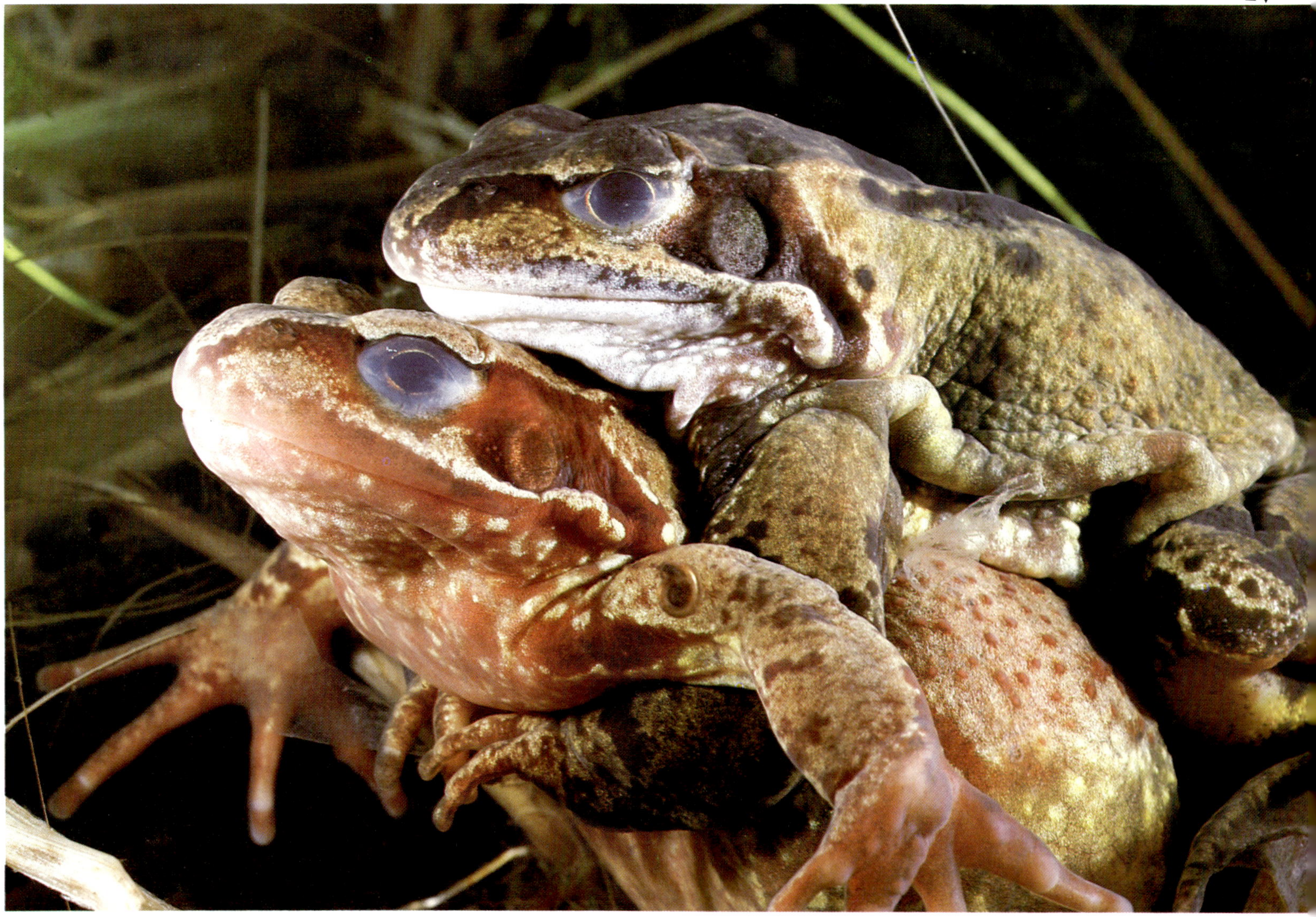

Im Frühjahr wandern die Grasfrösche zu ihrem Laichgewässer, oft zum gleichen Teich, in dem sie auch groß geworden sind. Die Männchen treffen gewöhnlich zuerst ein und locken durch lautes Quaken die Weibchen herbei. Im Unterschied zu den Molchen findet keine Balz statt. Männchen und Weibchen schreiten sofort zur Paarung, wenn sie im Wasser aufeinandertreffen. Das Männchen klettert von der Rückenseite auf das Weibchen und umfaßt es unter seinen Vorderbeinen (2). Während der Paarungszeit entwickeln die Männchen ansehnliche Brunstschwielen an den Daumen, die offenbar als Griffhilfe dienen, um das paarungsbereite Weibchen festzuhalten. Diese „Huckepack-Aktion" dauert stundenoder sogar tagelang, bis das Weibchen schließlich ablaicht. Der Laich wird in großen, gallertigen Klumpen abgelegt. Jedes Weibchen bringt etwa 3000 Eier hervor. Unmittelbar nach dem Ablaichen werden die Eier vom Männchen besamt. Die Paarungspartner trennen sich dann.

3–15 Froschentwicklung

Anfangs sinken die Eier zu Boden. Ihre gallertige Hülle nimmt jedoch rasch Wasser auf, schwillt an und sorgt für Auftrieb. Daher sammeln sich die Laichballen an der Wasseroberfläche an (3).

Da die Mehrzahl der Eier befruchtet ist, beginnt 2–3 Stunden nach dem Laichvorgang die weitere Entwicklung (4).

Bei der ersten Teilung wird das Ei in zwei gleiche Hälften geteilt (5).

Bei der nächsten Teilung, die bereits 30–60 Minuten später abläuft, wird jede Zelle wiederum geteilt (6).

Nach etwa einer weiteren Stunde liegen 8 Zellen vor (7), und die vierte Teilung führt zum 16-Zellen-Stadium (8).

Mit jeder Teilung wird die lebende Substanz in immer kleinere Portionen zerlegt, wobei zunächst noch keine Größenzunahme des Keimes erfolgt. Schließlich ist das ursprünglich einzellige Ei durch schrittweise Teilung in eine Masse von Tausenden Zellen untergliedert worden (9).

Der nächste Entwicklungsabschnitt umfaßt die sogenannte Gastrulation, bei der sich das Gewebe in besonderer Weise organisiert und die verschiedenen Organregionen der künftigen Kaulquappe festgelegt werden (10).

Die abschließende Phase der Embryonalentwicklung wird als Differenzierung bezeichnet. Dabei werden die anfangs noch unspezialisierten Zellen des Keimes nach und nach in alle die verschiedenartigen Zelltypen umgewandelt, die die Gewebe und Organe der Kaulquappe aufbauen. Nach etwa 2 Wochen sind auch diese Vorgänge abgeschlossen. Die Kaulquappe kann jetzt schlüpfen. Künftige Veränderungen bestehen fast nur noch aus Größenzunahme. Die frisch geschlüpften Kaulquappen tragen unmittelbar hinter dem Kopf äußere Kiemen (11). In diesem Stadium sind sie reine Vegetarier, die sich von planktischen Algen ernähren.

Nach etwa einem Monat sind die Kiemen nicht mehr sichtbar, weil sie von einem Hauptlappen überdeckt werden (12).

Allmählich entwickeln sich nun die Hinterbeine. In der sechsten bis achten Woche sind sie funktionstüchtig (13). Zu dieser Zeit verfügt die Kaulquappe auch über funktionstüchtige Lungen. Sie muß nun von Zeit zu Zeit zur Oberfläche aufsteigen, um Luft zu holen. Die Nahrung besteht jetzt aus verschiedenen kleinen Bewohnern des Teiches, wobei selbst andere Kaulquappen angefallen werden.

Nach insgesamt drei Monaten ist aus der Kaulquappe ein kleiner Frosch mit Schwanz geworden (14).

Der Schwanz wird nach und nach eingeschmolzen, und der Jungfrosch, mittlerweile etwa 1–1,5 cm groß, verläßt nunmehr den Teich (15).

Die Sterblichkeits- bzw. Verlustrate unter den Kaulquappen ist enorm, da sie von vielen Wassertieren verfolgt und verzehrt werden, unter anderem

3

von Libellenlarven, Gelbrandkäferlarven, Wasserwanzen, Molchen, Fischen und Vögeln. Dennoch verlassen immer noch Hunderte bis Tausende junger Frösche ihr Gewässer und verteilen sich auf die weitere Umgebung, in der ihnen dann wieder von anderen Tieren nachgestellt wird.

3 Jahre braucht der Grasfrosch zur Geschlechtsreife, dann kehrt er wieder zum Laichgewässer zurück. Der erwachsene Frosch ernährt sich von Schnecken, Würmern und Insekten, an der Beute klebende Schmutzteilchen werden mit den Fingern von der Nahrung abgewischt.

Die früher als Wasserfrosch (Rana esculenta) bezeichnete Art stellt nach neuerer Erkenntnis keine eigene Art dar, vielmehr handelt es sich hier um den Bastard aus Teichfrosch (Rana lessonae) und Seefrosch (Rana ridibunda), die beide zu den Grünfröschen gehören.

I

1 Ochsenfrosch
Rana catesbeiana

Der Ochsenfrosch, ein Frosch aus der Gruppe der Grünfrösche stammt ursprünglich aus Nordamerika, ist in Europa jedoch an vielen Stellen eingebürgert worden. Er stellt eine der größten Froscharten überhaupt dar. Der Rumpf wird immerhin um 15 cm lang, die Hinterbeine bis 25 cm. Von den einheimischen Arten unterscheidet er sich durch das Fehlen der Rückenleisten.

Ochsenfrösche sind recht gefräßig und verzehren alles, was in ihr großes Maul paßt, sogar kleine Säugetiere. Sie sind tag- und nachtaktiv und bevorzugen sehr pflanzenreiche Uferregionen in Teichen und Seen. Geschützt.

Laubfrösche *Hylidae*

Laubfrösche sind recht langbeinig und schlank und erreichen nur eine geringe Körpergröße. (Die Männchen bleiben immer etwas kleiner als die Weibchen.)

Der Europäische Laubfrosch (*Hyla arborea,* **2**) ist ein einheimischer Vertreter einer sehr umfangreichen Froschfamilie, die weltweit etwa 450 Arten in allen Kontinenten umfaßt. Er wird bis 5 cm lang, und seine glatte Haut ist gewöhnlich einfarbig hellgrün, kann aber auch gelblich oder fleckig dunkelbraun ausfallen. Die Finger- und Zehenenden tragen charakteristische Haftscheiben, die als Kletterhilfen eingesetzt werden. Laubfrösche klettern hervorragend und werden nicht selten hoch über dem Boden aufgefunden. Als Lebensraum bevorzugen sie dichtbewachsene Stellen mit reichem Gehölzbestand. Die Tiere sind vorwiegend nachtaktiv. Ihre Kost besteht aus verschiedenen Kleininsekten, Würmern und Schnecken.

Die Paarung findet im Wasser statt. Dabei umklammern die Männchen mit Hilfe einer besonderen Schwiele an den Daumen die Weibchen unmittelbar unter den Vorderbeinen. Die Eier (etwa 1000 Stück) werden in kleinen, ungefähr walnußgroßen Laichballen abgelegt, die im Wasser umhertreiben. Die Kaulquappen sind gewandte Schwimmer; ihre Schwanzflosse reicht weit nach vorne bis auf den Rücken. Im Unterschied zu anderen Kaulquappen leben sie eher einzeln als im Schwarm.

Echte Kröten *Bufonidae*

1–3 Erdkröte
Bufo bufo

Die Erdkröte gehört zu den verbreitetsten Lurchen Europas. Man findet sie nicht nur in Feuchtgebieten, sondern manchmal auch an erstaunlich trockenen Stellen.

Erdkröten werden etwa 12 cm groß. Wie alle Kröten sind sie vorzugsweise nachts aktiv, tagsüber verstecken sie sich im Pflanzendickicht, unter großen Blättern oder Steinen. Nur wenn nach längerer Trockenheit Regen fällt, kann man sie auch einmal bei Tag beobachten.

Kröten bewegen sich ziemlich langsam, nur bei Beunruhigung gehen sie zu einem etwas rascheren Hüpfen über. Fühlen sie sich bedroht, blähen sie sich auf und ducken den Kopf dicht an die Erde.

Überall am Krötenkörper sitzen Hautdrüsen, die ein giftiges Sekret abgeben. Die große Ohrdrüse besteht aus einem ganzen Feld solcher Drüsen. Das dicke, weißliche Sekret schmeckt unangenehm scharf. Packt z.B ein Hund eine Kröte, läßt er sie sofort wieder los, und weil er dabei offenbar einen widerlichen Geschmack verspürt, steht ihm nicht selten der Schaum vor dem Maul.

Gegen einige Feinde helfen weder die charakteristische Drohstellung noch das Drüsensekret: Krähen und Elstern kann man gelegentlich dabei beobachten, wie sie Kröten ausweiden, den Rest allerdings verschmähen.

Vorsichtshalber sollte man Kröten nicht anfassen oder nach Kontakt die Hände gründlich waschen. Auf keinen Fall darf man das Hautsekret der Kröten auf die Schleimhäute von Mund oder Augen bringen.

Kröten entwickeln ihrerseits einen guten Appetit und verzehren alles, was sie erreichen können, sogar junge Schlangen und Mäuse. Nur lebende, sich bewegende Tiere werden als Beuteobjekt angenommen – eine Fliege, die reglos dasitzt, wird nicht registriert. Sobald sie sich jedoch bewegt, interessiert die Kröte sich dafür und läßt ihre Zunge vorschnellen. Die Krötenzunge ist weit vorne am Unterkiefer befestigt und kann blitzschnell vorgestreckt werden (**1**). Aufgenommene Nahrung wird nicht zerkaut, sondern zwischen Zunge und Gaumen zerdrückt. Beim Schluckvorgang zieht die Kröte die Augen ein, um das Hinabwürgen der Beute zu unterstützen.

Kröten laichen nicht selten im gleichen Gewässer ab wie Frösche, bevorzugen jedoch deutlich die tieferen Regionen. Einige Kröten bilden bereits Paare, wenn sie sich noch auf dem Laichzug zum Gewässer befinden, andere finden sich erst im Teich oder Weiher zusammen. Die männliche Kröte hat kürzere Vorderbeine als ein Froschmännchen, so daß sie das Weibchen nicht ganz umfassen kann. Dennoch hält das Krötenmännchen seine Paarungspartnerin mit so festem Griff, daß das Paar kaum zu trennen ist. Manchmal umklammern auch mehrere Männchen ein Krötenweibchen, so daß ihm fast der Erstickungstod droht. (In Bild **3** rangeln zwei Männchen um ein Weibchen.)

Die Eier werden in langen, gallertartigen Laichschnüren an Wasserpflanzen aufgehängt (**2**). Die Schnüre sind ca. 3 m lang und enthalten 700–3000 Eier von schwärzlicher Färbung und 1,5–2 mm Durchmesser.

Die schlüpfende Kaulquappe sieht der der Frösche sehr ähnlich, ist jedoch

1

2

auf der Oberseite wesentlich dunkler bis fast schwarz. (Froschkaulquappen sind allenfalls dunkelbraun.)

Die Jungkröten, die den Teich verlassen, sind dunkler gefärbt als die Elterntiere, auch ihre Haut ist glatter, da die Warzen noch nicht entwickelt sind.

4 Jahre braucht die Erdkröte bis zur Geschlechtsreife. Nach dem ersten Ablaichen kann sie jedoch noch viele weitere Jahre lang leben. Die Überwinterung findet immer außerhalb des Gewässers an geschützten Stellen unter Laubhaufen und in ähnlichen Verstecken statt. Dabei überwintern die Kröten einzeln oder auch in kleineren Gruppen.

Kriechtiere (Reptilia)

Die Reptilien oder Kriechtiere sind wie die Amphibien wechselwarme Wirbeltiere. Ihre Haut ist trocken, schuppig und recht dick. Sie besteht aus mehreren Schichten von Keratin (einem besonderen Protein) und ist für Wasser undurchlässig. Der Wasserverlust durch die Haut ist bei den Reptilien daher im Vergleich zu den Amphibien denkbar gering.

Reptilien gehen mit ihrem Wasser in jeder Hinsicht sparsam um. Viele Reptilien sind fast unabhängig vom Wasser und können daher in den großen Wüstengebieten der Erde leben. Andere dagegen sind echte Wassertiere, die auch in Kleingewässern auftreten können.

Die meisten Arten legen hartschalige Eier, die in weicher, warmer Erde eingegraben werden. Reptilieneier sind unverhältnismäßig groß und enthalten einen beträchtlichen Nährstoffvorrat. Die dicke kalkige oder lederige Schale ist eine Schutzvorrichtung vor Wasserverlust. Mit dem Nährstoffvorrat im Ei können die Embryonen so weit heranwachsen, daß ein besonderes Larvenstadium nicht mehr erforderlich ist und die Jungen als kleine Abbilder der Eltern schlüpfen.

Einige Schlangen und Eidechsen bringen auch lebende Junge zur Welt. In diesem Fall erfolgt der Schlüpfvorgang bereits im Mutterleib.

Reptilien nutzen ebenso wie die Amphibien die Umgebungswärme, um ihre Körpertemperatur einzuregeln. Im Unterschied zu den Amphibien sonnen sie sich jedoch recht gerne, um sich ordentlich aufzuwärmen.

Von den verschiedenen Reptilienordnungen kommen Schlangen (Squamata), Schildkröten (Chelonia) und Krokodile (Crocodylia) auch in kleineren stehenden Gewässern vor.

Schildkröten (Chelonia)

Die weltweit etwa 300 Schildkrötenarten besitzen einen knöchernen Panzer, der ihren Körper völlig einschließt und zusätzlich noch mit Hornplatten besetzt ist. In Europa gibt es 3 auf dem Land lebende Arten, 2 zumindest zeitweise im Süßwasser vorkommende Schildkröten und außerdem auch noch 5 Arten von Meeresschildkröten.

Sumpfschildkröten *Emydidae*
In Europa kommen 2 wasserlebende Schildkröten vor, deren Verbreitungsgebiet sich jedoch in der Hauptsache über Südwest- bis Südosteuropa erstreckt. Außerhalb dieses Gebietes, unter anderem auch in Mitteleuropa, sind Einbürgerungen (durch Aussetzen von Terrarientieren) nicht selten.

1: Rotbauch-Schildkröte (Chrysemys rubriventris). Diese Art kann 25–40 cm groß werden. Sie verläßt ihr Gewässer zeitweise gerne, um sich auf Steinen oder Stämmen im Uferbereich zu sonnen. Die Rotbauch-Schildkröte lebt nur von pflanzlicher Kost.

2: Alligator-Schildkröte (Macrolemys temmincki), eines der größten Süßwasserreptilien der Welt. Diese Schildkröte erreicht immerhin das stattliche Gewicht von rund 100 kg. Sie gräbt sich in den Teichboden ein und liegt dort mit weit geöffnetem Maul, wobei sie Fische mit einem roten, wurmähnlichen Anhängsel ihrer Zunge ködert. Wenn sich ein Fisch nähert, wird der „Köder" sogar nach Wurmart bewegt. Untersucht ihn der Fisch allzu genau, schnappt die Schildkröte zu.
Die große Alligator-Schildkröte ist von Kanada bis nach Südamerika verbreitet. Sie sonnt sich nicht an warmen Uferstellen, sondern hält sich überwiegend auf dem Gewässergrund auf. Trotz ihrer respektablen Größe kann diese Art für den Menschen nicht zur Gefahr werden, da sie sich bei Störung sofort in ihren Panzer zurückzieht.

1 ▲   2 ▼

1

2

Schlangen (Squamata)

Nattern *Colubridae*

Die meisten europäischen Schlangen-arten gehören zur Familie der Nattern. In Gewässernähe oder auch im Wasser finden sich meist nur die Vertreter der Gattung *Natrix*. Mitunter sonnen sich die Tiere auf Ästen, die über die Wasserfläche ragen, und lassen sich bei Störung sofort in das Wasser gleiten. Nattern können hervorragend schwimmen und tauchen. Einen großen Teil ihrer Nahrung beziehen sie aus Tümpeln und Teichen.

1: Ringelnatter, die sich zum Schutz vor Freßfeinden tot stellt.

2: Ringelnatter, die sich auf einer flachen Stelle im Wasser auf die Häutung vorbereitet.

1, 2 Ringelnatter
Natrix natrix

In Mitteleuropa trifft man die Ringelnatter am ehesten an stehenden Gewässern an. Die Tiere können um 2 m lang werden, wobei die Weibchen meist größer sind. Ihre Nahrung besteht überwiegend aus Fröschen und Kröten, dazu aber auch Kaulquappen, Molchen, Fischen, Eidechsen und Kleinsäugern. Ergreift man die Schlange, gibt sie aus ihren Analdrüsen eine sehr übel riechende Flüssigkeit ab. Bei Störung zischt sie mitunter und führt auch abwehrende Stoßbewegungen (bei geschlossenem Maul) aus, doch beißt sie bei solchen Angriffen kaum zu. Zum normalen Verhaltensprogramm gehört auch, daß sie sich totstellt und mit weit geöffnetem Maul und heraushängender Zunge auf der Seite liegt (siehe Bild **1**).

Im April oder Mai findet die Paarung statt. Im Juni oder Juli werden 30–40 Eier an Stellen gelegt, an denen es von Natur aus warm ist. Nach 6–10 Wochen – je nach der Wärmetönung ihrer Umgebung – schlüpfen die Jungtiere. Die junge Schlange besitzt einen wohlentwickelten Eizahn, mit dem sie die derbe Eischale vor dem Schlüpfen von innen öffnet. Nach dem Schlüpfen verliert sie den Eizahn. Die Jungtiere ernähren sich von Würmern und Schnecken. Sie führen ein verborgenes Leben, so daß man sie nur äußerst selten antrifft. Mit ihren knapp 20 cm Länge könnten sie von größeren Räubern allenfalls für Würmer gehalten werden. Größere Ringelnattern werden von Dachsen und Igeln, aber auch verschiedenen Vögeln verfolgt.

Von Zeit zu Zeit häuten sich die Schlangen (**2**). Die Tiere nehmen während dieser Zeit kaum Nahrung auf und sind ungewöhnlich dunkel gefärbt. Selbst eine harmlose Schlange kann während der Häutung recht angriffslustig sein.

Eine nahe Verwandte der Ringelnatter, die in Mitteleuropa nur stellenweise vorkommende Würfelnatter (*Natrix tessellata*), hält sich noch häufiger im Wasser auf.

Alle einheimischen Schlangenarten sind – wie die übrigen Reptilien und Amphibien – besonders geschützt!

Krokodile (Crocodylia)

Alligatoren *Alligatoridae*

3 Brillenkaiman
Caiman crocodilus

Die meisten Vertreter der Alligatoren sind zu groß, um noch in einem Teich leben zu können. Eine bemerkenswerte Ausnahme stellt der Brillenkaiman (**3**) dar, der aber auch ca. 2,5 m lang wird. Die Aufnahme zeigt ein nur etwa 30 cm langes Jungtier, das in einem Teich in Venezuela angetroffen wurde.

Brillenkaimane sind meist grünlich, gelb-bräunlich oder bräunlich gefärbt mit dunkelbraunen Querbinden. Am ehesten erkennt man sie an einem geschwungenen, knöchernen Rand unterhalb und vor den Augen, der ihnen ihren Namen eingetragen hat.

Ihr natürliches Verbreitungsgebiet erstreckt sich vom südlichen Mexiko bis ins nördliche Argentinien. Hier werden die Brillenkaimane jedoch zunehmend seltener, da sie in Unmengen gefangen und in Andenkenläden verkauft werden. Im östlichen und mittleren Nordamerika sind unterdessen Vorkommen bekannt, die sich auf entkommene oder ausgesetzte Tiere zurückführen lassen.

3: Junger Brillenkaiman, der in Venezuela in einem Teich angetroffen wurde.

3

Vögel (Aves)

Vögel sind warmblütige Wirbeltiere, deren Körper von einem dichten Federkleid eingehüllt wird. Die vorderen Gliedmaßen sind bei den meisten Arten zu Flügeln umgebildet.

Nur wenige Vogelarten sind flugunfähig, wie der Strauß (*Struthio camelus*) oder der Emu (*Dromaius novaehollandiae*), die sich auf eine andere Lebensweise eingerichtet haben und daher auf große Schwingen verzichten können. Bei den Pinguinen dienen die Flügel als Schwimmpaddel.

Um fliegen zu können, muß der Vogelkörper sehr kompakt gebaut und vor allem ziemlich leicht sein. Luftgefüllte, aber dennoch belastbare Knochen sorgen für ein stabiles und gleichzeitig leichtes Skelett. Auch die Knochen des Schädels sind stärker reduziert, Zähne fehlen. Dadurch können die Kiefer verkleinert und ökonomischer aufgebaut werden.

Um eine günstige Schwerpunktlage zu erreichen, sind alle Organsysteme soweit wie möglich zusammengefaßt worden. Dies war jedoch nur unter gleichzeitiger Verkürzung der Wirbelsäule möglich.

Schnellbewegliche Tiere brauchen gute Augen. Vogelaugen sind daher im Vergleich zu den übrigen Körperproportionen erstaunlich groß.

Tümpel und Teiche spielen im Leben vieler Vogelarten eine besondere Rolle. Fast alle Vögel müssen von Zeit zu Zeit ein Gewässer aufsuchen, um zu trinken oder um ein Bad zu nehmen, und viele Arten, Pflanzenfresser wie Räuber, beziehen ihre Nahrung aus Teichen und Weihern.

Eine Reihe von Vögeln wählt die stehenden Binnengewässer auch zum Brüten: Röhrichte bieten genügend Raum für die kunstvoll gefertigten Nester von Rohrsängern und Grasmücken. Teichhühner bauen sogar schwimmende Nester, um vor landlebenden Räubern besser geschützt zu sein.

Da Vögel zu größeren Ortsveränderungen befähigt sind und oft sehr weite Strecken zurücklegen, tragen sie ganz erheblich zur Ausbreitung teichbewohnender Pflanzen und Kleintiere bei:

So werden durch die Wasservögel die Arten zwischen einzelnen Tümpeln und Teichen ausgetauscht oder auch Verbreitungseinheiten zur Besiedlung neuer Kleingewässer eingetragen. Schlammreste an den Füßen der Enten oder der Watvögel enthalten oft Samen oder andere Verbreitungsteile von Wasserpflanzen. Daneben werden auch viele mikroskopisch kleine Tiere, Einzeller, Schwammgemmulae oder Statoblasten von Moostierchen in anhaftendem Material oder im Gefieder transportiert.

Enten, Gänse, Schwäne *Anatidae*

1 Höckerschwan *Cygnus olor*

Der Höckerschwan ist einer der größten unter den einheimischen Wasservögeln. Ein erwachsener Schwan kann von der Schnabelspitze bis zum Schwanz ungefähr 1,5 m messen.

Der lange Hals wird beim Schwimmen in einer eleganten S-förmigen Krümmung getragen, beim Fliegen lang vorgestreckt. Der Höcker auf dem Oberschnabel ist beim Männchen besonders im Frühjahr wesentlich auffälliger als beim Weibchen (**1**).

Schwäne verbringen die meiste Zeit auf dem Wasser, weiden die Wasserpflanzenbestände ab oder fressen kleinere Wassertiere wie Kaulquappen, Frösche oder Kröten, Insektenlarven oder Weichtiere. Dazu gründeln sie wie Enten oder stecken auch einfach den langen Hals unter Wasser.

Männchen und Weibchen bauen das große Nest gemeinsam. Während das Männchen das Baumaterial heranschafft, wird vom Weibchen die Nestmulde hergerichtet, in die es 5–7 grünliche Eier legt. Im Brutgeschäft wechseln sich beide Eltern ab. Nach 24–28 Tagen schlüpfen die Jungen, die bis ins 2. Lebensjahr noch graue Schnäbel und ein bräunliches Gefieder tragen und sich erst dann weiß umfärben.

Rallen *Rallidae*

2 Teichhuhn *Gallinula chloropus*

Das Teichhuhn ist ein typischer Bewohner kleiner stehender Gewässer, selbst in unmittelbarer Nähe menschlicher Siedlungen. Die Größe des Teiches ist eher unerheblich, wichtig ist nur, daß es im Uferbereich genügend hochwüchsige Vegetation zum Verstecken und zur Futtersuche gibt.

Teichhühner erkennt man zuverlässig an dem bräunlich-schwärzlichen Gefieder, an den weißen Seitenstreifen, den grünen Beinen (mit rotem „Strumpfband") und dem auffälligen roten Stirnschild. Die Schnabelspitze ist hellgelb, die Schwanzunterseite weißlich. Der Vogel mißt etwa 30–35 cm Länge. Beim Schwimmen führt der Kopf charakteristische Nickbewegungen durch. Bei Aufregung zuckt das Teichhuhn mit seinem Schwanz.

Die Nahrung des Teichhuhnes besteht zu etwa drei Vierteln aus pflanzlichem Material, der Rest verteilt sich auf verschiedene Wasserinsekten, Würmer und Schnecken.

Das Nest wird auf der Wasseroberfläche, im Röhricht oder im Gebüsch angelegt und besteht vor allem aus Pflanzenresten aus der Teichumgebung.

Das Gelege besteht aus 5–7 lederbraunen Eiern mit dunkleren Flecken. Die Brutdauer liegt bei etwa 20 Tagen. Die ausgeschlüpften Jungvögel bleiben nur wenige Tage im Nest.

Das Teichhuhn ist in Europa und Asien, daneben auch in Amerika und in Teilen Afrikas weit verbreitet. Im tropischen und südlichen Afrika oder in Südostasien wird es durch ähnlich aussehende verwandte Arten ersetzt.

1

2

1, 2 Bläßhuhn *Fulica atra*

Die Bläßralle oder das Bläßhuhn ist etwas größer und gedrungener als das Teichhuhn. Das Gefieder ist ziemlich einheitlich schwärzlich-grau. Schnabel und Stirnschild sind dagegen reinweiß. Die Bläßralle wird knapp 40 cm lang. Sie lebt meist gesellig auf größeren Binnengewässern, die sie zum Überwintern in individuenreichen Schwärmen aufsucht. Zur Nahrungssuche begeben sich die Tiere in Ufernähe und weiden hier die Grasbestände ab, dabei wird das Wasser nur ungern verlassen. Zu einem geringeren Teil werden auch Kleintiere aus dem Wasser oder selten auch Gelege anderer Wasservögel (beispielsweise vom Haubentaucher) geräubert.

Das Nest (2) wird im Röhricht an leicht erhöhter Stelle etwa 25–30 cm über dem Wasserspiegel aus Schilf und Seggen gebaut. Das Gelege besteht aus 6–9 Eiern.

Nach 3–4 Tagen verlassen die Jungen das Nest und werden dann von ihren Eltern auf dem Wasser gefüttert. Nachts kehren sie jedoch zum Nest zurück, um von den Altvögeln gewärmt („gehudert") zu werden.

Nach einem Monat beginnen die Jungvögel selbst mit dem Tauchen und der Nahrungssuche, und nach einem weiteren Monat sind sie völlig erwachsen.

Bläßrallen sind in Europa mit Ausnahme des hohen Nordens weit verbreitet und ziemlich häufig. In anderen Teilen der Welt werden sie von weiteren Arten der gleichen Gattung ersetzt.

3 Purpurralle
Porphyrula martinica

Die Purpurralle ist mit Teich- und Bläßhuhn nahe verwandt. Die Art ist jedoch in Europa nicht verbreitet, sondern kommt in den südlichen Teilen der USA und in der Karibik vor. In Südeuropa wird sie durch das Purpurhuhn (*Porphyrio porphyrio*) vertreten, das ihr in vielen Merkmalen gleicht. Die Purpurralle ist eine sehr auffallende Erscheinung in großen Sumpfgebieten oder auf größeren Teichen und Seen: Kopf und Unterseite sind tiefpurpurn, der Rücken bronzegrün. Der große Schnabel ist brillant rot mit kräftig gelber Spitze, der Stirnschild ist hellblau davon abgesetzt, Beine und Füße sind hellgelb, Unterschwanzfedern weiß. (Man erkennt sie deutlich, wenn die Ralle mit hängenden Beinen fliegt.) Die Purpurralle hält sich weniger häufig auf der Wasserfläche auf als Teichhuhn oder Bläßralle, sondern läuft in der Uferregion umher oder klettert zur Futtersuche auch im Gebüsch herum.

Ihre Nahrung besteht aus Blättern, Samen, Knospen, seltener auch aus Kaulquappen oder größeren Insekten.

Im Brutverhalten gleicht sie den übrigen Rallen. Das Nest erhält jedoch im Unterschied zu den anderen Arten ein Schutzdach.

Wasserralle

In Binnengewässern mit dichter Vegetation und Sumpfgebieten lebt sehr scheu und zurückgezogen die Wasserralle (Rallus aquaticus)

1

2

3

Reiher *Ardeidae*

Der auf der nebenstehenden Abbildung gezeigte Louisiana-Reiher (*Hydranassa tricolor ruficollis*), der im Aussehen etwas an unseren europäischen Graureiher (*Ardea cinerea*) erinnert, ist ein Beispiel für die rund 100 verschiedenen Arten dieser Vogelfamilie, die weltweit verbreitet ist. Die meisten Arten verharren reglos am Wasser oder im seichten Teil und fangen sich mit ihrem langen, kräftigen Schnabel Fische, Frösche, Kaulquappen, Molche, Krebse, Weichtiere oder größere Wasserinsekten. Die Nahrungssuche bzw. Jagd findet vorzugsweise am frühen Morgen oder gegen Abend statt. Langsam schreiten die Vögel ihr Revier ab oder warten, bis ein Beutetier in Reichweite kommt, blitzschnell stößt der Schnabel dann zu.

Reiher bilden an den meisten kleineren Binnengewässern die Endglieder der Nahrungskette. Neben dem Menschen sind sie die größten Wirbeltiere, die Tümpel und Teiche aufsuchen, um hier ihren Nahrungsbedarf zu decken.

Graureiher plündern Fischteiche nicht völlig aus, wie ihnen häufig nachgesagt wird, sondern tragen durch gezielten Wegfang von schwächeren oder untergewichtigen Fischen dazu bei, die Fischbestände gesund zu erhalten und eine ausgewogene Bestandsstruktur zu sichern.

Eisvögel *Alcedinidae*

Die Eisvögel bilden eine kleine, aus etwa 80 Arten bestehende, gleichzeitig aber sehr einheitliche Vogelfamilie. Gemeinsame Merkmale sind der vergleichsweise große Kopf, ein kräftiger, langer Schnabel und große, wachsame Augen, während Beine und Schwanz relativ kurz ausfallen. Besonders auffallend ist natürlich die leuchtende Gefiederfärbung.

Zu den farbenprächtigsten Arten gehört der Eisvogel (*Alcedo atthis*), der in ganz Europa vorkommt. Seine Körperlänge liegt bei etwa 15 cm.

Viele Eisvögel fressen Insekten und suchen keine Gewässer auf. Der einheimische Eisvogel und 8 weitere Arten der Gattung *Alcedo*, die allesamt ähnlich gefärbt sind, sind hochspezialisierte Fischjäger. Wachsam sitzen sie auf überhängenden Ästen auf der Lauer und zucken dabei nervös mit Kopf und Schwanz. Wenn sie einen Fisch (seltener ein größeres Wasserinsekt) erblickt haben, stoßen sie blitzschnell zu, indem sie sich ins Wasser stürzen. Der Eisvogel auf nebenstehender Abbildung hat gerade einen männlichen Stichling erbeutet. Bäche und kleine Flüsse werden als Jagdreviere bevorzugt. Gelegentlich auch an Tümpeln und Teichen.

Der Flug des Eisvogels ist mindestens ebenso charakteristisch wie sein leuchtendes Gefieder: Mit hoher Geschwindigkeit fliegt er niedrig über die Wasseroberfläche und ist meist schon weg, ehe man ihn richtig gesehen hat.

Ein weiteres ungewöhnliches Kennzeichen ist die Wahl des Nistplatzes: Eisvögel graben lange Gänge in die Uferwand und legen in die Brutkammer an deren Ende meist 5–6 rundliche, weiße Eier. Wenn am Jagdgewässer keine geeigneten Steilwände vorhanden sind, werden ersatzweise auch Kiesgruben oder andere Abhänge in einiger Entfernung vom Wasser angenommen.

Durch Einengung seines Lebensraumes ist der Eisvogel ziemlich selten geworden und gehört zu den in Deutschland bedrohten Vogelarten!

Grasmücken *Sylviidae*
Zur Familie *Sylviidae* gehören nicht
nur die Grasmücken, die Goldhähnchen
und Laubsänger, sondern auch die
Rohrsänger. Zusammen mit vielen anderen Familien bilden sie die Ordnung
der Sperlingsvögel, zu denen fast die
Hälfte aller Vogelarten gehört. Viele
dieser Vögel suchen das Wasser regelmäßig auf, um hier zu trinken. Die
Rohrsänger, allen voran der Teichrohr-

sänger (*Acrocephalus scirpaceus*), verbringen die gesamte Brutzeit in unmittelbarer Wassernähe.

Das napfförmige Nest wird auf geschickte Weise an Schilfhalmen oder
Rohrkolben befestigt. Die nesthocken-
den Jungen werden mit Insekten gefüttert, die in Gewässernähe vertreten
sind, aber auch Schnecken und Würmer

gehören zum Nahrungsangebot. Alle
Nahrung wird zuerst zu einem Brei
zermalmt und dann erst an die Nest-
linge verfüttert. Außer dem Teichrohrsänger brüten und leben auch noch weitere Rohrsänger-Arten an Teichen und
Seen, unter anderem der Seggenrohr-
sänger, der Drosselrohrsänger oder der
Sumpfrohrsänger. Die meisten Arten
sind am besten an ihrem charakteristischen Gesang zu unterscheiden.

Schwalben *Hirundinidae*

Der Flug der Rauschwalbe (*Hirundo rustica*) ist für seine Eleganz und Akrobatik bekannt. Bei der Flugjagd nach Insekten schießt die Schwalbe in langen Bahnen anmutig dahin, bleibt dabei scheinbar auch in der Luft stehen, zieht an warmen Sommertagen ihre Kreise hoch oben in der Luft oder gleitet bei Gewitterstimmung unmittelbar über die Wasserfläche von Tümpeln und Teichen, wobei auch Insekten direkt von der Wasseroberfläche weggefangen werden. Schwalben trinken entweder sitzend an kleinen Pfützen oder nehmen Wasser im Fluge auf, wie es unser Bild zeigt. Dabei tauchen sie bei pfeilschnellem Flug den Unterschnabel ins Wasser, während mit großer Genauigkeit Flugbahn und -höhe eingehalten werden.

Rauchschwalben brüten auf der gesamten Nordhalbkugel von Nordamerika über Europa bis nach Ostasien. Überwintert wird in südlichen Regionen. Unsere Schwalben suchen dazu das tropische oder südliche Afrika auf.

Säugetiere (Mammalia)

Säugetiere sind warmblütige Wirbeltiere mit einer drüsigen und im typischen Fall auch haarbesetzten Haut. Die Jungtiere werden von der Mutter mit Milch gesäugt, die von besonderen Milchdrüsen sezerniert wird.

Säugetiere können ihre Körpertemperatur ziemlich konstant halten. Ein wichtiges Hilfsmittel dafür sind die zahlreichen in der Haut vorhandenen Schweißdrüsen. Wenn die Körpertemperatur steigt, sondern die Schweißdrüsen Flüssigkeit ab, die verdampft und infolgedessen dem Körper Verdampfungswärme entzieht. Die Wärmeabgabe über die Körperoberfläche wird außerdem durch den Blutkreislauf reguliert. Wenn sich alle Hautkapillaren mit Blut gefüllt haben, steht zum Wärmeaustausch eine große Oberfläche zur Verfügung. Wärme wird schließlich auch noch über die Atemwege und, vor allem bei Tieren aus warmen Klimaten, über besonders große äußere Ohren reguliert. Wegen der Fähigkeit zur Regulierung der Körpertemperatur können Säugetiere auch nachts und im Winter aktiv sein.

Ganz allgemein betrachtet sind die Säuger überhaupt sehr aktive Tiere. Viele Einzelmerkmale aus ihrer Anatomie weisen auf diese wichtige Tatsache hin. Das Zwerchfell, mit dem die Bauchhöhle vom Brustraum abgetrennt ist, ermöglicht eine besonders tiefe Atmung. Das Herz ist in zwei funktionell getrennte Kammern untergliedert, die eine Vermischung von venösem und arteriellem Blut verhindern. Gleichbleibende Körperwärme und ständige Aktivität erfordern eine reichliche Nahrungszufuhr und gründliche Verdauung. Dazu aber wird ein besonders wirksam arbeitender Verdauungstrakt benötigt. Außerdem stehen hochspezialisierte Zähne zur Verfügung. Da sie einen falschen Gaumen besitzen, können die Säugetiere sogar gleichzeitig Nahrung aufnehmen und atmen.

Die Sinnesorgane sind ausgesprochen leistungsfähig. Besonders die Augen, aber auch Gehör und Geruch sind bei den meisten Säugetieren erstaunlich empfindlich. Das Gehirn erreicht bei den Säugern seine höchste Entwicklung. Die Tiere können daher lernen. Ihr Verhalten ist weniger automatisch und starr festgelegt als bei den übrigen Wirbeltierklassen.

Nur wenige Säugetiere sind echte Teich- oder Tümpelbewohner. Viele Arten und Individuen suchen jedoch stehende Kleingewässer zum Trinken oder auch zur Nahrungsaufnahme auf. Sie sind daher auch für die Verbreitung aquatischer Pflanzen und Tiere von besonderer Bedeutung.

Spitzmäuse *Soricidae*

1 Wasserspitzmaus
Neomys fodiens

Die Wasserspitzmaus ist ein besonders charakteristischer Vertreter der Insektenfresser, die sich fast immer in unmittelbarer Nähe vom Wasser (auch am Fließwasser) aufhalten. Besondere Haarsäume an den Fußrändern und an den Zehen sowie ein Haarsaum in Form eines Kiels an der Schwanzunterseite sind die vielleicht auffälligsten Anpassungen an das Leben am und im Wasser. Das samtige Fell ist viel weicher und feiner als bei einer gewöhnlichen Maus und gleicht eher einem Maulwurfspelz. Wenn die Wasserspitzmaus taucht, führt sie in den feinen Haarzwischenräumen zahllose kleine Luftbläschen mit, erscheint daher unter Wasser ganz silbrig. Beim Aussteigen aus dem Wasser ist das Fell aber sofort trocken.

Wie bei anderen Spitzmäusen besteht die Nahrung aus verschiedenen kleinen Wirbellosen, soweit sie erbeutet werden können.

Unter Wasser orientieren sich die Spitzmäuse vor allem mit dem Geruch, da sie keine besonders sehtüchtigen Augen besitzen und die Ohreingänge zudem auch verschlossen werden. Die Nahrungssuche findet bei Tag und bei Nacht statt.

Das unterirdische Nest wird mit Laub und Gras ausgepolstert und besitzt einen Ausgang direkt zum Wasser.

Wasserspitzmäuse sind in Europa weit verbreitet.

Kleinbären *Procyonidae*

2 Waschbär *Procyon lotor*
Der Waschbär ist ein mittelgroßer Fleischfresser, der ungefähr 70 cm Länge erreicht. Ursprünglich ist er nur im mittleren Nordamerika zu Hause, in Deutschland sind entkommene Farmtiere jedoch inzwischen schon an vielen Stellen eingebürgert. (In Hessen, im Westerwald und in der Eifel sind Waschbären nicht selten.) Allerdings bekommt man die einzelnlebenden und grundsätzlich nachtaktiven Tiere kaum einmal zu Gesicht.

Ihre Nahrung besteht aus verschiedenen Wirbellosen oder auch kleineren Wirbeltieren (z. B. Fröschen), zeitweise aber auch aus pflanzlichem Material. Waschbären tauchen ihre Nahrung vor dem Verzehr gerne in Wasser ein und suchen dazu kleine Bäche, aber auch Tümpel und Teiche auf.

Besonders strenge Kälteperioden im Winter werden durch Winterruhe überbrückt. Einen richtigen Winterschlaf hält der Waschbär nicht.

1

2

2 Biber *Castoridae*

Die Biber sind die größten einheimischen Nagetiere. Ihr Gewicht kann über 30 kg betragen, wobei die Tiere zwischen 70–90 cm lang werden. Die Vorderfüße tragen lange Zehen, die zum Graben, Tragen und Greifen geeignet sind. Die Zehen der Hinterfüße sind durch Schwimmhäute miteinander verbunden. Der breite, schuppige Schwanz, auch Kelle genannt, dient als Ruderorgan. Wenn ein Biber untertaucht, werden die Nasen- und Ohrenöffnungen durch besondere Klappen verschlossen.

Bekannt sind die Biberburgen, die aus schlammverdichteten Stämmen, Ästen und Zweigen zusammengebaut werden. In diesen oft dammartig angelegten Biberburgen befinden sich die Wohnkammern, die immer oberhalb des Wasserspiegels liegen, während die Zugänge im Wasser angebracht sind. Zusätzlich baut sich der Biber auch noch besondere Belüftungskanäle. Mit Hilfe zusätzlicher Dämme und Kanäle wird der Wasserstand auf die gewünschte Höhe einreguliert. Obwohl Biber eigentlich an Fließgewässern leben, errichten sie sich mit Hilfe ihrer Burgen und Dämme größere Stillwasserzonen, so daß man sie im Grunde genommen auch als Teichbewohner betrachten könnte. Ihre Nahrung besteht fast ausschließlich aus Baumrinde, besonders von Weiden, Erlen, Birken und Ahorn.

Biber sind sehr scheu und vorwiegend nachtaktiv. Sie wurden wegen ihres Fells bis vor wenigen Jahrzehnten stark verfolgt und nahezu ausgerottet. Seit geraumer Zeit werden auch in Deutschland an verschiedenen Stellen mit wechselnden Erfolgen Einbürgerungsversuche unternommen. In Finnland wurden kanadische Biber eingebürgert.

Marder *Mustelidae*

Zur Marderfamilie gehören so bekannte fleischfressende Tiere wie Nerz, Hermelin, Iltis, Dachs, Fischotter, Baum- und Steinmarder. Von diesen Tieren lebt in erster Linie der Otter am und im Wasser, doch bevorzugt er dabei ganz eindeutig Fließgewässer. An kleineren Teichen und Tümpeln wird man ihn daher so gut wie nie antreffen, einmal ganz abgesehen davon, daß Fischotter in Mitteleuropa außerordentlich selten geworden sind.

Fischotter sind gewandte Schwimmer. Ihre Zehen sind jeweils durch besondere Schwimmhäute miteinander verbunden. Schwimmhäute fehlen dem Nerz. Dieser kleine Vertreter der Marderfamilie lebt aber dennoch gerne in Gewässernähe und jagt auch im Wasser fast ebenso geschickt wie der verwandte Otter. Nerze sind nachtaktive Tiere.

Man sieht sie daher so gut wie nie. Nur anhand von Fußspuren, Losung oder Beuteresten kann man auf ihre Anwesenheit schließen. Außerhalb der Paarungszeit leben die Nerze einzeln. Ihre Körperlänge liegt bei 40 cm. Die Nahrung besteht aus Fischen, Fröschen und verschiedenen Kleinsäugern.

1 Amerikanischer Nerz
Mustela vison

Der Europäische Nerz (*Mustela lutreola*) ist in Deutschland schon seit geraumer Zeit ausgerottet, kommt jedoch in Nord- und Osteuropa stellenweise noch vor. Nahe verwandt mit dieser Form und oftmals nur als eine eigene Unterart betrachtet ist der Amerikanische Nerz, der ebenso groß wird wie der Europäische Nerz, aber etwas gleichfarbener braunschwarz gefärbt ist und keine weiße Fellzeichnung an der Oberlippe zeigt. Amerikanische Nerze werden in Europa seit langem als Pelztiere in Farmen gehalten. Entkommene Tiere haben in manchen Regionen (beispielsweise in Skandinavien) eigene Populationen aufgebaut. Nachweise aus Deutschland sind jedoch immer noch recht spärlich.

Fischotter

1

2

1

2

Wühlmäuse *Microtidae*

1 Schermaus *Arvicola terrestris*

Die Schermaus ist ein recht häufiger Bewohner schilfbewachsener Teiche oder auch langsamfließender Bäche oder Flüsse. Ihre Anwesenheit verrät sie durch ein charakteristisches „Plopp", das beim Eintauchen entsteht.

Schermäuse sind keine allzu ausdauernden und gewandten Schwimmer, bewegen sich im Wasser aber dennoch einigermaßen geschickt, können vor allem aber gut tauchen.

Sie leben oft in unmittelbarer Gewässernähe und bauen sich oft ausgedehnte Gangsysteme am Uferrand mit aufsteigenden Zugängen aus dem Wasser; im Gangsystem werden auch das Nest und Vorratskammern mit Nahrungsvorräten angelegt.

Schermäuse sind ausgesprochene Pflanzenfresser. Ihre Nahrung besteht überwiegend aus Sämereien oder – vor allem während der wärmeren Jahreszeit – aus Schilf, Rohrkolben oder anderen Pflanzen aus der Gewässerumrahmung.

Jedes Jahr werden 3–4 Würfe mit je etwa 5 Jungen aufgezogen.

Schermäuse dienen vielen anderen Räubern als Nahrung: Graureihern, Eulen, Wieseln und sogar Raubfischen.

Im Vorkommen sind diese kleinen Nager nicht unbedingt ans Gewässer gebunden, mitunter findet man sie auch weiter entfernt vom Wasser in Gärten oder Obstwiesen, wo sie gelegentlich größere Schäden anrichten.

2 Bisamratte *Ondatra zibethica*

Die nahe verwandte Bisamratte kann bis 36 cm lang werden, der lange Schwanz erreicht die gleiche Abmessung. Bisamratten sehen aus wie besonders groß geratene Scher- oder Wühlmäuse. An das Wasserleben sind sie jedoch besser angepaßt, denn sie besitzen Schwimmhäute zwischen den Zehen und einen seitlich abgeflachten Schwanz, der beim Schwimmen als Ruder eingesetzt wird.

Ursprünglich war dieser Nager nur in Nordamerika beheimatet, wurde jedoch wegen seines wertvollen Fells auch in Europa in Pelzfarmen gehalten und von dort allmählich eingebürgert. Heute ist die Bisamratte in Deutschland und im übrigen Mitteleuropa weit verbreitet. Sie bewohnt Marschwiesen, Gräben, Teiche und Kanäle. Im Uferbereich werden Gänge und Höhlen mit Unterwassereingang angelegt, so daß stellenweise erhebliche Schäden angerichtet werden.

Die Nahrung besteht ausschließlich aus Wasserpflanzen.

3

Hirsche *Cervidae*

3 Elch *Alces alces*

Der Elch ist der größte Vertreter der Hirsche. Seine Kopf-Rumpf-Länge kann bis zu 3 m betragen, das Gewicht sogar die 500-kg-Marke überschreiten. Das typisch schaufelförmige Geweih wird nur von männlichen Tieren getragen.

Im Sommer halten sich die Elche überwiegend an oder in Gewässern auf und weiden dort die Wasserpflanzenbestände ab. Zeitweise tauchen sie sogar völlig unter, um an die tieferen Teile der Wasserpflanzen zu gelangen. Gleichzeitig schützen sie sich dadurch vor den umfangreichen Stechmückenschwärmen, die sie ständig umgeben. Im Winter halten sich die Elche eher im Gehölz auf und ernähren sich von Rinde, Knospen oder anderen Pflanzenteilen. Das Geweih wird im Dezember abgeworfen. Im April oder Mai beginnt das Wachstum des neuen Geweihs, das bis zum August fertig ist. Anfangs wird es noch von einer samtigen Basthaut überspannt, die ähnlich wie bei den anderen einheimischen Geweihträgern im Frühherbst abgefegt wird.

Die Paarungszeit fällt in die Monate September bis Oktober. Während dieser Zeit tragen die Elchbullen heftige Ringkämpfe aus. Nur während dieser Phase können Elche wirklich gefährlich sein. In den übrigen Monaten des Jahres sind die Elche eher scheu und sehr friedlich. Ihre Hauptaktivität fällt in die frühen Morgen- und Abendstunden.

In Europa sind Elche auf den nordöstlichen Bereich beschränkt. Ihr typischer Lebensraum sind sumpfige Wälder, Brüche, Moore und Gebiete mit seichten, vegetationsreichen Kleingewässern.

Vom Umgang mit den Teichbewohnern

Tümpel, Teiche und andere Feuchtgebiete sind ungemein interessante, artenreiche und wichtige Lebensräume. Dennoch wurden sie in der Vergangenheit in großer Zahl verkippt, verfüllt oder anderweitig zerstört. Andererseits ist das Interesse an den Feuchtbiotopen und ihren Bewohnern gewaltig gestiegen. So erfreulich gerade diese Entwicklung sicherlich ist, so bedenklich erscheint es andererseits, wenn sich immer mehr Teichforscher auf immer weniger Teiche und Tümpel stürzen. Es muß uns also auch darum gehen, das Interesse für die vielfältige Welt in den Kleingewässern in die rechten Bahnen zu lenken, damit diese ohnehin schon arg beeinträchtigten Lebensstätten nicht unnötig gefährdet oder entwertet werden.

Grundsätzlich sollten daher die folgenden Regeln beachtet werden:

1 Wenn es zu einem Teich oder Tümpel nicht ohnehin einen Zugang gibt, lieber darauf verzichten, einen Trampelpfad anzulegen und die Tiere im Röhricht aufzustöbern!

2 Ein Planktonnetz nur durch das freie Wasser ziehen, damit der weiche Bodenschlamm am Teichgrund mit den darin lebenden Organismen nicht aufgewirbelt wird!

3 Wenn Wasserpflanzen eingesammelt werden, legt man sie zunächst einmal auf eine Folie und sortiert die ansitzenden Tiere gleich an Ort und Stelle aus!

4 Auf keinen Fall von Pflanzen und Tieren mehr sammeln, als unbedingt nötig ist. Oft genügt schon die Beobachtung vor Ort!

5 Holzstücke oder Steine nicht unnötig umdrehen oder entfernen!

6 Pflanzen oder Tiere nicht entnehmen, wenn man sie bereits vor Ort bestimmen oder zuordnen kann! (Dies gilt besonders für alle größeren Arten.)

7 Pflanzenbestände der Uferregion nicht durch Zertrampeln zerstören oder anderweitig beeinträchtigen!

8 Selbstverständlich keinerlei Abfälle im Feuchtgebiet zurücklassen!

9 Alle Lebewesen in den Teich zurückbringen, nachdem sie eingehender untersucht wurden!

10 Wenn Tiere mitgenommen werden sollen, müssen pflanzenfressende Arten getrennt aufbewahrt und transportiert werden!
(Daran denken, daß sich gerade an warmen, sonnigen Tagen kleine Wassermengen sehr rasch erwärmen. Die für die kleinen Teichbewohner erträglichen Temperaturen werden dabei schnell überschritten!)

11 Wasserlebende Tiere, die atmosphärische Luft atmen, transportiert man am besten zwischen ein paar Wasserpflanzen, nicht im Wasser!

12 Oberflächenlebende Teichbewohner (z. B. Taumelkäfer, Teichläufer und andere) darf man ebenfalls nicht im Wasser transportieren!

13 Immer daran denken, daß die meisten Arten aus der „Roten Liste der gefährdeten Pflanzen und Tiere" in Feuchtbiotopen beheimatet sind!

14 Alle Sammeltätigkeiten in einem Kleingewässer sind letztlich immer Eingriffe in Aufbau und Bestand der empfindlichen Lebensgemeinschaften!

15 Überlegen, was man zum Schutz von Kleingewässern in unserer Umgebung beitragen kann!

Wenn wir das Leben in einem Tümpel oder Teich erkunden wollen, brauchen wir eigentlich keine aufwendige oder teure Ausrüstung:

Hilfreich und nahezu unentbehrlich ist ein **feinmaschiges Netz** mit Metallbügel, das an einem längeren Stock befestigt werden kann. Ein solches Netz darf nicht zu zart sein, sondern muß schon einiges vertragen können. Ein **kleines weißes Plastikgefäß** hilft, den Fang sofort auszusortieren.

Kleinere Tiere mit festem Körper werden am besten mit einer nicht zu kräftigen **Pinzette** angefaßt. Tiere mit weichem Körper nehmen keinen Schaden, wenn man einen kleinen **Malpinsel** verwendet. Sehr kleine Wasserbewohner wie Wasserflöhe oder Wassermilben lassen sich am ehesten mit einer **Pipette** (wie sie bei Nasen- oder Augentropfen verwendet wird) hantieren. In jedem Fall ist ein kleiner weißer **Plastiklöffel** ein wichtiges und nützliches Hilfsmittel.

Plastiktüten sind für den Transport von Pflanzenmaterial geeignet. Tiere transportiert man grundsätzlich nur in genügend großen Gefäßen aus Glas oder Kunststoff.

Eine gute **Handlupe**, etwa 10fach vergrößernd, zeigt bereits viele interessante Details an Wasserpflanzen und -tieren.

Nicht jeder besitzt ein **Mikroskop**. Wer ein solch nützliches Instrument zur Verfügung hat, wird von der Faszination der kleinen und kleinsten Wasserbewohner sicherlich nicht mehr loskommen, die dem bloßen Auge unsichtbar bleiben. Vor billigen Spielzeugmikroskopen sollte man sich allerdings hüten! Die Enttäuschungen, die man mit solchen Geräten erfährt, wiegen den niedrigen Preis gewiß nicht auf. Lieber sollte man auf ein vernünftiges Instrument sparen. Ein Mikroskop mit einer Vergrößerung bis etwa 200× und gleichzeitig auch gut auflösenden Objektiven reicht für die meisten Zwecke bei weitem aus. Teure Zusatzeinrichtungen wie Ölimmersion oder weitere Beobachtungshilfsmittel sind zunächst entbehrlich.

Wenn man sich mit den Lebewesen im Teich beschäftigt, verfällt man zunächst in den Fehler, immer mehr Material mitzunehmen, als man innerhalb eines vernünftigen Zeitraums auch wirklich untersuchen kann. Es ist daher wichtig, sich die nötige Beschränkung aufzuerlegen und nur so viele Individuen mitzunehmen, wie zur Beobachtung oder Untersuchung unbedingt erforderlich sind. Kleine Tiere und Pflanzen kann man sicherlich besser in einem **Aquarium** oder einem genügend großen Glas auch zu Hause studieren. Wenn man den kleinen Organismen Bedingungen bietet, die so natürlich wie möglich sind, werden sie sich vielleicht entwickeln oder sogar vermehren. Auch dabei wäre darauf zu achten, daß man die Hälterungsbecken nicht übervölkert. Zum Füllen der Gefäße verwendet man am besten nur Teichwasser oder Regenwasser. Leitungswasser enthält gewöhnlich zuviel Chlor. Es sollte zumindest einige Zeit stehen, ehe man es verwendet. Wenn man Wasser auffüllen muß, das durch Verdunstung verlorengegangen ist, so legt man zuerst ein Stück Papier auf die Aquarienoberfläche und gießt dann erst nach. Auf diese Weise wird vermieden, daß der gesamte Bodensatz aufgewirbelt wird. Eine Glasplatte, mit Belüftungsschlitzen unterseits, hilft, die Wasserverdunstung einzuschränken. Sand oder Bodenschlamm aus dem Teich helfen, möglichst natürliche Verhältnisse zu schaffen. Man läßt das Bodenmaterial gründlich absetzen, bevor Tiere in einen Behälter gegeben werden. Zusätzlich können auch Steine oder wasserdurchtränkte Holzstücke vom Teichgrund verwendet werden.

Viele Teichtiere benötigen Wasserpflanzen, entweder als Futter oder als Deckung, auf jeden Fall aber als Sauerstoffproduzenten. Man sollte jedoch den Behälter höchstens zur Hälfte mit Pflanzen besetzen, damit noch genügend Freiraum für Bewegungen bleibt. Vielleicht gelingt es uns, kleinere Wasserpflanzenarten auch einzuwurzeln.

Alle Aquarien, Glasbehälter oder sonstigen Gefäße, in denen Teichbewohner gehalten werden, dürfen niemals im direkten Sonnenlicht stehen. Indirektes Licht, am besten von einem nordseitigen Fenster, reicht im Normalfall aus. Die Wassertemperatur darf etwa 21 °C nicht wesentlich überschreiten. In unseren Breiten sind die weitaus meisten Organismen an wesentlich niedrigere Temperaturen angepaßt. Bei zu starker Belichtung nehmen die Grünalgen im Wasser sehr bald überhand. Um dies zu vermeiden, kann man die dem Fenster zugewandte Seite des Aquariums oder Glases leicht beschatten.

Eine der besten Möglichkeiten, das Leben im und am Teich kennenzulernen, besteht darin, ein solches **Kleingewässer im Garten** selbst anzulegen. Planung und Ausführung eines solchen Vorhabens erfordern einige wichtige Vorüberlegungen, auf die wir hier nicht im einzelnen eingehen können. Wenn die Anlage eines eigenen Gartenteiches nicht möglich ist, kann man ersatzweise auch eine große Regentonne oder einen Bottich aufstellen und einfach einmal beobachten, welche Lebewesen sich darin spontan ansiedeln. Es ist nicht nötig, durch besondere Starthilfen die Besiedlung in Gang zu bringen. Selbst im städtischen Lebensraum sind so viele Verbreitungseinheiten wasserlebender Organismen vorhanden, daß sich mit Gewißheit ein paar interessante Formen einfinden werden.

Kulturen mikroskopisch kleiner Wasserbewohner sind im Grunde genommen noch viel einfacher anzulegen. Es genügt dazu, etwas trockenes pflanzliches Material (Heu, Stroh, Moos, Fallaub etc.) auf verschiedene Gefäße (Konfitüren- oder Einmachgläser) zu verteilen und Wasser aufzufüllen. Schon nach wenigen Tagen lohnt sich die Kontrolle einiger Wassertropfen mit dem Mikroskop. Der Geruch der Kulturen kann eventuell nicht besonders angenehm ausfallen. Die Erfahrungen und Beobachtungen aus den übelriechenden Wasserproben lassen diese Seite jedoch rasch vergessen, denn hier tut sich eine besonders faszinierende und spannende Welt für sich auf. Besonders interessant ist es natürlich, Besiedlungswellen und Artensukzessionen zu verfolgen, wenn man die Kulturen lange genug stehen läßt. In solchen Kulturen kann man auch Futterorganismen für größere Wassertiere heranziehen.

Unsere Kenntnis vom Leben und von den Lebewesen im Teich ist weit davon entfernt, vollständig zu sein. Aber selbst zu Hause in einem Einmachglas kann der aufmerksame Beobachter neue Zusammenhänge und Details aufspüren.

Erklärung von Fachausdrücken

Achäne Kleine, einsamige Schließfrucht (Nüßchenfrucht), beispielsweise beim Wasser-Hahnenfuß.

Achsel Stengel und Blatt bzw. Blattstiel bilden eine Blattachsel, in der gewöhnlich die Knospen für Seitenzweige angelegt werden.

Aerenchym Lockeres, meist sternförmiges Markgewebe in Stengeln und Wurzeln von Wasserpflanzen, in dem die Luft frei zirkulieren kann.

Androgameten Männliche Geschlechtszellen, verschmelzen mit weiblichen Geschlechtszellen (Gynogameten, meist in Form einer Eizelle) zur sogenannten Zygote.

Angiospermen Bedecktsamige Blütenpflanzen, heute die artenreichste Pflanzengruppe, bei denen die Samenanlagen in einem besonderen Fruchtknoten aus einem oder mehreren Fruchtblättern eingeschlossen (bedeckt) sind.

Anthere Teil des Staubblattes, besteht gewöhnlich aus zwei Pollensäcken, in denen die Pollen produziert werden.

Antheridium Besonderes Organ niederer Pflanzen zur Entwicklung der männlichen Geschlechtszellen (Androgameten).

Auxospore Besondere Sporenform der Kieselalgen (Diatomeen), die durch Verschmelzen zweier Geschlechtszellen entsteht und daher einer Zygote entspricht.

Blütenhüllblätter Entweder in Form von (farbigen) Kronblättern und (einfachen, grünen) Kelchblättern oder nicht in Kelch und Krone gegliedert, sondern ununterscheidbar einheitlich (z.B. bei der Tulpe).

Brakteen Schuppiges oder auffälliger entwickeltes Hochblatt am Grunde einer Blüte oder eines Blütenstandes.

Bryophyten Zusammenfassende Bezeichnung für die Abteilung der Moospflanzen, zu der die Laub- und Lebermoose gehören.

Byssus Fädiges Sekret, mit dem sich beispielsweise Muscheln am Substrat festsetzen.

Carnivor Fleischfresser, räuberisch lebende Tierart, die sich von anderen Tieren ernährt.

Carpell Botanische Fachbezeichnung für ein Fruchtblatt, das die Samenanlagen trägt.

caudal Anatomische Lagebezeichnung, betrifft die Schwanzregion.

Cerci Bei vielen Gliederfüßern vorhandene Anhänge an den letzten Hinterleibssegmenten, die Sinnesfunktionen wahrnehmen.

Cheliceren Bei Spinnentieren vorhandene, besonders ausgestaltete Greiforgane am Kopf.

Chitin Baustoff für das Außenskelett der Gliederfüßer und vieler anderer wirbelloser Tiere. Kommt auch in den Zellwänden von Pilzen vor.

Chloroplast Grüner Einschlußkörper (Zellorganelle) der typischen Pflanzenzelle, Ort der Photosynthese.

Cilien Wimpern auf der Zelloberfläche oder deren Teilregionen bei Wimpertieren. Dient auch bei manchen wirbellosen Kleintieren (z.B. Rädertiere) zur Fortbewegung im Wasser.

Clitellum Verdickte, drüsige Region am Vorderkörper von Wenigborstern (z.B. Egel und Regenwürmer).

Cnidocyte Nesselzelle der Nesseltiere, enthält eine Nematocyste.

Coelom Fachbezeichnung für Körperhöhle, in der die verschiedenen Organkreise untergebracht sind.

Corona Kranz- oder kreisförmig angeordnete Cilien bei einigen Wimpertieren oder bei Rädertieren.

Cuticula Äußerste Lage im Außenskelett der Gliederfüßer, die eine dichte, nichtzellige Schicht unterschiedlicher Dicke bildet. Bei Pflanzen wird als Cuticula eine wachsige Abschlußlage auf den Oberflächenzellen bezeichnet.

Dicotylen Genauer Dicotyledoneae, zweikeimblättrige Pflanzen, bilden zusammen mit den Einkeimblättern (Monocotylen) die Bedecktsamer.

Ektoplasma Durchsichtige, dünnflüssige Außenlage im Cytoplasma der Amöben, von dem die Fließbewegung der Pseudopodien ausgeht.

Endoplasma Dichterer, weniger durchsichtig erscheinender und körnig strukturierter Innenanteil des Cytoplasmas einer Amöbe.

Enzym Besonderes Protein (Eiweißstoff), von dem eine besondere Stoffwechselreaktion (chemische Umsetzung) bewerkstelligt wird.

Epidermis Äußerste, zur Außenwelt hin abgrenzende Zell- oder Gewebeschicht von Pflanzen und Tieren.

Epiphyt Lebewesen, das auf einer Pflanze wächst, jedoch kein Parasit ist.

Evertebraten Wirbellose, zusammenfassende Bezeichnung für die wirbellosen Tiere, umfassen etwa 95% aller Tierarten.

Fiederblatt Zusammengesetztes, meist unpaarig gefiedertes Blatt; Einzelteile werden als Fiedern oder Fiederblättchen bezeichnet.

Flagellum Geißel, Fortbewegungsorganelle verschiedener mikroskopisch kleiner Lebewesen, die viel länger ist als eine Wimper der Wimpertiere (Ciliaten).

Fruchtknoten Meist dick angeschwollener Teil des Stempels in einer Blüte, geht durch Verwachsung eines oder mehrerer Fruchtblätter hervor.

Gametophyt Teil aus dem Generationswechsel der Pflanzen, bringt die Gametangien (Behälter der Geschlechtszellen) hervor.

Gemmula Dauerstadium der Schwämme, besteht aus mehreren, in einer dicken Schutzschicht eingeschlossenen Zellen.

Glochidium Larvenform einiger Muscheln, besitzt mit Haken ausgestattete Schalenhälften, die zur Befestigung an Fischen dienen.

Gynogameten Weibliche Geschlechtszellen, verschmelzen mit den männlichen Geschlechtszellen zur sogenannten Zygote.

Halteren Zurückgebildete, meist nur noch als Schwingkölbchen vorhandene Hinterflügel der Dipteren (Zweiflügler).

Herbivor Pflanzenfresser, ernährt sich ausschließlich von kleinen oder

Zweikeimblättrige (Dicotyledoneae)

Alle Blütenteile sind in fünfzähligen (auch Vielfache von fünf) Kreisen angeordnet, z.B. Fieberklee (Menyanthes trifoliata).

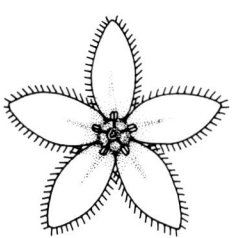

Typisches Blatt
fiedernervig oder netznervig

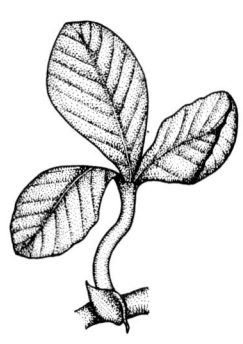

Keimling
z.B. Saubohne (*Vicia faba*)

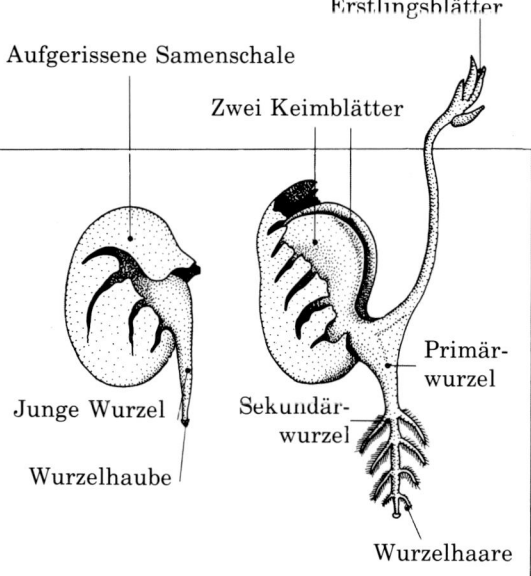

Erstlingsblätter

Aufgerissene Samenschale

Zwei Keimblätter

Junge Wurzel

Sekundär-wurzel

Primär-wurzel

Wurzelhaube

Wurzelhaare

Einkeimblättrige (Monocotyledoneae)

Alle Blütenteile in dreizähligen Kreisen angeordnet, z. B. Froschlöffel (Alisma plantago-aquatica).

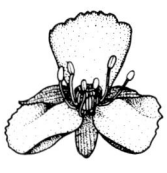

Typisches Blatt
parallel- oder streifennervig

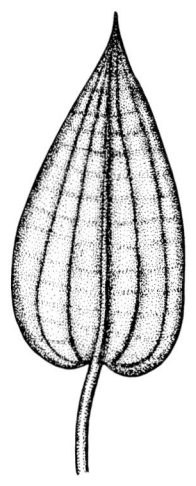

Keimling
z.B. Mais (*Zea mays*)

Nur ein Keimblatt vorhanden, bleibt innerhalb des Samens.

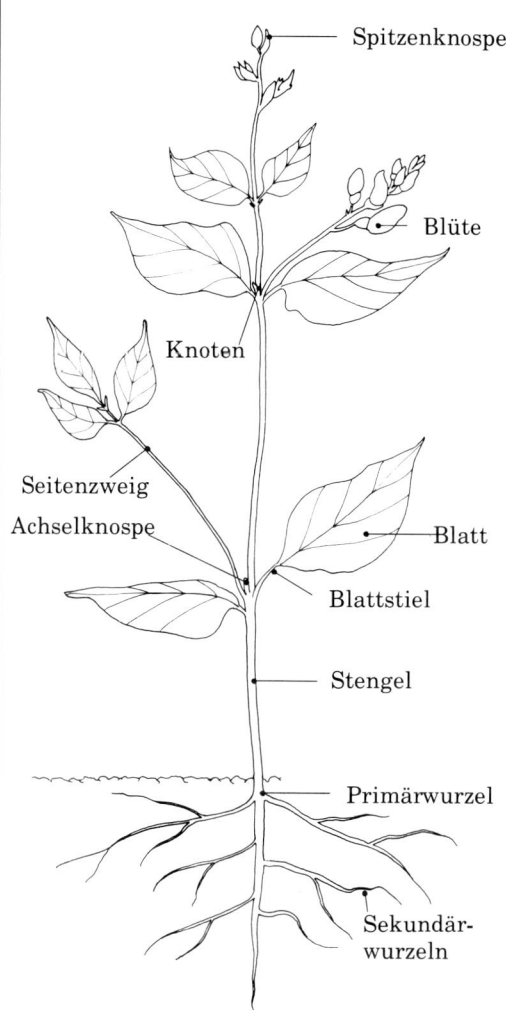

Erstlingsblätter

Junger Sproß

Junge Wurzel

Wurzelhaube

Wurzel-haare

Teile einer Pflanze

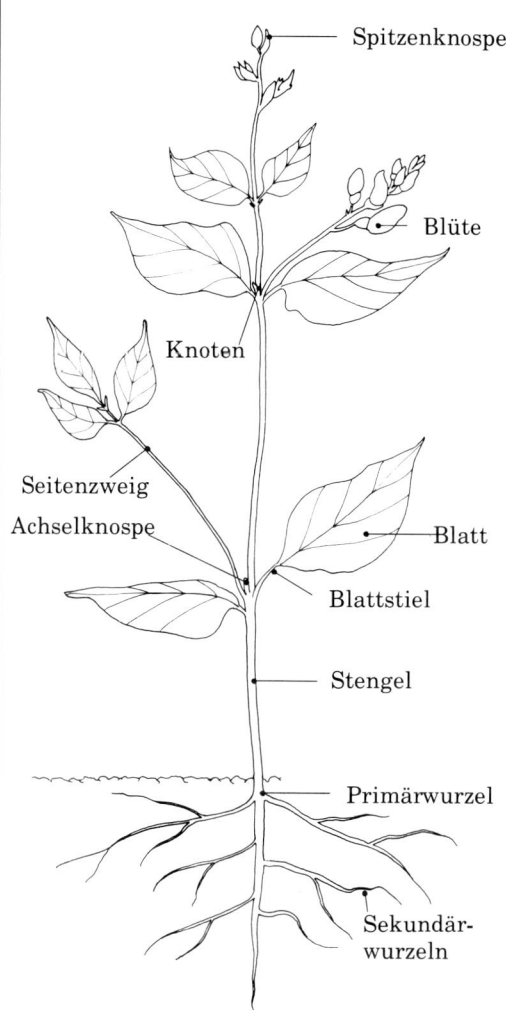

Spitzenknospe

Blüte

Knoten

Seitenzweig

Achselknospe

Blatt

Blattstiel

Stengel

Primärwurzel

Sekundär-wurzeln

Blütenteile

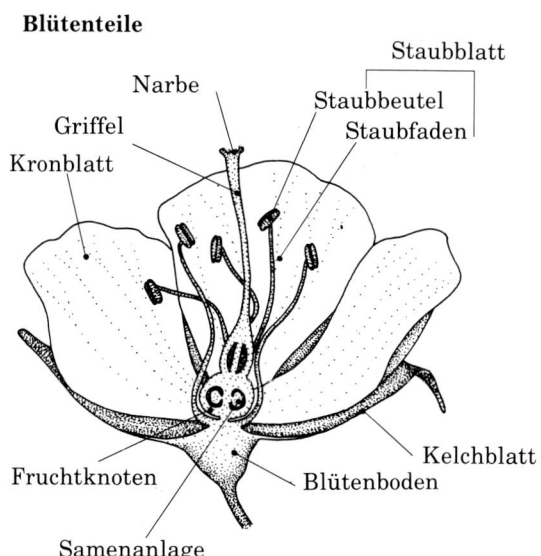

Staubblatt

Narbe

Griffel

Kronblatt

Staubbeutel
Staubfaden

Fruchtknoten

Samenanlage

Blütenboden

Kelchblatt

239

größeren Pflanzen (Primärproduzenten).

Hermaphrodit Zwitter, männliche und weibliche Fortpflanzungsorgane in einem Individuum.

Holarktis Eine der bedeutendsten Faunenregionen, in die die Erde eingeteilt wird; umfaßt Nordamerika, Europa, Nordasien und Afrika nördlich der Sahara, dazu auch alle arktischen Inseln.

Humus Organisches Material im Boden, stammt in der Hauptsache aus pflanzlichen Abfallstoffen. Strukturen sind im Humus jedoch nicht mehr erkennbar.

Hydrophyt Wasserpflanze, auf das Leben im Wasser oder an der Wasseroberfläche angewiesen.

Hyphen Fadengeflecht der Pilze, mit dem verschiedene Substrate durchwachsen sind, bilden zusammen das Pilzmycel.

Imago Vollinsekt, letztes Entwicklungsstadium zum (meist flugfähigen) Insekt über mehrere Larvenstadien und ein (bei manchen Gruppen) Puppenstadium.

Kapsel Trockene Frucht mit meist vielen Samen, öffnet sich auf verschiedene Weise. Bei Moosen wird auch der Sporophyt als Kapsel bezeichnet.

Kloake Gemeinsame Ausführöffnung der Ausscheidungs- und Geschlechtsorgane.

Knolle Unterirdisches Reserveorgan vieler Pflanzen, geht durch Anschwellung entweder von Sproß- oder Wurzelanteilen hervor.

Kohlenhydrat Meist in Form unlöslicher, sehr langkettiger Moleküle festgelegte Energiereserve der Pflanzen, die von Tieren als Nahrung verwendet wird.

Kommensale Pflanze oder Tier leben mit anderen, nicht zur gleichen Art gehörenden Pflanzen oder Tieren zusammen und teilen damit ihre Nahrung.

Kryptogamen Veraltete Bezeichnung für blütenlose Pflanzen, etwa Algen, Moose und Farne.

Labium Unterlippe der Mundwerkzeuge bei den Insekten.

Labrum Oberlippe in den Mundwerkzeugen der Insekten.

Larve Oft als Raupe (Schmetterlinge) oder Made (Fliegen) gestaltetes unreifes Jugendstadium der Insekten.

Lophophor Besonderes Organ der Moostierchen zum Nahrungserwerb, besteht aus einer hufeisenförmigen Falte mit reichem Wimpernbesatz.

Mantel Körperregion der Weichtiere, besteht aus einer besonderen Falte, an der die Kalkabscheidung für den Schalenaufbau erfolgt.

Mastax Muskulöser Kaumagen der Rädertiere, dient der Nahrungszerkleinerung und bei räuberisch lebenden Arten auch dem Greifen von Nahrung.

Maxillen Unterkiefer der Insektenmundwerkzeuge, zwischen den Mandibeln (Oberkiefer) und dem Labium angebracht. Bei stechend-saugenden Mundwerkzeugen sind Maxillen nadelförmig als Stilette ausgebildet.

Monocotyledoneae Einkeimblättrige Pflanzen, kenntlich an den streifen- oder parallelnervigen Blättern und den dreizählig aufgebauten Blüten.

Mycel Pilzgeflecht, besteht aus zahlreichen verzweigten Hyphen, mit denen die Pilze ihr Substrat durchziehen, um Nahrung aufzunehmen.

Nearktis Teilbereich der Holarktis, umfaßt nur Nordamerika und die arktischen Inseln der Neuen Welt.

Nematoblast Zelle, die eine Nematocyste hervorbringt und ausdifferenziert.

Nematocyste Kapselförmige Zellorganelle, die einen fadendünnen Schlauch mit Widerhaken und ein spezifisches Gift enthält, kommt bei Hohl- oder Nesseltieren vor und ist auch bei Hydra zahlreich vorhanden. Die Nematocyste kann ausgeschleudert werden.

Neotropis Eine der wichtigsten Faunenregionen der Erde, umfaßt Südamerika, die Westindischen Inseln und Mittelamerika südlich des mexikanischen Hochlandes.

Nodus Knotenbereich, Stelle am Stengel, an der sich ein oder mehrere Blätter entfalten.

Nucleus Fachausdruck für Zellkern, kontrolliert alle Entwicklungsschritte und gibt alle vererbbaren Eigenschaften weiter.

Ocellus Einfaches Auge, kommt im Kopfbereich vieler Insekten in unterschiedlicher Anzahl neben den immer paarig vorhandenen Komplexaugen vor.

Oogonium Weibliches Geschlechtsorgan von Algen und Pilzen, bringt die Eizelle hervor.

Operculum Fachausdruck für den Kiemendeckel der Knochenfische; wird auch für einen kleinen Kalkdeckel verwendet, mit dem manche Schnecken ihr Gehäuse verschließen können.

Orientalis Neben Paläarktis und anderen wichtigen Faunenregionen besondere tiergeographische Zone, umfaßt das tropische Asien südlich des Himalaya, die malaysische Inselwelt und Südchina.

Osmose Bewegung von Lösungsmittelteilchen vom Ort niedriger zur höheren Konzentration durch eine durchlässige Membran, wodurch ein Konzentrationsausgleich angestrebt wird.

Paläarktis Größte der tiergeographischen Regionen der Erde, umfaßt den Altweltanteil der Holarktis und damit den größten Teil Asiens und das gesamte Europa.

Palpen Charakteristische Taster mit Sinnesfunktionen innerhalb der Mundwerkzeuge der Insekten, sitzen sowohl an den Maxillen wie auch an der Oberlippe (Labium).

Parasit Lebewesen, das seine Nahrung von einem artfremden anderen Organismus bezieht und dafür keine Gegenleistung erbringt.

Parthenogenese Manchmal auch Jungferngeburt genannt, bezeichnet eine Vermehrung durch unbefruchtete Eier, kommt bei verschiedenen Insekten und Kleinkrebsen vor.

Pedipalpen Charakteristische Kopfanhänge bei Spinnen, Skorpionen, Milben, sitzen am ersten Segment hinter der Mundregion, entweder mit Tastfunktion oder zum Greifen ausgestaltet.

Pellicula Wandähnliche Zellhülle bei manchen Einzellern, vor allem bei Ciliaten entwickelt.

Perianth Blütenhülle, besteht aus Kronblättern und Kelchblättern (etwa bei der Rose) oder aus gleichartigen Hüllblättern (bei der Tulpe).

Peristom Mundfeld bei den Wimpertieren, beim Pantoffeltierchen charakteristisch in die Zelloberfläche eingetieft.

Petalen Fachausdruck für die Kronblätter aus der Blütenhülle.

Pharynx Schlundregion wirbelloser Tiere.

Teile eines Insekts
z.B. Kolbenwasserkäfer
(*Hydrophilus piceus*)

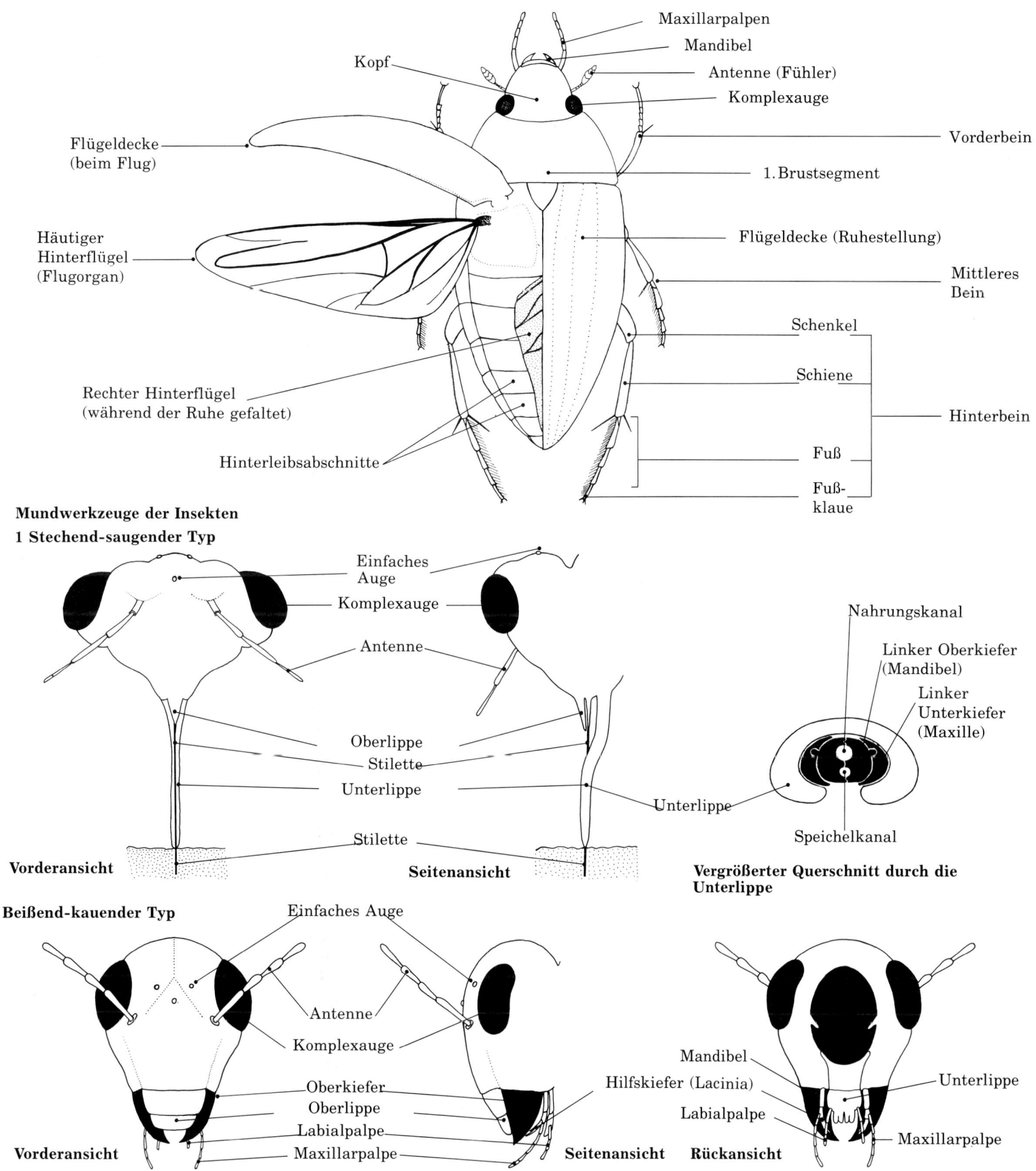

Maxillarpalpen
Mandibel
Kopf
Antenne (Fühler)
Komplexauge

Flügeldecke
(beim Flug)

Vorderbein

1. Brustsegment

Häutiger
Hinterflügel
(Flugorgan)

Flügeldecke (Ruhestellung)

Mittleres
Bein

Schenkel

Schiene

Rechter Hinterflügel
(während der Ruhe gefaltet)

Hinterbein

Fuß

Fuß-
klaue

Hinterleibsabschnitte

Mundwerkzeuge der Insekten

1 Stechend-saugender Typ

Einfaches
Auge

Komplexauge

Nahrungskanal

Antenne

Linker Oberkiefer
(Mandibel)

Linker
Unterkiefer
(Maxille)

Oberlippe
Stilette
Unterlippe

Unterlippe

Speichelkanal

Stilette

Vorderansicht

Seitenansicht

**Vergrößerter Querschnitt durch die
Unterlippe**

2 Beißend-kauender Typ

Einfaches Auge

Antenne

Komplexauge

Mandibel

Hilfskiefer (Lacinia)

Unterlippe

Labialpalpe

Oberkiefer
Oberlippe
Labialpalpe
Maxillarpalpe

Maxillarpalpe

Vorderansicht

Seitenansicht

Rückansicht

241

Plankton Sammelbezeichnung für kleinste, im Wasser schwebende pflanzliche und/oder tierische Organismen.

Plastron Bei manchen wasserlebenden Insekten halten wasserabweisende Schuppen oder Haare einen feinen Luftfilm, der als physikalische Kieme wirken kann.

Prothallus Veraltete Bezeichnung für den Gametophyten von Farnpflanzen.

Protoplasma Gesamter lebender Inhalt einer Zelle, umfaßt die verschiedenen Zellorganellen und eine flüssige Grundsubstanz (Cytoplasma).

Pseudopodium Zeitweilige Ausstülpung des Protoplasmas von Amöben, dient der Fließbewegung und der Nahrungsaufnahme.

Pteridophyten Bezeichnung für eine Abteilung des Pflanzenreichs, umfaßt neben den Farnen auch noch die Bärlappe und Schachtelhalme.

Puparium Bei manchen Fliegen bildet die letzte Larvenhaut eine schützende Hülle um die Puppe.

Puppe Inaktives Stadium im Entwicklungsgang mancher Insekten, zwischen Larve und flugfähigem Imago.

Pyrenoid Kleines, meist rundliches Anhängsel an den Chloroplasten der Algen, bildet und speichert Stärke.

Radula Raspelzunge der Schnecken, trägt zahlreiche Chitinhaken, mit deren Hilfe Nahrung abgeschabt und zerraspelt wird.

Rhizoid Wurzelähnliche, meist haarförmige Struktur, die bei Moosen und Armleuchteralgen eine echte Wurzel ersetzt.

Rhizom Wurzelstock, meist sehr kräftiger, unterirdisch wachsender Sproß, dient als Reserve- und Überwinterungsorgan.

Samenanlage Bei Nacktsamern offen am Fruchtblatt sitzende, bei den Bedecktsamern vom Fruchtknoten eingeschlossene Einrichtung, die die weiblichen Eizellen hervorbringt und sich nach der Befruchtung zum Samen entwickelt.

Saprophyt Pflanze oder Pilz, die sich von toter organischer Materie ernähren.

Sepalen Fachausdruck für die Kelchblätter aus der Blütenhülle.

Spermatophor Paket aus männlichen Geschlechtszellen.

Sporangium Besondere Vorrichtung an niederen Pflanzen oder Pilzen, an oder in der Sporen zur ungeschlechtlichen Vermehrung entwickelt werden.

Spore Kleine, meist nur im Mikroskop sichtbare Zelle zur ungeschlechtlichen Vermehrung und Verbreitung.

Sporophyt Träger der ungeschlechtlichen Generation, bringt in Sporangien größere Mengen an Sporen hervor.

Stamen Staubblatt, männliches Organ in der Blüte, besteht aus einem Stiel (Filament) und den Antheren.

Statoblast Bei Moostierchen eine Gruppe von Zellen, die von einer festen, widerstandsfähigen Hülle eingeschlossen werden und als Überdauerungseinrichtung dienen.

Stempel Weiblicher Teil der Blüte, besteht oft aus einem ansehnlichen Fruchtknoten und einem längeren Griffel mit Narbe zum Pollenempfang.

Stigma Besonders gestaltete und auch farblich hervorgehobene Region am Griffel, dient zum Empfang der Blütenpollen.

Stolon Ausläufer, besondere Einrichtung höherer Pflanzen zur nichtgeschlechtlichen (vegetativen) Fortpflanzung.

Stoma Spaltöffnung, kleine Öffnung auf der Unter- oder Oberseite von Laubblättern zum freien Gasaustausch mit der Atmosphäre.

Stylum Fachausdruck für Griffel, zwischen Narbe und Fruchtknoten eingeschaltetes Stielstück in manchen Blüten.

Symbiose Zusammenleben artverschiedener Lebewesen zum gegenseitigen Nutzen, oft auch in großer Abhängigkeit voneinander.

Thallus Einfache pflanzliche Gestalt, die noch keine Gliederung in Wurzel, Sproßachse und Blätter zeigt; Vegetationskörper von Algen und Moosen.

Tracheen Röhrenförmige, oft auch verzweigte Einrichtungen zur Atmung bei Insekten.

Trichocysten Bei manchen Ciliaten kommen in der Pellicula winzige ausschleuderbare Gebilde vor, die offenbar der Abwehr, dem Angriff oder auch dem Beutefang dienen.

Tuberculum Röhrenartige Ausstülpung, beispielsweise im Fall des Atemrohrs wasserlebender Insekten.

Vakuole Zellsaftraum, mit Wasser und verschiedenen darin gelösten Stoffen angefüllter Binnenraum der Pflanzenzelle, dient als innerer Wasserspeicher und als Abfallbehälter.

Wallace-Linie Grenzlinie zwischen Borneo und Celebes, trennt die orientalische von der australischen Faunenregion.

Zygospore Bei Algen und manchen Pilzen bildet sich nach der Vereinigung der beiden Gameten eine dickwandige Ruhezygote aus.

Zygote Verschmelzungsprodukt zweier Gameten, die männlich und weiblich differenziert sind.

Klassifizierung der abgebildeten Teichpflanzen

Abteilung (Unterabteilung)	Klasse (Unterklasse)	Ordnung (Unterordnung)	Familie	Gattung und Artname	Deutscher Name
Cyanophyta	Cyanophyceae	Chroococcales	Chroococcaceae	*Chroococcus* sp.	–
		Nostocales	Nostocaceae	*Anabaena oscillarioides*	–
Chrysophyta	Xanthophyceae	Vaucheriales	Vaucheriaceae	*Vaucheria* sp.	Schlauchalge
	Bacillariophyceae	Centrales	Coscinodiscaceae	*Coscinodiscus* sp.	–
			Melosiraceae	*Melosira* sp.	–
		Pennales	Fragilariaceae	*Fragilaria* sp.	–
			Naviculaceae	*Navicula* sp.	–
				Pinnularia sp.	–
				Diploneis sp.	–
				Pleurosigma sp.	–
Chlorophyta	Chlorophyceae	Volvocales	Chlamydomonadaceae	*Chlamydomonas* sp.	–
			Volvocaceae	*Pandorina* sp.	–
				Volvox sp.	–
	Conjugatophyceae	Desmidiales	Desmidiaceae	*Closterium* sp.	–
				Pleurotaenium sp.	–
				Euastrum sp.	–
		Zygnematales	Zygnemataceae	*Spirogyra* sp.	Schraubenalge
Rhodophyta	Rhodophyceae	Nemalionales	Batrachospermaceae	*Batrachospermum moniliforme*	Froschlaichalge
Charophyta	Charophyceae	Charales	Characeae	*Chara fragilis*	Armleuchteralge
Fungi	Phycomycetes	Saprolegniales	unbekannt	unbekannt	–
Bryophyta	Hepaticae	Marchantiales	Ricciaceae	*Riccia fluitans*	Schwimmendes Sternlebermoos
	Musci	Isobryales	Fontinalaceae	*Fontinalis antipyretica*	Gemein. Brunnenmoos
Pteridophyta	Sphenopsida	Equisetales	Equisetaceae	*Equisetum fluviatile*	Teich-Schachtelhalm
				Equisetum palustre	Sumpf-Schachtelhalm
	Filicopsida	Salviniales	Azollaceae	*Azolla filiculoides*	Algenfarn
			Salviniaceae	*Salvinia natans*	Schwimmfarn
Spermatophyta					
Angiospermae (Magnoliophytina)	Dicotyledoneae (Magnoliatae)	Ranales	Ranunculaceae	*Caltha palustris*	Sumpfdotterblume
				Ranunculus sceleratus	Gift-Hahnenfuß
				Ranunculus peltatus	Schild-Wasser-hahnenfuß
			Nymphaeaceae	*Nymphaea alba*	Weiße Seerose

Abteilung (Unterabteilung)	Klasse (Unterklasse)	Ordnung (Unterordnung)	Familie	Gattung und Artname	Deutscher Name
Spermatophyta					
Angiospermae (Magnoliophytina)	Dicotyledoneae (Magnoliatae)	Ranales	Nymphaeaceae	*Nuphar lutea*	Gelbe Teichrose
			Ceratophyllaceae	*Ceratophyllum demersum*	Rauhes Hornkraut
		Theales	Hypericaceae	*Hypericum elodes*	Sumpf-Johanniskraut
		Myrtales	Lythraceae	*Lythrum salicaria*	Blut-Weiderich
			Onagraceae	*Epilobium hirsutum*	Zottiges Weidenröschen
			Haloragaceae	*Myriophyllum spicatum*	Ähriges Tausendblatt
				M. verticillatum	Quirlblätt. Tausendbl.
			Hippuridaceae	*Hippuris vulgaris*	Tannenwedel
			Callitrichaceae	*Callitriche stagnalis*	Teich-Wasserstern
		Polygonales	Polygonaceae	*Polygonum amphibium*	Wasser-Knöterich
				Polygonum persicaria	Floh-Knöterich
				Rumex hydrolapathum	Teich-Ampfer
		Primulales	Primulaceae	*Hottonia palustris*	Wasserfeder
		Gentianales	Menyanthaceae	*Menyanthes trifoliata*	Fieberklee
				Nymphoides peltata	Seekanne
		Solanales	Scrophulariaceae	*Veronica beccabunga*	Bach-Ehrenpr., -bunge
			Lentibulariaceae	*Utricularia vulgaris*	Wasserschlauch
			Lamiaceae	*Mentha aquatica*	Wasser-Minze
	Monocotyledoneae (Liliatae)	Alismatales	Alismataceae	*Alisma-plantago-aquatica*	Froschlöffel
				Sagittaria sagittifolia	Pfeilkraut
			Butomaceae	*Butomus umbellatus*	Schwanenblume
			Hydrocharitaceae	*Hydrocharis morsus-ranae*	Froschbiß
				Stratiotes aloides	Wasseraloe
				Elodea canadensis	Wasserpest
		Najadales	Potamogetonaceae	*Potamogeton natans*	Schwimmendes Laichkraut
		Liliales	Juncaceae	*Juncus inflexus*	Graugrüne Binse
				Juncus conglomeratus	Knäuel-Binse
			Pontederiaceae	*Eichhornia crassipes*	Wasserhyazinthe
			Iridaceae	*Iris pseudacorus*	Sumpf-Schwertlilie
		Arales	Araceae	*Calla palustris*	Schlangenwurz
			Lemnaceae	*Lemna minor*	Kleine Wasserlinse
				Spirodela polyrrhiza	Teichlinse
				Lemna trisulca	Dreifurchige Wasserlinse

Abteilung (Unterabteilung)	Klasse (Unterklasse)	Ordnung (Unterordnung)	Familie	Gattung und Artname	Deutscher Name
Spermatophyta				*Wolffia arrhiza*	Zwerglinse
Angiospermae (Magnoliophytina)	Monocotyledoneae (Liliatae)	Typhales	Sparganiaceae	*Sparganium erectum*	Aufrechter Igelkolben
			Typhaceae	*Typha latifolia*	Breitblättr. Rohrkolben
		Cyperales	Cyperaceae	*Schoenoplectus lacustris*	Teichbinse
				Carex riparia	Ufer-Segge
		Poales	Poaceae	*Phragmites australis*	Gemeines Schilfrohr
				Glyceria maxima	Wasserschwaden

Klassifizierung der abgebildeten Tiere aus Teich und Tümpel

(Für einige Gruppen bzw. Vertreter werden die Größenabmessungen angegeben, dabei bedeuten I = Imago, N = Nymphe, L = Larve.)

Stamm (Unterstamm)	Klasse (Unterklasse)	Ordnung (Unterordnung)	Familie	Gattung und Artname	Deutscher Name
Protozoa	Mastigophora	Euglenida	Euglenidae 0,0025–0,05 mm	*Euglena spirogyra*	Augentierchen
	Sarcodina	Amoebida	Amoebidae 0,0025–0,05 mm	*Amoeba* sp.	Amöbe
			Difflugiidae 0,003–0,025 mm	*Difflugia* sp.	Beschalte Amöbe
			Arcellidae 0,003–0,025 mm	*Arcella* sp.	Beschalte Amöbe
			Actinophryidae 0,0015–0,003 mm	*Actinophrys sol*	Sonnentierchen
	Ciliophora	Hymenostomatida	Parameciidae 0,006–0,03 mm	*Paramecium* sp.	Pantoffeltierchen
		Heterotrichida	Stentoridae	*Stentor polymorpha*	Trompetentierchen
				Stentor sp.	Trompetentierchen
		Sessilia	Vorticellidae 0,0035–0,035 mm	*Vorticella* sp.	Glockentierchen
				Campanella sp.	Glockentierchen
		Gymnostomatida	Holophryidae	*Ichthyophtirius multifiliis*	–
Porifera	Demospongiae		Spongillidae	*Ephydatia fluviatilis*	Süßwasserschwamm
Coelenterata	Hydrozoa	Hydroida	Hydridae	*Hydra oligactis*	Brauner Süßwasserpolyp
				Hydra viridis	Grüner Süßwasserpolyp
Platyhelminthes	Turbellaria	Tricladida	Dendrocoelidae 5–30 mm	*Dendrocoelum lacteum*	Planarie, Bachstrudelwurm

Stamm (Unterstamm)	Klasse (Unterklasse)	Ordnung (Unterordnung)	Familie	Gattung und Artname	Deutscher Name
Platyhelminthes		Microturbellaria		unbekannt	–
	Cestoda		Pseudophyllidae	*Schistocephalus gasterostei*	Fischbandwurm
Nematoda				unbekannt	–
Nematomorpha	Gordioidea 10–70 cm		Gordiidae	unbekannt	–
Rotifera 0,4–2,5 mm	Digononta	Bdelloidea	Philodinidae	*Rotaria* sp.	–
	Monogonota	Flosculariacea	Flosculariidae	*Lacinularia* sp.	–
Gastrotricha 0,1–0,6 mm		Chaetonotoidea	Chaetonotidae	*Chaetonotus* sp.	–
Ectoprocta	Phylactolaemata		Plumatellidae	*Plumatella* sp.	–
Mollusca	Gastropoda	Basommatophora	Planorbidae	*Planorbis spirorbis*	Tellerschnecke
				Planorbarius corneus	Posthornschnecke
			Lymnaeidae	*Lymnaea stagnalis*	Spitzschlammschnecke
				Lymnaea peregra	–
			Ancylidae	*Acroluxus lacustris*	Teichnapfschnecke
	Bivalvia	Unionida	Unionidae	*Anodonta cygnea*	Teichmuschel
		Vaneroida	Sphaeriidae 4–27 mm	*Sphaerium* sp.	–
Tardigrada 0,05–1,2 mm			Scutechiniscidae	unbekannt	–
Annelida	Oligochaeta	Lumbriculida	Lumbriculidae	*Lumbriculus variegatus*	–
		Haplotaxida	Tubificidae	*Tubifex* sp.	Bachröhrenwurm
			Naididae	*Chaetogaster limnaei*	–
	Hirudinea 5–450 mm	Rhynchobdellida	Piscicolidae	*Piscicola geometra*	Gemeiner Fischegel
			Glossiphoniidae	*Theromyzon tessulatum*	–
		Pharyngobdellida	Erpobdellidae	*Erpobdella octoculata*	–
		Gnathobdellida	Hirudidae	*Haemopsis sanguisuga*	Pferdeegel

Stamm (Unterstamm)	Klasse (Unterklasse)	Ordnung (Unterordnung)	Familie	Gattung und Artname	Deutscher Name
Arthropoda					
(Chelicerata)	Arachnida	Araneae	Pisauridae	*Dolomedes* sp.	–
			Lycosidae	*Pirata* sp.	–
			Agelinidae	*Argyroneta aquatica*	Wasserspinne
		Acari	Hydrachnidae 1–8 mm	*Hydrachna* sp.	Wassermilbe
			Hygrobatidae	*Pentatax bonzi*	–
(Mandibulata)	Crustacea				
	(Branchiura)		Argulidae 5–25 mm	*Argulus foliaceus*	Karpfenlaus
	(Branchiopoda)	Diplostaca	Daphniidae 0,2–3 mm	*Daphnia magna*	Wasserfloh
	(Ostracoda)	Podocopa	Cypridae ca. 1 mm	unbekannt	–
	(Copepoda)	Eucopepoda	Cyclopidae 1–2 mm	*Cyclops* sp.	Hüpferling
	(Malacostraca)	Isopoda	Asellidae 5–20 mm	*Asellus* sp.	Wasserassel
		Amphipoda	Gammaridae 5–20 mm	*Gammarus pulex*	Bachflohkrebs
	Insecta	Collembola	Poduridae 1–1,5 mm	*Podura aquatica*	–
			Smynthuridae 0,5–1,0 mm	*Smithurides aquaticus*	–
		Odonata			
		(Zygoptera) 15–34 mm	Coenagriidae	*Enallagma cyathigerum*	Becher-Azurjungfer
		(Anisoptera) 15–56 mm (N)	Aeshnidae	*Aeshna cyanea*	Blaugrüne Mosaikjungfer
			Libellulidae	*Libellula depressa*	Plattbauch
		Ephemeroptera 3–28 mm (N)	Baetidae	*Cloeon* sp.	–
			Ephemeridae	*Ephemera danica*	–
		Hemiptera	Hydrometridae	*Hydrometra stagnorum*	Gemeiner Teichläufer
			Gerridae 8–15 mm	*Gerris* sp.	Wasserläufer

Stamm (Unterstamm)	Klasse (Unterklasse)	Ordnung (Unterordnung)	Familie	Gattung und Artname	Deutscher Name
Mandibulata	Insecta	Hemiptera	Naucoridae 5–16 mm	*Ilyocoris cimicoides*	Schwimmwanze
			Belostomatidae 20–110 mm	*Diplonychus eques*	Riesenwasserwanze
			Nepidae 17–40 mm	*Nepa cinerea*	Wasserskorpion
				Ranatra linearis	Stabwanze
			Notonectidae 8–17 mm	*Notonecta* sp.	Rückenschwimmer
			Corixidae – 12 mm	unbekannt	–
		Neuroptera	Sialidae	*Sialis luteria*	Schlammfliege
			Sisyridae	*Sisyra* sp.	Schwammfliege
		Coleoptera	Dytiscidae 1–40 mm (I)	*Dytiscus marginalis*	Gelbbrandkäfer
				Acilius sulcatus	Furchenschwimmer
				Colymbetes fuscus	Teichschwimmer
				Hyphydrus ovatus	Zwergschwimmer
			Hydrophilidae 1–45 mm (I)	*Hydrophilus piceus*	Kolbenwasserkäfer
			Gyrinidae 5–11 mm (I)	*Gyrinus* sp.	Taumelkäfer
			Chrysomelidae	*Donacia* sp.	Schilfkäfer
				Galerucella grisescens	–
		Diptera	Tipulidae 10–50 mm (L)	unbekannt	–
			Ptychopteridae 20–60 mm (L)	*Ptychoptera* sp.	Faltenmücke
			Dixidae 4–8 mm (L)	unbekannt	–
			Culicidae 3–15 mm (L)	*Culex pipiens*	Stechmücke
				Anopheles stephensi	Stechmücke
			Chaoboridae	*Chaoborus crystallinus*	Büschelmücke
			Chironomidae 2–30 mm (L)	*Chironomus* sp.	Zuckmücke

Stamm (Unterstamm)	Klasse (Unterklasse)	Ordnung (Unterordnung)	Familie	Gattung und Artname	Deutscher Name
Mandibulata	Insecta	Diptera	Tabanidae 15–40 mm (L)	*Tabanus* sp.	Bremse
				Chrysops sp.	–
			Syrphidae	*Eristalinus sepulcralis*	–
		Lepidoptera	Pyralidae	*Nymphula nymphaeata*	Wasserzünsler
			Noctuidae	*Nonagria typhae*	Rohreule
		Trichoptera	Limnephilidae	*Limnephilus lunatus*	–
			Leptoceridae	unbekannt	–
Chordata					
(Vertebrata)	Pisces	Gasterosteiformes	Gasterosteidae	*Gasterosteus aculeatus*	Dreistacheliger Stichl.
				Pungitius pungitius	Zwergstichling
		Perciformes	Percidae	*Perca fluviatilis*	Barsch
		Clupeiformes	Esocidae	*Esox lucius*	Hecht
		Cypriniformes	Cyprinidae	*Cyprinus carpio*	Karpfen
	Amphibia	Urodela	Salamandridae	*Ambystoma maculatum*	–
				Triturus cristatus	Kammolch
		Anura	Ranidae	*Rana temporaria*	Grasfrosch
				Rana catesbeiana	Ochsenfrosch
			Hylidae	*Hyla arborea*	Laubfrosch
			Bufonidae	*Bufo bufo*	Erdkröte
	Reptilia	Chelonia	Testudinidae	*Chrysemys rubriventris*	Rotbauch-Schildkröte
				Macroclemys temmincki	Alligator-Schildkröte
		Squamata	Colubridae	*Natrix natrix*	Ringelnatter

Stamm (Unterstamm)	Klasse (Unterklasse)	Ordnung (Unterordnung)	Familie	Gattung und Artname	Deutscher Name
Vertebrata		Crocodylia	Alligatoridae	*Caiman crocodilus*	Brillen-Kaiman
	Aves	Anseriformes	Anatidae	*Cygnus olor*	Höckerschwan
		Gruiformes	Rallidae	*Gallinula chloropus*	Grünfüßiges Teichhuhn
				Fulica atra	Bläßralle
				Porphyrula martinica	Purpurralle
		Ciconiiformes	Ardeidae	*Hydranassa tricolor*	Louisiana-Reiher
		Coraciiformes	Alcedinidae	*Alcedo atthis*	Eisvogel
		Passeriformes	Silviidae	*Acrocephalus scirpaceus*	Teichrohrsänger
			Hirundinidae	*Hirundo rustica*	Rauchschwalbe
	Mammalia	Insectivora	Soricidae	*Neomys fodiens*	Wasserspitzmaus
		Carnivora	Procyonidae	*Procyon lotor*	Waschbär
			Mustelidae	*Mustela vison*	Amerikanischer Nerz
		Rodentia	Castoridae	*Castor fiber*	Biber
			Microtidae	*Arvicola terrestris*	Schermaus
				Ondatra zibethica	Bisamratte
		Artiodactyla	Cervidae	*Alces alces*	Elch

Register

A

Acilius sulcatus 165
Acrocephalus scirpaceus 228
Acroloxus lacustris 18, 108
Actinophrydae 89
Ähriges Tausendblatt 57
Aerenchym 29
Aerobier 77
Aeshna cyanea 141
Aeshnidae 139
Ästiger Igelkolben 44
Agelinidae 122
Alcedinidae 226
Alcedo atthis 226, 227
Alces alces 235
Algen 67
Algen, Blaugrüne 68
Algen, Gelbgrüne 69
Algenblüte 68
Algenfarn, Großer 61
Alisma plantago-aquatica 16, 18, 52
Alismataceae 53
Alligator-Schildkröte 218
Alligatoren 221
Alligatoridae 221
Ambyostoma maculatum 207
Amerikanischer Nerz 232
Amoeba proteus 88
Amoeba sp. 17, 18
Amöben 17, 18, 88, 89
Amöben mit glatter Schale 89
Amöben mit rauher Schale 89
Amöben, unbeschalte 88
Amoebidae 88
Ampfer, Teich- 40
Amphibia 206
Amphibien 218
Anabaena azollae 61
Anabaena oscillariodes 68
Anaerobier 77
Anatidae 222
Ancylidae 108
Anisoptera 135, 139
Annelida 113
Anodonta cygnaea 17, 19, 109
Anopheles sp. 179, 184
Anopheles stephensi 184
Anopheles-Eier 184
Anopheles-Larve 184
Anopheles-Puppe 184
Anura 206, 209
Apicomplexa 89
Apterygota 134
Araneae 120
Arcella sp. 17, 18, 89
Arcellidae 89
Ardea cinerea 226, 227
Ardeidae 226
Argulidae 126
Argulus foliaceus 126
Argyroneta aquatica 17, 19, 81, 122, 124

Armleuchteralge, Zerbrechliche 55
Armleuchteralgen 55, 67
Arthropoda 120
Arvicola terrestris 234
Asellidae 132
Asellus 96
Atmung 14, 26, 28
Atmung, Pflanzen 26
Aufrechter Igelkolben 44
Auftriebskraft 28
Augenflagellaten 87
Augentierchen 17, 18
Ausläufer 30
Aves 222
Azolla filiculoides 61

B

Bachbunge 40
Bacillariophyceae 18, 70
Bärtierchen 17, 19, 112
Bakterien 76
Bakterien, Parasitische 77
Balgfrucht 31
Balz, Molche 208
Balzverhalten beim Dreistach-ligen Stichling 200
Bandwürmer 96, 98
Barsch 17, 19, 203
Batrachospermun moniliforme 75
Bauchhärling 17, 18, 104
Bazillen 77
Becher-Azurjungfer 140
Belostomatidae 152
Beschalte Amöbe 17, 18
Biber 232
Binse 17, 19, 42
Binse, Blaugrüne 42
Binse, Knäuel- 42
Binsengewächse 42
Bisamratte 234
Bitterklee 40
Bivalvia 109
Bläßhuhn 224
Bläßralle 224
Blattegel 118
Blattkäfer 172
Blaualgen 68
Blaubakterien 68
Blaugrüne Algen 68
Blaugrüne Binse 42
Blaugrüne Mosaikjungfer 141
Blut-Weiderich 34, 38
Bodenschlamm 19
Brachsenkraut 23
Brachycera 174
Brauner Polyp 17, 18
Brauner Süßwasserpolyp 95
Brauntange 67
Breitblättriger Rohrkolben 44
Bremsen 174, 190
Brillenkaiman 221

Brunnenmoos, Gemeines 56
Brutknöllchen 30
Bryophyta 56
Bryozoa 104
Büschelmücken 186
Büschelmücken-Larve 17, 19, 81, 186
Bufo bufo 216
Bufonidae 216
Butomaceae 41
Butomus umbellatus 41

C

Caiman crocodilus 221
Calcium-Mengen 15
Callitriche stagnalis 29, 58
Caltha palustris 34, 37, 43
Campanella 90, 93
Carex acutiformis 46
Carex riparia 46
Carex spp. 23
Castoridae 232
Centrales 70
Ceratophyllum demersum 30, 31, 62
Cervidae 235
Cestodea 98
Chaetogaster limnaei 114
Chaetonotus sp. 104
Chaoboridae 186
Chaoborus crystallinus 186
Chaoborus sp. 17, 19, 81
Chara fragilis 55
Chelonia 218
Chemische Energie 21
Chironomidae 80, 174, 188
Chironomus sp. 17, 188
Chironomus-Larve 188
Chlamydomonas sp. 18, 72
Chlorella 94
Chlorophyll 14, 26, 29
Chlorophyta 72
Chroococcus 68
Chrysemys rubriventris 218
Chrysomelidae 172
Chrysophyta 69
Chrysops 190
Ciliophora 90
Cilius sulcatus 165
Clitellum 113
Cloeon 148
Clorixidae 157
Closterium 74
Coelenterata 95
Coleoptera 160, 161
Collembola 134
Colubridae 221
Colymbetes fuscus 167
Corixa punctata 82
Corixidae 157
Crocodylia 218, 221
Crustacea 126

Culex 17, 179, 184
Culex pipiens 179
Culex-Larve 184
Culex-Puppe 184
Culicidae 174, 179
Cuticula 28
Cyanobakterien 68
Cyanophyta 68
Cyclopidae 130
Cyclops sp. 17, 18, 131
Cyclorapha 174
Cygnus olor 222
Cyperaceae 42, 46
Cypridae 130
Cyprinidae 205
Cyprinodonten 198
Cyprinus carpio 205
Cypris sp. 18
Cystenbildung 83

D

Daphnia sp. 17, 18, 128
Daphnidae 128
Dauereier 83
Dauerstadien 83
Dendrocoelum lacteum 17, 19, 96
Dendrocoelidae 96
Desmidiales 74
Destruenten 21
Diatomeen 70
Dichte 15
Dicranota 174
Difflugia sp. 18, 89
Difflugiidae 89
Diploneis 70
Diplonychus eques 153
Diptera 174
Dixa-Larve 178
Dixidae 174, 178
Dolomedes 20, 120
Donacia sp. 19, 81, 172
Donacia vulgaris 17
Drachenwurz 43
Dreifruchtige Wasserlinse 66
Dreistacheliger Stichling 17, 199, 200
Dromaius novaehollandiae 222
Dytiscidae 161
Dytiscus marginalis 17, 19, 80, 81, 161

E

Echte Frösche 209
Echte Kröten 216
Echter Wasserschlauch 63
Ectoprocta 17, 19
Edellibellen 139
Egel 113, 116
Ehrenpreis, Wasser- 40

Eichhornia crassipes 65
Eintagsfliege 148
Einzeller 86
Eis 15
Eisenbakterien 77
Eisvogel 226
Elch 235
Elodea canadensis 17, 18, 30, 59
Emu 222
Emydidae 218
Enallagma cyathigerum 140
Endopterygote Insekten 134
Enten 222
Entwicklungszyklus von *Culex pipiens* 180
Ephemera danica 148
Ephemera sp. 17
Ephemeroptera 148
Ephydatia fluviatilis 17, 19, 94
Epidermis 28
Epilobium hirsutum 39
Equisetaceae 36
Equisetum fluviatile 49
Equisetum palustre 36
Erbsenmuscheln 111
Erdkröte 216
Eristalinus 191
Eristalinus sepulcris 191
Eristalis 80, 81, 191
Eristalomyia 191
Enobdella octoculata 118
Erpobdellidae 118
Erreger der Schlafkrankheit 86
Esocidae 204
Esox lucius 17, 18, 204
Euastrum 74
Euglena sp. 17, 18, 87
Euglena spirogyra 87
Euglenidae 87
Eulen 192
Europäischer Laubfrosch 215
Europäischer Nerz 232

F

Fadenblaualge 61
Fadenwurm 17, 19, 99
Fädige Jochalgen 75
Faltenmücken 174, 177
Farbstoffe, grüne 14
Fasciola hepatica 107
Feuchtwiesen 34
Feuer-Salamander 207
Fieberklee 40
Fieberkleegewächse 52
Fischbandwurm 98
Fische 198
Fischegel 17, 19, 116
Fischegel, Gemeiner 116
Fischläuse 126
Flagellata 86
Fliegen 174
Floh-Knöterich 39
Flohkrebse 132
Flügellose Insekten 134
Flußmuscheln 109
Fontinalis 194
Fontinalis antipyretica 56
Fragilaria 70
Frei umherschwimmende Arten 34

Frösche, Echte 209
Froschbiß 29, 64
Froschentwicklung 211
Froschkaulquappen 218
Froschlaichalge 75
Froschlöffel 16, 18, 52
Froschlöffel, Gewöhnlicher 52
Froschlöffelgewächse 53
Froschlurch 206, 209
Fulica atra 224
Fungi 76
Furchenschwimmer 165

G

Gänse 222
Galerucella grisescens 172
Gallinula chloropus 16, 18, 222
Gammaridae 132
Gammarus pulex 132
Gasterosteidae 199
Gasterosteus aculeatus 17, 18, 199
Gastropoda 106
Gastrotricha 17, 18, 104
Gefrierpunkt 15
Gehölzbewuchs von Teichen 23
Geißeltierchen 86
Gelbe Schwertlilie 17, 19, 34, 42
Gelbe Teichrose 17, 19, 32, 50
Gelbgüne Algen 69
Gelbrandkäfer 17, 19, 80, 81, 161
Gelbrandkäfer, Larve 162
Gelege, Zuckmücke 17
Gemeiner Fischegel 116
Gemeiner Teichläufer 150
Gemeines Brunnenmoos 56
Gemeines Schilf 46
Gemmulae 83
Gerridae 151
Gerris sp. 20
Gewebespannung 26
Gewöhnlicher Froschlöffel 52
Gift-Hahnenfuß 37
Gliederfüßer 120
Gliederwürmer 113
Glochidien 110
Glockentierchen 17, 18, 93
Glossiphoniidae 118
Glugea 89
Glyceria maxima 29, 32, 47
Goldhähnchen 228
Grasfrosch 18, 21, 209
Grasmücken 228
Graureiher 226, 227
Großer Algenfarn 61
Großer Kolbenwasserkäfer 169
Großlibellen 135, 139
Grünalgen 18, 72, 94
Grüne Farbstoffe 14, 16
Grüner Polyp 17, 18
Grüner Süßwasserpolyp 95
Gyrinidae 171
Gyrinus 158
Gyrinus natator 82

H

Haemopsis sanguisuga 17, 19, 119
Häutungsprozeß von *Ephemera danica* 148
Häutungsvorgang einer Blaugrünen Mosaikjungfer 141
Hahnenfuß, Gift- 37
Hahnenfußgewächse 37
Hecht 17, 18, 204
Hemimetabole Insekten 134
Hemiptera 150
Hepaticae 56, 61
Herbivora 21
Hippuris vulgaris 51
Hirsche 235
Hirudidae 119
Hirudin 119
Hirudinae 113
Hirudinea 116
Hirundinidae 229
Hirundo rustica 229
Höckerschwan 222
Hohltiere 95
Holometabole Insekten 134
Hornkraut 30
Hornkraut, Rauhes 62
Hottonia palustris 58
Hüpferling 17, 18, 130
Hydra 20, 128
Hydra oligactis 17, 18, 95
Hydra viridis 17, 18, 95
Hydracarina 17, 18, 124
Hydrachna 124
Hydranassa tricolor ruficollis 226
Hydridae 95
Hydrocharis morsus-ranae 29, 64
Hydrometra stagnorum 150
Hydrometridae 150
Hydrophilidae 169
Hydrophilus piceus 80
Hydrophyten 28
Hydrous piceus 169
Hyla arborea 215
Hylidae 215
Hypericum elodes 38
Hyphydrus 167

I

Ichthyophthirius multifiliis 93
Igelkolben 31
Igelkolben, Ästiger 44
Igelkolben, Aufrechter 44
Ilyocoris cimicoides 152
Insecta 134
Insekten 134
Insektenlarven 80
Insektenmundwerkzeuge 150
Iris pseudacorus 17, 19, 34, 43
Isoetes lacustris 23

J

Jochalgen, Fädige 75
Johanniskraut, Sumpf- 38
Juncaceae 42

Juncus conglomeratus 42
Juncus inflexus 42
Juncus sp. 17, 19

K

Käfer 161
Kälte 83
Kältewirkung 29
Kammolch 206
Kammolch-Larve 17
Kanadische Wasserpest 30, 59
Karpfen 205
Karpfenfische 205
Karpfenlaus 126
Kaulquappe 81, 211
Kaulquappe vom Grasfrosch 17
Kieferegel 17
Kieselalgen 18, 70
Kieselsäure 15
Kleinbären 230
Kleine Wasserlinse 66
Kleinlibellen 135, 138
Knochenfische 198
Knöterich, Floh- 39
Knöterich, Wasser- 51
Knorpelfische 198
Köcherfliegen 194
Köcherfliegen-Larve 19, 194
Kokken 77
Kokon vom Schilfkäfer 17
Kolbenwasserkäfer, Großer 169
Konsumenten 21
Krebsschere 17, 19, 29, 64
Krebstiere 126
Kriechtiere 218
Kröten, Echte 216
Krokodile 218, 221
Kugelalge 73
Kugelmuscheln 111
Kugelspringer 135

L

Lacinularia 103
Laichkraut 31
Laichkraut, Schwimmendes 53
Landpflanzen 27
Larve einer Eintagsfliege 148
Larve vom Gelbrandkäfer 17
Laubfrösche 215
Laubfrosch, Europäischer 215
Laubmoose 56
Laubsänger 228
Leberegel 107
Lebermoose 56, 61
Leitbahnen 27
Lemna minor 66
Lemna sp. 17, 18, 21
Lemna trisulca 66
Lemnaceae 66
Lepidoptera 192
Leptoceridae 194
Libellen 136
Libellenlarve 16
Libellula depressa 139, 144
Libellula sp. 16, 17, 19
Libellulidae 139
Limnephila sp. 17
Limnephilus flavicornis 194

Limnephilus lunatus, Puppe 197
Limnephilus lunatus, Schlüpf-
 vorgang 197
Limnephilus sp. 19
Listspinne 120
Lobelia dortmanna 23
Lösungsmittel, universales 14
Lophophor 104
Louisiana-Reiher 226
Luftkammern 28
Lumbriculidae 114
Lumbriculus variegatus 114
Lungenatmer 106
Lurche 206
Lycosidae 122
Lymnaea peregra 108
Lymnaea stagnalis 17, 19, 21,
 108
Lymnaeidae 108
Lythrum salicaria 34, 38

M

Macrobiotus sp. 17
Macrolemys temmincki 218
Makronucleus 90
Mammalia 230
Marder 232
Mentha aquatica 17, 19, 34, 41
Menyanthaceae 52
Menyanthes trifoliata 40
Microtidae 234
Microturbellaria 97
Mikronucleus 90
Mineralstoffe 15
Minze, Wasser- 41
Molche 206
Molche, Balz- 208
Mollusca 106
Moorteich 23
Moose 56
Moostierchen 17, 104
Mücken 174
Mückenlarven 82
Muschelkrebs 17, 18, 130
Muscheln 109
Musci 56
Mustela lutreola 232
Mustela vison 232
Mustelidae 232
Myriophyllum spicatum 57
Myriophyllum spp. 29
Myriophyllum vertisillatum 29
Myzel 76

N

Nahrungsenergie 21
Nahrungsketten 22
Naididae 114
Napfschnecken 108
Natrix natrix 221
Natrix tesselata 221
Nattern 221
Natürliche Teiche 14
Naucoridae 151
Navicula 70
Nematocera 174
Nematoda 17, 18, 99

Nematomorpha 17, 19, 100
Neomys fodiens 17, 19, 230
Nepa 80
Nepa cinerea 16, 18, 81, 154
Nepidae 154
Nerz, Amerikanischer 232
Nerz, Europäischer 232
Netzflügler 158
Neunaugen 198
Neuroptera 158
Nitella 55
Noctuidae 192
Nonagria typhae 31, 192
Nordamerikanischer Flecken-
 Salamander 207
Notonecta glauca 82
Notonecta sp. 17, 19, 80, 157
Notonectidae 156
Nuphar lutea 19, 32, 50
Nymphaea alba 16, 18, 21, 50
Nymphe 21
Nymphe einer *Aeshna cyanea*
 142
Nymphe einer Libelle 17, 19
Nymphenwürmer 114
Nymphoides peltata 52
Nymphula nymphaeata 17, 18,
 192

O

Oberflächenbereich des Teiches
 20
Oberflächenspannung 15
Ochsenfrösche 214
Odonata 135
Oligochaeta 113
Ondatra zibethica 234
Operculum 106
Osmose 26

P

Paarungsrad, Libellen 135
Pandorina 72
Pantoffeltierchen 17, 18, 90
Paramecium sp. 17, 18, 90
Parasitische Bakterien 77
Pennales 70
Pentatax 81
Pentatax bonzi 125
Perca fluviatilis 17, 19, 203
Percionidae 203
Pfeffer-Knöterich 172
Pfeilkraut 17, 19, 53
Pferdeegel 17, 19, 119
Pflanzenfresser 21
Pflanzengemeinschaften 22, 34
Pflanzengürtel 34
Phagocytose 88
Photobakterien 77
Photosynthese 14, 26, 27, 28, 29
Phragmites australis 16, 18,
 31, 34, 46
Phytomastigophora 86
Pillenfarn 23
Pilularia globulifera 23
Pilze 76
Pinnularia 70

Pirata-Spinnen 122
Pisauridae 120
Pisces 198
Piscicola 111
Pistia stratiotes 65
Planarien 96
Planorbis 169
Planorbis corneus 107
Planorbis spirorbis 107
Plasmodium-Arten 89
Plattbauch, Larve 139
Plattbauch-Libelle 144
Plattwürmer 96
Platyhelminthes 96
Pleurosigma 70
Pleurotaenium 74
Podura aquatica 20
Poduridae 134
Polychaeta 113
Polygonum amphibium 30, 51
Polygonum hydropiper 172
Polygonum persicaria 39
Porifera 94
Porphyrio porphyrio 224
Porphyrula martinica 224
Posthornschnecke 107
Potamogeton natans 53
Primärproduzenten 21
Primelgewächse 58
Primulaceae 58
Procyon lotor 230
Procyonidae 230
Proliferationsketten 114
Protozoen 86
Pterygota 134
Ptychoptera contaminata 177
Ptychopteridae 174, 177
Pungitius pungitius 202
Purpurhuhn 224
Purpurralle 224
Pyralidae 192

R

Radula 106
Rädertierchen 17, 18, 102
Rallen 222
Rallidae 222
Rana catesbeiana 214
Rana temporaria 17, 18, 21, 209
Ranatra linearis 154, 155
Ranidae 209
Ranunculaceae 37
Ranunculus petratus 49
Ranunculus sceleratus 37
Raspelzunge 106
Rattenschwanzlarve 80, 81, 191
Raubspinnen 120
Rauchschwalbe 229
Rauhes Hornkraut 62
Reiher 226
Reptilia 218
Reptilien 218
Reserveorgane 29
Rhizome 29, 30
Rhodophyta 75
Riccia fluitans 61
Riesenwasserwanzen 152
Ringelnatter 221

Ringelwürmer 113
Röhrenwurm 17, 18
Röhricht 32
Röhrichtpflanze 29
Röhrichtzone 16, 35
Rohreule 31, 192
Rohrkäfer 81, 172
Rohrkolben 16, 18, 31, 34
Rohrkolben, Breitblättriger 44
Rohrkolben, Schmalblättriger 45
Rohrsänger 228
Rotalgen 75
Rotaria sp. 17, 102
Rotatoria 102
Rotbauch-Schildkröte 218
Ruderwanze 82, 157
Rückenschwimmer 17, 19, 80,
 82, 156
Rumex hydrolapathum 40
Rundwürmer 18

S

Säugetiere 230
Saftsauger 150
Sagittaria sagittifolia 17, 19,
 53
Saitenwürmer 100
Salamandridae 206
Salamandra salamandra 207
Salvinia natans 62
Samenverbreitung 31
Saprophyten 76
Sarcodina 88
Sauergräser 45, 46
Sauerstoff 14
Sauerstoff-Gehalt im Wasser 31
Sauerstoffproduktion 15
Schachtelhalm, Sumpf- 36
Schachtelhalm, Teich- 49
Scheinfüßchen 88
Schermaus 234
Schild-Wasserhahnenfuß 49
Schildkröten 218
Schilf 34
Schilf, Gemeines 46
Schilfkäfer 17, 81, 172
Schilfrohr 16, 18, 31, 46
Schistocephalus gasterostei 98
Schlammfliegen 158
Schlammfliegen-Larve 17, 19,
 158
Schlammröhrenwürmer 114
Schlammschnecken 108
Schlangen 218, 221
Schlangenwurz 43
Schlauchalge 69
Schleimtierchen 88
Schlüpfvorgang der Nymphe
 von *Aeshna cyanea* 142
Schlüpfvorgang bei *Limnephilus
 lunatus* 197
Schlundegel 118
Schmalblättriger Rohrkolben
 45
Schmetterlinge 192
Schnabelkerfe 150
Schnaken 174
Schnaken-Larve 17, 19, 174
Schnecken 106

Schnurwürmer 100
Schoenoblectus lacustris 45
Schraubenalge 17, 18, 75
Schwämme 94
Schwäne 222
Schwalben 229
Schwammfliegen 81, 94, 160
Schwanenblume 41
Schwanenblumengewächse 41
Schwanzlurche 206
Schwebefortsätze 31
Schwebfliegen 80, 191
Schwertlilie, Gelbe 34, 43
Schwertlilie, Sumpf- 43
Schwimmblattgürtel 16
Schwimmblattpflanzenzone 48
Schwimmdecken 60
Schwimmen 82
Schwimmendes Laichkraut 53
Schwimmendes Sternlebermoos 61
Schwimmfarn 62
Schwimmglocke der Wasserspinne 17
Schwimmkäfer 161
Schwimmpflanze 29
Schwimmpflanzendecken 16
Schwimmverfahren 82
Schwimmwanze 151
Scutechiniscidae 112
Seekanne 52
Seerose 21
Seerose, Weiße 50
Segellibellen 139
Segge, Sumpf- 46
Segge, Ufer- 46
Seggen 42
Sialidae 158
Sialis sp. 17, 19, 158
Sisyra fuscata 160
Sisyra sp. 81, 94
Sisyridae 160
Sminthuridae 135
Sminthurides aquaticus 135
Sonnenenergie 21
Sonnentierchen 89
Soricidae 230
Spaltöffnungen 28
Sparganium erectum 44
Sphaeriidae 11
Sphaerium 111
Sphagnum spp. 23
Spinnen 120
Spirillen 77
Spirodela polyrhiza 66
Spirogyra sp. 17, 75
Spitzmäuse 230
Spitzschlammschnecke 17, 19, 21, 108
Sporentierchen 89
Springschwänze 20, 134
Spurenelemente 15
Squamata 218, 221
Stabwanze 154
Stachelwasserkäfer 80, 82
Statoblasten 83, 105
Statoblasten eines Moostierchens 19
Stechmücken 174, 179
Stechmückengelege 17

Stechmücken-Larve 17, 21
Stechmücken-Puppe 17
Stentor polymorphus 92
Stentor sp. 17, 18, 90, 92, 128
Sternlebermoos, Schwimmendes 61
Stichling 17, 199, 202
Stichling, Dreistachliger 199
Stichling, Zehnstachliger 202
Stickstoff 15
Stomata 27
Strahlungsenergie 21
Stratiotes aloides 17, 29, 64
Strudelwurm 17, 19, 96
Struthio camelus 222
Süßwasseralgen 67
Süßwasserpolypen 95, 128
Süßwasserpolyp, Brauner 95
Süßwasserpolyp, Grüner 95
Süßwasserschnecken 106
Süßwasserschwamm 17, 94
Sukzession 22, 34
Sumpf-Johanniskraut 38
Sumpf-Schachtelhalm 36
Sumpf-Schwertlilie 42
Sumpf-Segge 45
Sumpfdotterblume 34, 37
Sumpfgas 77
Sumpfpflanzen 34
Sumpfschildkröten 218
Sumpfwiesen 34
Sumpfzone 34
Sylviidae 228
Syrphidae 191

T

Tabanidae 174, 190
Tabanus sp. 190
Tange 67
Tannenwedel 51
Tardigrada 19, 112
Tastermücken 174, 178
Tauchblattzone 54
Taumelkäfer 20, 82, 171
Tausendblatt 29
Tausendblatt, Ähriges 56
Teich-Ampfer 40
Teich-Schachtelhalm 49
Teich-Wassersterne 58
Teichbinse 45
Teichboden 19
Teichboden-Tierchen 19
Teiche, Natürliche 14
Teichhuhn 16, 18, 222
Teichläufer 150
Teichläufer, Gemeiner 150
Teichlinse 66
Teichmilbe 124
Teichmuschel 17, 19, 109
Teichnapfschnecke 108
Teichökologie 23
Teichrohrsänger 228
Teichrose, Gelbe 50
Teichschwimmer 167
Temperatur 15
Theromyzon tessulatum 118
Tipula sp. 17, 19
Tipulidae 174
Torfmoose 23

Transpiration 27
Trematoda 96
Trichogramma 158
Trichoptera 194
Trichterspinnen 122
Triturus cristatus 17, 206
Trockenheit 83
Trompetentierchen 17, 92
Tropische Cyprinodonten 198
Trypanosoma 86
Tubifex sp. 17
Tubificidae 114
Turbellaria 96
Turgor 26
Typha angustifolia 45
Typha latifolia 16, 18, 31, 34, 44

U

Überlebenstechniken 30
Ufer-Segge 46
Uferröhricht 34
Unbeschalte Amöben 88
Ungeschlechtliche Vermehrung, Pantoffeltier 90
Unionidae 109
Universales Lösungsmittel 14
Untergetauchte Wasserpflanzen 16, 29
Unterwasserläufer 29
Urodela 206
Utricularia vulgaris 63

V

Vaucheria 69
Verankerung am Boden 28
Verbreitungsmethoden 31
Verlandung 23
Vermehrungseinheiten der Wasserpflanzen 30
Veronica anagallis-aquatica 40
Veronica beccabunga 40
Vertebrata 198
Vielborster 113
Vögel 222
Volvox 73
Vorticella sp. 17, 18, 90, 93

W

Wanzen 150
Wanzen, Mundwerkzeuge 150
Waschbär 230
Wasser, Eigenschaften 14
Wasser-Minze 17, 19, 34, 41
Wasseraloe 64
Wasserassel 96, 132
Wasseraufnahme 27
Wasserblüte 68
Wasser-Ehrenpreis 40
Wasserfeder 58
Wasserfloh 17, 18, 128
Wasserhärten 15
Wasserhahnenfuß, Schild- 49
Wasserhyazinthe 65
Wasserkäfer 169
Wasserkäfer-Larven 158

Wasser-Knöterich 30, 51
Wasserläufer 20, 21, 151
Wasserlebende Tiere 80
Wasserlinse 17, 18, 21, 30, 66
Wasserlinse, Kleine 66
Wasser-Lobelie 23
Wassermilbe 18, 81, 124
Wassermolche 206
Wassermoleküle 15
Wassermoos 194
Wassermilbe 17
Wasseroberfläche 20
Wasserpest 17, 18, 30
Wasserpest, Kanadische 59
Wasserpflanze, untergetauchte 29
Wasserpflanzen 27
Wassersalat 65
Wasserschlauch, Echter 63
Wasserschwaden 29, 32, 47
Wasserskorpion 16, 18, 80, 81, 84, 154
Wasserspinne 81, 122
Wasserspinne in Luftblase 19
Wasserspitzmaus 17, 19, 230
Wasserspringer 20, 134
Wasserstern 29
Wasserstern, Teich- 58
Wasserzikaden 157
Weichtiere 106
Weidenröschen, Zottiges 39
Weiderich, Blut- 38
Weiße Seerose 16, 18, 50
Weißpünktchenkrankheit 93
Wenigborster 113
Wimpertiere 90
Wintereier eines Rädertierchens 18
Winterknospen 29, 31
Wirbeltiere 198
Wolffia arrhiza 66
Wolfsspinnen 122
Wühlmäuse 234
Würfelnatter 221
Wurzeln 30
Wurzelsystem, Wasserpflanzen 28

Z

Zehnstachliger Stichling 18, 202
Zerbrechliche Armleuchteralge 55
Zerfallener Süßwasserschwamm 19
Zersetzer 21
Zieralgen 74
Zonierung 34
Zoomastigophora 86
Zottiges Weidenröschen 39
Zuckmücken 80, 174, 188
Zuckmückenschwärme 188
Zünsler 192
Zünsler-Raupe 17, 18
Zweiflügler 174
Zwerglinse 66
Zwergschwimmer 167
Zygnematales 75
Zygoptera 135, 138

Fotonachweise

Jill Bailey 50 (1). George Bernard 8 (4), 37 (3), 38 (1), 39 (1, 2), 40 (1), 41 (2), 43 (1, 2), 44 (1, 3) 45 (1), 46 (1, 2), 47 (1, 2), 49 (1), 51 (2, 3), 52 (2, 3), 53 (1, 2), 55 (1, 3), 56, 2, 3, 4), 57 (2), 58 (1), 59 (1), 61 (1, 2), 62 (1), 63 (1, 2), 65 (2, 4), 66 (2, 3, 4, 5), 69 (1, 2), 75 (4), 76, 84–5, 92 (3), 93 (4), 94 (1, 2, 4), 95 (1, 2), 96 (1), 97 (3), 98 (1, 2, 3), 105 (3), 107 (1, 2), 108 (1, 2, 3), 109 (1, 2), 110 (1, 2), 111, 115 (1, 2, 4), 117 (1, 2), 118 (1, 2, 3), 119, 123 (1, 2), 125 (1, 2, 3), 130 (1), 133 (1, 2), 135 (1, 2), 136, 137 (1), 138 (1, 2, 3), 139 (2), 140 (1, 2, 4), 141 (1, 2, 3), 143 (2, 3), 145–7, 148 149 (2), 150, 152, 154, 155, 156, 157, 159 (1, 2), 162 (1, 2), 163, 164 (1, 3), 165 (1, 2), 166 (1, 2, 3, 4, 5), 167, 168 (1, 2, 3), 169 (5), 170 (3), 171, 172 (1, 2, 3), 173 (4, 5, 6), 174, 175 (2, 3, 4), 176 (1, 2) 177 (3, 4, 5), 178 (1, 2), 182–3, 184, 185 (2, 3, 4), 186, 187 (2, 3, 4, 5), 188 (1, 2), 189 (3, 4, 5, 6, 7, 8), 190 (1, 2), 191 (1, 2, 3), 193 (1, 2, 3, 4, 5), 195 (2, 3, 4, 5, 6), 196 (1, 2, 3), 197 (4, 5, 6, 7, 8), 199 (2, 3), 202 (1, 2), 203, 204 (2), 205, 207 (2), 208 (1, 2, 3) 210 (2), 211, 212–13, 215, 216 (1, 2), 217, 220 (1, 2), 221, 223 (1), 225 (2). R. P. Coldrey (Oxford Scientific Films) 40 (2). John Cooke 55 (2), 57 (1), 66 (1), 75 (1), 78–9, 95 (3, 4), 101, 121, 124, 131, 137 (3), 151, 153, 160 (2), 169 (4), 180, 181 (2, 3, 4), 195 (1), 219 (2). Katherine Cooke (Oxford Scientific Films) 9 (5). Stephen Dalton 56 (1), 59 (2), 62 (2), 140 (3), 142, 144, 164 (2), 170 (2), 209, 210 (1), 225 (1), 226, 227, 228, 229, 234 (1). Harry Engels (Animals Animals) 233 (2), 234 (2). M. P. L. Fogden (Oxford Scientific Films) 52 (1). Sally Foy (Oxford Scientic Films) 9 (6). M. Gray (Animals Animals) 235. Breck P. Kent (Animals Animals) 65 (3), 214. G. Kinns (Biofotos) 233 (1). Zig Leszczynski (Animals Animals) 207 (1), 219 (1), 231 (2). G. A. Maclean (Oxford Scientific Films) 36, 38 (2), 40 (3), 41 (1), 49 (2), 223 (2). R. W. Mitchell (Animals Animals) 68 (1). John Paling 24–5, 32–3, 204 (1). Peter Parks 63 (3), 68 (2, 3), 71 (1, 2, 3, 4, 5, 6, 7), 72 (1, 2, 3), 73 (1, 2, 3), 74 (1, 2, 3), 75 (2, 3), 77, 87 (1, 2), 88 (1, 2, 3, 4), 89 (5, 6, 7), 90 (1, 2), 91 (3, 4, 5), 92 (1, 2), 93 (1, 2, 3), 94 (3), 97 (4, 5), 99 (1, 2), 103 (1, 2, 3), 104, 105 (2, 4), 112 (1, 2), 115 (3), 126, 127, 129 (1, 2, 3, 4, 5), 130 (2), 139 (1). Leonard Lee Rue III (Animals Animals) 225 (3). David Shale 42 (3). Philip Sharpe 231 (1). David Thompson 7 (1), 37 (1), 199 (1, 4), 200 (1, 2), 201 (3, 4, 5, 6, 7). Gerald Thompson 3 (1, 2, 3, 4, 5), 7 (2), 8 (3), 37 (2), 42 (1, 2, 4), 44 (2), 45 (2), 50 (2), 51 (1), 58 (2), 64, 65 (1), 67, 96 (2), 149 (3, 4, 5, 6, 7), 160 (1), 170 (1).

Leseprobe aus dem Naturführer „Was lebt in Tümpel, Bach und Weiher?" von Wolfgang Engelhardt, erschienen im Kosmos-Verlag, Stuttgart.

Wasserwanzen

„Wasserwanzen" ist kein systematischer Begriff; diese Bezeichnung faßt vielmehr eine Anzahl von Wanzenfamilien zusammen, die mehr oder weniger an das Leben im Wasser angepaßt, aber nur z. T. näher miteinander verwandt sind. Die Angehörigen dieser Gruppe haben natürlich die Kennzeichen der Ordnung: Sie besitzen eine unvollständige Verwandlung, da das Puppenstadium fehlt; die Mundwerkzeuge bilden zusammen einen Stechrüssel, mit dem die Beute ausgesaugt wird; die Vorderflügel sind nur in ihrem Basalteil stark chitinisiert, ihr Endteil ist häufig. Wir unterscheiden zwei Gruppen, zu denen jeweils mehrere Familien gehören. Die Wasserläufer leben nahezu ausschließlich auf der Wasseroberfläche, überwintern aber in Verstecken im engeren Sinne, die Skorpionswanzen, Schwimmwanzen, Rückenschwimmer und Ruderwanzen, durchlaufen ihren Lebenszyklus, vom Ei bis zum Vollinsekt, im Wasser. Die einzelnen Familien unterscheiden sich hinsichtlich ihrer Lebensweise so bedeutend, daß wir sie einzeln besprechen müssen:

1. Wasserläufer

1. Familie Wasserläufer (Gerridae)

Die Wasserläufer leben vorzugsweise auf der Oberfläche stehender oder langsam fließender Gewässer. Unter Ausnutzung der Spannung des Oberflächenhäutchens gleiten sie ruckartig dahin, wobei die Beine gleich Auslegern nahezu in ihrer ganzen Länge die Wasseroberfläche berühren. Sie vollführen auch weite Sprünge. Vor Benetzung schützt sie ein dichter, lufthaltiger Haarfilz, der auf der Körperunterseite besonders gut ausgebildet ist. Die Nahrung besteht vorwiegend aus toten oder lebenden Insekten, die auf die Wasseroberfläche gefallen sind. Die Männchen sind meist etwas kleiner als die Weibchen und lassen sich von diesen oft tagelang auf dem Rücken umhertragen. Die Eiablage ist noch nicht bei allen Arten erforscht. Nach unseren bisherigen Kenntnissen werden die Eier der Länge nach dicht unter dem Wasserspiegel an Pflanzenteile usw. angekittet, und zwar mehr oder weniger einzeln. Das Weibchen von *Gerris najas* begibt sich, mit dem Männchen auf dem Rücken, von einer Lufthülle umgeben, bis zu 30 Minuten unter Wasser. Die Eier werden, oft mehrere cm tief, auf einer meist ovalen Fläche verteilt. Es wurden fünf Larvenstadien festgestellt. Während der 2. und 3. Häutung bildet sich merkwürdigerweise der Hinterleib der Larve nahezu völlig zurück. Er entwickelt sich erst wieder bei den folgenden Häutungen. Manche Arten haben nur eine, andere zwei Generationen im Jahr. In Mitteleuropa sind 2 Gattungen mit etwa 10 Arten bekannt. – Bei ein und derselben Art kann man Tiere mit normalen sowie mit teilweise oder völlig rückgebildeten Flügeln antreffen.

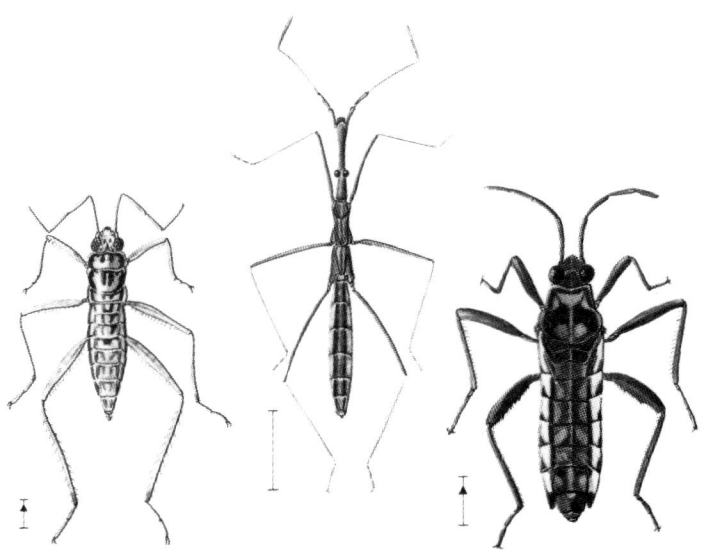

2. Familie Teichläufer (Hydrometridae)

Die 2 mitteleuropäischen Teichläuferarten leben im Uferbereich und im Pflanzengürtel stehender und langsam fließender Gewässer. Dort kriechen die nadelschlanken Tiere träge dahin. Der Körper wird dabei im Gegensatz zu den Gerriden deutlich von der Wasseroberfläche abgehoben. Ihre Beute besteht hauptsächlich aus Wasserinsekten, die zum Luftschöpfen an die Wasseroberfläche kommen, sowie aus Tieren, die auf dieser treiben. Die Paarung findet während des ganzen Frühsommers statt. Ein Weibchen legt mehrmals Eier ab. Die wenigen, sehr langen Eier heftet es an Pflanzenteile, die über den Wasserspiegel aufragen oder auch an Uferpflanzen. Es gibt fünf Larvenstadien und zwei Generationen im Jahr. Die Imagines überwintern am Ufer unter Steinen usw. Bei beiden Arten kommen voll- und kurzflüglige sowie flügellose Formen vor.

kosmos – aus Liebe zur Natur